Die Unterbeteiligung als Gestaltungsinstrument der Unternehmensnachfolge

Forschungen zum deutschen und internationalen Erb- und Familienrecht

Herausgegeben von Christina Eberl-Borges und Rudolf Meyer-Pritzl

Band 8

PL ACADEMIC RESEARCH

Simon-Martin Banck

Die Unterbeteiligung als Gestaltungsinstrument der Unternehmensnachfolge

Eine Arbeit über die Regelung der Unternehmensnachfolge in mittelständischen Familienunternehmen in der Bundesrepublik Deutschland

PL ACADEMIC RESEARCH

Bibliografische Information der Deutschen Nationalbibliothek
Die Deutsche Nationalbibliothek verzeichnet diese Publikation in der Deutschen Nationalbibliografie; detaillierte bibliografische Daten sind im Internet über http://dnb.d-nb.de abrufbar.

Zugl.: Kiel, Univ., Diss., 2016

D 8
ISSN 1868-694X
ISBN 978-3-631-69819-8 (Print)
E-ISBN 978-3-631-69820-4 (E-PDF)
E-ISBN 978-3-631-69821-1 (EPUB)
E-ISBN 978-3-631-69822-8 (MOBI)
DOI 10.3726/978-3-631-69820-4

PL Academic Research ist ein Imprint der Peter Lang GmbH.

Peter Lang – Frankfurt am Main · Bern · Bruxelles · New York · Oxford · Warszawa · Wien

Diese Publikation wurde begutachtet.

www.peterlang.com

Vorwort

Die vorliegende Arbeit wurde im Sommersemester 2016 von der Rechtswissenschaftlichen Fakultät der Christian-Albrechts-Universität zu Kiel als Dissertation angenommen. Der Stand der Rechtsprechung und Literatur entspricht weitgehend August 2016.

Die Arbeit entstand zunächst während meiner Zeit als wissenschaftliche Hilfskraft am Lehrstuhl von Prof. Dr. Rudolf Meyer-Pritzl. Ab Dezember 2014 war ich als wissenschaftlicher Mitarbeiter für den Lehrstuhl von Prof. Dr. Frank Ludwig Schäfer, LL.M. (Cambridge) tätig, der zum Sommersemester 2015 einen Ruf an die Albrecht-Ludwigs-Universität Freiburg angenommen hat.

Großen Dank schulde ich meinem Doktorvater Prof. Dr. Rudolf Meyer-Pritzl, an dessen Lehrstuhl ich seit Beginn meines Studiums als Hilfskraft beschäftigt war und der mich über mein gesamtes Studium und die Promotion hinweg begleitet und anhaltend unterstützt hat.

Weiteren Dank schulde ich Prof. Dr. Frank Ludwig Schäfer, LL.M. (Cambridge) dafür, dass er mich so freundlich an seinem Lehrstuhl aufgenommen hat und Prof. Dr. Jan Lieder, LL.M. (Harvard) für die schnelle Erstellung des Zweitgutachtens.

Außerdem möchte ich mich besonders bei meinem Vater Mathias bedanken, der mir während meiner gesamten Ausbildung stets zur Seite stand. Auch bedanke ich mich bei meiner Mutter Stefanie und meinen Geschwistern Sebastian, Manuel und Sanya.

Mein größter Dank gilt jedoch meiner Frau Ellen, die mich über den gesamten Zeitraum des Studiums in allen Lebenslagen unterstützt hat. Ihr ist diese Arbeit gewidmet.

Kiel, August 2016 Simon-Martin Banck

Inhaltsverzeichnis

1. Teil: Einleitung, Anwendungsbereiche und Grundlagen der Unterbeteiligung

A. Einleitung

„Ich kann den Mittelstand nicht anders verstehen – und nur auf dieser Grundlage bekenne ich mich zum Mittelstand –, als daß er diejenige Schicht von Menschen umfaßt und umfassen will, die aus eigener Verantwortung und jeder für sich selbst kraft eigener Leistung seine Existenz sicherzustellen bereit ist. Die ‚Qualitäten', die der Mittelstand als Wert herausstellen muß, sind: Die Selbstverantwortlichkeit für das eigene Schicksal, die Selbständigkeit der Existenz, der Mut, aus eigener Leistung zu bestehen und sich in einer freien Gesellschaft, einer freien Welt behaupten zu wollen."[1]

Die deutsche Wirtschaft wird traditionell von mittelständischen Unternehmen getragen und immer noch durch die von *Ludwig Erhard* angesprochenen Werte geprägt. Der Begriff des wirtschaftlichen Mittelstandes wird ausschließlich in der Bundesrepublik Deutschland verwendet.[2] Ein mittelständisches Unternehmen ist in der Regel dadurch gekennzeichnet, dass es von seinen Inhabern beziehungsweise den Hauptgesellschaftern geführt wird.[3] Die Abgrenzung zu Großunternehmen erfolgt dabei mithilfe der Anzahl der Beschäftigten (unter 500) und dem Umsatz pro Jahr (unter 50 Millionen Euro).[4] Im Jahre 2011 gehörten rund 3,65 Millionen Unternehmen zum deutschen Mittelstand (99,6% aller Unternehmen mit Umsatz aus Lieferungen oder Leistungen und/oder sozialversicherungspflichtig Beschäftigten).[5] Insgesamt erwirtschafteten diese Unternehmen rund 2,128 Billionen Euro (35,9% des gesamten Umsatzes deutscher Unternehmen).[6] Außerdem

1 Ludwig Erhard auf der Handwerksmesse am 12. Mai 1954, *Erhard*, S. 145.

2 IfM Bonn, KMU. International haben sich die Ausdrücke: „German Mittelstand" und „le Mittelstand allemand" als Lehnwörter etabliert, vgl. dazu BMWi, German Mittelstand; Medienpreis Mittelstand/*Burgbacher*, S. 3; L-Bank/*Uterwedde*, S. 11. Traditionelle mittelständische Familienunternehmen sind zwar „typisch deutsch", kommen aber in allen Teilen der Welt vor, *Simon*, S. 5.

3 IfM Bonn, KMU; s. auch *Simon*, S. 11 ff.

4 IfM Bonn, KMU. Andere Zahlen gelten für die Definition der EU, s. EU-Kommission, S. 14. Danach ist ein mittelständisches Unternehmen ein Unternehmen mit bis zu 249 Beschäftigten und einem Jahresumsatz von höchstens 50 Millionen Euro oder einer Bilanzsumme von maximal 43 Millionen Euro.

5 BMWi, German Mittelstand, S. 2; IfM Bonn, Überblick.

6 BMWi, German Mittelstand, S. 2; IfM Bonn, Überblick.

waren 2011 ca. 15,71 Millionen sozialversicherungspflichtig Beschäftigte (59,4% der Gesamtbeschäftigten) in diesen Unternehmen tätig.[7] An den dargestellten Zahlen lässt sich die große Bedeutung der mittelständischen Unternehmen erkennen. Sie gelten als die „Hidden Champions"[8] der deutschen Wirtschaft.[9] Von der deutschen Politik werden sie besonders behütet und gefördert.[10]

I. Anlass der Untersuchung

Viele mittelständische Unternehmen werden von traditionsbewussten Familienunternehmern geführt. Familienunternehmen haben den Charakter der deutschen Wirtschaft besonders geprägt.[11] Ihre in der Regel geschäftsführenden Gesellschafter wollen auch nach dem Ausstieg aus der Geschäftsführung erreichen, dass „ihr" Unternehmen von der nächsten Generation, insbesondere den eigenen Kindern[12] oder sonstigen Erben bestmöglich fortgeführt wird.[13] Der Generationenwechsel in einem solchen Unternehmen ist eine große Herausforderung,[14] da er in der Regel von zahlreichen gesellschaftsrechtlichen und steuerrechtlichen Fragestellungen sowie familieninternen Auseinandersetzungen[15] begleitet wird. Der Wunsch eines Unternehmers bezüglich seiner Nachfolge wirft darüber hinaus viele weitere Probleme auf. Eines davon ist, dass die Erben nicht immer bereit sind, die Führung des Unternehmens zu übernehmen. Nach einer Studie von Ernst & Young und der Universität St. Gallen ist eine entsprechende Bereitschaft nur bei 4 % der Angehörigen der jüngeren

7 BMWi, German Mittelstand, S. 2; IfM Bonn, Überblick.

8 Dieser Begriff wurde von Hermann Simon entwickelt: *Simon*, ZfB 1990, 875, 876; *Simon*, S. 5.

9 Ernst & Young, GMQ 2012, 10.

10 Vgl. BMWi, Mittelstandspolitik; Politik für den Mittelstand.

11 *Baus*, S. 15; *Habig/Berninghaus*, S. 5.

12 Zu den typischen Problemen, die das Verhältnis zwischen Vater und Sohn in Familiengesellschaften betreffen s. *Baus*, S. 31 ff.

13 Vgl. dazu die Statistik bei *Klein-Blenkers*, ZEV 2001, 329, 332. Danach soll der Erhalt des Unternehmens im Rahmen der Familie stattfinden (Angabe von 60 beziehungsweise 40% der Umfrageteilnehmer); s. auch *Böttcher/Zartmann/Faut*, S. 28 f.; *Hennerkes*, S. 13 ff.; *Crezelius*, Rn. 2; Frieser/Sarres/Stückemann/Tschichoflos/*Hannes*, Kap. 18 Rn. 2, 9 f.; *Fasselt*, S. 11 f.; Esch/*Baumann/Schulze zur Wiesche*, I Rn. 945; *Westermann*, FS Möhring 1965, S. 183.

14 Ernst & Young, GMQ 2012, 10; *Kühne/Rehm*, NZG 2013, 561.

15 Vgl. *Luckey*, S. 162. S. zur Familie selbst als „entscheidende Schwäche" im Gegensatz zu anders geführten Unternehmen hinsichtlich der Unternehmensnachfolge: *Baus*, S. 16. S. zu den familieninternen Problemen ausführlich: *Baus*, S. 23 ff.

Generation vorhanden.[16] Ein Grund dafür ist, dass die Kinder in der heutigen Zeit ihre eigenen beruflichen Entscheidungen treffen wollen und kein Interesse an der Unternehmensnachfolge haben.[17]

Ein weiteres Problem kann sich daraus ergeben, dass die Erben nicht zur Übernahme des Unternehmens geeignet sind. Oft haben die Kinder zwar – etwa durch ein Studium – das theoretische Wissen erlangt, ein Unternehmen zu führen, ihnen fehlt aber häufig die praktische Erfahrung.[18] Daneben muss ein geeigneter Nachfolger neben dem Fachwissen auch über Fähigkeiten und Charaktereigenschaften wie beispielsweise Führungstechniken, Bodenständigkeit, Aufrichtigkeit und Anständigkeit verfügen, die er nicht erlernen kann.[19] Auch stehen die Kinder regelmäßig unter einem hohen Erwartungsdruck.[20] Schließlich kommt hinzu, dass Familienunternehmer oft auch im hohen Alter nicht dazu bereit sind, sich gänzlich aus der Geschäftsführung zurückzuziehen und sie dadurch eine sachgerechte Nachfolge behindern – selbst wenn ein geeigneter Nachfolger vorhanden ist.[21]

Ein passendes Mittel zur Lösung dieser Probleme könnte die Unterbeteiligung sein. Für die Unterbeteiligung ist die „kürzeste, aber nicht ganz [präziße] Formulierung Die Beteiligung einer Beteiligung"[22] (also in der Regel an einem Geschäftsanteil). Der Unterbeteiligte beteiligt sich mittelbar an dem

16 Ernst & Young, GMQ 2012, 10.

17 *Simon*, S. 190 f.

18 Für die Auswahl des Nachfolgers sollte das „Prinzip der Qualität" gelten: Sudhoff/*Scherer*, 4. Aufl. § 6 Rn. 8; *Habig/Berninghaus*, S. 55 ff.; vgl. auch *Luckey*, S. 104, 106 f.

19 *Habig/Berninghaus*, S. 55 f.

20 *Hennerkes*, S. 13 ff.

21 Vgl. Frieser/Sarres/Stückemann/Tschichoflos/*Hannes*, Kap. 18 Rn. 4.

22 *Herzfeld*, AcP 137 (1933), 270; vgl. auch BGH, Urt. v. 11.7.1968 – II ZR 179/66, NJW 1968, 2003, 2004; Urt. v. 16.2.1959 – II ZR 194/57, WM 1959, 595, 596; Urt. v. 22.11.1965 – II ZR 102/63, WM 1966, 188, 190; Urt. v. 6.3.1967 – II ZR 180/65, WM 1967, 685; *Janberg*, DB 1953, 77; MüKo/*Schmidt*, § 230 HGB Rn. 192; Schlegelberger/*Schmidt*, Rn. 182; *Schmidt*, Gesellschaftsrecht, S. 1865; Ebenroth/Boujon/Joost/Strohn/*Gehrlein*, § 230 Rn. 91; Prütting/Wegen/Weinreich/*von Ditfurth*, § 705 Rn. 51; *Ulbrich*, S. 3; *Thomsen*, S. 21 f.; Singhof/*Seiler/Schlitt*, Rn. 343; Heymann/*Horn*, § 230 Rn. 65; Michalski/*Ebbing*, § 15 Rn. 185; Ulmer/Habersack/*Löbbe*, § 15 Rn. 216; Soergel/*Hadding/Kießling*, Vor. § 705 Rn. 33; *Roth/Thöni*, FS 100 Jahre GmbHG 1992, S. 252; MüHdb/*Gayk*, § 30 Rn. 1; *Mühlhaus*, ErbStB 2009, 276; *Meyer*, S. 4; *Zapp*, S. 27; *Tebben*, S. 36 f.; Esch/*Baumann/Schulze zur Wiesche*, I Rn. 1263; *Theil*, S. 12; *Kletschka*, S. 4; Wachter/*Eberl*, S. 1819; Esskandari/Franck/*Künnemann*, Kap. 5 Rn. 21; kritisch dazu *Flume*, S. 8 f.

Gesellschaftsanteil eines Gesellschafters (Hauptbeteiligter). Die Unterbeteiligung hat die Rechtsform einer Gesellschaft bürgerlichen Rechts als Innengesellschaft.[23] Sie ist heute gesetzlich nicht mehr besonders geregelt.[24] Die Möglichkeit, eine solche Beteiligung zu vereinbaren, ergibt sich aus der gesellschaftsrechtlichen Vertragsfreiheit.[25] Die Unterbeteiligung kann familiengeführten mittelständischen Unternehmen vielfältige Gestaltungsmöglichkeiten bieten, die Unternehmensnachfolge rechtzeitig in die Wege zu leiten und geeignete Nachfolger frühzeitig an das Unternehmen heranzuführen.[26] So können der oder auch mehrere potentielle Nachfolger durch eine Unterbeteiligung bereits mittelbar sowohl wirtschaftlich als auch unternehmerisch an der Gesellschaft beteiligt werden.[27] Der künftige Erblasser kann dabei seine Gesellschafterstellung beibehalten und muss

---

23 Vgl. BGH, Urt. v. 11.7.1968 – II ZR 179/66, NJW 1968, 2003; OLG Schleswig, Urt. v. 23.5.2002 – 5 U 58/01, GmbHR 2002, 652, 654; *Janberg,* DB 1953, 77; MüKo/*Schmidt,* § 230 HGB Rn. 194; Schlegelberger/*Schmidt,* § 230 Rn. 218; MüHdb/*Gayk,* § 30 Rn. 2; *Blaurock,* Rn. 30.1; Oetker/*Schubert,* § 230 Rn. 110; Ebenroth/Boujon/Joost/Strohn/*Gehrlein,* § 230 Rn. 92; MüKo/*Reichert/Weller,* § 15 GmbHG Rn. 243; MüKo/*Ulmer/Schäfer,* Vor. § 705 BGB Rn. 92; Soergel/*Hadding/Kießling,* Vor. § 705 Rn. 33 f.; *Herzfeld,* AcP 137 (1933), 270, 271 f.; Palandt/*Sprau,* § 705 Rn. 51; Saenger/Aderhold/Lenkaitis/Speckmann/*Eickhoff,* § 7 Rn. 179; Röhricht/von Westphalen/Haas/*Mock,* § 230 Rn. 150; Baumbach/Hopt/*Roth,* § 105 Rn. 38; Bamberger/Roth/*Schöne,* § 705 Rn. 188; *Eisenhardt/Wackerbarth,* Rn. 544; *Bopp,* S. 13; BHbdP/*Bärwaldt,* § 15 Rn. 2; Wachter/*Eberl,* S. 1819; Singhof/*Seiler/Schlitt,* Rn. 348; *Tebben,* S. 45; Giefers/*Ruhkamp,* Rn. 655; *Zapp,* S. 27; *Luckey,* S. 181; *Kletschka,* S. 17 f.; *Wiedemann,* Übertragung, S. 313.

24 *Paulick,* ZGR 1974, 253; *Meyer,* S. 4; *Böttcher/Zartmann/Faut,* S. 22; *Bilsdorfer,* NJW 1980, 2785; Sudhoff/*Froning,* § 43 Rn. 37; *Zapp,* S. 28; *Peters,* S. 22; *Winterstein,* S. 2; *Tebben,* S. 30; *Herzfeld,* AcP 137 (1933), 270, 287 ff. Früher gab es eine Regelung im ADHGB, dem Vorläufer des HGB, s. dazu *Ulbrich,* S. 28. Zur geschichtlichen Entwicklung der Unterbeteiligung und noch älteren gesetzlichen Regelungen s. *Blaurock,* Unterbeteiligung, S. 25 ff.; *Schimke,* S. 29 ff.; *Erkens,* S. 211; *Andreopoulos,* S. 7 ff.

25 MüHdb/*Gayk,* § 30 Rn. 5; *Paulick,* ZGR 1974, 253, 269; Singhof/*Seiler/Schlitt,* Rn. 352; *Peters,* S. 23; *Bilsdorfer,* NJW 1980, 2685, 2686.

26 *Ulbrich,* S. 14 f.; *Blaurock,* Unterbeteiligung, S. 59 f.; *Tebben,* S. 34 f.; *Friehe,* S. 6; *Henn,* S. 29; *Schindhelm/Stein,* ErbStb 2003, 32; MüHdb/*Gayk,* § 30 Rn. 7; Singhof/*Seiler/Schlitt,* Rn. 367; *Meyer,* S. 66 ff. *Zapp,* S. 37; *Lorz/Kirchdörfer,* S. 9; Sudhoff/*Hübner,* § 71 Rn. 4; *Roth/Thöni,* FS 100 Jahre GmbHG 1992, S. 247; *Märkle,* DStZ 1985, 471; vgl. auch *Kühne/Rehm,* NZG 2013, 561; *Hannes/von Oertzen,* ZEV 2013, 491, 493; *Werner,* ZEV 2015, 194, 195; *Martens,* BB 2005, 1660; *Andreopoulos,* S. 25.

27 *Kühne/Rehm,* NZG 2013, 561, 562; MüHdb/*Gayk,* § 30 Rn. 7; Singhof/*Seiler/Schlitt,* Rn. 367; *Mühlhaus,* ErbStB 2009, 276; Sudhoff/*Froning,* § 43 Rn. 32; *Armbrüster,* Symposium, S. 52 f.; s. auch *Hesselmann,* GmbHR 1964, 26, 27.

keine Verminderung seines Einflusses auf die Gesellschaft fürchten.[28] Umgekehrt kann die Übertragung des Gesellschaftsanteils im Wege der vorweggenommenen Erbfolge unter dem Vorbehalt einer Unterbeteiligung die Übertragung der Unternehmensleitung ermöglichen und dem künftigen Erblasser zugleich eine angemessene wirtschaftliche Absicherung verschaffen.[29] Die Unterbeteiligung kann also ein Mittel sein, um den Nachfolger frühzeitig in den Betrieb einzuführen und ihm bereits praktische Erfahrungen zu vermitteln, ohne dass er die Verantwortung eines Gesellschafters oder Geschäftsführers des Unternehmens tragen muss. Außerdem können mit ihrer Hilfe auch Minderjährige ohne großes Risiko an dem Unternehmen beteiligt werden.[30]

Ein weiteres Problem für die Unternehmensnachfolge kann sich ergeben, wenn mehrere Erben vorhanden sind, die alle Ansprüche bezüglich der Nachfolge erheben. Mithilfe der Unterbeteiligung von Gesellschafterstämmen können eine Zersplitterung der Gesellschaftsanteile auf zu viele Gesellschafter und damit Schwierigkeiten durch Auseinandersetzungen unter den Familienangehörigen verhindert werden.[31] Innerhalb eines Stammes wird dann in der Regel nur einer der Erben unmittelbarer Gesellschafter und damit der Nachfolger. Die übrigen Familienangehörigen werden an diesem Gesellschaftsanteil nur mittelbar über eine Unterbeteiligung beteiligt.[32] Somit müssen sich die anderen Gesellschafter hinsichtlich der Unternehmensführung nicht mit einer Vielzahl von Personen auseinandersetzen, die unter Umständen nicht hinreichend qualifiziert sind. Die Erben sind gleichwohl wirtschaftlich an dem Unternehmen beteiligt und können dadurch finanziell abgesichert werden.[33] Die Unterbeteiligung kann auch die effektive Steuerbelastung der Unternehmerfamilie senken. Durch die Verteilung

---

28 *Blaurock*, Rn. 30.3; Wachter/*Eberl*, S. 1818; *Henn*, S. 29; *Böttcher/Zartmann/Faut*, S. 28 f.; *Eisenhardt/Wackerbarth*, Rn. 543; *Winterstein*, S. 12; Esch/*Baumann/Schulze zur Wiesche*, I Rn. 1281.

29 Wachter/*Eberl*, S. 1818; vgl. auch *Fichtelmann*, GStB 1998, 20.

30 *Schindhelm/Stein*, ErbStb 2003, 32. Zur Aufnahme von Kindern in Familiengesellschaften s. auch *Brox*, FS Bosch 1976, S. 75.

31 *Ulbrich*, S. 15 f.; *Blaurock*, Unterbeteiligung, S. 62 f.; *Schindhelm/Stein*, ErbStb 2003, 32; *Tebben*, S. 35; *Böttcher/Zartmann/Faut*, S. 30 f.; *Thomsen*, S. 141; *Werner*, ZEV 2015, 194, 195; *Wendelstein*, BB 1970, 735; *Zapp*, S. 36 f.; *Roth/Thöni*, FS 100 Jahre GmbHG 1992, S. 246 f.; *Mühlhaus*, ErbStB 2009, 276; *Andreopoulos*, S. 23 ff.

32 Wachter/*Eberl*, S. 1818; Staub/*Harbarth*, § 230 Rn. 272; *Wagner*, S. 11; *Tebben*, S. 35; *Greifeld*, S. 8.

33 *Werner*, ZEV 2015, 194, 195; Esch/*Baumann/Schulze zur Wiesche*, I Rn. 1279; *Maetz*, DStR 2015, 1844; vgl. *Böttcher/Zartmann/Faut*, S. 95; *Henn*, S. 29 f.; *Rüthers*, AcP 168 (1968), 263, 281.

des Einkommens auf mehrere Personen bei der Gewinnverteilung wird in der Regel ein beträchtlicher Progressionsvorteil erreicht und die Steuerlast minimiert.[34] Darüber hinaus können bei der Erbfolge die erb- und schenkungsteuerlichen Freibeträge ausgenutzt und auch dadurch Steuern gespart werden.[35]

II. Ziel der Untersuchung

In dieser Arbeit soll untersucht werden, ob die Unterbeteiligung geeignet ist, die dargestellten Probleme und Fragestellungen zu lösen beziehungsweise praktikable Antworten zu geben und damit die Unternehmensnachfolge in mittelständischen Unternehmen zu optimieren. Auch soll untersucht werden, ob die Unterbeteiligung im Wege der vorweggenommenen Erbfolge ein geeignetes Mittel ist, um die Erben frühzeitig und bestmöglich an das Unternehmen zu binden, ohne sie bereits mit zu großer Verantwortung zu belasten. Neben diesen Fragestellungen sollen praktische Aspekte der Unterbeteiligung und ihre gestalterischen Probleme behandelt werden – insbesondere solche, die Gegenstand von Gerichtsverfahren geworden sind. Von besonderer Bedeutung ist dabei die Suhrkamp-Entscheidung des BGH.[36] Sie befasst sich mit der Frage, ob die unentgeltliche Zuwendung einer durch den Abschluss des Gesellschaftervertrages entstehenden Unterbeteiligung mit dem Abschluss des Gesellschaftsvertrags im Sinne von §§ 2301 II, 518 II BGB vollzogen ist. Unabhängig von dem Streit um das Suhrkamp-Erbe ist diese Entscheidung für die Gestaltung der Unterbeteiligung von wesentlicher Bedeutung[37] und bedarf daher einer vertieften Behandlung.

---

34 *Bilsdorfer*, NJW 1980, 2785, 2786; *Ulbrich*, S. 18; *Tebben*, S. 35; *Eisenhardt/Wackerbarth*, Rn. 543; *Henn*, S. 28; *Schimke*, S. 17; *Böttcher/Zartmann/Faut*, S. 29, 255; *Meyer*, S. 66; *Märkle*, DStZ 1985, 471; *Werner*, ZEV 2015, 194, 196; *Kühne/Rehm*, NZG 2013, 561, 562; *Wendelstein*, BB 1970, 735, 738; *Zapp*, S. 38; Singhof/*Seiler/Schlitt*, Rn. 371; *Hannes/von Oertzen*, ZEV 2013, 491, 493; *Fichtelmann*, GStB 1998, 20; *Martens*, BB 2005, 1660; *Paulick*, ZGR 1974, 253, 256; *Roth/Thöni*, FS 100 Jahre GmbHG 1992, S. 246; *Wagner*, S. 10; *Bülow*, S. 3; *Armbrüster*, Symposium, S. 52; vgl. auch *Lorz/Kirchdörfer*, S. 62.

35 *Schindhelm/Stein*, ErbStb 2003, 32; *Bilsdorfer*, NJW 1980, 2785, 2786; *Blaurock*, Unterbeteiligung, S. 65 f.; Wachter/*Eberl*, S. 1818 f.; *Ulbrich*, S. 18 f.; *Schimke*, S. 17; *Tebben*, S. 35; *Werner*, ZEV 2015, 194, 196; *Kühne/Rehm*, NZG 2013, 561, 562; vgl. auch *Hesselmann*, GmbHR 1964, 26, 27.

36 BGH, Urt. v. 29.11.2011 – II ZR 306/09, DStR 2012, 471.

37 Vgl. *Strnad*, ZEV 2012, 394; *Litzenburger*, FD-ErbR 2012, 328825.

III. Gang der Untersuchung

Die Arbeit gliedert sich in vier Teile. Im ersten Teil werden die Grundlagen der Unterbeteiligung (Gegenstand, Rechtsnatur, Rechtsgrundlage, Erscheinungsformen) dargestellt. Dabei soll es auch um die übrigen Anwendungsbereiche der Unterbeteiligung in der Praxis gehen, die nicht unmittelbar für mittelständische Unternehmen eine Rolle spielen. Einen Schwerpunkt bei der Behandlung der Grundlagen der Unterbeteiligung wird die Abgrenzung zu ähnlichen Rechtsinstituten[38] wie zum Beispiel der stillen Gesellschaft, der Treuhand, der Bruchteilsgemeinschaft, den partriarchischen Rechtsverhältnissen, dem Nießbrauch und den Pfandrechten bilden.

Im zweiten Teil werden die Errichtung der Unterbeteiligung, ihre Rechtsverhältnisse – auch in Bezug auf die Hauptgesellschaft –, ihre Übertragung und ihre Beendigung behandelt. Bei der Errichtung der Unterbeteiligungsgesellschaft stellt sich insbesondere die Frage, ob die Hauptgesellschafter ihre Zustimmung geben müssen.[39] Außerdem werden Unterbeteiligungen in der Praxis oft minderjährigen Familienangehörigen eingeräumt, sodass sich Vertretungsprobleme ergeben können.[40] Den Schwerpunkt im zweiten Teil bilden die Rechtsverhältnisse[41] zwischen dem Unterbeteiligten und der Hauptgesellschaft und dem Hauptgesellschafter, insbesondere die Verpflichtungen aus dem Unterbeteiligungsvertrag. Behandelt wird ferner das Verhältnis des Hauptgesellschafters zu der Unterbeteiligungsgesellschaft. Konflikte können sich hier hinsichtlich seiner Treuepflichten oder seiner Pflicht zur Beachtung eines Wettbewerbsverbotes ergeben.[42] Besonders wichtig ist in diesem Zusammenhang die Gewinnbeteiligung

38 *Ulbrich,* S. 71 ff.; *Peters,* S. 31 ff.; Giefers/*Ruhkamp,* Rn. 665 ff.; MüKo/*Schmidt,* § 230 HGB Rn. 199 ff.; Schlegelberger/*Schmidt,* § 230 Rn. 197 ff.; Singhof/*Seiler/Schlitt,* Rn. 353 ff.; MüHdb/*Gayk,* § 30 Rn. 11 ff.; *Blaurock,* Rn. 30.8 ff.

39 S. dazu: MüKo/*Schmidt,* § 230 HGB Rn. 221; Schlegelberger/*Schmidt,* § 230 Rn. 207; *Blaurock,* Rn. 30.27; *Blaurock,* Unterbeteiligung, S. 153; *Tebben,* S. 241 f.; Singhof/*Seiler/Schlitt,* Rn. 379 f.

40 MüHdb/*Gayk,* § 30 Rn. 22 f.; MüKo/*Schmidt,* § 230 HGB Rn. 225 ff.; Schlegelberger/*Schmidt,* § 230 Rn. 211 ff.; *Blaurock,* Rn. 30.34 ff.; *Blaurock,* Unterbeteiligung, S. 157 ff.; Singhof/*Seiler/Schlitt,* Rn. 383 ff.; *Tebben,* S. 241 ff.; *Ulbrich,* S. 104 ff.

41 *Tebben,* S. 353 ff.; Saenger/Aderhold/Lenkaitis/Speckmann/*Eickhoff,* § 7 Rn. 201 ff.; MüKo/*Schmidt,* § 230 HGB Rn. 232 ff.; Schlegelberger/*Schmidt,* § 230 Rn. 219 ff; MüHdb/*Gayk,* § 30 Rn. 29 ff.; Singhof/*Seiler/Schlitt,* Rn. 394 ff.; *Blaurock,* Rn. 30.41 ff.

42 Saenger/Aderhold/Lenkaitis/Speckmann/*Eickhoff,* § 7 Rn. 207 ff.; MüHdb/*Gayk,* § 30 Rn. 39 f.; MüKo/*Schmidt,* § 230 HGB Rn. 242 ff.; Schlegelberger/*Schmidt,* § 230 Rn. 228 ff.; *Ulbrich,* S. 129 ff.; *Blaurock,* Unterbeteiligung, S. 195 ff.

des Unterbeteiligten, die unterschiedlich ausgestaltet sein kann. Bei der Beendigung der Unterbeteiligung wird sich die Arbeit auf die Darstellung der besonderen Auflösungsgründe[43] beschränken.

Im dritten Teil der Untersuchung wird dann die Unterbeteiligung als Gestaltungsmittel zur Unternehmensnachfolge in mittelständischen Unternehmen behandelt. Es ist schwerpunktmäßig zu untersuchen, ob die Unterbeteiligung in der Praxis geeignet ist, die dargestellten Probleme und Fragestellungen bezüglich der Unternehmensnachfolge zu lösen.[44] Dabei müssen zahlreiche Gestaltungen auf ihre Vor- und Nachteile untersucht werden. Zu unterscheiden sind zunächst die Fallgruppen der vorweggenommenen und diejenigen der gewillkürten Erbfolge. Hinsichtlich der vorweggenommenen Erbfolge spielt die Einkommensverteilung innerhalb der Unternehmerfamilie eine große Rolle. Wichtig sind diesbezüglich im Zusammenhang mit der Unterbeteiligung auch die Rechtsinstitute der Schenkung, der Schenkung unter Auflage und des Erbverzichts. Bei der gewillkürten Erbfolge geht es um die Frage, ob Personengesellschaftsanteile überhaupt vererblich sind. Weiterhin ist zu prüfen, ob die Unterbeteiligung weichenden Erben im Wege eines Vermächtnisses oder mit Hilfe einer Teilungsanordnung zugewendet werden kann. Zudem soll der Einfluss des ehelichen Güterrechts untersucht werden. Eine besondere Rolle spielen auch die steuerrechtlichen Aspekte, die kurz behandelt werden sollen.[45] Im letzten Teil der Arbeit sollen die gewonnenen Erkenntnisse in Thesenform zusammengefasst werden.

B. Anwendungsbereiche der Unterbeteiligung in der Praxis

In der Praxis gibt es zahlreiche Anwendungsbereiche für die Unterbeteiligung. Neben der vorweggenommenen und der gewillkürten Erbfolge sind die sechs bedeutsamsten Fallgestaltungen nachfolgend darzustellen.[46]

---

43 Vgl. MüHdb/*Gayk*, § 30 Rn. 69 ff.; Singhof/*Seiler/Schlitt*, Rn. 459 ff.; *Ulbrich*, S. 146 ff.; *Blaurock*, Unterbeteiligung, S. 163 ff.; *Blaurock*, Rn. 30.58 ff.

44 Eine Übersicht bzgl. der möglichen Fallgestaltungen geben: MüHdb/*Gayk*, § 30 Rn. 6 f.; Singhof/*Seiler/Schlitt*, Rn. 367 f.; *Ulbrich*, S. 14 ff.; *Blaurock*, Unterbeteiligung, S. 59 f.; *Tebben*, S. 34 f.; vgl. auch *Kühne/Rehm*, NZG 2013, 561, 561 f., 565 ff.

45 S. dazu ausführlich: *Blaurock*, Rn. 31.1 ff.; *Blaurock*, Unterbeteiligung, S. 327 ff.; *Böttcher/Zartmann/Faut*, S. 237 ff.; *Zapp*, S. 49 ff.

46 Zu berufs- und gewerberechtlichen Anwendungsbereichen (z. B. Apothekengesetz) s. *Ulbrich*, S. 24 f.

I. Verdeckte Beteiligung – Strohmann

Der Unterbeteiligte kann ein Interesse daran haben, nicht nach außen in Erscheinung treten zu müssen.[47] In diesem Fall kann er einen Hauptgesellschafter als Strohmann einsetzen. Das Vertragsverhältnis zwischen dem Unterbeteiligten und dem Hauptgesellschafter kann so ausgestaltet werden, dass der Unterbeteiligte gegenüber dem Hauptgesellschafter in vollem Umfang weisungsberechtigt ist, sodass ihm die Beteiligung wirtschaftlich vollständig zugerechnet wird.[48] Diese Gestaltung kommt in Betracht, wenn der Unterbeteiligte aus Wettbewerbsgründen nicht Gesellschafter der Hauptgesellschaft werden möchte oder wegen eines Wettbewerbsverbots nicht ihr Gesellschafter werden kann.[49] Ebenso kommt bei diesem Fall die Vereinbarung einer Treuhand in Frage, von der die Unterbeteiligung abzugrenzen ist.

II. Abtretung

Ein weiterer Anwendungsfall der Unterbeteiligung liegt vor, wenn die Gesellschaftsanteile gesetzlich oder vertraglich (zum Beispiel wegen Vinkulierungsklauseln, § 15 V GmbHG) nicht übertragbar beziehungsweise nur formgebunden übertragbar (zum Beispiel Übertragung eines GmbH-Anteils, § 15 III, IV GmbHG) sind.[50] Durch die Unterbeteiligung kann das wirtschaftliche Ergebnis des Gesellschaftsanteils dem Unterbeteiligten zugerechnet werden, obwohl der Gesellschaftsanteil nicht oder nur formgebunden auf ihn übertragen

---

47 *Ulbrich*, S. 20 f.; *Blaurock*, Unterbeteiligung, S. 57 f.; *Böttcher/Zartmann/Faut*, S. 30, 112 f., 140, 232 f.; *Eisenhardt/Wackerbarth*, Rn. 543; Saenger/Aderhold/Lenkaitis/Speckmann/*Eickhoff*, § 7 Rn. 183; MüHdb/*Gayk*, § 30 Rn. 6; *Meyer*, S. 64; *Thomsen*, S. 142 ff.; *Tebben*, GmbHR 2007, 63; *Martens*, BB 2005, 1660; *Bülow*, S. 3; *Friehe*, S. 5; *Andreopoulos*, S. 21.

48 *Haas*, GStB 2004, 406; BHbdP/*Bärwaldt*, § 15 Rn. 11; *Böttcher/Zartmann/Faut*, S. 233; *Westermann*, S. 191.

49 MüHdb/*Gayk*, § 230 Rn. 6; *Blaurock*, Rn. 30.5; MüKo/*Schmidt*, § 230 HGB Rn. 206; Schlegelberger/*Schmidt*, § 230 Rn. 188; Saenger/Aderhold/Lenkaitis/Speckmann/*Eickhoff*, § 7 Rn. 183.

50 *Blaurock*, Rn. 30.6; Wachter/*Eberl*, S. 1817; MüHdb/*Gayk*, § 230 Rn. 6; *Eisenhardt/Wackerbarth*, Rn. 543; *Carlé*, ErbStB 2012, 14, 15; *Mühlhaus*, ErbStB 2009, 276; MüKo/*Schmidt*, § 230 HGB Rn. 206; Schlegelberger/*Schmidt*, § 230 Rn. 188; MüKo/*Reichert/Weller*, § 15 GmbHG Rn. 256; *Winterstein*, S. 10 f.; Singhof/*Seiler/Schlitt*, Rn. 372; *Ulbrich*, S. 23 f.; *Paulick*, ZGR 1974, 253, 254; *Thoma*, StbJb 1954/55, 215, 219; *Binz/Mayer*, NZG 2012, 201, 207 f.; *Werner*, ZEV 2015, 194, 196; *Martens*, BB 2005, 1660; *Theil*, S. 2; Giefers/*Ruhkamp*, Rn. 658; *Andreopoulos*, S. 26.

werden kann.[51] Somit können die fehlende Übertragbarkeit und der Formzwang für die notarielle Beurkundung durch die formfrei zulässige Gründung einer Unterbeteiligungsgesellschaft wirtschaftlich umgangen werden.[52] Die Umgehung des § 15 V GmbHG ist nicht rechtswidrig, sofern es sich tatsächlich nicht um eine verdeckte Treuhand handelt.[53]

III. Kapitalgewinnung

Ein weiterer Anwendungsbereich der Unterbeteiligung ist die Finanzierung des Anteils eines Hauptgesellschafters.[54] Dem Kapitalgeber wird dabei eine Unterbeteiligung als Gegenleistung eingeräumt.[55] Außerdem kann die Unterbeteiligung dazu dienen, die Forderungen aus einer Darlehensgewährung zu sichern.[56] Diese Gestaltung ist für reine Kapitalgeber interessant, die das Unternehmen ansonsten nicht unternehmerisch unterstützen beziehungsweise nicht die Verantwortung und Verpflichtungen eines Gesellschafters tragen wollen. Für Hauptgesellschafter ist sie interessant, wenn sie auf einem anderen Wege nicht ausreichend Kapital für den Gesellschaftsanteil aufbringen können. Auch die Geheimhaltung der Unterbeteiligung kann in diesem Fall von Interesse sein, wenn der Hauptgesellschafter den Finanzierungsbedarf vor seinen Geschäftspartnern nicht offenlegen will.[57] Die Einräumung einer Unterbeteiligung mit Gewinnbeteiligung kann für den Hauptgesellschafter günstiger als andere Finanzierungsmethoden sein. Die

---

51 Vgl. *Haas*, GStB 2004, 406.

52 BHbdP/*Bärwaldt*, § 15 Rn. 9.

53 OLG Frankfurt am Main, Urt. v. 7.9.1991 – 11 U 21/91, DB 1992, 2489; Michalski/*Ebbing*, § 15 Rn. 164; Roth/*Altmeppen*, § 15 Rn. 115; Lutter/Hommelhoff/*Bayer*, § 15 Rn. 80.

54 MüKo/*Schmidt*, § 230 HGB Rn. 206; Schlegelberger/*Schmidt*, § 230 Rn. 188; Staub/*Harbarth*, § 230 Rn. 272; *Blaurock*, Unterbeteiligung, S: 55 f.; *Paulick*, ZGR 1974, 253, 254; Singhof/*Seiler/Schlitt*, Rn. 369; *Ulbrich*, S. 22; *Böttcher/Zartmann/Faut*, S. 30; *Winterstein*, S. 11 f.; *Weigl*, S. 23; Röhricht/von Westphalen/Haas/*Mock*, § 230 Rn. 162; *Märkle*, DStZ 1985, 471; *Maetz*, DStR 2015, 1844; *Roth/Thöni*, FS 100 Jahre GmbHG 1992, S. 247; *Meyer*, S. 63; *Friehe*, S. 7; *Thomsen*, S. 146 f.; *Zapp*, S. 38; *Mühlhaus*, ErbStB 2009, 276; *Martens*, BB 2005, 1660; *Hohaus*, GmbHR 2002, 883, 884; Sudhoff/*Froning*, § 43 Rn. 32; *Herzfeld*, AcP 137 (1933), 270, 284 f.; *Thoma*, StbJb 1954/55, 215, 219; Giefers/*Ruhkamp*, Rn. 662.

55 *Blaurock*, Rn. 30.5; *Eisenhardt/Wackerbarth*, Rn. 543; MüKo/*Ulmer/Schäfer*, Vor. § 705 BGB, Rn. 93; *Carlé*, ErbStB 2012, 14, 15; *App*, DStR 1994, 291.

56 S. dazu OLG Frankfurt am Main, Urt. v. 8.8.1985 – 15 U 233/83, GmbHR 1987, 57.

57 BHbdP/*Bärwaldt*, § 15 Rn. 10; *Ulbrich*, S. 22; *Thomsen*, S. 142 f.

Formfreiheit[58] der Unterbeteiligung ermöglicht zudem den schnellen Abschluss von Kreditgeschäften.[59]

IV. Kapitalerhöhung

Hat der Gesellschafter nicht die finanziellen Mittel, um eine Kapitalerhöhung innerhalb der Gesellschaft zu bewerkstelligen, reduziert sich wirtschaftlich sein Anteil an der Gesellschaft. Er kann in diesem Fall Dritten eine Unterbeteiligung einräumen, um dadurch zusätzliche Mittel für die Finanzierung der Kapitalerhöhung zu erlangen.[60] Die Motive für diese Gestaltung sind dieselben wie bei der Kapitalgewinnung.

V. Risikoverteilung

Durch die Unterbeteiligung kann das Geschäftsrisiko der Hauptgesellschaft je nach Ausgestaltung ganz oder teilweise auf Dritte verlagert werden.[61] Statt sich direkt über den Erwerb eines Gesellschaftsanteils an einem Unternehmen zu beteiligen, lässt sich die an einer Beteiligung interessierte Person von einem Gesellschafter eine Unterbeteiligung einräumen. Die Verlustbeteiligung des Unterbeteiligten kann dabei auf seine Einlage beschränkt werden.[62] In der Praxis ist dies bei Gesellschaften mit einem besonders risikoreichen Geschäftsbetrieb üblich.[63]

VI. Erfolgsbeteiligung für Arbeitnehmer

Arbeitnehmern kann mit Hilfe einer Unterbeteiligung eine Erfolgsbeteiligung statt einer Provision oder Erfolgstantiemen eingeräumt werden.[64] Eine Provision

---

58 Der Unterbeteiligungsvertrag kann sogar konkludent abgeschlossen werden, vgl.: *Ulbrich,* S. 100; Schlegelberger/*Schmidt,* § 230 Rn. 208; MüHdb/*Gayk,* § 30 Rn. 19.

59 Die Schriftform ist dennoch empfehlenswert, um die Unterbeteiligungsgesellschaft – vor allem gegenüber der Finanzverwaltung – beweisen zu können: MüHdb/*Gayk,* § 30 Rn. 19; *Bilsdorfer,* NJW 1980, 2785, 2786; Singhof/*Seiler/Schlitt,* Rn. 387.

60 *Haas,* GStB 2004, 406; *Blaurock,* Unterbeteiligung, S. 55; *Ulbrich,* S. 22; *Schimke,* S. 17; Esch/*Baumann/Schulze zur Wiesche,* I Rn. 1286; *Kletschka,* S. 54.

61 *Herzfeld,* AcP 137 (1933), 270, 282 f.; *Meyer,* S. 63; *Friehe,* S. 7; *Schimke,* S. 17; *Tebben,* S. 34; *Wagner,* S. 10; *Greifeld,* S. 8.

62 *Paulick,* ZGR 1974, 253, 255.

63 Vgl. ausführlich *Ulbrich,* S. 6; 22 f. In der Praxis kommt diese Fallgruppe insbesondere bei Emissionskonsortien vor, s. dazu: *Blaurock,* Unterbeteiligung, S. 52 ff.; S. 34 ff.; *Gehrlein,* DStR 1994, 1314; *Andreopoulos,* S. 26 ff.

64 *Böttcher/Zartmann/Faut,* S. 25 ff.; *Ulbrich,* S. 25 f.; Singhof/*Seiler/Schlitt,* Rn. 370; *Paulick,* ZGR 1974, 253, 255; MüKo/*Schmidt,* § 230 HGB Rn. 206; Schlegelberger/

ist eine leistungsabhängige Arbeitsvergütung. In der Regel stellt sie eine prozentuale Beteiligung für den Abschluss eines bestimmten Geschäfts dar.[65] Tantiemen werden dagegen nicht für bestimmte Geschäfte, sondern für den gesamten geschäftlichen Erfolg des Arbeitgebers als Teil des Arbeitsentgelts gezahlt.[66] Der Unterschied zur Unterbeteiligung besteht darin, dass über das bloße Arbeitsverhältnis hinaus eine gesellschaftsrechtliche Bindung zwischen Arbeitgeber und Arbeitnehmer hergestellt wird.

Durch die Gewinnbeteiligung aus der Unterbeteiligung entsteht zwischen dem Arbeitnehmer und dem Arbeitgeber ein besonderes gesellschaftsrechtliches Treueverhältnis. Zudem erhält der Arbeitnehmer eine besondere Anerkennung.[67] Über die Teilnahme an dem wirtschaftlichen Erfolg wird der Arbeitnehmer zudem an das Unternehmen gebunden und zu guten Leistungen angespornt.[68] Daneben kann eine Unterbeteiligung für den Arbeitnehmer steuerliche Vorteile haben, weil seine Einkünfte aus der Unterbeteiligung als Kapitalerträge zu qualifizieren sind und somit wegen der Abgeltungsteuer für Kapitalerträge lediglich in Höhe von 25 % zuzüglich Solidaritätszuschlag sowie gegebenenfalls der Kirchensteuer und nicht nach dem unter Umständen höheren individuellen Steuersatz in Verbindung mit den Sozialabgaben besteuert werden.[69] Es ist allerdings darauf zu achten, dass die Parteien keine atypische Unterbeteiligung vereinbaren. Ansonsten könnte es dazu kommen, dass der Arbeitnehmer als Mitunternehmer des Betriebes anzusehen ist. In diesem Fall müsste er seine gesamten Einkünfte, den Lohn und die Gewinne aus der Unterbeteiligung, als Einkünfte aus Gewerbebetrieb versteuern und daneben auch die Gewerbesteuerlast tragen.[70]

Schmidt, § 230 Rn. 188; *Kaminski/Strunk*, S. 388; *Friehe*, S. 7; *Meyer*, S. 64 f.; *Tebben*, S. 36; zu Managementbeteiligungen in der Form einer Unterbeteiligung s. *Pönicke/Bünning*, BB 2014, 2717 ff. Zur Kapitalbeteiligung von Arbeitnehmern an ihrem arbeitgebenden Unternehmen im Allgemeinen s. *Schmitz*, S. 9 ff.

65 Schaub/*Koch*, Provision.

66 Schaub/*Koch*, Gewinnbeteiligungen (Tantiemen).

67 *Böttcher/Zartmann/Faut*, S. 26.

68 Singhof/*Seiler/Schlitt*, Rn. 370; vgl. auch *Hohaus*, GmbHR 2002, 883, 884; *Weigl*, DStR 1999, 1568, 1574 f. (zur stillen Gesellschaft).

69 *Kaminski/Strunk*, S. 388.

70 *Ulbrich*, S. 26.

C. Grundlagen der Unterbeteiligung

Im Rahmen der Darstellung über die Grundlagen der Unterbeteiligung ist auf ihren Gegenstand, ihre Rechtsnatur, die Erscheinungsformen, die Gesellschaftsformen der Hauptgesellschaft und die Abgrenzung zu anderen Rechtsinstituten einzugehen.

I. Gegenstand der Unterbeteiligung

Die Unterbeteiligung ist eine „Beteiligung an einer Beteiligung“[71] oder auch an sonstigen Vermögensrechten wie Darlehensforderungen oder Erbschaften.[72] Sie ermöglicht, dass eine Person ohne eine direkte gesellschaftsrechtliche Beteiligung wirtschaftlich und unternehmerisch am Erfolg der Hauptgesellschaft beteiligt wird.[73] Ihr wirtschaftlicher Zweck besteht darin, die Gewinnchancen und Verlustrisiken, die aus der Gesellschafterstellung in der Hauptgesellschaft entstehen, mit einer anderen Person zu teilen, die selbst nicht an der Hauptgesellschaft beteiligt ist.[74] Unternehmerisch kann die Beteiligung durch die Gewährung von Mitwirkungs- und Kontrollrechten an die Stellung eines Gesellschafters angenähert werden.[75] Es handelt sich daher um eine mittelbare Beteiligung, die für einen Teilhaber interessant wird, wenn eine Gesellschafterstellung als unmittelbare Beteiligungsform nicht möglich oder zum Beispiel aus Geheimhaltungsgründen nicht gewollt ist.[76]

---

71 S. Fn. 22.

72 Heymann/*Horn*, § 230 Rn. 65; Ebenroth/Boujong/Joost/Strohn/*Gehrlein*, § 230 Rn. 91; *Zapp*, S. 29; *Pöllinger*, S. 9. Als Vermögensrechte kommen insbesondere auch Konsortialkredite in Frage, vgl. dazu: BGH, Urt. v. 22.3.1965 – II ZR 196/62, DB 1965, 698; *Gehrlein*, DStR 1994, 1314; *Obermüller/Obermüller*, FS Werner 1984, S. 609, 611 ff.

73 Vgl. *Kühne/Rehm*, NZG 2013, 561, 562; Henssler/Strohn/*Verse*, § 15 Rn. 126; Bamberger/Roth/*Schöne*, § 705 Rn. 188.

74 *Blaurock*, Rn. 30.2; Singhof/*Seiler/Schlitt*, Rn. 343; *Meyer*, S. 4; *Zapp*, S. 28; *Erkens*, S. 212; *Pöllinger*, S. 10.

75 BFH, Urt. v. 2.10.1997 – IV R 75–96, NJW 1998, 1255, 1256; *Kühne/Rehm*, NZG 2013, 561, 562; *Blaurock/Berninger*, GmbHR 1990, 11, 12; Ebenroth/Boujong/Joost/Strohn/*Gehrlein*, § 230 Rn. 91.

76 *Paulick*, ZGR 1974, 253, 255; *Janberg*, DB 1953, 77, 78; Staub/*Harbarth*, § 230 Rn. 272; Wachter/*Eberl*, S. 1817; *Blaurock*, Rn. 30.2; *Blaurock*, Unterbeteiligung, S. 57 ff.; *Ulbrich*, S. 20 f.; BHbdP/*Bärwaldt*, § 15 Rn. 10; MüHdb/*Gayk*, § 30 Rn. 6; *Tebben*, S. 33 f.; Schwerdtfeger/*Wunsch*, Kap. 6 Rn. 17; *Böttcher/Zartmann/Faut*, S. 94; Sudhoff/*Froning*, § 43 Rn. 32; *Spiegelberger*, § 9 Rn. 21; *Roth/Thöni*, FS 100 Jahre GmbHG 1992, S. 248; *Herzfeld*, AcP 137 (1933), 270, 279; *Obermüller/Obermüller*, FS Werner 1984, S. 609.

Zusammengefasst gibt es vier wesentliche Merkmale, die für die Begründung einer Unterbeteiligung vorliegen müssen.[77] Zunächst muss eine Hauptbeteiligung bestehen. Der Haupt- und der Unterbeteiligte müssen einen Gesellschaftsvertrag abschließen. Der Unterbeteiligte muss eine Einlage leisten und schließlich am Gewinn der Hauptbeteiligung beteiligt werden.

II. Rechtsnatur der Unterbeteiligung

Unabhängig von der Rechtsform der Hauptgesellschaft begründet die Unterbeteiligung nach überwiegender Ansicht eine Gesellschaft bürgerlichen Rechts in der Form einer Innengesellschaft.[78] Die Unterbeteiligung hat daher nur eine schuldrechtliche und keine dingliche Wirkung.[79] Der Zweck der vom Gesellschafter und Unterbeteiligten gegründeten Gesellschaft ist das „gemeinsame Halten, Nutzen und Verwalten des Anteils an der Hauptgesellschaft".[80] Diese Innengesellschaft hat kein eigenes Gesellschaftsvermögen und es entsteht kein

---

77 Diese Merkmale hat Karsten Schmidt herausgearbeitet: Schlegelberger/*Schmidt,* § 230 Rn. 185; MüKo/*Schmidt,* § 230 HGB Rn. 192; übernommen von Singhof/*Seiler/Schlitt,* Rn. 350.

78 Vgl. BGH, Urt. v. 11.7.1968 – II ZR 179/66, NJW 1968, 2003; OLG Schleswig, Urt. v. 23.5.2002 – 5 U 58/01, GmbHR 2002, 652, 654; MüKo/*Schmidt,* § 230 HGB Rn. 194; Schlegelberger/*Schmidt,* § 230 Rn. 218; MüHdb/*Gayk,* § 30 Rn. 2; *Blaurock,* Rn. 30.1; Oetker/*Schubert,* § 230 Rn. 110; Ebenroth/Boujon/Joost/Strohn/*Gehrlein,* § 230 Rn. 92; *Schmidt,* Gesellschaftsrecht, S. 1869; MüKo/*Reichert/Weller,* § 15 GmbHG Rn. 243; MüKo/*Ulmer/Schäfer,* Vor. § 705 BGB Rn. 92; Palandt/*Sprau,* § 705 Rn. 51; Saenger/Aderhold/Lenkaitis/Speckmann/*Eickhoff,* § 7 Rn. 179; Röhricht/von Westphalen/ Haas/*Mock,* § 230 Rn. 150; Baumbach/Hopt/*Roth,* § 105 Rn. 38; Bamberger/Roth/*Schöne,* § 705 Rn. 188; *Eisenhardt/Wackerbarth,* Rn. 544; *Bopp,* S. 13; BHbdP/*Bärwaldt,* § 15 Rn. 2; Wachter/*Eberl,* S. 1819; *Paulick,* ZGR 1974, 253, 259 ff.; Singhof/*Seiler/Schlitt,* Rn. 348; *Meyer,* S. 13 ff.; *Theil,* S. 11; *Schimke,* S. 19; *Tebben,* S. 45; *Pöllinger,* S. 14 ff.; *Roth/Thöni,* FS 100 Jahre GmbHG, S. 252; *Erkens,* S. 212; *Greifeld,* S. 17.

79 *Blaurock,* Rn. 30.1; MüHdb/*Gayk,* § 30 Rn. 2; Röhricht/von Westphalen/Haas/*Mock,* § 230 Rn. 150; Bamberger/Roth/*Schöne,* § 705 Rn. 188; *Böttcher/Zartmann/Faut,* S. 22; *Theil,* S. 13; *Vossius,* BB 1988, 1, 15.

80 BGH, Urt. v. 11.7.1968 – II ZR 179/66, NJW 1968, 2003; *Blaurock,* Unterbeteiligung, S. 109 f.; *Blaurock,* Rn. 30.1; MüKo/*Schmidt,* § 230 HGB Rn. 196; Schlegelberger/*Schmidt,* § 230 Rn. 185; Röhricht/von Westphalen/Haas/*Mock,* § 230 Rn. 154; *Theil,* S. 12; Ebenroth/Boujong/Joost/Strohn/*Gehrlein,* § 230 Rn. 92; *Ulbrich,* S. 31 ff.; *Esch,* NJW 1964, 902, 903; *Paulick,* ZGR 1974, 253, 268; Oetker/*Schubert,* § 230 Rn. 110; Wachter/*Eberl,* S. 1819; *Meyer,* S. 13; *Peters,* S. 21; *Erkens,* S. 9, 212; Sudhoff/*Stenger,* § 34 Rn. 29.

Gesamthandsvermögen.[81] Sie ist nicht rechtsfähig, parteifähig oder insolvenzfähig.[82]

Nach anderer Auffassung ist die Unterbeteiligung als stille Gesellschaft[83] oder Gesellschaft eigener Art[84] einzuordnen. An der Einordnung als Gesellschaft bürgerlichen Rechts in der Form einer Innengesellschaft kritisiert *Ulbrich,*[85] dass sie nur aus dem negativen Ausschluss der Unterbeteiligung als stille Gesellschaft folgt. Dieser Schluss könne nur erfolgen, wenn es keine andere Möglichkeit für die Einordnung gäbe. Diese sei aber in einer Personengesellschaft sui generis zu sehen.[86] *Ulbrich* selbst[87] erkennt allerdings die Problematik in Hinblick auf den numerus clausus des Gesellschaftsrechts, nach dem jeder nach außen auftretende Verband einer gesetzlichen Rechtsform bedarf.[88] Der Rechtsformzwang stellt

---

81 H. M.: MüKo/*Schmidt,* § 230 HGB Rn. 194; MüHdb/*Gayk,* § 30 Rn. 2; Staub/*Harbarth,* § 230 Rn. 271; Oetker/*Schubert,* § 230 Rn. 110; Röhricht/von Westphalen/Haas/*Mock,* § 230 Rn. 150; Heymann/*Horn,* § 230 Rn. 67; Ebenroth/Boujong/Joost/Strohn/*Gehrlein,* § 230 Rn. 91; Jaeger/*Eckardt,* § 84 Rn. 46; *Blaurock,* Rn. 30.1; *Blaurock,* Unterbeteiligung S. 93 ff.; Sudhoff/*Froning,* § 43 Rn. 31; *Paulick,* ZGR 1974, 253, 257; *Jebens,* BB 1980, 407, 408; *Bopp,* S. 14; *Ulbrich,* S. 53; *Otto,* BB 1948, 210, 212; *Schneider,* DB 1954, 739; Singhof/*Seiler/Schlitt,* Rn. 348; *Carlé/Furhmann,* FR 2006, 749, 756; *Obermüller/Obermüller,* FS Werner 1984, S. 609; *Klauss/Mittelbach,* Rn. 483; vgl. BGH, Urt. v. 29.10.1952 - II ZR 16/52, NJW 1953, 138 f.; Urt. v. 21.12.1972 - II ZR 13/71, WM 1973, 296, 297.
A. A.: *Herzfeld,* AcP 137 (1933), 270, 315; *Koenigs,* S. 337 ff. (für die stille Gesellschaft); *Westermann,* S. 200 ff.
Das schlagende Argument für die überwiegende Ansicht ist, dass beim Gesamthandseigentum jeder Gesellschafter Träger aller zum Gesellschaftsvermögen gehörenden Rechte ist. Diese Rechte muss jeder Gesellschafter auch geltend machen können (zumindest in Form der Mitwirkung). Der Unterbeteiligte kann die Rechte aus der Hauptbeteiligung aber eben nicht wie der Hauptgesellschafter ausführen. Demnach ist das Gesamthandsvermögen mit dem Charakter einer Innengesellschaft nicht vereinbar, vgl. *Ulbrich,* S. 53.

82 MüHdb/*Gayk,* § 30 Rn. 2; MüKo/*Schmidt,* § 230 HGB Rn. 194; Schlegelberger/*Schmidt,* § 230 Rn. 218; BHbdP/*Bärwaldt,* § 15 Rn. 2; *Paulick,* ZGR 1974, 261; Singhof/*Seiler/Schlitt,* Rn. 348; Michalski/*Ebbing,* § 15 Rn. 186; Jaeger/*Eckardt,* § 84 Rn. 46.

83 *Esch,* NJW 1964, 902, 903 f.; *Esch,* NJW 2044, 2045; *Schneider,* FS Möhring 1965, S. 115 f; *Klauss/Mittelbach,* Rn. 482; *Winterstein,* S. 45 ff., 50 (zumindest für eine Unterbeteiligung an den Anteilen eines OHG- oder KG-Gesellschafters).

84 *Ulbrich,* S. 66 ff.

85 *Ulbrich,* S. 57 f.

86 *Ulbrich,* S. 66 ff.

87 *Ulbrich,* S. 67 f.

88 *Schmidt,* Gesellschaftsrecht, S. 102; *Windbichler,* § 1 Rn. 5; *Saenger,* Rn. 36.

die Einhaltung der gesetzlichen Mindestvoraussetzungen sicher und sorgt somit für Rechtssicherheit und Gläubigerschutz, weil die Gläubiger und Gesellschafter bereits an der Rechtsform erkennen können, welche Rechte und Pflichten sie gegenüber der Gesellschaft und den Mitgesellschaftern haben.[89] Dieser Grundsatz lässt nur wenige Ausnahmen zu, und zwar dann, wenn dafür ein wichtiges Bedürfnis besteht, wie zum Beispiel bei den Vorgesellschaften.[90] Bis auf diese Ausnahmen überwiegt in der Regel das Erfordernis von Rechtssicherheit und Gläubigerschutz.

Die Unterbeteiligung erfüllt alle Voraussetzungen einer Gesellschaft bürgerlichen Rechts in der Form einer Innengesellschaft. Zudem können die Vertragsparteien das Gesellschaftsverhältnis von den dispositiven Regelungen abweichend regeln und es weitgehend selbst bestimmen. Eine Ausnahme von dem Grundsatz des Rechtsformzwangs ist daher nicht erforderlich. Ein Bedürfnis, eine Gesellschaft sui generis anzunehmen, besteht somit nicht. Der abweichenden Ansicht von *Ulbrich* ist nicht zuzustimmen – ungeachtet der Tatsache, dass er im Wesentlichen gleichwohl die §§ 705 ff. BGB auf die Unterbeteiligung anwenden möchte[91] und der Meinungsstreit daher im Ergebnis praktisch nicht relevant ist. Außerdem geht es bei der Auseinandersetzung um die Rechtsnatur der Unterbeteiligung im Kern darum, welche Rechtsnormen anzuwenden sind – insbesondere um die (analoge) Anwendung der §§ 230 ff HGB.[92]

Andere Auffassungen sind inzwischen überholt beziehungsweise wegen der Voraussetzung eines Handelsgewerbes der stillen Gesellschaft nicht mehr haltbar.[93]

---

89 *Kindler,* § 9 Rn. 19; *Schmidt,* Gesellschaftsrecht, S. 102.

90 Zum Vor-Verein: *Schmidt,* Gesellschaftsrecht, S. 686 f.; *Saenger,* Rn. 447.
Zur Vor-GmbH: *Schmidt,* Gesellschaftsrecht, S. 1016 ff.; *Windbichler,* § 21 Rn. 18; *Eisenhardt/Wackerbarth,* Rn. 683.
Zur Vor-AG: *Saenger,* Rn. 541; *Schmidt,* Gesellschaftsrecht, S. 796 ff.; *Windbichler,* § 26 Rn. 4, 10 f. Daneben obliegt es dem Gesetzgeber, neue Gesellschaftsformen in das Gesetz aufzunehmen und diese dadurch aus dem numerus clausus zu streichen (z. B.: GmbH, SE, PartG, UG haftungsbeschränkt), vgl. *Schmidt,* Gesellschaftsrecht, S. 102 f.

91 *Ulbrich,* S. 68 f.

92 MüKo/*Schmidt,* § 230 HGB Rn. 204; Schlegelberger/*Schmidt,* § 230 Rn. 203; *Schmidt,* Gesellschaftsrecht, S. 1868 f.; *Blaurock,* Unterbeteiligung, S. 113; *Blaurock,* Rn. 30.22; *Winterstein,* S. 22.

93 *Blaurock,* Unterbeteiligung, S, 113; *Blaurock,* Rn. 30.23; *Eisenhardt/Wackerbarth,* Rn. 544; MüKo/*Schmidt,* § 230 HGB Rn. 204; Schlegelberger/*Schmidt,* § 230 Rn. 203; *Friehe,* S. 26 ff.; *Wagner,* S. 39 ff.

III. Rechtsgrundlage der Unterbeteiligung

Die Unterbeteiligung ist gesetzlich nicht mehr geregelt.[94] Wegen der gesellschaftsrechtlichen Einordnung als Gesellschaft bürgerlichen Rechts in Form einer Innengesellschaft finden auf sie grundsätzlich die §§ 705 ff. BGB Anwendung, soweit die Normen sich nicht auf ein Gesamthandsvermögen beziehen.[95] Die Regelungen der §§ 705 ff. BGB passen aber nicht vollständig auf die Unterbeteiligung, zum Beispiel hinsichtlich der Informations- und Kontrollrechte, der ordentlichen Kündigung, des Todes eines Gesellschafters, der Auseinandersetzung der Gesellschaft und der Insolvenz. Daher ist umstritten, ob neben den §§ 705 ff. BGB auch auf die gesetzlichen Regelungen über die stille Gesellschaft (§§ 230 ff. HGB einschließlich § 136 InsO) zurückgegriffen werden kann. Eine analoge Anwendung der Vorschriften der §§ 230–236 HGB verbunden mit einer teleologischen Reduktion entgegenstehender Regelungen der §§ 705 ff. BGB wird überwiegend befürwortet.[96]

---

94 S. Fn. 24.

95 BGH, Urt. v. 11.7.1968 – II ZR 179/66, NJW 1968, 2003; Urt. v. 13.6.1994 – II ZR 259/92, NJW 1994, 2886, 2887 f.; MüKo/*Schmidt*, § 230 HGB Rn. 204; Schlegelberger/*Schmidt*, § 230 Rn. 203; Saenger/Aderhold/Lenkaitis/Speckmann/Eickhoff, § 7 Rn. 180; *Blaurock*, Rn. 30.21; Röhricht/von Westphalen/Haas/*Mock*, § 230 Rn. 152; Baumbach/Hopt/*Roth*, § 105 Rn. 38; Ebenroth/Boujong/Joost/Strohn/*Gehrlein*, § 230 Rn. 92; MüHdb/*Gayk*, § 30 Rn. 5; *Tebben*, S. 45 f.; *Pöllinger*, S. 28 f.; *Blaurock/Berninger*, GmbHR 1990, 11, 13; *Roth/Thöni*, FS 100 Jahre GmbHG 1992, S. 253; Michalski/*Ebbing*, Rn. 186, 189; *Spiegelberger*, § 9 Rn. 21; Wachter/*Eberl*, S. 1820; *Theil*, S. 21; *Thomsen*, S. 21; *Erkens*, S. 212; Esch/*Baumann/Schulze zur Wiesche*, I Rn. 1269; Esskandari/Franck/*Künnemann*, Kap. 5 Rn. 24; *Lind*, LMK 2012, 330150.

96 BGH, Urt. v. 10.10.1994 – II ZR 285/93, NJW-RR 1995, 165, 166; BFH, Bschl. v. 5.11.1973 – GrS 3/72, BStBl. II 1974, 414, 415; MüKo/*Schmidt*, § 230 HGB Rn. 204; Schlegelberger/*Schmidt*, § 230 Rn. 203; *Schmidt*, Gesellschaftsrecht, S. 1868; MüHdb/*Gayk*, § 30 Rn. 5; BHbdP/*Bärwaldt*, § 15 Rn. 15; Oetker/*Schubert*, § 230 Rn. 112; Röhricht/von Westphalen/Haas/*Mock*, § 230 Rn. 152, Singhof/Seiler/Schlitt, Rn. 352; MüKo/*Ulmer/Schäfer*, Vor. § 705 BGB Rn. 92; Staub/*Harbarth*, § 230 Rn. 269; Staudinger/*Habermeier*, Vor. § 705 Rn. 64; Heymann/*Horn*, § 230 Rn. 67; Ebenroth/Boujong/Joost/Strohn/*Gehrlein*, § 230 Rn. 92; Saenger/Aderhold/Lenkaitis/Speckmann/*Eickhoff*, § 7 Rn. 180; Wachter/*Eberl*, S. 1820; Prütting/Wegen/Weinreich/*von Ditfurth*, § 705 Rn. 51; Michalski/*Ebbing*, § 15 Rn. 186; Ziemons/Jaeger/*Rühland*, § 15 Rn. 190; Erman/*Westermann*, Vor. § 705 Rn. 39; *Paulick*, ZGR 1974, 253, 268; *Bender*, DB 1979, 1445, 1447 f.; *Mühlhaus*, ErbStB 2009, 276, 277; Sudhoff/*Stenger*, § 34 Rn. 30; Sudhoff/*Froning*, § 43 Rn. 37; *Weigl*, S. 18; *Zapp*, S. 28; *Theil*, S. 21; *Meyer*, S. 33 ff.; *Otto*, BB 1948, 210, 212; vgl. bereits BGH, Urt. v. 11.7.1968 – II ZR 179/66, NJW 1968, 2003;

Die analoge Anwendung von Normen setzt eine planwidrige Regelungslücke und eine vergleichbare Interessenlage voraus.[97] Eine Regelungslücke ist hier anzunehmen, da die §§ 705 ff. BGB für die Unterbeteiligung teilweise hinsichtlich der oben genannten Aspekte keine zufriedenstellenden Regelungen beinhalten.[98] Wegen der vergleichbaren Interessenlage wird darauf hingewiesen, dass die §§ 230 ff. HGB typische Regeln für eine schuldrechtliche Unternehmensbeteiligung enthalten und nicht darauf abstellen, ob der Träger des Unternehmens, wie bei der stillen Gesellschaft selbst, oder ein Gesellschafter den Vertrag abschließt.[99] Für eine analoge Anwendung der Normen spricht zudem die Ähnlichkeit der stillen Gesellschaft zur Unterbeteiligungsgesellschaft, die daraus resultiert, dass die stille Gesellschaft eine Variante der Innengesellschaft bürgerlichen Rechts ist.[100]

Dagegen spricht, dass die Unterbeteiligung eben nicht als stille Gesellschaft einzuordnen ist und deshalb gerade keine Regelungslücke vorliegt. Auf diese Einordnung kann es aber nicht ankommen, da sich die stille Gesellschaft und die Gesellschaft bürgerlichen Rechts sehr ähneln.[101] Vielmehr ist allein zu prüfen, ob eine vergleichbare Interessenlage gegeben ist. Die stille Gesellschaft weist als eine Variante der Gesellschaft bürgerlichen Rechts zahlreiche Gemeinsamkeiten zur Unterbeteiligung auf. Zunächst stimmen die Motive für die Errichtung der beiden Rechtsinstitute oft überein. Daneben geht es jeweils um mittelbare Beteiligungsformen, die durch ähnliche Interessen gekennzeichnet sind. Besonders deutlich werden sie bei der Betrachtung der Rechtsverhältnisse innerhalb der Gesellschaften. Wichtig sind Regelungen über die Beteiligung an Gewinn und

---

differenzierend *Blaurock*, Rn. 30.21 ff.; dagegen: (noch) *Blaurock*, Unterbeteiligung S. 114.

97 Ausführlich zur Analogie: *Larenz*, S. 269 ff.; *Bund*, S. 182 ff. Zur Analogiefähigkeit von Normen: *Würdinger*, AcP 206 (2006), 947 ff. Zur Verwendung der Analogie im juristischen Diskurs s. *Alexy*, S. 341 ff.

98 *Ulbrich*, S. 68, daher ist die Unterbeteiligung nach seiner Ansicht eine Gesellschaft sui generis. Zu den fehlenden Sonderregeln s. auch: Saenger/Aderhold/Lenkaitis/Speckmann/*Eickhoff*, § 7 Rn. 180; *Schmidt*, Gesellschaftsrecht, S. 1868 f.; Erman/*Westermann*, Vor. § 705 Rn. 39; BHbdP/*Bärwaldt*, § 15 Rn. 15.

99 MüKo/*Schmidt*, § 230 HGB Rn. 204; Schlegelberger/*Schmidt*, § 230 Rn. 203; Röhricht/von Westphalen/Haas/*Mock*, § 230 Rn. 94; Singhof/*Seiler/Schlitt*, Rn. 352.

100 BGH, Urt. v. 11.7.1968 – II ZR 179/66, NJW 1968, 2003, 2004 f.; *Blaurock*, Unterbeteiligung, S. 114; *Blaurock*, Rn. 30.24; MüHdb/*Gayk*, § 30 Rn. 5; Singhof/*Seiler/Schlitt*, Rn. 352; *Schmidt*, Gesellschaftsrecht, S. 1869; MüKo/*Schmidt*, § 230 HGB Rn. 4, 6, 194, 196; MüKo/*Ulmer/Schäfer*, § 705 BGB Rn. 282.

101 *Blaurock*, S. 114; *Blaurock*, Rn. 30.24.

Verlust, Informationsrechte, Auflösungsgründe wie die Kündigung, die Insolvenz oder den Tod eines Gesellschafters sowie die Auseinandersetzung der Gesellschaft. Für die Unterbeteiligung besteht daher grundsätzlich ein ähnlicher Regelungsbedarf. Demzufolge ist der herrschenden Meinung zuzustimmen, nach der die §§ 230 ff. HGB auf die Unterbeteiligung in Ergänzung zu den §§ 705 ff. BGB teilweise analog anzuwenden sind.[102]

IV. Erscheinungsformen der Unterbeteiligung

Der Begriff der Unterbeteiligung umfasst zahlreiche Gestaltungsmöglichkeiten der mittelbaren Beteiligung an Gesellschaftsanteilen, die sich an den Motiven für ihre Errichtung orientieren.[103] Der Grund für diese unterschiedlichen Erscheinungsformen ist darin zu sehen, dass es keine gesetzliche Regelung bezüglich der Unterbeteiligung gibt und der Inhalt der Beteiligung wegen des Grundsatzes der Vertragsfreiheit frei gestaltet werden kann.[104]

1. Typische und atypische Unterbeteiligung

Bei der Unterbeteiligung wird überwiegend zwischen einer typischen und einer atypischen unterschieden.[105] Beide Fallgruppen müssen vor allem bei Personengesellschaften in einem steuerrechtlichen Zusammenhang gesehen werden.[106] Die Besteuerung des laufenden Einkommens hängt davon ab, wie die Einkünfte des Hauptbeteiligten klassifiziert werden beziehungsweise die Unterbeteiligung

---

102 Ausführlichere Begründungen erfolgen jeweils bei den einzelnen Normen im Rahmen der Darstellung der Rechtsverhältnisse innerhalb der Unterbeteiligung.

103 *Ulbrich,* S. 4; *Paulick,* ZGR 1974, 253, 258; *Blaurock,* Rn. 30.15; MüKo/*Schmidt,* § 230 HGB Rn. 207; Schlegelberger/*Schmidt,* § 230 Rn. 189; Saenger/Aderhold/Lenkaitis/Speckmann/*Eickhoff,* § 7 Rn. 184; Wachter/*Eberl,* S. 1820.

104 Vgl. MüHdb/*Gayk,* § 30 Rn. 24; *Böttcher/Zartmann/Faut,* S. 22, 92; *Paulick,* ZGR 1974, 253, 258; Singhof/*Seiler/Schlitt,* Rn. 363; *Bilsdorfer,* NJW 1980, 2785, 2786.

105 Vgl. BFH, Beschl. v. 28.6.1972 – I R 206/67, BStBl. II 1972, 803, 805; Urt. v. 18.5.2005 – VIII R 34/1, DStR 2005, 1849, 1850 f.; *Bilsdofer,* NJW 1980, 2786; *Blaurock/Berninger,* GmbHR 1990, 11, 12; *Blaurock,* Rn. 30.15; *Ulbrich,* S. 4 f.; *Böttcher/Zartmann/Faut,* S. 138 ff.; MüKo/*Schmidt,* § 230 HGB Rn. 207; Schlegelberger/*Schmidt,* § 230 Rn. 188; MüHdb/*Gayk,* § 30 Rn. 8; Röhricht/von Westphalen/Haas/*Mock,* § 230 Rn. 105; Staub/*Harbarth,* § 230 Rn. 275; Singhof/*Seiler/Schlitt,* Rn. 363; Giefers/*Ruhkamp,* Rn. 664; *Werner,* ZEV 2015, 194, 195; *Kletschka,* S. 13 f.

106 *Blaurock,* Rn. 30.19; *Paulick,* ZGR 1974, 253, 257; Singhof/*Seiler/Schlitt,* Rn. 364; *Böttcher/Zartmann/Faut,* S. 138 f.; Saenger/Aderhold/Lenkaitis/Speckmann/*Eickhoff,* § 7 Rn. 187; MüHdb/*Gayk,* § 30 Rn. 8; Wachter/*Eberl,* S. 1820; *Koenig,* § 179 Rn. 29.

ausgestaltet ist.[107] Durch Substanzbeteiligungen und Geschäftsführungsbefugnisse werden das Mitunternehmerrisiko beziehungsweise die Mitunternehmerinitiative und damit die Mitunternehmerstellung des Unterbeteiligten bestimmt. Das Vorliegen einer Mitunternehmerschaft hat Auswirkungen auf die Besteuerung der Gewinne aus der Beteiligung an einer Personengesellschaft.[108] Liegt eine Mitunternehmerschaft vor, werden sämtliche Gewinne aus der Beteiligung als gewerbliche Einkünfte nach § 15 EStG versteuert. Das hat zur Folge, dass der Steuerpflichtige neben der Einkommensteuer auch die Gewerbesteuer entrichten muss.

a) Typische Unterbeteiligung

Bei der typischen Unterbeteiligung erhält der Unterbeteiligte einen Anteil am laufenden Ertrag des Hauptgesellschafters. Bei Beendigung der Unterbeteiligung erhält er nur seine Einlage zurück.[109] Der Unterbeteiligte ist somit ausschließlich kapitalmäßig beteiligt.[110] Er nimmt nicht an den stillen Reserven,[111] also denjenigen Bestandteilen des Eigenkapitals, die nicht aus der Bilanz ersichtlich sind, teil.[112] Sie können dadurch entstehen, dass Vermögen zum Beispiel durch Abschreibungen und die Bildung von Rückstellungen[113] überbewertet oder Schulden unterbewertet werden.[114] Die stillen Reserven wirken sich solange nicht auf den Gewinn des Betriebes aus, bis das betreffende Wirtschaftsgut aus dem Betriebsvermögen, zum Beispiel durch Entnahme, Veräußerung, Betriebsveräußerung oder Betriebsaufgabe ausscheidet.[115] Erst dann kann ein steuerpflichtiger Gewinn erzielt werden.[116]

---

107 Saenger/Aderhold/Lenkaitis/Speckmann/*Eickhoff*, § 7 Rn. 187.

108 Vgl. *Blaurock/Beringer*, GmbHR 1990, 11, 12; *Böttcher/Zartmann/Faut*, S. 139; Blümich/*Bode*, § 15 Rn. 393.

109 *Blaurock*, Rn. 30.16; Saenger/Aderhold/Lenkaitis/Speckmann/*Eickhoff*, § 7 Rn. 188; *Hohaus*, GmbHR 2002, 883, 884; Singhof/*Seiler/Schlitt*, Rn. 363; *Peters*, S. 23; *Werner*, ZEV 2015, 194, 195; *Martens*, BB 2005, 1660, 1661.

110 *Haas*, GStB 2004, 406.

111 Vgl. zum Begriff der stillen Reserven: Spindler/Stilz/*Siems*, § 131 Rn. 43; Hopt/Wiedemann/*Hirte*, § 208 Rn. 38 f.; *Birk/Desens/Tappe*, Rn. 903.

112 Saenger/Aderhold/Lenkaitis/Speckmann/*Eickhoff*, § 7 Rn. 188; Singhof/*Seiler/Schlitt*, Rn. 363; *Hohaus*, GmbHR 2002, 883, 884.

113 *Roth*/Altmeppen, § 29 Rn. 13.

114 Ziemons/Jaeger/*Rühland*, § 57d Rn. 13; Baumbach/Hopt/*Merkt*, § 252 Rn. 13.

115 Hopt/Wiedemann/*Hirte*, § 208 Rn. 38 f.; Spindler/Stilz/*Fock/Wüsthoff*, § 208 Rn. 9; MüKo/*Arnold*, § 208 AktG Rn. 18.

116 *Birk/Desens/Tappe*, Rn. 903.

Die Bezeichnung „typische Unterbeteiligung“ wird wegen einiger Parallelen zur typischen stillen Gesellschaft verwendet.[117] Die Terminologie ist im Hinblick auf die Unterbeteiligung jedoch irreführend, weil in der Praxis die atypische Unterbeteiligung häufiger vorkommt.[118] Außerdem gibt es keinen zivilrechtlichen Normtyp, von dem eine atypische Gestaltung abweichen kann. Genauer wäre daher die von *Blaurock* gewählte Bezeichnung als Unterbeteiligung mit oder ohne Substanzbeteiligung.[119]

b) Atypische Unterbeteiligung

Weicht die Unterbeteiligung von der in §§ 230 ff. HGB für die stille Gesellschaft geregelten Form einer Innengesellschaft ab, liegt eine atypische Unterbeteiligungsgesellschaft vor.[120] Bei einer atypischen Unterbeteiligung hat der Unterbeteiligte neben seinem Anteil am Gewinn und Verlust auch Ansprüche auf Beteiligung am Abfindungs- oder Liquidationsguthaben des Hauptgesellschafters.[121] Zudem kann der Unterbeteiligte auch an den Wertveränderungen des Anteils teilnehmen und an den offenen und stillen Reserven der Gesellschaft entsprechend seiner Quote beteiligt werden.[122] Kennzeichnend für eine atypische Unterbeteiligung ist außerdem, dass die Beteiligung durch die Einräumung

---

117 *Blaurock*, Rn. 30.16; MüKo/*Schmidt*, § 230 HGB Rn. 207; Singhof/*Seiler/Schlitt*, Rn. 363.

118 *Blaurock*, Rn. 30.15; *Blaurock/Berninger*, GmbHR 1990, 11, 12; vgl. *Groh*, FS Priester 2007, S. 120; *Schulze-Osterloh*, FS Kruse 2001, S. 377 ff. (zur stillen Gesellschaft). S. zur Kritik an dieser Terminologie: *Blaurock*, Unterbeteiligung S. 115 f.; *Ulbrich*, S. 4 f.

119 *Blaurock*, Unterbeteiligung, S. 116; zustimmend MüHdb/*Gayk*, § 30 Rn. 8; wohl auch Schlegelberger/*Schmidt*, § 230 Rn. 190.

120 Vgl. Staub/*Harbarth*, § 230 Rn. 275 f.; *Blaurock/Berninger*, GmbHR 1990, 11, 12; *Paulick*, ZGR 1974, 253, 258; *Böttcher/Zartmann/Faut*, S. 127 ff., 140.

121 MüKo/*Schmidt*, § 230 HGB Rn. 208; Schlegelberger/*Schmidt*, § 230 Rn. 190; Singhof/*Seiler/Schlitt*, Rn. 363; *Erkens*, S. 215; vgl. FG Düsseldorf, Urt. v. 13.6.2001 – 2 K 1235/98 E, EFG 2001, 1383 f.

122 *Blaurock/Beringer*, GmbHR 1990, 11, 12; *Paulick*, ZGR 1974, 253, 258; *Hohaus*, GmbHR 2002, 883, 884; Singhof/*Seiler/Schlitt*, Rn. 363; *Peters*, S. 24; *Winterstein*, S. 77; Wachter/*Eberl*, S. 1820; *Kühne/Rehm*, NZG 2013, 561, 563; *Spiegelberger*, § 9 Rn. 32; *Werner*, ZEV 2015, 194, 195; Saenger/Aderhold/Lenkaitis/Speckmann/*Eickhoff*, § 7 Rn. 189; *Martens*, BB 2005, 1660, 1661; *Hohaus*, GmbHR 2002, 883, 884; *Meyer*, S. 71; *Tebben*, S. 29 f.

von Mitspracherechten bei der Verwaltung der Hauptbeteiligung der Stellung eines Gesellschafters angeglichen wird.[123]

c) *Abgrenzung*

Die Grenzen zwischen den beiden Formen der Unterbeteiligung sind fließend. Im Grundsatz gilt: Je mehr Rechte dem Unterbeteiligten neben seiner Funktion als Kapitalgeber eingeräumt werden, desto eher liegt eine atypische Unterbeteiligung vor. Da die Unterbeteiligung in der Praxis regelmäßig nicht nur als Einlage, sondern durch umfassende Regelungen ausgestaltet wird, ist *Blaurocks* Kritik an dem Begriff der typischen Unterbeteiligung[124] berechtigt, zumal sie eben nicht den Regelfall beschreibt.

2. *Verdeckte und offene Unterbeteiligung*

Unterschieden wird ferner zwischen der verdeckten (Regelfall)[125] und der offenen Unterbeteiligung. Eine offene Unterbeteiligung liegt vor, wenn die Hauptgesellschaft beziehungsweise ihre Gesellschafter Kenntnis von ihr haben und dem Unterbeteiligten unmittelbare Mitverwaltungsrechte wie Auskunfts- oder Kontrollrechte eingeräumt werden.[126] Dadurch kann der Unterbeteiligte faktisch in den Gesellschafterverband der Hauptgesellschafter mit einbezogen werden.[127] Gegenüber der Gesellschaft können allerdings beide nur mit einer Stimme sprechen. Der Hauptbeteiligte und der Unterbeteiligte unterliegen daher einem Einigungszwang.[128] Bei der verdeckten Unterbeteiligung wird die Beteiligung dagegen

---

123 *Blaurock*, Rn. 30.17; *Schmidt*, Gesellschaftsrecht, S. 1867 f.; *Carlé*, ErbStB 2012, 14, 15; *Kühne/Rehm*, NZG 2013, 561, 563; *Werner*, ZEV 2015, 194, 195; *Martens*, BB 2005, 1660, 1661; *Hohaus*, GmbHR 2002, 883, 884; *Erkens*, S. 215.

124 *Blaurock*, Unterbeteiligung S. 115 f. Dennoch sollen die Bezeichnungen aus Klarstellungsgründen im Folgenden beibehalten werden.

125 MüHdb/*Gayk*, § 30 Rn. 9; Saenger/Aderhold/Lenkaitis/Speckmann/*Eickhoff*, § 7 Rn. 184; Staub/*Harbarth*, § 230 Rn. 278; Wachter/*Eberl*, S. 1820 f.

126 MüKo/*Ulmer/Schäfer*, Vor. § 705 Rn. 101; MüHdb/Gayk, § 30 Rn. 9; *Roth/Thöni*, FS 100 Jahre GmbHG 1992, S. 254; Saenger/Aderhold/Lenkaitis/Speckmann/*Eickhoff*, § 7 Rn. 184; Singhof/*Seiler/Schlitt*, Rn. 362; *Weigl*, S. 18; *Meyer*, S. 72; *Tebben*, S. 30.

127 *Blaurock*, Unterbeteiligung, S. 184; *Kiethe*, NZG 1999, 858, 865; MüKo/*Reichert, Weller*, § 15 GmbHG Rn. 246; MüKo/*Ulmer/Schäfer*, Vor. § 705 BGB Rn. 101; Saenger/Aderhold/Lenkaitis/Speckmann/*Eickhoff*, § 7 Rn. 184; Bamberger/Roth/*Schöne*, § 705 Rn. 190; *Ulbrich*, S. 128 f.; s. auch *Tebben*, S. 104 ff.

128 Vgl. MüHdb/*Gayk*, § 30 Rn. 9; Saenger/Aderhold/Lenkaitis/Speckmann/*Eickhoff*, § 7 Rn. 184.

nicht offen gelegt. Bei ihr bestehen Rechtsbeziehungen lediglich zwischen dem Hauptbeteiligten und dem Unterbeteiligten, ohne dass die Hauptgesellschaft Kenntnis von der Unterbeteiligung und den beteiligten Personen hat.[129]

3. Zwei- und mehrgliedrige Unterbeteiligungen

Wie bei der stillen Gesellschaft können auch an einer Unterbeteiligung mehrere Personen beteiligt werden.[130] Eine zweigliedrige Unterbeteiligung besteht aus dem Hauptgesellschafter und dem Unterbeteiligten. Bei der mehrgliedrigen Unterbeteiligung werden mehreren Personen Unterbeteiligungen in einem Gesellschaftsvertrag eingeräumt.[131] Es sind drei unterschiedliche Konstellationen denkbar.

a) Mehrheit von Unterbeteiligten

Der Hauptgesellschafter kann selbständige Unterbeteiligungsgesellschaftsverträge mit mehreren Personen über seine Hauptbeteiligung abschließen.[132] Diese Konstellation kommt vor allem bei Publikums- und Familiengesellschaften vor.[133] Die einzelnen Verträge mit dem Hauptbeteiligten begründen allerdings keine Rechtsbeziehungen zwischen den Unterbeteiligten untereinander.[134] Die Unterbeteiligten können jedoch auch selbst eine Gesellschaft bürgerlichen Rechts zum Zwecke der Verwaltung der Unterbeteiligungsanteile im gemeinsamen Interesse

---

129 Saenger/Aderhold/Lenkaitis/Speckmann/*Eickhoff*, § 7 Rn. 184; MüHdb/*Gayk*, § 30 Rn. 9; Staub/*Schäfer*, § 105 Rn. 111; MüKo/*Reichert/Weller*, § 15 GmbHG Rn. 246; Singhof/*Seiler/Schlitt*, Rn. 362.

130 Röhricht/von Westphal/Haas/*Mock*, § 230 Rn. 164; *Ulbrich*, S. 9 ff.; Singhof/*Seiler/Schlitt*, Rn. 388.

131 Saenger/Aderhold/Lenkaitis/Speckmann/*Eickhoff*, § 7 Rn. 184; MüHdb/*Gayk*, § 30 Rn. 10.

132 BFH, Beschl. v. 28.6.1972 – I R 206/67, BStBl. 1972 II, 803; Röhricht/von Westphalen/Haas/*Mock*, § 230 Rn. 164; MüKo/*Schmidt*, § 230 HGB Rn. 213; Schlegelberger/*Schmidt*, § 230 Rn. 194; *Zapp*, S. 29; *Böttcher/Zartmann/Faut*, S. 47; *Peters*, S. 24; *Meyer*, S. 11; *Ziegler*, S. 9; *Hesselmann*, GmbHR 1964, 26, 29; *Obermüller/Obermüller*, FS Werner 1984, S. 608. Diese Konstellation nennt sich auch „sternförmige Unterbeteiligung“, Saenger/Aderhold/Lenkaitis/Speckmann/ *Eickhoff*, § 7 Rn. 184; MüHdb/*Gayk*, § 30 Rn. 10.

133 *Blaurock*, Rn. 30.20; MüKo/*Schmidt*, § 230 HGB Rn. 213; Schlegelberger/*Schmidt*, § 230 Rn. 194; Singhof/*Seiler/Schlitt*, Rn. 391; *Merkel*, NJW 1966, 1552 ff.

134 RG, Urt. v. 1.2.1890 – I ZR 304/89, RGZ 25, 41, 45 (zur stillen Gesellschaft); *Janberg*, DB 1953, 77, 78; Schlegelberger/*Schmidt*, § 230 Rn. 194; *Ulbrich*, S. 9 f.; *Zapp*, S. 29; *Greifeld*, S. 28; *Obermüller/Obermüller*, FS Werner 1984, S. 608.

gründen.[135] Dadurch werden sie auch untereinander in ein Gesellschaftsverhältnis eingebunden.[136] Sie können dann ihre Interessen koordinieren und gegenüber dem Hauptbeteiligten einheitlich auftreten beziehungsweise diesen vertreten.[137]

b) Mehrheit von Hauptbeteiligten

Besteht eine Mehrheit von Hauptbeteiligten können diese jeweils eigene Verträge mit dem Unterbeteiligten schließen. In diesem Falle liegen rechtlich selbständige Unterbeteiligungsverhältnisse vor.[138] Die Hauptbeteiligten können sich auch zu einer Gesellschaft bürgerlichen Rechts zusammenschließen und dadurch ihre Anteile bündeln, um dem Unterbeteiligten eine Unterbeteiligung an dieser Gesellschaft einzuräumen.[139] Mehrere Hauptbeteiligte können auch mit mehreren Unterbeteiligten in einem Rechtsverhältnis stehen.[140]

c) Mehrstufige Unterbeteiligung

Der Unterbeteiligte kann einem Dritten eine Unterbeteiligung an seinem Anteil einräumen („mehrstufige Unterbeteiligung").[141] Der Unterbeteiligte wird dann Haupt- und Unterbeteiligter zugleich und erlangt insoweit eine Doppelstellung.[142]

---

135 *Ulbrich,* S. 10; *Blaurock,* Unterbeteiligung, S. 100 ff.; *Blaurock,* Rn. 30.20; Staub/*Harbarth,* § 230 Rn. 280; *Böttcher/Zartmann/Faut,* S. 47; *Paulick,* ZGR 1974, 253, 262; *Meyer,* S. 11; *Pöllinger,* S. 23; *Greifeld,* S. 28; *Peters,* S. 24; *Erkens,* S. 216; *Ziegler,* S. 9; *Schmidt,* DB 1976, 1705 f.

136 Röhricht/von Westphalen/Haas/*Mock,* § 230 Rn. 164.

137 *Ulbrich,* S. 10.

138 *Herzfeld,* AcP 137 (1933), 270, 285 f.; *Pöllinger,* S. 22; *Otto,* BB 1948, 210, 213; *Ulbrich,* S. 10; Röhricht/von Wetsphalen/Haas/*Mock,* § 230 Rn. 165; MüKo/*Schmidt,* § 230 HGB Rn. 212; Schlegelberger/*Schmidt,* § 230 Rn. 193; Singhof/*Seiler/Schlitt,* Rn. 390; *Ziegler,* S. 8.

139 *Ulbrich,* S. 11; *Pöllinger,* S. 22; *Ziegler,* S. 8; *Herzfeld,* AcP 137 (1933), 270, 286; *Meyer,* S. 11 f.; a. A.: Schlegelberger/*Schmidt,* § 230 Rn. 193; *Bopp,* S. 21, *Reis,* S. 7. Nach deren Auffassung liegt keine Unterbeteiligung mehr vor, sondern eine Beteiligung an der Hauptbeteiligung.

140 *Ulbrich,* S. 11.

141 MüKo/*Schmidt,* § 230 HGB Rn. 195, 214; Schlegelberger/*Schmidt,* § 230 Rn. 195; *Thoma,* StbJb 1954/55, 215, 219; *Ulbrich,* S. 11; *Peters,* S. 25; Singhof/*Seiler/Schlitt,* Rn. 393; *Otto,* BB 1948, 210, 213; *Böttcher/Zartmann/Faut,* S. 48 f.; *Hesselmann,* GmbHR 1964, 26, 29; *Mühlhaus,* ErbStB 2009, 276, 277; *Weigl,* S. 204; *Zapp,* S. 29; *Meyer,* S. 13; *Pöllinger,* S. 23 f.; *Schimke,* S. 19 f.; Saenger/Aderhold/Lenkaitis/Speckmann/*Eickhoff,* § 7 Rn. 181; *Roth/Thöni,* FS 100 Jahre GmbHG 1992, S. 253; *Erkens,* S. 216; *Ziegler,* S. 10.

142 *Ulbrich,* S. 11.

Diese Konstellation ist geeignet, die Beteiligung des Unterbeteiligten zu refinanzieren.

V. Gesellschaftsformen der Hauptgesellschaft

Eine Unterbeteiligung ist an allen gesellschaftsrechtlichen Erscheinungsformen möglich, also an Personen- und an Kapitalgesellschaften. Sie kann daher an Anteilen von Personenhandelsgesellschaften, Gesellschaften bürgerlichen Rechts, stillen Gesellschaften und auch an Unterbeteiligungen selbst sowie an Aktien und GmbH-Anteilen erfolgen.[143] Eine Unterbeteiligung an einer Partnerschaftsgesellschaft ist wegen der besonderen Voraussetzungen des PartGG und der jeweils dazugehörigen Berufsrechte nicht möglich.[144] Ebensowenig kann eine Unterbeteiligung am Handelsgewerbe eines Einzelkaufmanns erfolgen, da in diesem Fall kein Gesellschaftsanteil vorhanden ist, an dem die Unterbeteiligung eingeräumt werden könnte.[145] In der Praxis kommen Unterbeteiligungen in erster Linie an mittelständischen Personengesellschaften, aber auch an GmbH-Geschäftsanteilen vor.[146]

VI. Abgrenzung zu anderen Rechtsinstituten

Die Unterbeteiligung ist von anderen Beteiligungsformen an Gesellschaftsanteilen abzugrenzen. Die nachfolgende Darstellung beschränkt sich auf eine Übersicht über die in der Praxis besonders relevanten Rechtsinstitute.

1. Abgrenzung zur stillen Gesellschaft

Die Unterbeteiligung weist zahlreiche Ähnlichkeiten zur stillen Gesellschaft auf.[147] Daher sollen zunächst die Grundlagen der stillen Gesellschaft dargestellt werden.

---

143 MüKo/*Schmidt*, § 230 HGB Rn. 195; Oetker/*Schubert*, § 230 Rn. 111; Singhof/*Seiler*/*Schlitt*, Rn. 345; Saenger/Aderhold/Lenkaitis/Speckmann/*Eickhoff*, § 7 Rn. 181; Erman/*Westermann*, Vor. § 705 Rn. 38; Staub/*Harbarth*, § 230 Rn. 270; *Paulick*, ZGR 1974, 253, 261; *Meyer*, S. 5; Ebenroth/Boujong/Joost/Strohn/*Gehrlein*, Rn. 91; *Theil*, S. 24 ff.; Sudhoff/*Stenger*, § 34 Rn. 29; *Pöllinger*, S. 12 f.; *Greifeld*, S. 9 ff.; *Kletschka*, S. 15 f.; *Ziegler*, S. 5; Esskandari/Franck/*Künnemann*, Kap. 5 Rn. 23.

144 Saenger/Aderhold/Lenkaitis/Speckmann/*Eickhoff*, § 7 Rn. 181.

145 *Paulick*, ZGR 1974, 253, 259; *Bopp*, S. 23.

146 *Carlé*, ErbStB 1/2012, 14; *App*, DStR 1994, 291.

147 *Bopp*, S. 22; *Kletschka*, S. 19 ff.; *Andreopoulos*, S. 32 ff.; s. ausfürhlich zur Abgrenzung *Peters*, S. 30 ff. S. auch S. 37.

a) Grundlagen der stillen Gesellschaft

Anders als die Unterbeteiligung ist die stille Gesellschaft gesetzlich geregelt, §§ 230 ff. HGB. Die stille Gesellschaft ist eine Gesellschaft, bei der sich ein stiller Gesellschafter an dem Handelsgewerbe eines Teilhabers mit einer in dessen Vermögen übergehenden Einlage gegen einen Anteil am Gewinn beteiligt.[148] Der stille Gesellschafter und der Unternehmensträger können sowohl natürliche als auch juristische Personen sein.[149] Die stille Gesellschaft ist eine Innengesellschaft.[150] Ihre Rechtsform entspricht derjenigen einer Gesellschaft bürgerlichen Rechts[151] ohne eigene Rechtsfähigkeit.[152] Ein gemeinsames Gesellschaftsvermögen wird deshalb nicht gebildet.[153] Vielmehr leistet der stille Gesellschafter seine Einlage in das Vermögen des tätigen Teilhabers, § 230 I HGB. Sie setzt zwingend voraus, dass der stille Gesellschafter am Gewinn der Gesellschaft beteiligt wird, § 232 I HGB. Die Gewinnverteilung und -berechnung muss vertraglich geregelt werden.[154] An den Verlusten nimmt der stille Gesellschafter nur bis zur Höhe seiner Einlage teil, § 232 II 1 HBG. Insoweit ist seine Stellung mit der eines Kommanditisten in einer Kommanditgesellschaft vergleichbar.

---

148 BFH, Urt. v. 8.4.2008 – VIII R 3/05, DStR 2008, 1629, 1630; Urt. v. 28.20.2008 – VIII R 36/04, DStR 2008, 2305, 2307; *Windbichler,* § 18 Rn. 1; Oetker/*Schubert,* § 230 Rn. 1; Ebenroth/Boujong/Joost/Strohn/*Gehrlein,* § 230 Rn. 2; Heymann/*Horn,* § 230 Rn. 2; Staub/*Harbarth,* § 230 Rn. 9; Baumbach/Hopt/*Roth,* § 230 Rn. 1; Koller/*Kindler*/Roth/Morck, § 230 Rn. 2; *Blaurock,* Rn. 4.3; MüKo/*Schmidt,* § 230 HGB Rn. 2; *Eisenhardt/Wackerbarth,* Rn. 530; *Klauss/Mittelbach,* Rn. 19.

149 MüKo /*Schmidt,* § 230 HGB Rn. 34, 26, 27 f.; Baumbach/Hopt/*Roth,* § 230 Rn. 6; *Blaurock,* Rn. 5.37 ff.; Röhricht/von Westphalen/Haas/*Mock,* § 230 Rn. 36; *Eisenhardt/ Wackerbarth,* Rn. 534.

150 *Blaurock,* Rn. 4.4; MüKo/*Schmidt,* § 230 HGB Rn. 4; MüKo/*Ulmer/Schäfer,* Vor. § 705 Rn. 282; Staub/*Harbarth,* § 230 Rn. 12; *Paulick,* ZGR 1974, 253, 259; *Eisenhardt/ Wackerbarth,* Rn. 531.

151 MüKo/*Ulmer/Schäfer,* § 705 BGB Rn. 283, 286; MüKo/*Schmidt,* § 230 HGB Rn. 4 ff.; Heymann/*Horn,* § 230 Rn. 2; Ebenroth/Boujong/Joost/Strohn/*Gehrlein,* § 230 Rn. 3.

152 *Schmidt,* Gesellschaftsrecht, S. 1855.

153 Ebenroth/Boujong/Joost/Strohn/*Gehrlein,* § 230 Rn. 2; *Blaurock,* Rn. 4.3; Heymann/ *Horn,* § 230 Rn. 3; Staub/*Harbarth,* § 230 Rn. 16; *Windbichler,* § 18 Rn. 2.

154 Vgl. *Schmidt,* Gesellschaftsrecht, S. 1858. Zu den Gewinnbeteiligungsmöglichkeiten s. *Blaurock,* Rn. 7.8 ff.

b) Abgrenzung

Die stille Gesellschaft und die Unterbeteiligung unterscheiden sich vor allem durch den Gegenstand der Beteiligung.[155] Die stille Gesellschaft ist eine Beteiligung an einem Handelsgeschäft beziehungsweise Unternehmen, das ein anderer betreibt.[156] Die Unterbeteiligung bezieht sich nicht auf ein Handelsgewerbe, sondern auf die Gesellschaftsbeteiligung des Hauptgesellschafters.[157] Der wesentliche Unterschied zur stillen Gesellschaft besteht also darin, dass der mittelbar Beteiligte bei der Unterbeteiligung an einem Gesellschaftsanteil und nicht an der Gesellschaft beziehungsweise dem Unternehmen selbst beteiligt ist.[158] Außerdem haben die Beteiligungen jeweils einen anderen Vertragspartner. Vertragspartner bei der Unterbeteiligung ist der Hauptgesellschafter, bei der stillen Gesellschaft der Inhaber des Handelsgeschäfts.[159]

2. Abgrenzung zur Treuhand

Die Unterbeteiligung ist zudem von der Treuhand abzugrenzen.[160]

---

155 *Schmidt,* Gesellschaftsrecht, S. 1866; Schlegelberger/*Schmidt,* § 230 Rn. 198; MüHdb/*Gayk,* § 30 Rn. 11; *Ulbrich,* S. 74 f.; *Schimke,* S. 21; MüKo/*Schmidt,* § 230 Rn. 51, 199; *Böttcher/Zartmann/Faut,* S. 45.

156 Wachter/*Eberl,* S. 1767; *Blaurock,* Rn. 30.8; MüKo/*Schmidt,* § 230 HGB Rn. 199; MüHdb/*Gayk,* § 30 Rn. 11; *Hesselmann,* GmbHR 1964, 26; *Blaurock/Berninger,* GmbHR 1990, 87; *Peters,* S. 31 ff.; *Böttcher/Zartmann/Faut,* S. 45; *Pöllinger,* S. 27; *Greifeld,* S. 20 f.; *Kletschka,* S. 22; *Ziegler,* S. 20.

157 *Windbichler,* § 18 Rn. 7; *Janberg,* DB 1953, 77; Oetker/*Schubert,* § 230 Rn. 112; *Grunewald,* § 4 Rn. 4; *Paulick,* ZGR 1974, 253, 258; *Bopp,* S. 23; *Weigl,* S. 18; *Werner,* ZEV 2015, 194; *Böttcher/Zartmann/Faut,* S. 45; Sudhoff/*Froning,* § 43 Rn. 3; *Bülow,* S. 2; *Hartmann,* S. 18.

158 BGH, Urt. v. 22.11.1965 – II ZR 102/63, WM 1966, 188, 190; *Blaurock,* Rn. 30.8; *Böttcher/Zartmann/Faut,* S. 45; *Friehe,* S. 14 f.; *Ulbrich,* S. 73; Oetker/*Schubert,* § 230 Rn. 114; *Paulick,* ZGR 1974, 253, 259; MüHdb/Gayk, § 30 Rn. 11; MüKo/*Schmidt,* § 230 Rn. 199, 51; Schlegelberger/*Schmidt,* § 230 Rn. 198; Saenger/Aderhold/*Lenkaitis*/Speckmann, § 7 Rn. 30; *Thomsen,* S. 26; Giefers/*Ruhkamp,* Rn. 665; Singhof/*Seiler/Schlitt,* Rn. 354; *Andreopoulos,* S. 5; *Koenigs,* S. 26.

159 MüKo/*Schmidt,* § 230 Rn. 51; Röhricht/von Westphalen/Haas/*Mock,* § 230 Rn. 52; Wachter/*Eberl,* S. 1767; *Böttcher/Zartmann/Faut,* S. 46; *Bülow,* S. 2.

160 Dazu ausführlich: *Peters,* S. 25 ff; *Ulbrich,* S. 84 ff; *Tebben,* S. 51 ff.; s. auch *Schaub,* DStR 1995, 1634, 1634 f. Zur Abgrenzung zu den Publikums-Treuhandgesellschaften: MüKo/*Schmidt,* § 230 HGB Rn. 202; *Blaurock,* Rn. 30.12; MüHdb/*Gayk,* § 30 Rn. 12.

a) Definition der Treuhand

Eine Treuhand an einem Gesellschaftsanteil liegt vor, wenn ein Gesellschafter (Treuhänder) Inhaber der Beteiligung ist und er die Rechte aus der Beteiligung nur nach Maßgabe eines mit dem Treugeber geschlossenen Treuhandvertrags ausüben darf.[161] Der Treuhänder hält die Beteiligung demnach ausschließlich für fremde Rechnung.[162]

b) Abgrenzung

In der Abgrenzung zur Unterbeteiligung sind mehrere Kriterien in Betracht zu ziehen. Bei der Unterbeteiligung kann das Verhältnis zwischen dem Hauptbeteiligten und dem Unterbeteiligten im Gegensatz zur Treuhand unterschiedlich ausgestaltet sein. So kann der Hauptbeteiligte die Anteile sowohl für eigene als auch für fremde oder gemeinsame Rechnung halten.[163] Bei der Treuhand ist zudem im Innenverhältnis der Parteien das Auftrags- beziehungsweise Dienstvertragsrecht (§§ 662 ff., 611 ff. BGB) anzuwenden, während bei der Unterbeteiligung das Gesellschaftsrecht zur Anwendung kommt.[164] Fraglich ist, wie zu bestimmen ist, ob ein treuhänderisches oder ein gesellschaftsrechtliches Verhältnis zwischen den Vertragsparteien vorliegt. Als maßgebliches Kriterium für diese Abgrenzung kann die Regelung über die Gewinnverteilung dienen. Ein Treuhandverhältnis liegt vor, wenn der Gesellschafter den Gewinn an den Vertragspartner weiterleiten muss und ihn zugleich mit möglichen Verlusten belasten kann.[165] Es fehlt dann der für die Unterbeteiligung typische gemeinsame

---

161 MüKo/*Schmidt,* § 105 HGB Rn. 226; Michalski/*Ebbing,* § 15 Rn. 206; *Eden,* S. 3; *Beuthien,* ZGR 1974, 26, 29; vgl. auch *Siebert,* S. 1 ff., 20 ff., 407 f.; *Kletschka,* S. 38. Zum Treuhandbegriff s. ausführlich *Armbrüster,* S. 11 ff.

162 Oetker/*Schubert,* § 230 Rn. 113; Ebenroth/Boujong/Joost/Strohn/*Gehrlein,* § 231 Rn. 104; Wachter/*Eberl,* S. 1821 f.; *Eden,* S. 12.

163 BGH, Urt. v. 13.6.1994 – II ZR 259/92, NJW 1994, 2886, 2887; *Blaurock,* Rn. 30.9; Röhricht/von Westphalen/Haas/*Mock,* § 230 Rn. 101; MüKo/*Schmidt,* § 230 HGB Rn. 202; Singhof/*Seiler/Schlitt,* Rn. 357; Saenger/Aderhold/Lenkaitis/Speckmann/*Eickhoff,* § 7 Rn. 186; *Henn,* S. 21; MüKo/*Reichert/Weller,* § 15 GmbHG Rn. 247; *Armbrüster,* S. 23.

164 BFH, Urt. v. 11.10.1984 – IV R 179/82, BB 1985, 638, 639; BGH, Urt. v. 10.10.1994 – II ZR 285/93, NJW-RR 1995, 165, 166; *Eden,* S. 11; *Blaurock,* Rn. 30.9; *Tebben,* S. 75; Wachter/*Eberl,* S. 1821 f.; Singhof/*Seiler/Schlitt,* Rn. 357; *Thomsen,* S. 27; *Ulbrich,* S. 86; *Schimke,* S. 22; *Bender,* DB 1979, 1445, 1447; *Schaub,* DStR 1995, 1634, 1635; *Hesselmann,* GmbHR 1964, 26, 27; *Pikard,* WM 1956, 655 f.; *Weigl,* S. 19.

165 MüKo/*Schmidt,* § 230 HGB Rn. 202; BGH, Urt. v. 13.6.1994 – II ZR 259/92, NJW 1994, 2886, 2887; Heymann/*Horn,* § 230 Rn. 66, 75; *Janberg,* DB 1953, 77; *Blaurock,*

gesellschaftsrechtliche Zweck im Sinne der §§ 705 ff. BGB. In diesem Fall ist für die Treuhand das Auftrags- beziehungsweise Geschäftsbesorgungsrecht (§§ 662 ff., 675 BGB) anwendbar.[166] Die ehemals herrschende Auffassung[167] sieht Treuhand und Unterbeteiligung als durch dieses Kriterium streng voneinander unterscheidbare Rechtsverhältnisse an.[168]

Nach der neueren Rechtsprechung des BGH[169] kann die Unterbeteiligung allerdings mit treuhänderischen Pflichten verbunden werden, sodass sich Treuhand und Unterbeteiligung nicht zwangsläufig gegenseitig ausschließen.[170] Es kann also auch ein Unterbeteiligungsverhältnis mit treuhänderischen Elementen ausgestattet werden, sodass sich die Abgrenzung schwierig gestaltet.[171] Dagegen kann eine Treuhand wegen der Anwendung des Auftragsrechts nicht zugleich auch eine Unterbeteiligung sein.[172] Zu beachten ist, dass bei einer treuhänderischen Unterbeteiligung neben den gesellschaftsrechtlichen Normen auch das Auftragsrecht (§§ 662 ff. BGB) zur Anwendung kommt.[173] Welche gesetzlichen Bestimmungen

---

Rn. 30.10; *Böttcher/Zartmann/Faut,* S. 58; *Ulbrich,* S. 39, 84 ff.; Wachter/*Eberl,* S. 1821 f.; *Obermüller/Obermüller,* FS Werner 1984, S. 611.

166 *Tebben,* S. 56; *Eden,* S. 12 f.; Staub/*Harbarth,* § 230 Rn. 274.

167 *Friehe,* S. 15; Staub/*Ulmer,* 4. Aufl., § 105 Rn. 110; *Ulbrich,* S. 84 ff.; *Maulbetsch,* S. 118 f.; *Böttcher/Zartmann/Faut,* S. 58 f.; *Wiedemann,* Übertragung S. 387; *Blaurock,* Unterbeteiligung, S. 108, 115; *Gummert,* WiB 1994, 775, 776.

168 MüKo/*Schmidt,* Vor. § 230 HGB Rn. 45, § 230 HGB Rn. 202; *Schmidt,* Gesellschaftsrecht, S. 1867; *Tebben,* S. 55; *Eden,* S. 12.

169 BGH, Urt. v. 10.10.1994 – II ZR 285/93, NJW-RR 1995, 165, 166; Urt. v. 13.6.1994 – II ZR 259/92, NJW 1994, 2886, 2887.

170 MüKo/*Schmidt,* Vor. § 230 HGB Rn. 45, § 230 HGB Rn. 202; Staub/*Schäfer,* § 105 Rn. 110; Staub/*Harbarth,* § 230 Rn. 274; Palandt/*Sprau,* § 705 Rn. 51; Heymann/*Horn,* § 230 Rn. 75; Oetker/*Schubert,* § 230 Rn. 113; Ulmer/Habersack/*Löbbe,* § 15 Rn. 216; Blaurock, Rn. 30.11; *Blaurock/Berninger,* GmbHR 1990, 11, 13; *Schmidt,* FS Roth 2012, S. 719; *Ulbrich,* S. 87; Michalski/*Ebbing,* § 15 Rn. 185; *Hüffer,* JuS 1979, 457, 460; Singhof/*Seiler/Schlitt,* Rn. 358; *Armbrüster,* S. 23; Koller/*Kindler*/Roth/Morck, § 230 Rn. 4; kritisch hierzu *Tebben,* S. 65 f.; später aber folgend *Tebben,* GmbHR 2007, 63, 67; vgl. auch *Roth/Thöni,* FS 100 Jahre GmbHG 1992, S. 259 ff.; *Schneider,* FS Möhring 1965, S. 117.

171 MüKo/*Schmidt,* § 230 HGB Rn. 202; *Blaurock,* Rn. 30.11; *Friehe,* S. 15; *Thomsen,* S. 27 f.; *Roth/Thöni,* FS 100 Jahre GmbHG 1992, S. 260 f.; Singhof/*Seiler/Schlitt,* Rn. 358; *Tebben,* GmbHR 2007, 63, 67; *Hübner,* ErbR 2014, 257, 258.

172 MüKo/*Schmidt,* § 230 HGB Rn. 202; Wachter/*Eberl,* S. 1821 f.; vgl. BGH, NJW 1994, 2886; Heymann/*Horn,* § 230 Rn. 75.

173 Müko/*Schmidt,* § 230 HGB Rn. 204; Vor. § 230 HGB Rn. 72.

im Einzelfall anzuwenden sind, ist aber von der Ausgestaltung des Vertrages zwischen dem Hauptbeteiligten und dem Unterbeteiligten abhängig.[174]

Schmidt hat eine differenzierende Ansicht entwickelt und unterscheidet bei der rechtlichen Einordnung zwischen Abgrenzungs- und Überschneidungsfällen.[175] Hält der Gesellschafter seine gesamte Beteiligung mit allen Rechten und Pflichten im Innenverhältnis für einen Dritten, ist demnach eine Treuhand gegeben. Eine Unterbeteiligung scheidet dann aus (Abgrenzungsfall).[176] Erhält der Dritte nur eine teilweise Beteiligung, wird aber der Hauptbeteiligte ausschließlich für fremde Rechnung gegen eine Festvergütung tätig und führt er alle Gewinne und Verluste an den Unterbeteiligten ab, kann gleichwohl eine (atypische) Unterbeteiligung vorliegen.[177] Dagegen soll es sich sowohl um eine Unterbeteiligung als auch ein Treuhandverhältnis handeln, wenn der Hauptbeteiligte seinen Anteil in eine Mehrzahl von Unterbeteiligungen aufteilt und die Hauptbeteiligung ausschließlich für Rechnung der Unterbeteiligten verwaltet (Überschneidungsfall).[178]

Die Auffassung, die Treuhand und Unterbeteiligung streng voneinander abgrenzt, erscheint überholt.[179] Das Kriterium der Gewinnverteilung kann gleichwohl zur Abgrenzung herangezogen werden. Dabei ist jedoch zwischen den von *Schmidt* bezeichneten Fällen zu unterscheiden.

3. *Abgrenzung zu den partiarischen Rechtsgeschäften*

Die Unterbeteiligung ist auch von partiarischen Rechtsgeschäften abzugrenzen. Schwierig kann insbesondere die Abgrenzung zum partiarischem Darlehen sein.[180] Partiarische Rechtsverhältnisse sind schuldrechtliche Austauschverträge nicht gesellschaftsrechtlicher Art, bei denen eine Gewinnbeteiligung vereinbart

---

174 BGH, Urt. v. 13.6.1994 – II ZR 259/92, NJW 1994, 2886, 2887; MüHdb/*Gayk*, § 30 Rn. 12; *Blaurock*, Rn. 30.11; Wachter/*Eberl*, S. 1821 f.; Singhof/*Seiler/Schlitt*, Rn. 358.

175 Schlegelberger/*Schmidt*, § 230 Rn. 201; MüKo/*Schmidt*, § 230 HGB Rn. 202.

176 Schlegelberger/*Schmidt*, § 230 Rn. 201; MüKo/*Schmidt*, § 230 HGB Rn. 202, 197; ihm zustimmend: Heymann/*Horn*, § 230 Rn. 66, 75; MüHdb/*Gayk*, § 30 Rn. 11; Singhof/*Seiler/Schlitt*, Rn. 359.

177 Schlegelberger/*Schmidt*, § 230 Rn. 201; MüKo/*Schmidt*, § 230 HGB Rn. 202; vgl. auch *Paulick*, ZGR 1974, 253, 266.

178 Schlegelberger/*Schmidt*, § 230 Rn. 201; MüKo/*Schmidt*, § 230 HGB Rn. 202. Diese Konstellation trete häufig bei Publikums-Treuhandgesellschaften auf.

179 Dagegen *Tebben*, S. 67 ff., 76.

180 Schlegelberger/*Schmidt*, § 230 Rn. 200; *Schimke*, S. 23; s. dazu ausführlich: *Peters*, S. 34 ff; *Ulbrich*, S. 80 ff.

wird.[181] Ein partiarisches Darlehen ist eine Sonderform des Darlehens nach § 488 I BGB. Der Unterschied zur Urform des Darlehens besteht darin, dass als Vergütung kein fester Zins vereinbart, sondern ein Anteil am Gewinn gewährt wird.[182] Darlehensnehmer und Darlehensgeber haben zwar ein gemeinsames Interesse, verfolgen aber keinen gemeinsamen Zweck im Sinne des Gesellschaftsrechts.[183] Zu den partiairischen Rechtsgeschäften grenzt sich die Unterbeteiligung durch den gemeinsamen gesellschaftsrechtlichen Zweck ab.[184] Bei den partiarischen Rechtsverhältnissen liegt kein Gesellschaftsverhältnis vor.[185] Welches Rechtsinstitut von den Vertragsparteien gewählt worden ist, ist im Einzelfall danach zu entscheiden, ob diese sich durch den Abschluss des Vertrages zur Erreichung eines gemeinsamen Zwecks verbunden haben und ihre schuldrechtlichen Beziehungen ein gesellschaftsrechtliches Element beinhalten, oder ob die Parteien ohne die Vereinbarung eines gemeinsamen Zwecks nur ihre eigenen Interessen verfolgen und diese ausschließlich ihre Beziehungen zueinander bestimmen.[186]

4. *Abgrenzung zur Bruchteilsgemeinschaft*

Eine Gemeinschaft nach Bruchteilen gemäß § 741 BGB liegt vor, wenn mehreren Personen ein Recht gemeinschaftlich nach ideellen Bruchteilen zusteht.[187] Der häufigste Fall einer Bruchteilsgemeinschaft ist der, dass mehrere Personen gemeinsames Eigentum an einer Sache haben.[188] Bei der Unterbeteiligung entsteht dem Unterbeteiligten im Gegensatz zur Bruchteilsgemeinschaft

---

181 BGH, Urt. v. 29.1.1951 – IV ZR 171/50, NJW 1951, 308 f.; *Windbichler,* § 5 Rn. 5; *Blaurock,* Rn. 8.16.

182 *Windbichler,* § 5 Rn. 5; *Bopp,* S. 27; *Thomsen,* S. 25; Singhof/*Seiler/Schlitt,* Rn. 356.

183 *Windbichler,* § 5 Rn. 5; Wachter/*Eberl,* S. 1821; Singhof/*Seiler/Schlitt,* Rn. 356.

184 *Blaurock,* Rn. 30.14; Wachter/*Eberl,* S. 1821; *Bopp,* S. 27; MüKo/*Reichert/Weller,* § 15 GmbHG Rn. 249; *Henn,* S. 20 f.; Michalski/*Ebbing,* § 15 Rn. 185; Ulmer/Habersack/*Löbbe,* § 15 Rn. 216; Singhof/*Seiler/Schlitt,* Rn. 356; *Friehe,* S. 16 f.; *Ulbrich,* S. 81; *Schimke,* S. 23 f.; MüKo/*Schmidt,* § 230 HGB Rn. 201, 58; Oetker/*Schubert,* § 230 Rn. 113, 26 ff.; Röhricht/von Westphalen/Haas/*Mock,* § 230 Rn. 158, 54; MüHdb/*Gayk,* § 30 Rn. 13; *Meyer,* S. 56 f.; *Obermüller/Obermüller,* FS Werner 1984, S. 614 f.

185 *Bopp,* S. 27.

186 *Paulick,* ZGR 1974, 253, 257 f.; BGH, Urt. v. 10.6.1965 – III ZR 239/61, DB 1965, 1589; Urt. v. 9.2.1967 – III ZR 226/64, BB 1967, 349; OLG Nürnberg, Urt. v. 4.12.1967 – 5 U 35/67, DB 1968, 166 f.; *Bülow,* S. 2; *Pöllinger,* S. 25 f.; *Ziegler,* S. 22 f.

187 MüKo/*Schmidt,* § 741 BGB Rn. 1; Staudinger/*von Proff,* § 741 Rn. 2; Palandt/*Sprau,* § 741 Rn. 1; Bamberger/Roth/*Gehrlein,* § 741 Rn. 3.

188 MüKo/*Schmidt,* § 741 BGB Rn. 41; Bamberger/Roth/*Gehrlein,* § 741 Rn. 8.

an einer Beteiligung keine gemeinsame dingliche Mitberechtigung an dem Gesellschaftsanteil.[189] Er erhält lediglich schuldrechtliche Rechte.

5. *Abgrenzung zum Nießbrauch und zum Pfandrecht*

Nießbrauch und Pfandrecht sind zulässige Formen der Beteiligung an Gesellschaftsanteilen.[190]

a) Nießbrauch

Nießbrauch (§§ 1030 ff. BGB) ist die dingliche Belastung einer Sache oder eines Rechts, die dem Begünstigten zur Ziehung der Nutzungen aus dem Nießbrauchgegenstand berechtigt.[191] Ein Nießbrauch an Rechten (§§ 1068 ff. BGB) kann auch an einem Gesellschaftsanteil bestellt werden.[192] Der Unterschied zur Treuhand und zur Unterbeteiligung besteht in der Ausgestaltung der Rechtsstellung des mittelbar Beteiligten.[193] Beim Nießbrauch wird dem Beteiligten eine dingliche Berechtigung an dem Gesellschaftsanteil eingeräumt.[194] Bei der Treuhand und der Unterbeteiligung erhalten die mittelbar Beteiligten dagegen nur ein schuldrechtliches Recht, das gesellschaftsrechtlich begründet wird.[195]

b) Pfandrecht

Ein Pfandrecht (§§ 1204 ff. BGB) ist ein beschränkt dingliches Recht des Pfandgläubigers an einer Sache oder einem Recht, das regelmäßig zur Sicherung einer Forderung bestellt wird.[196] Es kann auch an einem Gesellschaftsanteil begründet

---

189 MüKo/*Schmidt,* § 230 HGB Rn. 200; Schlegelberger/*Schmidt,* § 230 Rn. 199; Staudinger/*von Proff,* § 741 Rn. 149; MüKo/*Schmidt,* § 741 BGB Rn. 14; *Paulick,* ZGR 1974, 253, 257; Singhof/*Seiler/Schlitt,* Rn. 355.

190 *Peters,* S. 37; s. ausführlich zur Abgrenzung beider Rechtsinstitute bzgl. der Unterbeteiligung: *Peters,* S. 37 ff; zum Nießbrauch: *Ulbrich,* S. 87 ff.; *Bender,* DB 1979, 1445 f.

191 *Henn,* S. 22; *Schmidt,* Gesellschaftsrecht, S. 1822 f.

192 *Peters,* S. 37. Der Nießbrauch an Personengesellschaftsanteilen ist wegen §§ 717 1, 719 BGB unzulässig. Von dieser dispositiven Regelung kann aber im Gesellschaftsvertrag abgewichen werden: *Thomsen, S. 28;* Palandt/*Bassenge,* § 1068 Rn. 5.

193 *Peters,* S. 38; s. ausführlich *Ulbrich,* S. 87 ff.

194 *Peters,* S. 37; Saenger/Aderhold/Lenkaitis/Speckmann/*Eickhoff,* § 7 Rn. 186; *Winterstein,* S. 6; *Thomsen,* S. 29; *Schimke,* S. 24 f.; *Bender,* DB 1979, 1445, 1448.

195 Vgl. MüKo/*Schmidt,* Vor. § 230 HGB Rn. 11; *Thomsen,* S. 29; *Winterstein,* S. 7; *Bender,* DB 1979, 1445, 1448; *Bülow,* S. 3.

196 Palandt/*Bassenge,* § 1204 Rn. 1; Bamberger/Roth/*Sosnitza,* § 1204 BGB Rn. 1.

werden.[197] Abgrenzungsschwierigkeiten zur Unterbeteiligung als einer schuldrechtlichen Vereinbarung werden in der Regel nicht auftreten, weil der Unterbeteiligte im Gegensatz zum Pfandrechtsgläubiger ebenfalls keine dinglichen Rechte an dem Gesellschaftanteil erhält.[198]

D. Zusammenfassung des ersten Teils

Die Unterbeteiligung ist aus einem praktischen Bedürfnis heraus erwachsen und findet in zahlreichen Gestaltungen als mittelbare Beteiligungsform Anwendung. Ihre Rechtsform ist als Gesellschaft bürgerlichen Rechts in der Form einer Innengesellschaft einzustufen. Die Interessenlage der Gesellschafter entspricht in weiten Teilen derjenigen in einer stillen Gesellschaft. Deshalb sind neben den gesetzlichen Regelungen zur Gesellschaft bürgerlichen Rechts (§§ 705 ff. BGB) auch teilweise die Normen über die stille Gesellschaft (§§ 230 ff. HGB) anwendbar. Bei der vertraglichen Ausgestaltung des Gesellschaftsvertrages sind die Parteien weitgehend frei. Es obliegt ihnen, detaillierte Regelungen zu treffen, um nicht auf nicht passende gesetzliche Regelungen zurückgreifen zu müssen. Eine atypische Unterbeteiligung können die Parteien so gestalten, dass der Unterbeteiligte die wirtschaftlich und unternehmerisch vergleichbare Stellung eines Gesellschafters erreicht.

Die Erscheinungsformen der Unterbeteiligung sind vielfältig. Auf Grund der zahlreichen Gestaltungsmöglichkeiten und des Grundsatzes des Numerus Clausus des Gesellschaftsrechts ist die Unterbeteiligung von zahlreichen ähnlichen Rechtsinstituten abzugrenzen. Insbesondere gilt dies für die stille Gesellschaft, bei der im Gegensatz zur Unterbeteiligung nicht ein Gesellschafter der Hauptgesellschaft, sondern der Unternehmensträger Vertragspartner der Innengesellschaft wird. Eine Abgrenzung muss auch zur Treuhand erfolgen. Zwischen Unterbeteiligung und Treuhand liegt kein Exklusivitätsverhältnis vor. Als Abgrenzungskriterium dient die Auslegung der Vertragsabrede. Maßgeblich ist, ob darin ein gesellschaftsrechtlicher Zweck vereinbart wird oder der mittelbar Beteiligte rein kapitalmäßig ohne einen Einfluss auf den Gesellschaftsanteil und ohne eigene Einlage beteiligt ist.[199]

---

197 *Schaub,* DStR 1995, 1634, 1635; *Vossius,* BB 1988, 1, 10 f.; *Roth/Thöni,* FS 100 Jahre GmbHG 1992, S. 256 f.

198 *Peters,* S. 39; *Ulbrich,* S. 94 f.

199 So auch *Tebben,* S. 76.

2. Teil: Errichtung, Rechtsverhältnisse, Übertragung und Beendigung der Unterbeteiligung

Im Folgenden sollen die Errichtung, Beendigung und Übertragung und die Rechtsverhältnisse innerhalb der Unterbeteiligung dargestellt werden.

A. Errichtung einer Unterbeteiligung

Die Errichtung einer Unterbeteiligung erfolgt durch den Abschluss eines Gesellschaftsvertrages im Sinne von § 705 BGB, der einen gemeinsamen Zweck zum Gegenstand hat und die Gesellschafter zur Gewährung von Einlagen verpflichtet.

I. Unterbeteiligungsvertrag

Die wesentliche Voraussetzung für die Begründung einer Unterbeteiligung ist der Abschluss eines Gesellschaftsvertrages zwischen dem Hauptbeteiligten und dem Unterbeteiligten.[200] Dieser Vertrag ist in der Regel zweiseitig.[201] Der Abschluss kann ausdrücklich oder konkludent erfolgen.[202] Eine testamentarische Anordnung ist nicht möglich.[203] Für die Charakterisierung als Unterbeteiligung kommt es nicht auf die Bezeichnung, sondern auf den Inhalt des Vertrages an.[204] Jedes Unterbeteiligungsverhältnis stellt ohne Ausnahme ein Gesellschaftsverhältnis

---

200 *Blaurock*, Rn. 30.26; *Blaurock*, Unterbeteiligung, S. 151; Schlegelberger/*Schmidt*, § 230 Rn. 185; MüKo/*Schmidt*, § 230 HGB Rn. 196, 220; *Paulick*, ZGR 1974, 253, 268; MüHdb/*Gayk*, § 30 Rn. 14; Oetker/*Schubert*, § 230 Rn. 114; Staub/*Harbarth*, § 230 Rn. 279; Ebenroth/Boujong/Joost/Strohn/*Gehrlein*, § 230 Rn. 93; Singhof/*Seiler/Schlitt*, Rn. 373; Giefers/*Ruhkamp*, Rn. 672; *Thomsen*, S. 30; *Erkens*, S. 213.

201 MüKo/*Schmidt*, § 230 HGB Rn. 220; Schlegelberger/*Schmidt*, § 230 Rn. 206; *Blaurock*, Rn. 30.26; Wachter/*Eberl*, S. 1823; Sudhoff/*Froning*, § 43 Rn. 34.

202 Vgl. BGH, Urt. v. 12.7.1962 – II ZR 175/61, WM 1962, 880; MüHdb/*Gayk*, § 30 Rn. 14; MüKo/*Schmidt*, § 230 HGB Rn. 222; Schlegelberger/*Schmidt*, § 230 Rn. 208; *Ulbrich*, S. 100; Wachter/*Eberl*, S. 1824; Singhof/*Seiler/Schlitt*, Rn. 373.

203 Eine testamentarisch angeordnete Unterbeteiligung ist als Vermächtnis gerichtet auf den Abschluss eines Unterbeteiligungsvertrags auszulegen, BGH, Urt. v. 11.7.1968 – II ZR 179/66, NJW 1968, 2003; Müko/*Ulmer/Schäfer*, Vor. § 705 BGB Rn. 96; *Singhof/Seiler/Schlitt*, Rn. 374; BHbdP/*Bärwaldt*, § 15 Rn. 16; Sudhoff/*Stenger*, § 34 Rn. 32.

204 Vgl. MüKo/*Schmidt*, § 230 HGB Rn. 196.

dar.[205] Der Unterbeteiligungsvertrag wird ohne anderweitige vertragliche Vereinbarung bereits mit seinem Abschluss wirksam.[206]

1. Gemeinsamer Zweck

Der Zweck des Gesellschaftsvertrages ist typischerweise das gemeinsame Halten und die Nutzung der Hauptbeteiligung mit der Absicht, Gewinn zu erzielen.[207] Für einen gemeinsamen Zweck ist es ausreichend, dass der Unterbeteiligte nur eine Gewinnbeteiligung erhält.[208]

2. Vertragsparteien

Als Vertragsparteien kommen neben natürlichen auch juristische Personen in Betracht. Probleme können sich im Falle einer Vertretung ergeben.

a) Hauptbeteiligter

Hauptbeteiligter kann jede natürliche oder juristische Person sein sowie jede Personengesellschaft, die selbst eine Hauptbeteiligung halten kann.[209] Dies gilt seit der Anerkennung ihrer Rechtsfähigkeit durch den BGH[210] auch für die Gesellschaft bürgerlichen Rechts in der Form einer Außengesellschaft.[211] In der Regel ist der Hauptbeteiligte jedoch eine natürliche Person. Etwas anderes gilt, wenn Verwaltungsgesellschaften oder Familienholdings zwischengeschaltet

---

205 *Blaurock,* Rn. 30.26; MüKo/*Schmidt,* § 230 HGB Rn. 196.

206 Wachter/*Eberl,* S. 1823; PHbdP/*Bärwaldt,* § 15 Rn. 16.

207 *Blaurock,* Rn. 30.1; MüHdb/*Gayk,* § 30 Rn. 2; *Blaurock,* Unterbeteiligung, S. 109; Wachter/*Eberl,* S. 1819; MüKo/*Schmidt,* § 230 HGB Rn. 196; Schlegelberger/*Schmidt,* § 230 Rn. 185; Röhricht/von Westphalen/Haas/*Mock,* § 230 Rn. 154; Heymann/*Horn,* § 230 Rn. 67; Oetker/*Schubert,* § 230 Rn. 110; BHbdP/*Bärwaldt,* § 15 Rn. 1; *Friehe,* S. 18 f.; *Ulbrich,* S. 31 ff.; *Meyer,* S. 13; *Winterstein,* S. 15; *Esch,* NJW 1964, 902, 903, *Paulick,* ZGR 1974, 253, 268, Giefers/*Ruhkamp,* Rn. 657.

208 MüKo/*Schmidt,* § 230 HGB Rn. 196; Schlegelberger/*Schmidt,* § 230 Rn. 185; MüHdb/*Gayk,* § 30 Rn. 1; Heymann/*Horn,* § 230 Rn. 68; Koller/*Kindler*/Roth/Morck, § 230 Rn. 4; *Blaurock,* Rn. 30.1; Staub/*Harbarth,* § 230 Rn. 280.

209 *Blaurock,* Rn. 30.26; *Paulick,* ZGR 1974, 253, 261; *Ulbrich,* S, 47 f.; Schlegelberger/*Schmidt,* § 230 Rn. 206; MüKo/*Schmidt,*§ 230 HGB Rn. 220; Röhricht/von Westphalen/Haas/*Mock,* § 230 Rn. 166; Saenger/Aderhold/Lenkaitis/Speckmann/*Eickhoff,* § 7 Rn. 191; Singhof/*Seiler/Schlitt,* Rn. 373; *Märkle,* DStZ 1985, 471, 472; Giefers/*Ruhkamp,* Rn. 668; *Weigl,* S. 204; *Thomsen,* S. 30; *Meyer,* S. 9.

210 BGH, Urt. v. 29.1.2001 – II ZR 331/00, NJW 2001, 1056.

211 *Blaurock,* Rn. 30.26; MüKo/*Schmidt,* § 230 HGB Rn. 220.

werden. Der Hauptbeteiligte kann wegen des Verbotes des Selbstkontrahierens (§ 181 BGB) keine Unterbeteiligung an seiner eigenen Hauptbeteiligung begründen.[212]

b) Unterbeteiligter

Die dargestellten Grundsätze bezüglich des Hauptgesellschafters gelten grundsätzlich auch für den Unterbeteiligten.[213] Neben seiner Unterbeteiligung kann er zusätzlich mit einem eigenen Gesellschaftsanteil oder als stiller Gesellschafter an der Hauptgesellschaft beteiligt sein.[214] Dagegen kann der Unterbeteiligte jedoch keine Unterbeteiligung an seinem eigenen Anteil begründen. Dem steht ebenfalls das Verbot des Selbstkontrahierens (§ 181 BGB) entgegen.[215]

Umstritten ist, ob der Unterbeteiligte zwei selbständige Unterbeteiligungen an demselben Anteil an der Hauptgesellschaft halten kann. Dagegen wendet sich *Schmidt* mit der Begründung, dass die Einräumung einer weiteren Unterbeteiligung eine Erweiterung der Erstbeteiligung sei und keine neue Beteiligung begründe.[216] Insoweit läge lediglich eine Vertragsänderung vor. Nach der von *Gayk* vertretenen Auffassung[217] stellen beide Beteiligungen rechtlich voneinander getrennte (wenn auch personenidentische) Innengesellschaften dar, die unterschiedlich ausgestaltet sind und jeweils ein „eigenes Schicksal" haben. Dieser Fall

---

212 MüHdb/*Gayk*, § 30 Rn. 21; Wachter/*Eberl*, S. 1825; *Weigl*, S. 204.

213 *Ulbrich*, S. 48; *Paulick*, ZGR 1974, 253, 261 f.; Schlegelberger/*Schmidt*, § 230 HGB Rn. 206; MüKo/*Schmidt*, § 230 HGB Rn. 220; Röhricht/von Westphalen/Haas/*Mock*, § 230 Rn. 166; Saenger/Aderhold/Lenkaitis/Speckmann/*Eickhoff*, § 7 Rn. 192; Giefers/*Ruhkamp*, Rn. 670; Singhof/*Seiler/Schlitt*, Rn. 373; *Thomsen*, S. 29; *Peters*, S. 24; *Meyer*, S. 10; *Märkle*, DStZ 1985, 471, 472.

214 Wachter/*Eberl*, S. 1825; Müko/*Schmidt*, § 230 HGB Rn. 220; *Bilsdorfer*, NJW 1980, 2785; *Blaurock*, Rn. 30.26; Schlegelberger/*Schmidt*, § 230 Rn. 206; *Erkens*, S. 213; Saenger/Aderhold/Lenkaitis/Speckmann/*Eickhoff*, § 7 Rn. 192.
Daraus ergibt sich, dass eine Person bei derselben Gesellschaft gleichzeitig Gesellschafter, stiller Gesellschafter und Unterbeteiligter an dem Anteil eines Mitgesellschafters sein kann.

215 *Wachter/Eberl*, S. 1825; Staub/*Harbarth*, § 230 Rn. 280; Schlegelberger/*Schmidt*, § 230 Rn. 206; MüKo/*Schmidt*, § 230 HGB Rn. 220; Saenger/Aderhold/Lenkaitis/Speckmann/*Eickhoff*, § 7 Rn. 192; Singhof/*Seiler/Schlitt*, Rn. 347.

216 MüKo/*Schmidt*, § 230 HGB Rn. 220; Schlegelberger/*Schmidt*, § 230 Rn. 206; folgend *Blaurock*, Rn. 30.26. Allerdings betrachtet Blaurock nur den Fall, dass der Hauptbeteiligte dem Unterbeteiligten eine weitere gleichartige Unterbeteiligung einräumen möchte.

217 MüHdb/*Gayk*, § 30 Rn. 21; ihm folgend: *Singhof/Seiler/Schlitt*, Rn. 347.

könne eintreten, wenn der Unterbeteiligte einen Erblasser beerbt, der selbst eine Unterbeteiligung an derselben Hauptgesellschaft gehalten hat. Der Eintritt eines solchen Falles ist nicht unwahrscheinlich. Die Unterbeteiligung wird häufig als Instrument der Erbfolge in Familienunternehmen eingesetzt. So kann es sein, dass der Erblasser beispielsweise seinen Kindern jeweils eine Unterbeteiligung an seiner Gesellschaftsbeteiligung einräumt und eines dieser Kinder später ein Geschwisterkind beerbt. Die Unterbeteiligungen können mit unterschiedlichen Rechten und Pflichten ausgestattet sein. Es obliegt daher den Parteien, die beiden Unterbeteiligungen im Wege einer Vertragsänderung inhaltlich zusammenzufassen. Es ist nicht ersichtlich, wie die Vertragsänderung automatisch erfolgen soll. Eine konkludente Vertragsänderung ist ebensowenig anzunehmen, da in diesem Fall unklar bliebe, welche Rechten und Pflichten beziehungsweise welches Anteilsverhältnis hinsichtlich der Hauptbeteiligung gelten soll. Daher ist der Auffassung von *Gayk* zu folgen. Ein Unterbeteiligter kann somit auch zwei unterschiedliche Unterbeteiligungen an einem Geschäftsanteil halten, wenn die Parteien nicht ohnehin gesellschaftrechtsvertraglich eine neue Regelung finden. Allerdings kann von einer konkludenten Vertragsänderung ausgegangen werden, wenn der Hauptbeteiligte dem Unterbeteiligten eine weitere identische Unterbeteiligung einräumt.[218]

c) Vertretungsprobleme

Vertretungsprobleme können sich in Bezug auf Geschäftsunfähige und Minderjährige ergeben.[219] Geschäftsunfähige und beschränkt Geschäftsfähige sind beim Abschluss eines Unterbeteiligungsvertrages auf die Mitwirkung ihres gesetzlichen Vertreters angewiesen, §§ 104, 105 I, 107, 108 I BGB.

aa) Geschäftsunfähige

Die Willenserklärung eines Geschäftsunfähigen im Sinne von § 104 BGB ist bezogen auf den Abschluss eines Unterbeteiligungsvertrags nichtig, § 105 I BGB. Um die Nichtigkeit zu beseitigen, muss das Geschäft von dem gesetzlichen Vertreter (§§ 1629 I 1, 1896 I 1, 1902 BGB) des Geschäftsunfähigen neu vorgenommen

218 Vgl. MüKo/*Schmidt*, § 230 HGB Rn. 220; *Blaurock*, Rn. 30.26.

219 S. ausführlich *Ulbrich*, S. 104 ff. S. allgemein zur Beteiligung von Minderjährigen im Gesellschaftsrecht *Rust*, DStR 2005, 1942 (Teil 1) und DStR 2005, 1992 (Teil 2).

oder im Sinne von § 141 I BGB bestätigt werden.[220] Eine solche Bestätigung wirkt allerdings nicht umfassend rückwirkend.[221]

bb) Beschränkt geschäftsfähige Minderjährige

Anders ist die Rechtslage bei beschränkt Geschäftsfähigen zu beurteilen. Gemäß § 107 BGB bedarf der Minderjährige zu einer Willenserklärung, durch die er nicht lediglich einen rechtlichen Vorteil erlangt, der Einwilligung (vorherige Zustimmung, § 183 1 BGB) seines gesetzlichen Vertreters. Für Kinder sind das in der Regel die Eltern, §§ 1626 I 1, 1629 I 1, 2 BGB. Zu prüfen ist, ob die Einräumung einer Unterbeteiligung einen lediglich rechtlichen Vorteil darstellt. Einen lediglich rechtlichen Vorteil beinhalten Rechtsgeschäfte, die die Rechtsstellung des Minderjährigen ausschließlich verbessern. Das Rechtsgeschäft ist nicht lediglich rechtlich vorteilhaft, wenn es zu Lasten des Minderjährigen rechtliche Verpflichtungen begründet.[222] Hinsichtlich der Unterbeteiligung sind zwei Fallgestaltungen denkbar. Zu unterscheiden ist, ob der Minderjährige die als Gegenleistung für die Beteiligung zu erbringende Einlage selbst tätigen muss und am Verlust der Beteiligung teilnimmt oder ob er die Beteiligung schenkweise erhält.

(1) Erbringung der Einlage und Teilnahme an den Verlusten

In der Regel ist die Einräumung einer Unterbeteiligung mit der Verpflichtung verbunden, die Einlage zu erbringen. Das Rechtsgeschäft – die Willenserklärung gerichtet auf den Abschluss des Unterbeteiligungsvertrages – ist daher mit einem rechtlichen Nachteil im Sinne von § 107 BGB behaftet.[223] Auf eine rein

---

220 Bamberger/Roth/*Wendtland*, § 105 Rn. 7.

221 Soergel/*Hefermehl*, § 141 Rn. 11; Staudinger/*Roth*, § 141, Rn. 25; MüKo/*Busche*, § 141 Rn. 16. Dadurch kann es zu einer fehlerhaften Gesellschaft kommen, s. dazu unten S. 90 ff.
Umstritten ist, ob der Schutz von Geschäftsunfähigen und beschränkt Geschäftsfähigen dem Verkehrsschutz vorgeht. Bejaht man dies, werden die geschützten Personen keine Mitglieder der Gesellschaft, vgl. MüKo/*Gitter*, Vor. § 104 Rn. 17. Nach a. A. werden sie Mitglieder der Gesellschaft, können jedoch nicht aus ihr verpflichtet werden, während sie am Gewinn voll teilnehmen sollen, vgl. *Kulke*, JuS 2001, L 1, S. 2; *Kraft/Kreutz*, S. 212 m. w. N.

222 MüKo/*Schmitt*, § 107 Rn. 29; Soergel/*Hefermehl*, § 107 Rn. 1 f.; Staudinger/*Knothe*, § 107 Rn. 2.

223 BFH, Urt. v. 28.11.1973 – I R 101/72, DB 1974, 365; *Ulbrich*, S. 104; BHbdP/*Bärwaldt*, § 15 Rn. 49; *Blaurock/Berninger*, GmbHR 1990, 11, 14; MüHdb/*Gayk*, § 30 Rn. 22; Singhof/*Seiler/Schlitt*, Rn. 383.

wirtschaftliche Betrachtungsweise kommt es dabei nicht an.[224] Die Annahme eines Nachteils ist mithin nicht dadurch ausgeschlossen, dass für den Minderjährigen Gewinne aus der Beteiligung in Aussicht stehen. Die Rechtsfolge ist die schwebende Unwirksamkeit des Rechtsgeschäfts, § 108 I BGB. Der gesetzliche Vertreter kann das Rechtsgeschäft jedoch genehmigen (nachträgliche Zustimmung, § 184 I BGB), § 108 I BGB. Hinsichtlich der gesetzlichen Vertretung kann es zur Kollision mit § 181 BGB kommen, wenn die gesetzlichen Vertreter ihr Kind vertreten und gleichzeitig Inhaber des Gesellschaftsanteils sind, an dem die Unterbeteiligung eingeräumt werden soll, §§ 1629 II 1, 1795 II BGB. Nach der Rechtsprechung ist § 181 BGB teleologisch zu reduzieren, wenn ein Interessenkonflikt des Vertreters ausgeschlossen ist. Dies ist insbesondere dann der Fall, wenn der Vertretene durch das Rechtsgeschäft lediglich einen rechtlichen Vorteil erlangt.[225] Zu dem Vorliegen eines rechtlichen Vorteils gilt das oben Gesagte. § 181 BGB ist mithin nicht einschlägig. Demzufolge muss in diesem Fall ein Ergänzungspfleger bestellt werden, § 1909 I 1 BGB.[226]

(2) Schenkweise Einräumung einer Unterbeteiligung

Umstritten ist, ob auch die schenkweise Einräumung einer Unterbeteiligung ein nachteiliges Rechtsgeschäft für den Minderjährigen darstellt.[227] In diesem Fall tätigt der Hauptbeteiligte die Einlage für den Minderjährigen. Er wird in der Regel nicht am Verlust beteiligt. Nach einer Ansicht liegt nur ein nachteiliges

---

224 MüKo/*Schmitt*, § 107 BGB Rn. 28; Bamberger/Roth/*Wendtland*, § 107 Rn. 3; Jauernig/*Mansel*, § 107 Rn. 2; Staudinger/*Knothe*, § 107 Rn. 2.

225 BGH, Urt. v. 27.9.1972 – IV ZR 225/69, NJW 1972, 2262, 2263; Urt. v. 24.5.1985 – IX ZR 141/84, NJW 1985, 2407, 2407 f. Das Hauptargument besteht aus einem Vergleich zu § 107 I BGB.
Zur Beurteilung, ob ein rechtlich nachteiliges Geschäft vorliegt s. die BGH-Entscheidung zum „Danaer Geschenk“ BGH, Urt. v. 30.9.2010 – V ZB 206/10, NJW 2010, 3643. Darin hat der BGH die „Gesamtbetrachtungslehre“, die gegen das Abstraktionsprinzip verstößt, aufgegeben. Am Ergebnis hat sich aber nichts geändert, da der BGH § 181 BGB auf dinglicher Ebene teleologisch reduziert und an dieser Stelle die Gesamtbetrachtungslehre einfließen lässt.

226 BFH, Urt. v. 27.1.1994 – IV R 114/91, NJW 1995, 77, 78; für die stille Gesellschaft: BFH, Urt. v. 19.12.1979 – I R 176/77, BB 1980, 762, 763; *Blaurock*, Rn. 30.35; *Blaurock*, Unterbeteiligung, S. 314 f.; MüHdb/*Gayk*, § 30 Rn. 22; *Ulbrich*, S. 104 f.; BHbdP/*Bärwaldt*, § 15 Rn. 49; Wachter/*Eberl*, S. 1825; *Blaurock/Berninger*, GmbHR 1990, 11, 14; *Carlé*, ErbStB 2012, 14, 16; Singhof/*Seiler/Schlitt*, Rn. 384; *Märkle*, DStZ 1985, 471, 477.

227 Zum Streitstand s. *Blaurock/Berninger*, GmbHR 1990, 11, 14.

Geschäft vor, wenn der Minderjährige selbst eine Leistung erbringen muss.[228] Das sei nicht der Fall, wenn er als Unterbeteiligter von der Haftung und Geschäftsführung freigestellt sei.[229] Ihn träfen lediglich Nebenverpflichtungen in Form von Treuepflichten, die für sich aber kein nachteiliges Rechtsgeschäft darstellten.[230] Daher bestünden keine rechtlichen Nachteile für den Minderjährigen. Seine Willenserklärung, die auf den Abschluss des Unterbeteiligungsvertrags gerichtet ist, sei wirksam, § 107 BGB.[231]

Nach einer anderen Ansicht[232] können die Risiken, die sich aus Erfüllung der Treuepflicht des Unterbeteiligten gegenüber der Unterbeteiligungsgesellschaft ergeben, einen rechtlichen Nachteil darstellen. So sei der Minderjährige zur Verschwiegenheit angehalten und dürfe nicht zum Nachteil der Gesellschaft handeln.[233] Verletzungen dieser Pflichten können Schadensersatzansprüche nach sich ziehen.[234]

Gegen die erste Ansicht spricht, dass Gesellschaftsverträge nicht selten komplexe Rechtsverhältnisse mit gegenseitigen Rechten und Pflichten darstellen. Aus einer Unterbeteiligung ergeben sich Treuepflichten gegenüber der Hauptgesellschaft. Auf den Umfang der Pflichten im Einzelnen kommt es dabei nicht an.[235] Die Verletzung dieser Pflichten kann zu einer Haftung führen. Die erste Ansicht widerspricht daher der Intention des Gesetzgebers, den Minderjährigen

---

228 MüKo/*Schmidt,* § 230 HGB Rn. 225; Schlegelberger/*Schmidt,* § 230 Rn. 211; Staub/*Harbarth,* § 230 Rn. 282; *Bilsdorfer,* NJW 1980, 2785 2788; *Tietdke,* DB 1977, 1064, 1065 (für die stille Gesellschaft); Prütting/Wegen/Weinreich/*von Ditfurth,* § 705 Rn. 15 hält es für möglich, einen lediglich rechtlichen Vorteil anzunehmen.

229 *Tietdke,* DB 1977, 1064, 1065 (für die stille Gesellschaft).

230 *Tietdke,* DB 1977, 1064, 1065 f. (für die stille Gesellschaft).

231 MüKo/*Schmidt,* § 230 HGB Rn. 225; Schlegelberger/*Schmidt,* § 230 Rn. 211 f.; *Bilsdorfer,* NJW 1980, 2785 2788; *Tietdke,* DB 1977, 1064, 1065 (für die stille Gesellschaft).

232 *Ulbrich,* S. 104 f.; *Blaurock,* Rn. 30.35; BHbdP/*Bärwaldt,* § 15 Rn. 49; Wachter/*Eberl,* S. 1825; Saenger/Aderhold/Lenkaitis/Speckmann/*Eickhoff,* § 7 Rn. 194; *Carlé,* ErbStB 2012, 14, 16; wohl auch *Zapp,* S. 33, anschließend an die Entscheidung des BFH, Urt. v. 28.11.1973 – I R 101/72, DB 1974, 365. Dort wurde für die stille Gesellschaft entschieden, dass der Abschluss eines Gesellschaftsvertrags zwischen dem Vater und seinen minderjährigen Kindern kein Rechtsgeschäft ist, das den Kindern lediglich einen rechtlichen Vorteil bringt, da sich die Kinder in der Regel zur Erbringung der Einlage verpflichten. Diese Entscheidung ist auf die Unterbeteiligung wegen der vergleichbaren Interessenlage übertragbar.

233 *Ulbrich,* S. 104; *Blaurock,* Rn. 30.34.

234 Vgl. *Ulbrich,* S. 104.

235 Vgl. MüKo/*Schmitt,* § 107 Rn. 29.

umfassend vor Gefahren, die aus rechtlichen Verträgen entstehen können, zu schützen. Zu folgen ist der Auffassung, nach der die Einräumung einer Unterbeteiligung kein lediglich rechtlich vorteilhaftes Geschäft darstellt. § 181 BGB ist auch in diesem Fall nicht einschlägig, sodass ein Ergänzungspfleger bestellt werden muss.

cc) Dauerergänzungspfleger

Es stellt sich die Frage, ob der Minderjährige einen Dauerergänzungspfleger benötigt, wenn er eine Unterbeteiligung an einem Gesellschaftsanteil seiner gesetzlichen Vertreter hält. Dafür spricht, dass der Minderjährige ansonsten seine Rechte auf Mitwirkung an der Willensbildung der Unterbeteiligungsgesellschaft tatsächlich nicht ausüben könnte und zudem die Gefahr bestünde, dass die gesetzlichen Vertreter Interessenkonflikten ausgesetzt wären.[236] Die Bestellung eines Dauerergänzungspflegers ist nach Ansicht der Rechtsprechung[237] gleichwohl nicht erforderlich, da das Gesellschaftsverhältnis in besonderem Maße auf dem Vertrauen der Gesellschafter zueinander aufbaut und ein Ergänzungspfleger als außenstehende Person dieses Verhältnis stören könnte. Dies gilt insbesondere dann, wenn er auch in Angelegenheiten bestellt würde, bei denen das Kindesinteresse nicht konkret gefährdet wäre.[238] Deshalb können sich auch Minderjährige persönlich um ihre Angelegenheiten bezüglich der Gesellschaft kümmern und auch ihr Stimmrecht selbst wahrnehmen.[239] Diese Ansicht berücksichtigt die gesellschaftsrechtlichen Besonderheiten hinreichend. Sie beruht auf einer sorgfältigen Abwägung mit den Schutzinteressen des Minderjährigen. Es erscheint nicht überzeugend, für jedes Geschäft einen Ergänzungspfleger zu fordern, selbst wenn das Kindesinteresse nicht gefährdet wird. Dagegen dürfen die Ausnahmen für einen wirksamen Minderjährigenschutz nicht zu sehr ausgeweitet werden.

236 *Bilsdorfer*, NJW 1980, 2785, 2788.

237 Vgl. für die Beteiligung als Kommanditist: BGH, Beschl. v. 18.9.1975 – II ZB 6/74, NJW 1976, 49, 50 f.; BFH, Urt. v. 29.1.1976 – IV R 102/73, BStBl. II 1976, 328, 328 ff. Vorher hat sich der BFH noch für eine Dauerergänzungspflegerschaft ausgesprochen, s. BFH, Urt. v. 1.2.1973 – IV R 61/72, BStBl. II 1973, 309, 311 f.

238 BGH, Beschl. v. 18.9.1975 – II ZB 6/74, NJW 1976, 49, 50. Im Anschluss an die Rechtsprechung vertritt diese Ansicht auch der überwiegende Teil der Literatur: *Blaurock*, Rn. 30.35; *Blaurock/Berninger*, GmbHR 1990, 11, 14; *Ulbrich*, S. 105; MüHdb/*Gayk*, § 30 Rn. 22; MüKo/*Schmidt*, § 230 HGB Rn. 227; Schlegelberger/*Schmidt*, § 230 Rn. 213; *Carlé*, ErbStB 2012, 14, 16; Saenger/Aderhold/Lenkaitis/Speckmann/*Eickhoff*, § 7 Rn. 194; *Zapp*, S. 34; Singhof/*Seiler/Schlitt*, Rn. 384.

239 BGH, Beschl. v. 18.9.1975 – II ZB 6/74, NJW 1976, 49, 50.

Aus diesem Grund muss der Ergänzungspfleger zwar für den Abschluss des Unterbeteiligungsvertrages, für Vertragsänderungen[240] oder für die Abstimmung über Grundlagengeschäfte bestellt werden,[241] nicht jedoch für sonstige Rechtsgeschäfte, die das Kindesinteresse nicht konkret gefährden. Die Bestellung eines Dauerergänzungspflegers ist also nicht erforderlich.

dd) Genehmigung des Vormundschaftsgerichts

Es ist umstritten, ob der gesetzliche Vertreter beim Abschluss eines Unterbeteiligungsvertrages die Genehmigung des Vormundschaftsgerichts einholen muss.[242] Gemäß §§ 1643 I, 1822 Nr. 3 BGB muss ein Gesellschaftsvertrag grundsätzlich von dem Familien- oder Vormundschaftsgericht genehmigt werden, wenn er auf den Betrieb eines Erwerbsgeschäfts gerichtet ist. Erwerbsgeschäft ist der Inbegriff von Rechten und Rechtspositionen, die der selbständigen Ausübung einer Erwerbstätigkeit dienen und dadurch eine Sinneinheit bilden.[243] Die Unterbeteiligung zielt selbst nicht auf eine Erwerbstätigkeit ab, sodass vom Wortlaut her keine Genehmigung erforderlich ist.[244] Eine in der Literatur vertretene Ansicht geht daher von der generellen Genehmigungsfreiheit aus.[245] Wegen der hohen Risiken (Einlagenleistung, Verlustbeteiligung, Treuepflichten, fehlender Einfluss), die mit der Einräumung einer Unterbeteiligung verbunden sein können, spricht der Gesichtspunkt eines wirksamen Minderjährigenschutzes jedoch gegen die reine Wortlautauslegung.[246]

Betreibt auch die Hauptgesellschaft kein eigenes Erwerbsgeschäft, ist eine vormundschaftsgerichtliche Genehmigung nicht erforderlich.[247] In der Regel ist dies jedoch nicht der Fall. Der Begriff des Erwerbsgeschäfts ist nach dem Sinn

240 BGH, Urt. v. 26.1.1961 – II ZR 240/59, NJW 1961, 724.

241 Saenger/Aderhold/Lenkaitis/Speckmann/*Eickhoff*, § 7 Rn. 194.

242 Ausführlich behandelt bei *Ulbrich*, S. 105 f.; *Tebben*, S. 241 ff.

243 MüKo/*Wagenitz*, § 1822 Rn. 11.

244 *Ulbrich*, S. 105; *Knopp*, NJW 1962, 2181, 2182.

245 Staub/*Schilling*, 3. Aufl., § 161 Rn. 30 (danach wieder aufgegeben: Staub/*Schilling*, 4. Aufl., § 161 Rn. 44); *Greifeld*, S. 32; *Pöllinger*, S. 31; Oetker/*Schubert*, § 230 Rn. 115; Ebenroth/Boujong/Joost/Strohn/*Gehrlein*, § 230 Rn. 93; Staub/*Harbarth*, § 230 Rn. 282; *Tebben*, S. 242.

246 Vgl. *Ulbrich*, S. 105 f.; MüKo/*Schmidt*, § 230 HGB Rn. 228; Schlegelberger/*Schmidt*, § 230 Rn. 214; *Blaurock*, Rn. 30.36; Baumbach/Hopt/*Roth*, § 105 Rn. 39; Singhof/*Seiler/Schlitt*, Rn. 385.

247 MüHdb/*Gayk*, § 30 Rn. 23; Wachter/*Eberl*, S. 1826; Ebenroth/Boujong/Joost/Strohn/*Gehrlein*, § 230 Rn. 93; *Singhof/Seiler/Schlitt*, Rn. 385; *Tebben*, S. 241 f.

und Zweck des § 1822 Nr. 3 BGB auszulegen.[248] Die Auslegung ergibt unter Berücksichtigung des Minderjährigenschutzes, dass die Genehmigung bei der Unterbeteiligung erforderlich ist, wenn ein rechtlich nachteiliges Geschäft vorliegt.[249] Im Anschluss an die oben dargestellten Grundsätze liegt ein nachteiliges Geschäft vor, wenn der Unterbeteiligte die Leistung selbst erbringen muss und nicht von den Verlusten befreit wird.[250] Ebenso ist die schenkweise Einräumung einer Unterbeteiligung genehmigungspflichtig, wenn der Unterbeteiligte an den Verlusten des Hauptgesellschaftsanteils beteiligt ist.[251] Außerdem ist eine vormundschaftliche Genehmigung einzuholen, wenn der Unterbeteiligungsvertrag ein sonstiges Rechtsgeschäft im Sinne von §§ 1821, 1822 BGB darstellt.[252]

3. *Zustimmungserfordernisse der Hauptgesellschaft beziehungsweise ihrer Gesellschafter*

Hinsichtlich der Übertragung eines Gesellschaftsanteils von einem Gesellschafter auf einen Dritten können die Gesellschafter im Gesellschaftsvertrag eine Zustimmungsregelung vereinbaren.[253] Solche Regelungen werden oft bezüglich

---

248 OLG Hamm, Beschl. v. 22.1.1974 – 15 W 36/73, DB 1974, 424 f.; *Knopp,* NJW 1962, 2181, 2182; *Ulbrich,* S. 105; *Brox,* FS Bosch 1976, S. 84 f. Tebben prüft statt der Auslegung des Begriffs des Erwerbgeschäfts, ob eine analoge Anwendung des § 1822 Nr. 3 BGB in Frage kommt, *Tebben,* S. 241 f. Die Argumentation ist indes vergleichbar. Tebben fordert schließlich bezüglich jeder Unterbeteiligung eine Genehmigungsbedürftigkeit.

249 MüKo/*Schmidt,* § 230 Rn. 228; hinsichtlich der stillen Gesellschaft differenziert ebenfalls *Brox,* FS Bosch 1976, S. 84 f. Diese Argumentation folgt den Grundsätzen, die bereits oben aufgestellt wurden.

250 BGH, Urt. v. 24.1.1957 – III ZR 155/55, NJW 1957, 672; vgl. OLG Hamm, Beschl. v. 22.1.1974 – 15 W 36/73, DB 1974, 424 f.; *Blaurock,* Unterbeteiligung, S. 157 ff.; *Ulbrich,* S. 106; MüKo/*Schmidt,* § 230 HGB Rn. 228; MüHdb/*Gayk,* § 30 Rn. 23; Baumbach/Hopt/*Roth,* § 105 Rn. 39; *Blaurock,* Rn. 30.36; BHbdP/*Bärwaldt,* § 15 Rn. 50; Paulick, ZGR 1974, 253, 271; *Carlé,* ErbStB 2012, 14, 16 f.; Saenger/Aderhold/Lenkaitis/Speckmann/*Eickhoff,* § 7 Rn. 193; *Böttcher/Zartmann/Faut,* S. 106; Esskandari/Franck/*Künnemann,* Kap. 5 Rn. 75 f.; s. auch *Bilsdorfer,* NJW 1980, 2788; differenzierend *Rust,* DStR 2005, 1942, 1945.

251 OLG Hamm, Beschl. v. 22.1.1974 – 15 W 36/73, DB 1974, 424 f.; *Ulbrich,* S. 106 f.; MüHdb/*Gayk,* § 30 Rn. 23; *Blaurock,* Rn. 30.37; MüKo/*Schmidt,* § 230 Rn. 228; Schlegelberger/*Schmidt,* § 230 Rn. 214; *Carlé,* ErbStB 2012, 14, 16 f.; Esskandari/Franck/*Künnemann,* Kap. 5 Rn. 75 f.;

252 MüHdb/*Gayk,* § 30 Rn. 23; Wachter/*Eberl,* S. 1826; Staub/*Harbarth,* § 230 Rn. 282.

253 *Tebben,* S. 236.

vinkulierter Gesellschaftsanteile einer Gesellschaft mit beschränkter Haftung (§ 15 V GmbHG) oder einer Aktiengesellschaft (§ 68 II AktG) und auch bei Personengesellschaften getroffen.[254] Ob eine Zustimmung der Hauptgesellschaft beziehungsweise ihrer Gesellschafter zum Abschluss des Unterbeteiligungsvertrages notwendig ist, hängt von der Gestaltung der Unterbeteiligung ab. Zu prüfen ist diesbezüglich, ob die Einräumung der Unterbeteiligung einer Übertragung des Gesellschaftsanteils gleichzusetzen ist, sodass die im Gesellschaftsvertrag getroffenen Regelungen anzuwenden sind.[255]

a) Typische Unterbeteiligung

Eine Zustimmung der Mitgesellschafter der Hauptgesellschaft ist bei der typischen Unterbeteiligung für die Wirksamkeit des Unterbeteiligungsvertrages nicht erforderlich, weil der Unterbeteiligte nicht über die Mitgliedschaftsrechte des Hauptbeteiligten verfügt und insoweit keinen Einfluss auf die Hauptgesellschaft ausübt.[256] Dies gilt auch für den Fall, dass die Übertragung der Hauptbeteiligung zustimmungsbedürftig ist.[257] Ebenso wenig setzt der Abschluss weiterer Unterbeteiligungsverträge eine Zustimmung des Unterbeteiligten voraus.[258] Gleichwohl kann der Gesellschaftsvertrag der Hauptgesellschaft die Einräumung

---

254 Saenger/Aderhold/Lenkaitit/Speckmann/*Eickhoff*, § 7 Rn. 196.

255 So auch *Tebben*, S. 237.

256 MüKo/*Ulmer/Schäfer*, Vor. § 705 BGB Rn. 97; Saenger/Aderhold/Lenkaitit/Speckmann/*Eickhoff*, § 7 Rn. 196; *Werner*, ZEV 2015, 194, 196 f.; *Weigl*, S. 22; *Roth/Thöni*, FS 100 Jahre GmbHG 1992, S. 263; Koller/*Kindler*/Roth/Morck, § 230 Rn. 4; *Thoma*, StbJb 1954/55, 215, 219; a. A.: *Tebben*, S. 237, 241; Staub/*Schäfer* § 105 Rn. 111.

257 Bereits RG, Urt. v. 11.4.1906 – I ZR 469/05, JW 1906, 401; BGH, Urt. v. 11.7.1968 – II ZR 179/66, NJW 1968, 2003; OLG Frankfurt am Main, Urt. v. 7.9.1991 – 11 U 21/91, GmbHR 1992, 668; MüKo/*Schmidt*, § 230 HGB; Schlegelberger/*Schmidt*, § 230 Rn. 207; *Blaurock*, Unterbeteiligung, S. 153; *Blaurock*, Rn. 30.27; *Friehe*, S. 52; Ebenroth/Boujong/Joost/Strohn/*Gehrlein*, § 230 Rn. 93; MüKo/*Ulmer/Schäfer*, Vor. § 705 BGB Rn. 97; MüHdb/*Gayk*, § 30 Rn. 15; Giefers/*Ruhkamp*, Rn. 680; Singhof/*Seiler/Schlitt*, Rn. 379; Heymann/*Horn*, § 230 Rn. 68; *Paulick*, ZGR 1974, 253, 254; Wachter/*Eberl*, S. 1823; *Weigl*, S. 22.

258 H. M.: MüKo/*Schmidt*, § 230 HGB Rn. 221; Schlegelberger/*Schmidt*, § 230 Rn. 207; *Tebben*, GmbHR 2007, 63 ff.; MüHdb/*Gayk*, § 30 Rn. 16, Wachter/*Eberl*, S. 1823; Singhof/*Seiler/Schlitt*, Rn. 380; Saenger/Aderhold/Lenkaitis/Speckmann/*Eickhoff*, § 7 Rn. 197; a.A. *Blaurock*, Unterbeteiligung, S. 112. Blaurock ist der Auffassung, die gesamte Hauptbeteiligung würde in die Unterbeteiligungsgesellschaft „eingebracht", sodass die weitere Einräumung einer Unterbeteiligung als Aufnahme eines Gesellschafters in die Unterbeteiligungsgesellschaft anzusehen sei.

einer Unterbeteiligung untersagen. Die Rechtsfolge eines Verstoßes ist dann jedoch nicht die Nichtigkeit des Unterbeteiligungsvertrages.[259] Der Hauptbeteiligte kann sich aber im Innenverhältnis zur Hauptgesellschaft schadensersatzpflichtig machen oder aus der Gesellschaft ausgeschlossen werden.[260] Beim Ausschluss aus der Hauptgesellschaft wird die Unterbeteiligungsgesellschaft ebenfalls beendet, da die Erreichung des Zwecks der Unterbeteiligungsgesellschaft unmöglich geworden ist.[261]

b) Atypische Unterbeteiligung

Bei der atypischen Unterbeteiligung kann eine Zustimmung der Hauptgesellschaft beziehungsweise ihrer Gesellschafter erforderlich sein, wenn das Unterbeteiligungsverhältnis der Gesellschaftsbeteiligung angenähert wird oder elementare Mitgliedschaftsrechte – insbesondere bei einer offenen Unterbeteiligung – übertragen werden. Dann kann die Unterbeteiligung nur nach den für die Aufnahme in die Hauptgesellschaft geltenden Regeln begründet werden.[262]

---

259 *Blaurock*, Rn. 30.27; Heymann/*Horn*, Rn. 68; MüHdb/*Gayk*, § 30 Rn. 14; MüKo/*Schmidt*, § 230 HGB Rn. 221; Schlegelberger/*Schmidt*, § 230 Rn. 207; Ebenroth/Boujong/Joost/Strohn/*Gehrlein*, § 230 Rn. 93; Staub/*Harbarth*, § 230 Rn. 281; *Ulbrich*, S. 99; *Friehe*, S. 52; *Thomsen*, S. 34; *Roth/Thöni*, FS 100 Jahre GmbHG 1992, S. 265; *Meyer*, S. 76; Singhof/*Seiler/Schlitt*, Rn. 379; *Weigl*, S. 22; *Mühlhaus*, ErbStB 2009, 276, 277.

260 *Blaurock*, Rn. 30.27; MüHdb/*Gayk*, § 30 Rn. 15; Staub/*Schäfer* § 105 Rn. 111; Staub/*Harbarth*, § 230 Rn. 281; Singhof/*Seiler/Schlitt*, Rn. 380; Giefers/*Ruhkamp*, Rn. 680; Saenger/Aderhold/Lenkaitit/Speckmann/*Eickhoff*, § 7 Rn. 198; *Mühlhaus*, ErbStB 2009, 276, 277; Ebenroth/Boujong/Joost/Strohn/*Gehrlein*, § 230 Rn. 93; Wachter/*Eberl*, S. 1823 f.; Michalski/*Ebbing*, § 15 Rn. 187; Henssler/Strohn/*Verse*, § 15 Rn. 127; *Weigl*, S. 22; *Roth/Thöni*, FS 100 Jahre GmbHG 1992, S. 265; *Tebben*, S. 240 f.; ausführlich *Tebben*, GmbHR, 2007, 63, 68 f.
In BGH, Beschl. v. 12.10.1992 – II ZR 245/91, DStR 1992, 1661 reichte die Pflichtverletzung des Unterbeteiligten noch nicht für dessen Ausschluss aus. Gleichwohl ist der BGH der Auffassung, dass in ähnlichen Fällen ein wichtiger Grund zum Ausschluss bestehen kann.

261 *Singhof/Seiler/Schlitt*, Rn. 380; MüHdb/*Gayk*, § 30 Rn. 15.

262 MüKo/*Schmidt*, § 230 HGB Rn. 221; Schlegelberger/*Schmidt*, § 230 Rn. 207; Saenger/Aderhold/Lenkaitit/Speckmann/*Eickhoff*, § 7 Rn. 196; MüHdb/*Gayk*, § 30 Rn. 17; MüKo/*Ulmer/Schäfer*, Vor. § 705 BGB Rn. 101; Staub/*Schäfer*, § 105 Rn. 113; *Tebben*, S. 243; *Werner*, ZEV 2015, 194, 197; vgl. auch Ulbrich, S. 128 f.

4. *Beitrag und Einlage in die Unterbeteiligungsgesellschaft*

Die Gesellschafter der Unterbeteiligung müssen Beiträge zur Förderung des gemeinsamen Zwecks im Sinne des § 705 BGB leisten.[263] Daneben setzt der Unterbeteiligungsvertrag analog § 230 I HGB in der Regel eine Einlage des Unterbeteiligten in das Vermögen des Hauptbeteiligten voraus.[264] Beitrag und Einlage sind unterschiedliche, jeweils eigenständige Rechtsbegriffe und deshalb voneinander abzugrenzen.[265] Die Förderung des gemeinsamen Zwecks durch Beitragsleistung muss nicht in der Erbringung einer Einlageleistung liegen.[266] Ein Beitrag im Sinne von § 705 BGB ist jede zweckfördernde Leistung.[267] Dagegen hat die Einlage bei der stillen Gesellschaft unterschiedliche Bedeutungen. Einerseits ist sie als Leistungsgegenstand (in das haftende Unternehmensvermögen zu leistender Betrag) zu verstehen, § 230 I HGB.[268] Andererseits ist die Einlage als Guthaben (zum Beispiel § 232 III HGB) ein auf einem Einlagenkonto dargestellter Betrag, den der stille Gesellschafter bei dem Träger des Unternehmens hält.[269] Daraus folgt, dass der vom stillen Gesellschafter zu leistende Beitrag nicht zwangsläufig eine Vermögenseinlage darstellen muss.[270]

Der Tatbestand der stillen Gesellschaft setzt entgegen dem Wortlaut des § 230 I HGB nicht voraus, dass der stille Gesellschafter eine Einlage *leistet*. Entscheidend ist, dass er eine buchungsfähige Einlage in dem Unternehmen *hält*.[271] Ein solches schuldrechtliches bilanzfähiges Einlageverhältnis ensteht zum Beispiel durch eine neu begründete Forderung des Hauptbeteiligten gegen den

---

263 MüKo/*Schmidt*, § 230 HGB Rn. 194, 230; MüHdb/*Gayk*, § 30 Rn. 41, 42; *Schmidt*, Gesellschaftsrecht, S. 1870 f.

264 BHbdP/*Bärwaldt*, § 15 Rn. 30; Wachter/*Eberl*, S. 1830 f.

265 *Blaurock*, Rn. 6.1; MüKo/*Schmidt*, § 230 HGB Rn. 143; vgl. auch BFH, Urt. v. 23.2.2000 – VIII R 40/98, BStBl. II 2001, 24; zum Begriff der Einlage bei Innengesellschaften s. ausführlich *Tebben*, S. 38 ff.

266 Schlegelberger/*Schmidt*, § 230 Rn. 216; MüKo/*Schmidt*, § 230 HGB Rn. 230.

267 Schlegelberger/*Schmidt*, § 230 Rn. 138; MüKo/*Schmidt*, § 230 HGB Rn. 143; *Schmidt*, Gesellschaftsrecht, 567; *Blaurock*, Rn. 6.1, 6.6; Bamberger/Roth/*Schöne*, § 705 Rn. 65; *Eisenhardt/Wackerbarth*, Rn. 75; *Grunewald*, § 1 Rn. 13.

268 *Schmidt*, Gesellschaftsrecht, S. 567.

269 Schlegelberger/*Schmidt*, § 230 Rn. 33, 152.

270 *Blaurock*, Rn. 6.31; MüKo/*Schmidt*, § 230 HGB Rn. 149; a.A. *Klauss/Mittelbach*, Rn. 108; *Hartmann*, S. 52.

271 MüKo/*Schmidt*, § 230 HGB Rn. 37, 143; Schlegelberger/*Schmidt*, § 230 Rn. 137 ff.; *Blaurock*, Rn. 30.40, s. auch 6.2, 6.31 ff.; Wachter/*Eberl*, S. 1830 f.; Röhricht/von Westphalen/Haas/*Mock*, § 230 Rn. 40; vgl. BFH, Urt. v. 10.7.2001 – VIII R 45/98, BStBl. II 2002, 339, 340 f.; *Tebben*, S. 43.

Unterbeteiligten.[272] Die Leistung einer Einlage durch den stillen Gesellschafter ist zwar typisch, muss aber nicht begriffsnotwendig erfolgen.[273] Diese Erkenntnis ist auf die Unterbeteiligung übertragbar.[274] Aus der Einordnung als Gesellschaft bürgerlichen Rechts in der Form einer Innengesellschaft folgt, dass die Unterbeteiligungsgesellschafter in erster Linie Beiträge zur Förderung des gemeinsamen Zwecks leisten.[275]

a) Beitragsleistung des Hauptbeteiligten

Die Beitragsleistung des Hauptbeteiligten besteht darin, dass er die Hauptbeteiligung im gemeinsamen Interesse hält und dadurch den Zweck der Unterbeteiligung fördert.[276]

b) Beitragsleistung des Unterbeteiligten

Der Unterbeteiligte erbringt seine Beitragsleistung dadurch, dass er mittels seiner Unterbeteiligung einen Anteil an der Hauptbeteiligung hält.[277] Daneben können die Gesellschafter der Unterbeteiligungsgesellschaft weitere Beiträge vereinbaren.[278] In Betracht kommen alle vermögenswerten Leistungen, die Gegenstand eines Schuldverhältnisses sein können, insbesondere Geld-, Sach- oder Dienstleistungen, aber auch andere Handlungen oder Unterlassungen.[279]

---

272 Schlegelberger/*Schmidt*, § 230 Rn. 217, 186; Wachter/*Eberl*, S. 1830 f.; *Paulick*, ZGR 1974, 253, 263.

273 MüKo/*Schmidt*, § 230 HGB Rn. 143.

274 MüKo/*Schmidt*, § 230 HGB Rn. 230; Singhof/*Seiler/Schlitt*, Rn. 424.

275 MüKo/*Schmidt*, § 230 HGB Rn. 230; Wachter/*Eberl*, S. 1830 f.

276 MüKo/*Schmidt*, § 230 HGB Rn. 230; Schlegelberger/*Schmidt*, § 230 Rn. 216; *Schmidt*, Gesellschaftsrecht, S. 1870; MüHdb/*Gayk*, § 30 Rn. 41; Heymann/*Horn*, § 230 Rn. 70; *Blaurock*, Rn. 30.39; *Blaurock*, Unterbeteiligung, S. 109; Wachter/*Eberl*, S. 1831; *Ulbrich*, S. 40; *Winterstein*, S. 69 f.; *Singhof/Seiler/Schlitt*, Rn. 349, 423; Saenger/Aderhold/Lenkaitis/Speckmann/*Eickhoff*, § 7 Rn. 201; BHbdP/*Bärwaldt*, § 15 Rn. 30; *Meyer*, S. 14; *Pöllinger*, S. 38.

277 MüHdb/*Gayk*, § 30 Rn. 41; MüKo/*Schmidt*, § 230 HGB Rn. 230; *Schmidt*, Gesellschaftsrecht, S. 1870; *Blaurock*, Rn. 30.39; Singhof/Seiler/Schlitt, Rn. 349, 423; Wachter/*Eberl*, S. 1830 f.; Saenger/Aderhold/Lenkaitis/Speckmann/*Eickhoff*, § 7 Rn. 201; *Winterstein*, S. 69.

278 MüHdb/*Gayk*, § 30 Rn. 41; Saenger/Aderhold/Lenkaitis/Speckmann/*Eickhoff*, § 7 Rn. 201; Singhof/*Seiler/Schlitt*, Rn. 427; BHbdP/*Bärwaldt*, § 15 Rn. 30.

279 MüHdb/*Gayk*, § 30 Rn. 41; MüKo/*Schmidt*, § 230 HGB Rn. 230; Schlegelberger/*Schmidt*, § 230 Rn. 216; *Paulick*, ZGR 1974, 263; *Blaurock*, Rn. 30.39; *Greifeld*, S. 22 ff.;

c) *Einlageleistung des Unterbeteiligten*

Unerheblich ist, ob der Unterbeteiligte sich seine Beteiligung durch eine eigene Einlageleistung verdient oder ob sie ihm schenkweise eingebucht wird.[280] Eine Einlageleistung des Unterbeteiligten ist im Anschluss an das oben Gesagte daher grundsätzlich nicht notwendig. Unentbehrliche Voraussetzung ist aber, dass der Unterbeteiligte eine Einlage hält. Ansonsten kommt es zu dogmatischen Problemen in den Fällen, in denen die Unterbeteiligung schenkweise eingeräumt wird.[281] Im Regelfall vereinbaren die Parteien jedoch, dass der Unterbeteiligte neben dem Beitrag eine Einlage zu leisten hat.[282] Dadurch kann der Hauptbeteiligte seine Hauptbeteiligung teilweise oder komplett refinanzieren. Die Einlage ist in das Vermögen des Hauptbeteiligten zu leisten, vergleiche § 230 I HGB analog. Soll mit Hilfe der Einlage die Hauptbeteiligung finanziert werden, kann zur Vereinfachung auf Weisung des Hauptgesellschafters unmittelbar an die Hauptgesellschaft gezahlt werden (vergleiche §§ 267, 362 II BGB).[283]

5. *Vertragsinhalt*

Für den Inhalt des Unterbeteiligungsvertrages herrscht wegen einer fehlenden gesetzlichen Regelung weitgehend Vertragsfreiheit.[284] Die Grenzen der Vertragsfreiheit werden durch die §§ 138, 134 BGB gezogen.[285] Der Rechtsberatung obliegt es, die passenden Regelungen für jeden Einzelfall zu finden.[286] Dies

---

Friehe, S. 20; *Ulbrich,* S. 41 ff. Saenger/Aderhold/Lenkaitis/Speckmann/*Eickhoff,* § 7 Rn. 201; *Pöllinger,* S. 17; Singhof/*Seiler/Schlitt,* Rn. 427.

280 MüKo/*Schmidt,* § 230 HGB Rn. 197; Schlegelberger/*Schmidt,* § 230 Rn. 217; *Ulbrich,* S. 44; *Paulick,* ZGR 1974, 253, 263 f.; Singhof/*Seiler/Schlitt,* Rn. 424.

281 Schlegelberger/*Schmidt,* § 230 Rn. 216; *Ulbrich,* S. 43 f.; Singhof/*Seiler/Schlitt,* Rn. 424. *Blaurock,* Unterbeteiligung, S. 110, ist bspw. der Ansicht, der Hauptbeteiligte erbringe die Einlage für den Unterbeteiligten. *Ulbrich,* S. 95 f., vertritt dagegen die Auffassung, die Unterbeteiligung könne auch als Schenkung und nicht als Gesellschaftsverhältnis ausgestaltet sein.

282 MüKo/*Schmidt,* § 230 HGB Rn. 231; MüHdb/*Gayk,* § 30 Rn. 42.

283 MüKo/*Schmidt,* § 230 HGB Rn. 231; Schlegelberger/*Schmidt,* § 230 Rn. 217; *Blaurock,* Rn. 30.40; MüHdb/*Gayk,* § 30 Rn. 42; Wachter/*Eberl,* S. 1830 f.; Singhof/*Seiler/Schlitt,* Rn. 424.

284 MüHdb/*Gayk,* § 30 Rn. 24; MüKo/*Schmidt,* § 230 HGB Rn. 236; *Paulick,* ZGR 1974, 253, 258; Singhof/*Seiler/Schlitt,* Rn. 394.

285 *Haas,* 2004, 406, 409.

286 *Haas,* 2004, 406, 409; MüKo/*Schmidt,* § 230 HGB Rn. 236; *Weigl,* S. 22; s. auch *Blaurock,* Rn. 30.25.

ist schon deshalb notwendig, weil die Regelungen der §§ 705 ff. BGB und der §§ 230 ff. HGB nicht auf die Unterbeteiligung zugeschnitten sind.[287]

a) Notwendiger Vertragsinhalt

Der Unterbeteiligungsvertrag muss die Bezeichnung der Vertragspartner, die Bezeichnung der Hauptbeteiligung, die Vereinbarung über die Einräumung der Unterbeteiligung (schenkweise oder gegen eine Einlageleistung), die Festlegung des Anteils des Unterbeteiligten an der Hauptbeteiligung und die Gewinnbeteiligung enthalten.[288]

b) Zweckmäßige Vereinbarungen

Daneben sollten die Unterbeteiligungsgesellschafter insbesondere folgende Aspekte vertraglich regeln:[289]

- Geschäftsführung des Hauptbeteiligten und eventuelle Mitwirkungsrechte des Unterbeteiligten bei der Ausübung der Verwaltungsrechte aus der Hauptbeteiligung
- Verlustbeteiligung[290]
- Informations- und Kontrollrechte des Unterbeteiligten
- Rechnungslegung und Ergebnisverteilung, einschließlich einer etwaigen Verlustbeteiligung
- Entnahmerechte des Unterbeteiligten
- Zulässigkeit von Verfügungen über Gesellschaftsrechte
- Dauer und Kündigung der Unterbeteiligungsgesellschaft
- Rechtsfolgen im Todesfall eines Vertragspartners
- Rechtsfolgen der Beendigung der Unterbeteiligung, insbesondere die Berechnung der Abfindung des Unterbeteiligten und ihre Zahlungsweise

Bei der Ausgestaltung des Unterbeteiligungsvertrages ist darauf zu achten, dass die im Vertrag getroffenen Regelungen auch auf den Gesellschaftsvertrag

---

287 MüHdb/*Gayk,* § 30 Rn. 24; Saenger/Aderhold/Lenkaitis/Speckmann/*Eickhoff,* § 7 Rn. 199; BHbdP/*Bärwaldt,* § 15 Rn. 22.

288 Schlegelberger/*Schmidt,* § 230 Rn. 187; *Ulbrich,* S. 38; *Paulick,* ZGR 1974, 253, 264 ff.; MüHdb/*Gayk,* § 30 Rn. 25; Saenger/Aderhold/Lenkaitis/Speckmann/*Eickhoff,* § 7 Rn. 200; *Weigl,* S. 22, 204; Singhof/*Seiler/Schlitt,* Rn. 375.

289 MüHdb/*Gayk,* § 30 Rn. 26; Saenger/Aderhold/Lenkaitis/Speckmann/*Eickhoff,* § 7 Rn. 200; BHbdP/*Bärwaldt,* § 15 Rn. 23; Giefers/*Ruhkamp,* Rn. 672; *Obermüller/Obermüller,* FS Werner 1984, S. 618; *Weigl,* S. 187 ff. (Vertragsmuster).

290 Schlegelberger/*Schmidt,* § 230 Rn. 187; *Ulbrich,* S. 40; *Paulick,* ZGR 1974, 253, 266.

der Hauptbeteiligung abgestimmt sind. Ansonsten besteht die Gefahr, dass der Hauptbeteiligte einander widersprechenden Verpflichtungen ausgesetzt ist und sich eventuell schadensersatzpflichtig macht.[291]

6. *Formerfordernisse*

Die Unterbeteiligung bedarf als Gesellschaft bürgerlichen Rechts in der Form einer Innengesellschaft grundsätzlich keiner Form. Der Abschluss des Gesellschaftsvertrags kann demnach grundsätzlich auch mündlich oder konkludent erfolgen.[292] Gleichwohl empfiehlt sich zumindest die Schriftform, um Dritten, zum Beispiel der Finanzverwaltung, die Unterbeteiligungsgesellschaft nachweisen oder über den Inhalt des Unterbeteiligungsvertrags bei Streitigkeiten Beweis erbringen zu können.[293]

a) *§ 15 III, IV GmbHG*

Fraglich ist, ob für die Einräumung einer Unterbeteiligung am Geschäftsanteil einer GmbH etwas anderes gilt. § 15 III und IV GmbHG erfordern zur Abtretung von Gesellschaftsanteilen an einer GmbH die notarielle Form für den schuldrechtlichen Vertrag. Es ist jedoch zu beachten, dass die Hauptbeteiligung (die Gesellschaftsanteile an einer GmbH) bei der Einräumung einer Unterbeteiligung nicht dinglich übertragen und auch keine entsprechende Verpflichtung begründet wird.[294] Somit finden die genannten Bestimmungen bei der Einräumung

---

291 MüHdb/*Gayk*, § 30 Rn. 27; Singhof/*Seiler/Schlitt*, Rn. 376.

292 OLG Schleswig, Urt. v. 23.5.2002 – 5 U 58/01, GmbHR 2002, 652, 653 f.; Wachter/*Eberl*, S. 1824; Staub/*Harbarth*, § 230 Rn. 283; *Blaurock*, Rn. 30.29; Oetker/*Schubert*, § 230 Rn. 115; *Ulbrich*, S. 100; MüHdb/*Gayk*, § 30 Rn. 13; MüKo/*Ulmer/Schäfer*, Vor. § 705 BGB Rn. 96; MüKo/*Schmidt*, § 230 HGB Rn. 222; Schlegelberger/*Schmidt*, § 230 Rn. 208; Baumbach/Hopt/*Roth*, § 105 Rn. 39; Singhof/*Seiler/Schlitt*, Rn. 381; BHbdP/*Bärwaldt*, § 15 Rn. 17; Ebenroth/Boujong/Joost/Strohn/*Gehrlein*, § 230 Rn. 93; Koller/*Kindler*/Roth/Morck, § 230 Rn. 4; Sudhoff/*Stenger*, § 34 Rn. 34; Heymann/*Horn*, § 230 Rn. 68; Saenger/Aderhold/Lenkaitis/Speckmann/*Eickhoff*, § 7 Rn. 195; *Winterstein*, S. 51; *Ziegler*, S. 29; Giefers/*Ruhkamp*, Rn. 677; *Thomsen*, S. 30; *Erkens*, S. 213; *Böttcher/Zartmann/Faut*, S. 105; *Herzfeld*, AcP 137 (1933), 270, 296; *Vossius*, BB 1988, 1, 15.

293 *Paulick*, ZGR 1974, 253, 270; Staub/*Harbarth*, § 230 Rn. 283; MüHdb/*Gayk*, § 30 Rn. 19; *Bilsdorfer*, NJW 1980, 2785, 2786; Singhof/*Seiler/Schlitt*, Rn. 387; *Thomsen*, S. 85; *Böttcher/Zartmann/Faut*, S. 105; Saenger/Aderhold/Lenkaitis/Speckmann/*Eickhoff*, § 7 Rn. 195; *Bülow*, S. 3.

294 Singhof/*Seiler/Schlitt*, Rn. 381; *Blaurock*, Unterbeteiligung, S. 154 f.; BHbdP/*Bärwaldt*, § 15 Rn. 17; Saenger/Aderhold/Lenkaitis/Speckmann/*Eickhoff*, § 7 Rn. 195; MüKo/*Reichert/Weller*, § 15 GmbHG Rn. 251; Sudhoff/*Stenger*, § 34 Rn. 34.

einer Unterbeteiligung keine Anwendung.[295] Etwas anderes gilt dann, wenn sich der Hauptbeteiligte in dem Unterbeteiligungsvertrag dazu verpflichtet, seinen Anteil an der GmbH später – etwa für den Fall der Auflösung der Unterbeteiligungsgesellschaft – auf den Unterbeteiligten zu übertragen. In diesem Fall bedarf die gesamte Vereinbarung der notariellen Form.[296]

b) Grundstückskaufvertrag, § 311b BGB

Wird eine Partei durch den Unterbeteiligungsvertrag dazu verpflichtet, ihr ganzes Vermögen oder ein Grundstück zu übertragen, so ist nach der Vorschrift des § 311b BGB die notarielle Beurkundung des der Übertragung zu Grunde liegenden schuldrechtlichen Rechtsgeschäfts erforderlich. In dem Vermögen der Hauptgesellschaft können sich Grundstücke befinden. Der Unterbeteiligte erhält jedoch nur eine mittelbare Beteiligung an diesen Grundstücken, sodass sie ihm nicht übertragen werden. Der Unterbeteiligungsvertrag muss daher nicht nur schon deshalb notariell beurkundet werden, wenn sich im Vermögen der

---

295 OLG Frankfurt am Main, Urt. v. 8.8.1985 – 15 U 233/83, GmbHR 1987, 57; Urt. v. 7.9.1991 – 11 U 21/91, DStR 1992, 1661; OLG Schleswig, Urt. v. 23.5.2002 – 5 U 58/01, GmbHR 2002, 652, 654; Staub/*Harbarth*, § 230 Rn. 283; MüKo/*Schmidt*, § 230 HGB Rn. 223; *Scholz/Seibt* § 15 Rn. 224; *Henn*, S. 24; *Bilsdorfer*, NJW 1980, 2785, 2786; MüKo/*Reichert/Weller*, § 15 GmbHG Rn. 251; Henssler/Strohn/*Verse*, § 15 Rn. 126; Ulmer/Habersack/*Löbbe*, § 15 Rn. 217; *Blaurock/Beringer*, GmbHR 1990, 11, 13 f.; *Blaurock*, Unterbeteiligung S. 154; *Hesselmann*, GmbhR 1964, 26, 27; *Paulick*, ZGR 1974, 253, 270; *Meyer*, S. 77 f.; Ebenroth/Boujong/Joost/Strohn/*Gehrlein*, § 230 Rn. 93; *Böttcher/Zartmann/Faut*, S. 106; Baumbach/Hueck/*Fastrich*, § 15 Rn. 59; Lutter/Hommelhoff/*Bayer*, § 15 Rn. 80; *Roth/Thöni*, FS 100 Jahre GmbHG 1992, S. 274; *Thoma*, StbJb 1954/55, 215, 219; Michalski/*Ebbing*, § 15 Rn. 187. Im Ergebnis auch Tebben, der eine analoge Anwendung der Vorschriften diskutiert, *Tebben*, S. 229 f.

296 Vgl. RG, Urt. v. 11.4.1906 – I ZR 469/05, JW 1906, 401; BGH, Urt. v. 5.11.1979 – II ZR 83/79, BGHZ 75, 352; OLG Frankfurt am Main, Urt. v. 8.8.1985, GmbHR 1987, 57 f.; FG Düsseldorf, Urt. v. 13.6.2001 – 2 K 1235/98 E, EFG 2001, 1383, 1385; OLG Bamberg, Urt. v. 30.11.2000 – 1 U 72/00, NZG 2001, 509, 511 (zur Treuhand); *Blaurock*, Rn. 30.29; *Blaurock/Berninger*, GmbHR 1990, 11, 13 f.; *Hohaus*, GmbHR 2002, 883, 884; Michalski/*Ebbing*, § 15 Rn. 187; Henssler/Strohn/*Verse*, § 15 Rn. 126; Singhof/*Seiler/Schlitt*, Rn. 381; Wachter/*Eberl*, S. 1824; MüHdb/*Gayk*, § 30 Rn. 19; Staub/*Harbarth*, § 230 Rn. 283; MüKo/*Ulmer/Schäfer*, Vor. § 705 BGB Rn. 96; Saenger/Aderhold/Lenkaitis/Speckmann/*Eickhoff*, § 7 Rn. 195; BHbdP/*Bärwaldt*, § 15 Rn. 18; *Hohaus*, GmbHR 2002, 883, 884.

Hauptgesellschaft Grundstücke befinden.[297] Die Formvorschrift des § 311b BGB spielt aus diesem Grunde für die Unterbeteiligung in der Praxis keine Rolle.[298]

c) Notarielle Beurkung bei schenkweiser Einräumung der Unterbeteiligung

„Der Schenkungsbegriff setzt eine objektiv unentgeltliche Zuwendung aus dem Vermögen des Schenkers und die Einigung über die Unentgeltlichkeit voraus."[299] Nach dieser Definition kann die Einräumung einer Unterbeteiligung auch schenkweise erfolgen. Für sie gilt dann die Formvorschrift des § 518 I 1 BGB.[300] Anders zu beurteilen ist die unentgeltliche Übertragung einer bestehenden Unterbeteiligung, da in diesem Fall die Unterbeteiligung als Verfügungsgegenstand bereits vorhanden ist und die Formnichtigkeit nach § 518 II BGB geheilt werden kann.[301] Erst recht muss der Schenkungsvollzug formlos erfolgen können, wenn auch die Verfügung über die Unterbeteiligung formlos möglich ist.[302] Aus § 518 I 1 BGB folgt, dass ein Schenkungsversprechen notariell beurkundet

---

297 RG, Urt. v. 15.4.1913 – II ZR 649/12, RGZ 82, 160 f. (zur OHG); BGH, Urt. v. 5.6.1957 – IV ZR 16/57, MDR 1957, 733; MüKo/*Schmidt*, § 230 HGB Rn. 223; Schlegelberger/*Schmidt*, § 230 Rn. 209; *Bilsdorfer*, NJW 1980, 2785, 2789; Singhof/*Seiler/Schlitt*, Rn. 381; Wachter/*Eberl*, S. 1824; BHbdP/*Bärwaldt*, § 15 Rn. 19; *Ulbrich*, S. 100; *Tebben*, S. 225; *Herzfeld*, AcP 137 (1933), 270, 297 f.; *Ziegler*, S. 29.

298 MüKo/*Schmidt*, § 230 HGB Rn. 223; Schlegelberger/*Schmidt*, § 230 Rn. 209.

299 MüKo/*Schmidt*, § 230 HGB Rn. 98; s. auch *Schmidt*, BB 1990, 1992, 1993; vgl. MüKo/*Koch*, § 516 BGB Rn. 5, 14.

300 BGH, Urt. v. 24.9.1952 – II ZR 136/51, NJW 1952, 1412 (für die stille Gesellschaft); Urt. v. 29.10.1952 – II ZR 16/52, NJW 1953, 138, 139 (für die Innengesellschaft); Urt. v. 6.3.1967 – II ZR 180/65, WM 1967, 685 (in dieser Entscheidung hat der BGH die zur stillen Gesellschaft geschaffenen Grundsätze ohne Begründung auf die Unterbeteiligung übertragen); vgl. auch OLG Düsseldorf, Urt. v. 17.12.1998 – 6 U 193/97, NZG 1999, 652, 653; *Blaurock/Berninger*, GmbHR 1990, 11, 14; MüKo/*Koch*, § 516 BGB Rn. 92; MüKo/*Schmidt*, § 230 HGB Rn. 224; *Schneider*, DB 1954, 739; *Blaurock*, Unterbeteiligung, S. 155, 157; *Blaurock*, Rn. 30.30; *Meyer*, S. 79.
Diese Vorschrift muss auch bei der schenkweisen Einräumung einer Unterbeteiligung gegenüber einem Minderjährigen beachtet werden. Es muss jedoch keine notarielle Beurkundung erfolgen, wenn es sich um eine Ausstattung aus dem Elternvermögen im Sinne von § 1624 I BGB handelt, s. dazu *Blaurock*, Rn. 30.33; BGH, Urt. v. 6.3.1967 – II ZR 180/65, WM 1967, 685; *Autenrieth*, DStZ 1992, 86, 87.
Zum Konkurrenzverhältnis der Formvorschrift zum Gesellschaftsrecht s. *Coenen*, S. 38 ff.

301 *Schmidt*, DB 2002, 829, 830, 834; MüKo/*Schmidt*, § 230 Rn. 101; Oetker/*Schubert*, § 230 Rn. 48; Röhricht/von Westphalen/Haas/*Mock*, § 230 Rn. 11.

302 *Schmidt*, DB 2002, 829, 830.

werden muss.[303] Fraglich ist, ob die Formunwirksamkeit nach § 125 1 BGB durch das Bewirken der versprochenen Leistung geheilt werden kann, § 518 II BGB. Das Bewirken der Leistung wird unterschiedlich verstanden.[304] Es wird auf die Vornahme der Leistungshandlung[305] oder den Eintritt des Leistungserfolges[306] abgestellt. Die überwiegende Ansicht verlangt den dinglichen Vollzug der Schenkung, streitet aber über die unterschiedlichen Anforderungen an den dinglichen Vollzug. Für den dinglichen Vollzug muss grundsätzlich die versprochene Leistung erbracht werden. Ein Vollzug ist aber auch dann anzunehmen, wenn der Schenker ein Vermögensopfer erbracht und auch sonst alles getan hat, was er für den Rechtsübergang der Schenkung tun muss.[307]

Umstritten ist ferner, ob der Abschluss des Gesellschaftervertrags oder die Einbuchung als Vollzug der Schenkung anzusehen sind.[308] Hintergrund dieser Auseinandersetzung ist, dass die Rechtsprechung die Schenkung bei nahen Angehörigen nur steuerrechtlich anerkennt, wenn sie zivilrechtlich wirksam

---

303 Die Beratungspraxis wird auf die Einhaltung der notariellen Form umfassend hinweisen: *Schmidt,* DB 2002, 829; MHdb/*Gayk,* § 30 Rn. 19.

304 S. zu diesem Streitstand ausführlich MüKo/*Koch,* § 518 BGB Rn. 9 ff.

305 BGH, Urt. v. 11.6.1960 – V ZR 200/58, WM 1960, 1032, 1034; Urt. v. 6.3.1970 – V ZR 57/67, NJW 1970, 941, 942 (bereits die Übergabe sei ausreichend); Urt. v. 10.5.1989 – IV a ZR 66/88, NJW-RR 1989, 1282; *Brox,* FS Bosch 1976, S. 88; *Nieder,* BWNotZ 1996, 129; *Schippers,* RNotZ 2006, 42, 44 ff.; Jauernig/*Mansel,* § 518 Rn. 6; Palandt/*Weidenkaff,* § 518 Rn. 9; Staudinger/*Wimmer-Leonhardt,* 2005, § 518 Rn. 19 ff.

306 Vgl. RG, Urt. v. 21.4.1904 – IV ZR 35/04, JW 1904, 337, 338; OLG Frankfurt am Main, Urt. v. 19.2.1991 – 8 U 116/89, NJW-RR 1991, 1157; *Reinicke,* S. 42 ff.; 61, 64 ff.; *Reinicke,* JA 1982, 236, 327; *Reinicke,* NJW 1970, 1447, 1448 f.; *Fischer,* S. 18 f.; *Herrmann,* S. 130 ff.; *Herrmann,* MDR 1980, 883, 884 ff.; *Seibert,* JZ 1981, 380 ff.; *Schiemann,* JZ 2000, 570, 571; *Schmidt,* DB 2002, 829, 830 f.; Bamberger/Roth/*Gehrlein,* § 518 Rn. 6; Erman/*Herrmann,* § 518 Rn. 5; Soergel/*Eckert,* § 518 Rn. 10; Staudinger/*Chiusi,* § 518 Rn. 16; MüKo/*Koch,* § 518 BGB Rn. 9 f.; *Ernst,* FS Picker 2010, S. 173.

307 BGH, Urt. v. 6.3.1970 – V ZR 57/67, NJW 1970, 941, 942; Urt. v. 10.5.1989 – IV a ZR 66/88, NJW-RR 1989, 1282. Dieser Vollzugsbegriff wurde von § 2301 BGB auf § 518 BGB übertragen, s. MüKo/*Musielak,* § 2301 BGB Rn. 18 ff.
Schmidt vertritt zwar ebenfalls diese Ansicht, hält aber die Übertragung der Definition für unzutreffend und verlangt wegen des unteschiedlichen Wortlauts und Zwecks der beiden Normen einen Vermögenstransfer auf den Beschenkten für den Schenkungsvollzug im Sinne von § 518 II BGB, *Schmidt,* DB 2002, 829, 830 f.; so auch: MüKo/*Koch,* § 518 BGB Rn. 9; *Reinicke,* S. 38 ff., 63 f.; *Seibert,* JZ 1981, 380 ff. Dieser gefestigten Ansicht soll auch hier gefolgt werden.

308 *Blaurock,* Rn. 30.30. Zur Schenkung einer stillen Beteiligung an einem Handelsgewerbe s. *Herrmann,* S. 222 ff.

ist.[309] Aus diesem Grund fordert die finanzgerichtliche Rechtsprechung für die steuerrechtliche Anerkennung einen Nachweis über den Abschluss, das Bestehen und die tatsächliche Durchführung des Unterbeteiligungsverhältnisses.[310] Unter diesem Gesichtspunkt besteht in der Praxis genügend Anlass für eine notarielle Beurkundung des Schenkungsversprechens. *Karsten Schmidt* polemisiert dagegen, dass diejenigen, die diesen Rat befolgen, nur zusehen können, „was die Rechtsprechung künftig sagen wird, wenn andere aus Tollkühnheit oder Ignoranz in die von ihr [der Rechtsprechung] aufgestellte Falle laufen."[311] Im Ansatz ist dieser Einwand zutreffend. Gleichwohl ist fraglich, ob den Parteien zu raten ist, das hohe Risiko der steuerrechtlichen Nichtanerkennung einzugehen, anstatt die in Relation dazu geringen Kosten und Mühen der notariellen Beurkundung auf sich zu nehmen.[312] Dennoch bleibt zu klären, ob die Parteien wegen des Schenkungsvollzugs auf die Heilung des Formfehlers vertrauen und so auf die Einhaltung der Form der notariellen Beurkundung verzichten können.

aa) Frühere Ansicht der Rechtsprechung

Nach früherer höchstrichterlicher Rechtsprechung[313] konnte die Heilung der Formnichtigkeit eines Unterbeteiligungsvertrages weder durch den Abschluss des Gesellschaftsvertrags noch durch die Einbuchung des Gesellschaftsanteils in die Bücher der Unterbeteiligungsgesellschaft erfolgen.

---

309 Vgl. BFH, Urt. v. 4.7.1968 – IV 136/63, DB 1968, 1651; FG München, Urt. v. 27.8.1969 – I 54/65, EFG 1970, 73; FG Baden-Württemberg, Urt. v. 25.6.1970 – VI 437/66, EFG 1970, 550; *Blaurock*, Rn. 1231; *Blaurock*, Rn. 1195 ff.; vgl. auch *Böttcher/Zartmann/Faut*, S. 66 f. (zur stillen Gesellschaft).

310 MüKo/*Schmidt*, § 230 HGB Rn. 222.

311 *Schmidt*, DB 2002, 829, 830.

312 So auch: *Wendelstein*, BB 1970, 735, 738; *Böttcher/Zartmann/Faut*, S. 106.

313 BGH, Urt. v. 24.9.1952 – II ZR 136/51, NJW 1952, 1412 (für die stille Gesellschaft); Urt. v. 29.10.1952 – II ZR 16/52, NJW 1953, 138, 139 (für die Innengesellschaft); Urt. v. 6.3.1967 – II ZR 180/65, WM 1967, 685 (Übertragung der Rechtsprechung hinsichtlich des Erfordernisses der notariellen Beurkundung nach § 518 I BGB auch auf die Unterbeteiligung. Zu einer Heilungsmöglichkeit nimmt der BGH keine Stellung, da die Zuwendung im vorliegenden Fall nicht als Schenkung anzusehen war); offengelassen vom BGH, Urt. v. 2.7.1990 – II ZR 243/89, NJW 1990, 2616, 2618; BFH, Urt. v. 8.8.1979 – I R 82/76, DB 1979, 2160, 2161; Urt. v. 28.11.1973 – I R 101/72, BFHE 111, 85, 89. dem BGH folgend OLG Frankfurt am Main, Beschl. v. 15.4.1996 – 20 W 516/94, NJW-RR 1996, 1123, 1124; OLG Düsseldorf, Urt. v. 17.12.1998 – 6 U 193/97, NZG 1999, 652, 653.

(1) Abschluss des Gesellschaftsvertrags

Die Unterbeteiligung ist eine Innengesellschaft und verfügt im Gegensatz zur Außengesellschaft nicht über eigenes Gesellschaftsvermögen. Ihrem Wesen entspricht es, dass grundsätzlich allein der Hauptgesellschafter das Vermögen des betriebenen Geschäfts inne hat und den Hauptgesellschaftsanteil verwaltet. Gegenüber dem Unterbeteiligten ist er nur schuldrechtlich (Teilhabe am Gewinnanteil aus der Hauptgesellschaft) verpflichtet.[314] Nach dem Parteiwillen soll das Vermögen daher bei dem Abschluss des Unterbeteiligungsvertrages (noch) nicht übertragen werden.[315] Anders als bei einer Außengesellschaft kommt es mangels eines dinglichen Anteils am Gesellschaftsvermögen nicht zu einer nach außen wirkenden Vermögensbeteiligung.[316] Mit dem Abschluss des Unterbeteiligungsvertrages hat der Schenker daher noch nicht alles getan, was für den Vollzug des Schenkungsversprechens nötig ist. Die Leistung ist danach noch nicht bewirkt und die Formnichtigkeit kann nicht gemäß § 518 II BGB geheilt werden.

(2) Einbuchung

Zu prüfen ist, ob die Leistung durch Einbuchung auf das Konto des Beschenkten bewirkt werden kann. Bei der Einbuchung wird dem Gesellschafter ein Betrag auf dem für ihn eingerichteten Kapitalkonto gutgeschrieben, ohne dass er eine Leistung erbracht hat.[317] Die Einbuchung auf dem Gesellschaftskonto stellt jedoch ebenfalls keine dingliche Verfügung, sondern einen buchungstechnischen Vorgang dar, der lediglich steuerrechtliche Bedeutung hat.[318] Der Unterbeteiligte wird auch nur schuldrechtlich an dem Gesellschaftsanteil des Hauptbeteiligten als Partner der Innengesellschaft beteiligt. Somit wird lediglich eine formnichtige schuldrechtliche Verpflichtung (aus dem Schenkungsvertrag) durch eine andere

---

314 BGH, Urt. v. 29.10.1952 – II ZR 16/52, NJW 1953, 138, 139 (für die Innengesellschaft); OLG Düsseldorf, Urt. v. 17.12.1998 – 6 U 193/97, NZG 1999, 652, 653.

315 BGH, Urt. v. 29.10.1952 – II ZR 16/52, NJW 1953, 138, 139 (für die Innengesellschaft); OLG Düsseldorf, Urt. v. 17.12.1998 – 6 U 193/97, NZG 1999, 652, 653.

316 BGH, Urt. v. 29.10.1952 – II ZR 16/52, NJW 1953, 138, 139 (für die Innengesellschaft); OLG Düsseldorf, Urt. v. 17.12.1998 – 6 U 193/97, NZG 1999, 652, 653; vgl. auch OLG Frankfurt am Main, Beschl. v. 15.4.1996 – 20 W 516/94, NJW-RR 1996, 1123, 1124.

317 *Huber,* S. 200; Staudinger/*Chiusi,* § 518 Rn. 42.

318 BGH, Urt. v. 24.9.1952 – II ZR 136/51, NJW 1952, 1412 (für die stille Gesellschaft); Urt. v. 6.3.1967 – II ZR 180/65, WM 1967, 685, 686; OLG Düsseldorf, Urt. v. 17.12.1998 – 6 U 193/97, NZG 1999, 652, 653.

(aus dem Gesellschaftsvertrag) ersetzt.[319] Nicht jede Erfüllung des Schenkungsversprechens ist gleichzeitig ein Schenkungsvollzug im Sinne von § 518 II BGB. Durch die Einbuchung wird die Leistung daher nicht bewirkt und das dingliche Rechtsgeschäft demnach nicht nach § 518 II BGB vollzogen.

bb) Den Schenkungsvollzug ablehnende Ansicht in der Literatur

Dieser Ansicht der Rechtsprechung hat sich ein Teil der Literatur angeschlossen.[320] Zur Begründung wird angeführt, dass den Unterbeteiligten anders als dem stillen Gesellschafter keine formelle (dingliche) Rechtsposition gegenüber der Gesellschaft eingeräumt werde, deren Verschaffung als Erfüllung angesehen werden könne.[321] Durch den Abschluss des Unterbeteiligungsvertrags oder der Einbuchung des Gesellschaftsanteils erhalte der Unterbeteiligte im Gegensatz zum stillen Gesellschaftsverhältnis „keine direkte Beteiligung an einem verbundenen Unternehmen"[322], sondern lediglich schuldrechtliche Ansprüche.[323] Zu beachten sei auch, dass die Unterbeteiligungsgesellschaft grundsätzlich nicht dazu verpflichtet sei, Bücher zu führen.[324] Eine Heilung durch Einbuchung setzte demnach voraus, dass für den Unterbeteiligten ein Buchführungskonto eingerichtet werde.[325] Eine Heilung komme nur in Frage, sofern eine solche Verpflichtung bestehe.[326]

---

319 BGH, Urt. v. 29.10.1952 – II ZR 16/52, NJW 1953, 138, 139 (für die Innengesellschaft); Urt. v. 24.9.1952 – II ZR 136/51, NJW 1952, 1412 (für die stille Gesellschaft); offengelassen vom BFH, Urt. v. 28.11.1973 – I R 101/72, BFHE 111, 85, 89.

320 *Blaurock*, Unterbeteiligung, S. 156 f.; *Huber*, S. 154 ff.; *Schneider*, DB 1954, 739; Heymann/*Horn*, § 230 Rn. 69; *Wendelstein*, BB 1970, 735, 738; *Jebens*, BB 1980, 407, 408; Peter/Crezelius/*Fichtelmann*, Rn. 1554; *Bilsdorfer*, NJW 1980, 2785, 2787; *Fischer*, JR 1962, 201, 203; Soergel/*Hadding/Kießling*, § 705 Rn. 11; Singhof/*Seiler/Schlitt*, Rn. 382; BHbdP/*Bärwaldt*, § 15 Rn. 20; Wachter/*Eberl*, S. 1824; *Hesselmann*, GmbHR 1964, 26, 27; vgl. auch *Böttcher/Zartmann/Faut*, S. 106, 66; Giefers/*Ruhkamp*, Rn. 678.

321 *Blaurock*, Unterbeteiligung, S. 157; *Fischer*, JR 1962, 201, 203; Singhof/*Seiler/Schlitt*, Rn. 382; *Märkle*, DStZ 1985, 471, 476 f.; Heymann/*Emmerich*, § 105 Rn. 60; Scholz/*Seibt*, § 15 Rn. 224; *Jebens*, BB 1980, 407, 408; für den Fall der Einbuchung auch *Brandner/Bergmann*, FS Sigle 2000, S. 332 f. (zur stillen Gesellschaft).

322 *Blaurock*, Unterbeteiligung, S. 157.

323 Wachter/*Eberl*, 1. Aufl., S. 1450.

324 *Weigl*, S. 209; *Tebben*, S. 226; zur stillen Gesellschaft: BFH, Urt. v. 12.11.1985 – VIII R 364/83, BStBl. II 1986, 311, 312 f.; *Knobbe-Keuk*, S. 406; *Blaurock*, Rn. 13.94.

325 Vgl. *Weigl*, S. 209 f.

326 *Tebben*, S. 226.

Blaurock stellt für die Heilungsmöglichkeit auf den Schenkungsgegenstand ab.[327] Der Schenkungsgegenstand stelle regelmäßig das Gemeinschaftsverhältnis des Unter- und Hauptbeteiligten dar, das zur Erreichung des gemeinsamen Zwecks entstehe. Aus diesem Verhältnis erwüchsen zahlreiche Rechte und Pflichten. Die Begründung schuldrechtlicher Ansprüche – insbesondere die alleinige Betrachtung der Gewinn- beziehungsweise Auseinandersetzungsansprüche als Schenkungsgegenstand – reiche für das Bewirken der Leistung im Sinne von § 518 II BGB nicht aus.[328]

cc) Abtretung der Gewinnansprüche als Schenkungsvollzug?

Fraglich ist, ob ein Bewirken der Leistung nicht spätestens durch die Abtretung der Gewinnansprüche und des Anspruchs auf das Auseinandersetzungsguthaben des Hauptbeteiligten an den Unterbeteiligten erfolgt.[329] Dabei handelt es sich jedoch nur um eine Teilerfüllung der formnichtigen schuldrechtlichen Vereinbarung,[330] die eine Heilung nur für den vollzogenen Teil der Leistung bewirken kann (vergleiche § 139 BGB).[331] Die Leistungen aus der Unterbeteiligung werden erst mit der Beendigung und Auseinandersetzung vollständig erbracht.[332] Erst dann kann es zu einer Heilung des Formmangels des Unterbeteiligungsvertrages kommen.

Meyer will in diesem Fall eine Heilung analog § 518 II BGB annehmen, weil der Hauptgesellschafter ausreichend zu erkennen gäbe, dass er an dem Vertrag festhalten möchte.[333] Dieser Gedanke ist sicherlich zutreffend. Eine analoge Anwendung von § 518 II BGB ist jedoch wegen der Schutzfunktionen der Formvorschrift

327 *Blaurock,* Unterbeteiligung, S. 157.

328 So noch *Blaurock,* Unterbeteiligung, S. 156 f. Die Einordnung des Schenkungsgegenstands nimmt Blaurock an anderer Stelle näher vor: *Blaurock,* NZG 2012, 521, 523. Dort hat er jedoch seine Auffassung korrigiert. Zwar sei immer noch kein dinglicher Vollzug notwendig, aber im Gegensatz zu seiner früheren Ansicht bejaht er nun den Eintritt des Vollzugs bereits durch den Abschluss des Gesellschaftsvertrags. Somit hat sich Blaurock der bejahenden, unmittelbar nachfolgenden Auffassung angeschlossen.

329 *Meyer,* S. 81 f.

330 *Meyer,* S. 82.

331 RG, Urt. v. 9.10.1911 – VI ZR 473/10, RGZ 77, 333, 335; Urt. v. 1.5.1916 – IV 39/16, LZ 1916, 1018; BGH, Urt. v. 19.6.1970 – V ZR 144/67, WM 1970, 1247, 1248; MüKo/*Koch,* § 518 BGB Rn. 12; *Passarge,* NZG 2009, 1421, 1422; *Tiedau,* NJW 1984, 1447, 1448; Palandt/*Weidenkaff,* § 518 Rn. 9; Soergel/*Eckert,* § 518 Rn. 16; Staudinger/*Wimmer-Leonhardt,* 2005, § 518 Rn. 23.

332 *Meyer,* S. 81.

333 *Meyer,* S. 82.

gleichwohl abzulehnen. Das Vorliegen einer Regelungslücke ist zu bezweifeln, weil die Teilleistungen jeweils für sich bewirkt werden. Warum aber dadurch gleichsam der gesamte Unterbeteiligungsvertrag geheilt werden soll, ist nicht begründbar.

dd) Den Schenkungsvollzug bejahende Ansicht in der Literatur

Andere Autoren bejahen den Schenkungsvollzug mit unterschiedlichen Begründungen, die im Folgenden darzustellen sind.

(1) Heilung nach § 518 II BGB

Eine andere Ansicht in der Literatur stellt sich gegen die Rechtsprechung und bejaht die Heilungsmöglichkeit nach § 518 II BGB, weil die schenkweise Einräumung einer Unterbeteiligung bereits mit dem Abschluss des Gesellschaftsvertrags vollzogen sei.[334] Der Schenkungsgegenstand sei demnach die Gesellschaftsbeteiligung.[335] Wegen des Charakters der Innengesellschaft (ohne Gesellschaftsvermögen) sei eine strikte Unterscheidung zwischen Verpflichtungs- und Verfügungsgeschäft nicht möglich.[336] Eine dingliche Vermögenslage könne sich deshalb aus ihr gar nicht ableiten.[337] Die gesellschaftsrechtliche Beteiligung sei dennoch nicht mit anderen schuldrechtlichen Ansprüchen zu vergleichen[338] und komme mit dem Abschluss des Gesellschaftsvertrags zustande.[339] Die Gesellschafterstellung sei die versprochene Leistung, die der Beschenkte von dem Hauptbeteiligten erlange.[340] Neben den schuldrechtlichen Ansprüchen folgten aus ihr weitere Rechte und Pflichten, weshalb die Beteiligung mehr als bloß schuldrechtliche Ansprüche begründe.[341] Als Schenkungsgegenstand

334 *Hueck,* NJW 1953, 138, 139 (für die stille Gesellschaft); *Friehe,* S. 53 f.; *Ulbrich,* S. 101 ff.; *Tebben,* S. 225 ff.; *Brandner/Bergmann,* FS Sigle 2000, S. 330 ff.; *Coenen,* S. 170 ff.; *Kubillus,* S. 220; Staudinger/*Chiusi,* § 518 Rn. 46; *Hueck,* ZHR 83 (1920), 1, 22 ff.; *Herzfeld,* AcP 137 (1933), 270, 297; *Meyer,* S. 81; Soergel/*Eckert,* § 518 Rn. 29; MüKo/*Koch,* § 518 BGB Rn. 32; MüKo/*Ulmer/Schäfer,* Vor. § 705 BGB Rn. 96; § 705 Rn. 44 f.; *Wiedemann,* S. 111 f.

335 *Kollhosser,* AcP 194 (1994), 231, 245 (für die stille Gesellschaft).

336 *Ulbrich,* S. 102; *Müller,* StbJb 1973/74, 203, 218 (zur stillen Gesellschaft).

337 *Würdinger,* JZ 1953, 226, 227; *Ulbrich,* S. 102.

338 *Hueck,* NJW 1953, 138, 139; *Hueck,* ZHR 83 (1920), 1, 20.

339 *Ulbrich,* S. 102; *Buchwald,* GmbHR 1953, 81, 86; *Müller,* StbJb 1973/74, 203, 218 f. (zur stillen Gesellschaft).

340 *Hueck,* NJW 1953, 138, 139; *Meyer,* S. 81; *Blaurock,* NZG 2012, 521, 523.

341 *Würdiger,* JZ 1953, 226, 227; *Coenen,* S. 170 ff.; *Ulbrich,* S. 102; *Hueck,* NJW 1953, 138, 139; MüKo/*Ulmer/Schäfer,* § 705 Rn. 45; *Hueck,* ZHR 83 (1920), 1, 20; *Koenigs,* S. 75 f. (für die stille Gesellschaft).

müsse daher die Gesellschafterstellung und nicht die Gewinn- und Auseinandersetzungsansprüche angesehen werden.[342] Im Ergebnis wird demnach das Schenkungsversprechen durch den Abschluss des Gesellschaftsvertrags bereits vollzogen und die Formnichtigkeit nach § 518 II BGB geheilt. Einen rein dinglichen Vollzug kann es nach dieser Ansicht nicht geben. Die Einbuchung des Gesellschaftsanteils reicht aber auch nach dieser Ansicht nicht zum Vollzug der Schenkung aus, da diese nur Dokumentationsfunktion habe und nicht rechtsbegründend wirke.[343]

(2) Zuwendung der Gesellschafterstellung als Handschenkung

Ein Teil der Literatur ist der Auffassung, dass die Zuwendung der Gesellschafterstellung auch im Wege der Handschenkung im Sinne von § 516 I BGB erfolgen könne.[344] Eine Handschenkung liegt vor, wenn die Leistung dem Beschenkten ohne ein Schenkungsversprechen sofort verschafft wird und das schuldrechtliche und dingliche Rechtsgeschäft zusammenfallen.[345] Nach dem oben Gesagten kann bei der schenkweisen Einräumung einer Unterbeteiligung, bei der die Gesellschafterstellung als Schenkungsgegenstand anzusehen ist, eine Handschenkung vorliegen, weil die Gesellschafterposition sofort eingeräumt wird. Danach ist eine notarielle Beurkundung nach § 518 I 1 BGB nicht erforderlich und § 518 II BGB ebenfalls nicht einschlägig.[346] Das Schenkungsrecht geht davon aus, dass die Zuwendung des Schenkungsgegenstandes die Einhaltung der in § 518 I 1 BGB vorgesehenen Form überflüssig macht.[347] Dieser Grundsatz wird jedoch durch § 518 I 2 BGB durchbrochen. § 518 I 2 BGB fordert die notarielle Beurkundung, wenn ein abstraktes Schuldversprechen oder Schuldanerkenntnis (§§ 780, 781 BGB) Gegenstand der Schenkung ist. In diesen Fällen ist der Schenker besonders schutzbedürftig. Die Warnfunktion des Formerfordernisses

---

342 *Blaurock,* NGZ 2012, 521, 523; *Kubillus,* S. 89.

343 *Hueck,* NJW 1953, 138, 139; *Buchwald,* GmbHR 1953, 81, 85 f.; *Ulbrich,* S. 102.

344 *Kollhosser,* AcP 194 (1994), 231, 244 f. hat diese Ansicht zur stillen Gesellschaft entwickelt. Die Begründung ist aber auf die Unterbeteiligung übertragbar. Ihm folgen teilweise seine Doktoranden *Kubillus,* S. 149 ff., 166, 167 ff. und *Coenen,* S. 52 ff., 68, S. 69 ff.; wohl auch MüKo/*Koch,* § 518 Rn. 31 f.

345 MüKo/*Koch,* § 516 BGB Rn. 2; Bamberger/Roth/*Gehrlein,* § 516 Rn. 1.

346 *Kollhosser,* AcP (194) 1994, 231, 244 f.

347 *Kubillus,* S. 167; vgl. *Kollhosser,* AcP 194 (1994), 231, 245; Staudinger/*Chiusi,* § 518 Rn. 14.

entfällt nämlich nicht, wenn eine schuldrechtliche Verpflichtung nur durch eine andere ersetzt wird.[348]

Die Unterbeteiligung ist aber weder ein Schuldversprechen noch ein Schuldanerkenntnis im Sinne des § 518 I 2 BGB. Die Formbedürftigkeit des Abschlusses des Gesellschaftsvertrags als Vollzugshandlung kann sich nur aus einer analogen Anwendung von § 518 I 2 BGB ergeben, wenn durch ihn bereits ein im Sinne von § 518 I 2 BGB vergleichbarer Vermögenswert zugewendet wurde.[349] Für die analoge Anwendung müsste eine vergleichbare Interessenlage vorliegen. Der Unterbeteiligte befindet sich in einer komplexen Rechtsbeziehung, aus der sich zahlreiche Rechte und Pflichten ergeben. Dieser Unterschied zum Schuldversprechen beziehungsweise Schuldanerkenntnis im Sinne von § 518 I 2 BGB spricht dafür, eine vergleichbare Interessenlage zu verneinen.[350] Somit ist auch keine notarielle Beurkundung analog § 518 I 2 BGB erforderlich. Eine formfreie Handschenkung ist also nach dieser Ansicht möglich.

ee) Differenzierende Ansicht von Schmidt

Schmidt hat eine differenzierende Ansicht zu dem Problem des heilenden Schenkungsvollzugs entwickelt.[351] Der Auffassung, dass die Ablehnung einer Heilung nach § 518 II BGB „eher gerechtfertigt" sei, weil bei der Unterbeteiligung im Gegensatz zur stillen Gesellschaft keine „direkte Beteiligung an einem werbenden Unternehmen" bestehe,[352] könne nicht gefolgt werden. Die „mehr oder weniger unmittelbare Beteiligung als Schenkungsgegenstand am Unternehmen sei kein taugliches Differenzierungskriterium".[353] Vielmehr komme es für die Heilung des Formmangels nach § 518 II BGB allein auf den Vollzug der Schenkung an.[354] Was Schenkungsgegenstand (Befreiung von der Einlageverbindlichkeit oder der Gesellschaftsanteil) sein solle, richte sich nach dem Parteiwillen beziehungsweise danach, wie die Unterbeteiligung ausgestaltet sei.[355]

---

348 *Kollhosser,* AcP 194 (1994), 231, 244 f.

349 *Kollhosser,* AcP 194 (1994), 231, 245; *Kubillus,* S. 167 ff.; *Coenen,* S. 69 ff.; MüKo/*Koch,* § 518 BGB Rn. 31 ff.

350 *Kubillus,* S. 167 ff.; *Coenen,* S. 69 ff.; *Tebben,* S. 225 ff.; *Kollhosser,* AcP 194 (1994), 231, 244 f.; Staudinger/*Chiusi,* § 518 Rn. 46.

351 *Schmidt,* DB 2002, 829 ff.

352 S. dazu bereits oben S. 45 f.; *Blaurock,* Unterbeteiligung, S. 157.

353 Bereits: *Schmidt,* NJW 1984, 1166, 1167; Schlegelberger/*Schmidt,* § 230 Rn. 210; s. auch MüKo/*Schmidt,* § 230 Rn. 224.

354 *Schmidt,* DB 2002, 829.

355 *Schmidt,* BB 1990, 1992, 1994 f.

(1) Vollzug der Schenkung bei einer typischen Unterbeteiligung

Schmidt führt weiter an, dass für den Vollzug einer schenkweise eingeräumten typischen Unterbeteiligung neben § 518 II BGB auch der Rechtsgedanke von § 518 I 2 BGB zu beachten sei.[356] Aus dieser Bestimmung folge, dass eine Schenkung nicht durch die Begründung einer schuldrechtlichen Forderung vollzogen werden könne, weil dies nach § 518 I 2 BGB nicht einmal für eine Forderung, die durch ein abstraktes Schuldversprechen oder Schuldanerkenntnis neu begründet wird, vorgesehen sei (argumentum a fortiori). Durch diese Norm werde also § 518 II BGB eingeschränkt und nicht § 518 I 1 BGB ausgedehnt.[357] Die Unterbeteiligung erschöpft sich nach *Schmidt* auch in einer durch Gewinnanteilsansprüche und Informationsrechte obligatorisch ergänzten Hauptforderung des Unterbeteiligten. Diese Forderung stelle den maßgeblichen Schenkungsgegenstand dar.[358] Sie sei vergleichbar mit einem Schuldversprechen oder einem Vereinbarungsdarlehen und reiche nicht für den Vermögenstransfer aus, den der Gesetzgeber in § 518 I 2 BGB verlange. Daher stehe § 518 I 2 BGB der Anerkennung eines Schenkungsvollzugs entgegen.[359]

Schmidt kommt demnach zu keinem anderen Ergebnis als die den Schenkungsvollzug ablehnende Ansicht, begründet es aber nicht mit der Rechtsnatur der Innengesellschaft, sondern mit dem Rechtsgedanken des § 518 I 2 BGB und der schuldrechtlichen Hauptforderung des Unterbeteiligten als Schenkungsgegenstand.[360] Daneben sei auch die Person des Zuwendenden zu betrachten, da sich § 518 I 1 BGB nur auf die Einräumung von Rechten gegen den Schenker beziehe.[361] Daraus schließt *Schmidt*, dass nur dann eine notarielle Beurkundung erforderlich sei, wenn sich die Rechte aus der Beteiligung ausschließlich gegen den Schenker richten. In allen anderen Fällen treffe dies nicht zu.[362]

---

356 *Schmidt,* DB 2002, 829, 831.

357 *Schmidt,* DB 2002, 829, 831.

358 MüKo/*Schmidt,* § 230 HGB Rn. 103; *Schmidt,* DB 2002, 829, 831; s. auch *Schmidt,* BB 1990, 1992, 1994 f.

359 *Schmidt,* DB 2002, 829, 831; *Schmidt,* ZHR 140 (1976), 475, 487; vgl. auch BGH, Urt. v. 24.9.1952 – II ZR 136/51, NJW 1952, 1412 (für die stille Gesellschaft); Urt. v. 29.10.1952 – II ZR 16/52, NJW 1952, 138, 139 (für die Innengesellschaft).

360 Die pauschale Differenzierung der Rechtsprechung zwischen Außen- und Innengesellschaft ist demnach kein taugliches Abgrenzungsmerkmal, so auch MüKo/*Ulmer/Schäfer,* § 705 BGB, Rn. 45.

361 *Schmidt,* DB 2002, 829, 833; MüKo/*Schmidt,* § 230 HGB Rn. 224.

362 *Schmidt,* DB 2002, 829, 833; MüKo/*Schmidt,* § 230 HGB Rn. 224.

(2) Vollzug der Schenkung bei einer atypischen Unterbeteiligung

Das für die typische Unterbeteiligung gefundene Ergebnis ist nach *Schmidt* nicht auf die atypische Unterbeteiligung übertragbar. Dies folge daraus, dass für den Vollzug maßgeblich sei, ob ein Vermögenstransfer stattfinde.[363] Bei einer atypischen Beteiligung werde dem Unterbeteiligten aber nicht nur ein schuldrechtlicher Anspruch, sondern auch eine „mitgliedschaftliche Unternehmensbeteiligung mit einem Kapitalkonto" eingeräumt[364], die mit der Beteiligung eines Außengesellschafters vergleichbar sei und ein zusammengesetztes Wirtschaftsgut darstelle.[365] Gesellschaftsrechtlich liege darin bereits eine Vermögensposition. Also habe auch ein Vermögenstransfer stattgefunden. Ein Vollzug im Sinne von § 518 II BGB sei zu bejahen. Danach ist bei der unentgeltlichen Zuwendung einer atypischen Unterbeteiligung, der unentgeltlichen Zuwendung durch eine andere Person als den Hauptbeteiligten und bei der unentgeltlichen Übertragung der Unterbeteiligung keine notarielle Beurkundung erforderlich.[366]

ff) Anschluss des BFH an die Ansicht von Karsten Schmidt

Neben anderen Autoren[367] folgte auch der BFH in einer Entscheidung aus dem Jahre 2008 der Ansicht von *Karsten Schmidt* hinsichtlich der Heilung bei der Einräumung einer typischen Unterbeteiligung.[368] In diesem Fall hatte ein Vater seinem Sohn schenkweise eine Unterbeteiligung an der Kommanditbeteiligung an einer GmbH & Co. KG eingeräumt. Die Unterbeteiligung war als typische ausgestaltet und notariell beurkundet worden. Streitgegenstand war die Höhe der vom Finanzamt festgesetzten Schenkungsteuer beziehungsweise die Befreiung von dieser Steuer.[369] Der BFH prüfte, ob die Einräumung der Unterbeteiligung eine Schenkung im Sinne des § 7 I Nr. 1 ErbStG darstellte. Er kam zu dem Ergebnis, dass bei einer typischen Unterbeteiligung noch kein Vermögensgegenstand zugewendet, sondern lediglich „Rechtsansprüche in Gestalt eines Bündels schuldrechtlicher Ansprüche eingeräumt" würden.[370] Bereichert sei der Zuwendungsempfänger erst,

---

363 *Schmidt,* DB 2002, 829, 831.

364 *Schmidt,* DB 2002, 829, 832; Schlegelberger/*Schmidt,* § 230 Rn. 210; *Schmidt,* Gesellschaftsrecht, S. 1870.

365 *Schmidt,* JuS 2012, 460, 461.

366 *Schmidt,* DB 2002, 829, 834.

367 MüKo/*Koch,* § 518 BGB Rn. 37, 33, 35; MüKo/*Ulmer/Schäfer,* Vor. § 705 BGB Rn. 96, § 705 Rn. 45 f.; BHbdP/*Bärwaldt,* § 15 Rn. 20; *Mühlhaus,* ErbStB 2009, 276, 277, 278.

368 BFH, Urt. v. 16.1.2008 – II R 10/06, NJW-RR 2008, 986.

369 Vgl. BFH, Urt. v. 16.1.2008 – II R 10/06, NJW-RR 2008, 986 f.

370 BFH, Urt. v. 16.1.2008 – II R 10/06, NJW-RR 2008, 986, 987.

sobald ihm tatsächlich Gewinnausschüttungen und Liquidationserlöse zufließen würden.[371] Zur Begründung beruft sich der BFH ergänzend auf das Formerfordernis des § 518 I 1 BGB. Der Vollzug einer typischen Unterbeteiligung im Sinne des § 518 II BGB erfolge nicht bereits durch den Abschluss des Vertrages oder die Einbuchung des Gesellschaftsanteils.[372] Im Gegensatz dazu würde die Schenkung einer atypischen Unterbeteiligung bereits mit Abschluss des Gesellschaftsvertrages oder spätestens mit der Einbuchung des Gesellschaftsanteils vollzogen, weil der Unterbeteiligte vermögensrechtlich über eine Teilhabe am Gewinn hinaus beteiligt werde. Er könne auch an der Geschäftsführung der Innengesellschaft mitwirken und maßgeblichen Einfluss auf diese nehmen. Diese mitgliedschaftlichen Rechte begründeten bereits eine Rechtsposition, über die der Unterbeteiligte rechtlich und tatsächlich verfügen könne.[373]

gg) Rechtsprechungswandel des BGH in der „Suhrkamp-Entscheidung"

In der „Suhrkamp-Entscheidung"[374] hat der BGH seine Rechtsprechung in Bezug auf den Schenkungsvollzug bei einer atypischen Unterbeteiligung teilweise geändert.

(1) Sachverhalt

Der am 26.10.2002 verstorbene Erblasser Karl Siegfried Unseld hatte seine Familienstiftung testamentarisch zur Alleinerbin eingesetzt. Er war als Gesellschafter an der Suhrkamp-Verlagsgruppe beteiligt. Durch einen notariellen Vertrag hatte er am 24.10.2001 einem Treuhänder der Familienstiftung für seinen Versterbensfall unentgeltlich Unterbeteiligungen in Höhe von 30 % an den Gesellschaftsanteilen eingeräumt. Nach seinem Tod sollte seine Erbin Hauptbeteiligte an diesen Anteilen sein. Der Treuhänder hatte die Rechte aus den Unterbeteiligungen am 23.10.2002 an die Familienstiftung abgetreten. Aus den Unterbeteiligungsverträgen ergab sich, dass der Hauptbeteiligte die Unterbeteiligte unterrichten und anhören müsse, wenn er bei der Wahrnehmung seiner Hauptgesellschafterrechte Handlungen von besonderer Bedeutung vornahm. Für Handlungen, die über gewöhnliche Gesellschafterentscheidungen hinausgingen, war die Zustimmung der Unterbeteiligten einzuholen. Die Unterbeteiligte war zudem am Gewinn und

371 BFH, Urt. v. 16.1.2008 – II R 10/06, NJW-RR 2008, 986, 987.
372 BFH, Urt. v. 16.1.2008 – II R 10/06, NJW-RR 2008, 986, 987.
373 BFH, Urt. v. 16.1.2008 – II R 10/06, NJW-RR 2008, 986, 987.
374 BGH, Urt. v. 29.11.2011 – II ZR 306/09, DStR 2012, 471.

Verlust beteiligt.[375] Streitig war, ob die Unterbeteiligungen in den Nachlass des Erblassers gefallen waren. Nach § 2301 II BGB unterliegt ein Schenkungsversprechen von Todes wegen abweichend von § 2301 I 1 BGB nicht den erbrechtlichen, sondern den schenkungsrechtlichen Vorschriften (§ 518 BGB), wenn die Schenkung durch Leistung des zugewendeten Gegenstands bereits vollzogen wurde. Demzufolge gehören die Unterbeteiligungen nicht zum Nachlass, wenn die Schenkung zu Lebzeiten vollzogen war, §§ 2301 II, 518 II BGB. Die auf Feststellung klagende Stiftung wollte die Unterbeteiligungen aus der Berechnung der Pflichtteilsansprüche des Sohnes des Erblassers herausrechnen.

(2) Entscheidungsgründe

Der BGH hat den lebzeitigen Schenkungsvollzug bejaht.

„Die unentgeltliche Zuwendung einer durch den Abschluss eines Gesellschaftervertrags entstehenden Unterbeteiligung, mit der dem Unterbeteiligten über eine schuldrechtliche Mitberechtigung an den Vermögensrechten des dem Hauptbeteiligten zustehenden Gesellschaftsanteils hinaus mitgliedschaftliche Rechte eingeräumt werden, werde mit dem Abschluss des Gesellschaftsvertrages im Sinne von §§ 2301 II, 518 II BGB vollzogen.“[376]

Die Entscheidung befasst sich maßgeblich mit der Vorschrift des § 2301 BGB. Bisher ist die Problematik des Schenkungsvollzugs im Rahmen des § 518 II BGB thematisiert worden. Wegen des Verweises auf das Schenkungsrecht in § 2301 II BGB ist die Problematik jedoch übertragbar.[377] Nach zutreffender Ansicht ist der Vollzug im Sinne von § 2301 II BGB anders als bei § 518 II BGB zu verstehen.[378] Für § 2301 II BGB ist maßgeblich, dass der Schenker alles aus seiner Sicht Erforderliche getan haben muss, um die Schenkung zu vollziehen. Der Schenker muss sein Vermögen sofort und unmittelbar mindern, also das Vermögensopfer selbst erbringen.[379] Dafür reicht es aus, dem Beschenkten ein

375 BGH, Urt. v. 29.11.2011 – II ZR 306/09, DStR 2012, 471.

376 BGH, Urt. v. 29.11.2011 – II ZR 306/09, DStR 2012, 471, 473.

377 Vgl. *Schmidt,* JuS 2012, 460, 461; *Blaurock,* NZG 2012, 521, 522. Zu dem Begriff des Schenkungsvollzuges wurde bereits oben auf das unterschiedliche Verständnis hingewiesen.

378 MüKo/*Koch,* § 518 BGB Rn. 13; sehr ausführlich *Herrmann,* S. 85 ff., eine Zusammenfassung der gefundenen Ergebnisse zu dem Vollzugsbegriff stellt Herrmann auf den S. 124 ff. dar.

379 BGH, Urt. v. 14.7.1971 – III ZR 91/70, WM 1971, 1338, 1339; Urt. v. 10.5.1989 – Iva ZR 66/88, NJW-RR 1989, 1282; MüKo/*Koch,* § 518 BGB Rn. 13; MüKo/*Musielak,*

Anwartschaftsrecht einzuräumen, das sich bei Eintritt der Bedingung, also des Todesfalles, zwangsläufig zu einem Vollrecht entwickelt.[380]

Zu den Anforderungen an den Vollzug führt der BGH aus, dass es auch bei der Zuwendung einer Unterbeteiligung mit mitgliedschaftlichen Mitwirkungsrechten an der Geschäftsführung der Innengesellschaft nicht zu einer dinglichen Mitberechtigung an der Hauptgesellschaft komme, da die Innengesellschaft über kein Gesamthandsvermögen verfüge. Würden dem Unterbeteiligten aber mitgliedschaftliche Rechte eingeräumt, durch die er Einfluss auf die Innengesellschaft nehmen könne, erhalte der Unterbeteiligte nicht nur die Stellung eines schuldrechtlichen Gläubigers, sondern eine in dem Anteil an der Innengesellschaft verkörperte mitgliedschaftliche Rechtsposition.[381] Als Vermögensrechte nennt der BGH die Beteiligung am Gewinn und am Liquidationserlös. Zu den mitgliedschaftlichen Rechten zählt er die Einflussmöglichkeit des Unterbeteiligten auf die Innengesellschaft sowie Verwaltungs- und Kontrollrechte. Die Gewährung dieser Rechte rechtfertige die Annahme, dass die unentgeltliche Zuwendung einer derartigen Beteiligung an einer Innengesellschaft ebenso wie die unentgeltliche Einräumung einer Beteiligung an einer Außengesellschaft mit dem Abschluss des Gesellschaftsvertrags bereits vollzogen sei.[382] Fraglich ist, ob der Todeseintritt des Erblassers den Vollzug der Schenkung ausschließt. Durch den Abschluss des Gesellschaftsvertrags habe der Beschenkte jedoch nach Auffassung des BGH eine Anwartschaft erhalten, die nach dem Tod des Erblassers ohne weiteres Zutun zwangsläufig in ein Vollrecht erstarke. Daher habe der Schenker bereits zu Lebzeiten alles aus seiner Sicht Erforderliche und Mögliche zur Rechtsübertragung getan.[383] Demnach seien die Unterbeteiligungen in diesem Fall wegen des Schenkungsvollzuges nicht in den Nachlass gefallen, §§ 2301 II, 518 II BGB.

Der BGH folgt also jedenfalls für die atypische Unterbeteiligung der Ansicht, dass die Schenkung im Sinne von § 518 II BGB vollzogen ist. In seiner Begründung bezieht sich der BGH sowohl auf die vor allem von *Schmidt*[384] herausgearbeiteten Gesichtspunkte als auch auf die Rechtsprechung des BFH.[385] Allerdings

---

§ 2301 BGB Rn. 19; Erman/*Kappler/Kappler*, § 2301 BGB Rn. 7; *Nieder*, BWNotZ 1996, 129, 131.

380 Im Gegensatz zu § 518 II BGB ist die Definition des Vollzugs bei § 2301 II BGB weitgehend unstreitig.

381 BGH, Urt. v. 29.11.2011 – II ZR 306/09, DStR 2012, 471, 472 f.

382 BGH, Urt. v. 29.11.2011 – II ZR 306/09, DStR 2012, 471, 472 f.

383 BGH, Urt. v. 29.11.2011 – II ZR 306/09, DStR 2012, 471, 472 f.

384 *Schmidt*, DB 2002, 829 ff.

385 BFH, Urt. v. 16.1.2008 – II R 10/06, NJW-RR 2008, 986, 987.

lässt der BGH mangels Entscheidungserheblichkeit ausdrücklich offen, ob die gefundenen Erkenntnisse auch für die typische Unterbeteiligung gelten.[386]

(3) Stellungnahmen der Literatur zum „Suhrkamp-Urteil"

Der Auffassung des BGH haben zahlreiche Autoren zugestimmt.[387] Die Rechtsprechung des BGH ermögliche es, eine Unterbeteiligung formlos für den Todesfall schenkweise einzuräumen, ohne dass sie in den Nachlass falle.[388] Die Entscheidung sei auch für das Stiftungswesen positiv einzuordnen, weil sie die rechtliche Gestaltung bei der Errichtung von Stiftungen unter Einbringung von Unternehmensbeteiligungen zukünftig erleichtere.[389] *Westermann* kritisiert, dass sich der BGH nicht mit der früheren Rechtsprechung auseinandergesetzt habe.[390] Außerdem erhebt er den Einwand, dass ein Schenkungsvollzug bei der typischen Unterbeteiligung zu Lebzeiten des Schenkers nach dem gefundenen Ergebnis praktisch nicht möglich sei.[391] Das Urteil verdeutliche, dass die Unterbeteiligung als Gestaltungsmittel der vorweggenommenen Erbfolge geeignet sei, den Pflichtteilsanspruch ausgeschlossener Erben zu minimieren und dadurch möglichweise eine Zerschlagung der Gesellschaft zu verhindern, wenn die Schenkung zu Lebzeiten tatsächlich vollzogen werde.[392] *Litzenburger* weist darauf hin, dass die Unterbeteiligungsverträge in der Praxis durch urteilskonforme Formulierungen so ausgestaltet werden, dass eine Heilung durch Vollzug eintrete. Dadurch würden die Formvorschriften des BGB im Ergebnis weiter ausgehöhlt.[393] *Blaurock* spricht sich dafür aus, künftig jede Innengesellschaft nicht mehr rein schuldrechtlich zu betrachten[394] und auch bei der typischen Unterbeteiligung einen Schenkungsvollzug anzunehmen.[395] Als Schenkungsgegenstand sieht er immer noch die Gesellschafterstellung und nicht die Hauptforderung

---

386 BGH, Urt. v. 29.11.2011 – II ZR 306/09, DStR 2012, 471, 473.

387 MüHdb/*Gayk*, § 30 Rn. 19; *Westermann*, ZIP 2012, 1007, 1008 f.; *Blaurock*, NZG 2012, 521 ff.; Oetker/*Schulze*, § 230 Rn. 115; Staudinger/*Chiusi*, § 518 Rn. 46; *Frohnmayer/Ederle*, FuS 2012, 83, 84; *Hübner*, ErbR 2014, 257, 259; *Lind*, LMK 2012, 330150.

388 *Litzenburger*, FD-ErbR 2012, 328825; *Lind*, LMK 2012, 330150; *Schmidt*, JuS 2012, 460, 462; *Westermann*, ZIP 2012, 1007.

389 *Saenger*, ZStV 2012, 61, 62.

390 So auch *Lind*, LMK 2012, 330150, der jedoch nicht von einer Rechtsprechungsänderung im Bezug auf die typische Unterbeteiligung ausgeht.

391 *Westermann*, ZIP 2012, 1007, 1009.

392 *Frohnmayer/Ederle*, FuS 2012, 83, 84; *Westermann*, ZIP 2012, 1007, 1009.

393 *Litzenburger*, FD-ErbR 2012, 328825.

394 *Blaurock*, NGZ 2012, 521, 523.

395 *Blaurock*, NGZ 2012, 521, 522; so auch *Litzenburger*, FD-ErbR 2012, 328825.

aus der Unterbeteiligung mit ihren Nebenrechten an. Diese bestünde aus einem Gemeinschaftsverhältnis der Parteien und nicht bloß aus den Gewinn- und Auseinandersetzungsansprüchen. Betrachte man nur diese Forderungen, würde der Parteiwillen unzulässig verkürzt werden.[396] Gegen den Rechtsgedanken von § 518 I 2 BGB führt *Blaurock* an, dass diese Norm als Ausnahme zu § 518 II BGB zu verstehen sei, um eine Umgehung von § 518 II BGB zu verhindern.[397] Der Rechtsgedanke sei auf eine Gesellschafterstellung ohnehin nicht übertragbar, weil sie eben mehr als nur eine bloße Forderung darstelle.[398] *Strnad* stellt sich die Frage, ob die Grundsätze der „Suhrkamp-Entscheidung" auf alle Unterbeteiligungsgesellschaften übertragen werden sollten. Dann könnte auf die schwierige Abgrenzung der unterschiedlichen Unterbeteiligungsformen verzichtet werden. Dadurch würde eine erhebliche Vereinfachung eintreten. Allerdings werde der Formzwang des § 518 BGB weiter ausgehöhlt. Aus diesem Grunde sei eine Ausdehnung der „Suhrkamp-Entscheidung" im Ergebnis nicht wünschenswert.[399]

hh) Stellungnahme zum Streitstand und Anmerkungen zum „Suhrkamp-Urteil"

Zunächst ist die Ansicht, die die schenkweise Einräumung einer Unterbeteiligung als Handschenkung einordnet, abzulehnen, weil neben dem Abschluss des Gesellschaftsvertrags ohne Weiteres auch ein Schenkungsvertrag abgeschlossen werden kann. Die Diskussion um eine analoge Anwendung von § 518 I 2 BGB erscheint daher verfehlt.

Diejenige Ansicht, die eine Heilung durch Schenkungsvollzug ablehnt, beruft sich darauf, dass nur schuldrechtliche Rechte begründet würden, die nicht dazu in der Lage seien, die Schenkung im Sinne von § 518 II BGB zu vollziehen. Auf den Schenkungsgegenstand komme es dabei nicht an. Dagegen spricht aber zum einen der Charakter der Unterbeteiligung als Innengesellschaft, die eben hauptsächlich obligatorische Rechte zum Gegenstand hat. Auch bei einem solchen Rechtsinstitut muss die Möglichkeit bestehen, eine Schenkung vollziehen zu können, ohne dass dies auf dinglicher Ebene geschehen kann. Zudem ist dieser Auffassung entgegenzuhalten, dass sie die unterschiedlichen Gestaltungsmöglichkeiten im Rahmen einer Unterbeteiligung nicht hinreichend beachtet. Es erscheint vielmehr sinnvoll, im Einzelfall zu prüfen, ob ein Schenkungsvollzug vorliegt, und nicht eine allge-

---

396 *Blaurock,* NGZ 2012, 521, 523.

397 *Blaurock,* NGZ 2012, 521, 523; so auch MüKo/*Koch,* § 518 BGB Rn. 30 f.

398 *Blaurock,* NGZ 2012, 521, 524.

399 *Strnad,* ZEV 2012, 394, 398.

mein verbindliche Abgrenzung nach dem Schenkungsgegenstand vorzunehmen. Bei der Einzelfallprüfung ist das Kriterium der Vermögensübertragung hilfreich. Bei der atypischen Unterbeteiligung ist somit ein die Form heilender Schenkungsvollzug anzunehmen, weil dem Unterbeteiligten mit den schuldrechtlichen und mitgliedschaftlichen Rechten bereits eine vermögenswerte Rechtsposition übertragen wird. Dies ist bei der typischen Unterbeteiligung noch nicht der Fall. Bei ihr beschränkt sich der Schenkungsgegenstand auf die Gewinnbeteiligung und Informationsrechte, also schuldrechtliche Ansprüche. Sie können keinen dinglichen Vollzug im Sinne von § 518 II BGB darstellen. Im Ergebnis ist daher der differenzierenden Ansicht von *Schmidt* zu folgen.

Auf den ersten Blick scheint der Streit über den Vollzug einer schenkweise eingeräumten Unterbeteiligung gemäß § 518 II BGB mit der „Suhrkamp-Entscheidung" endgültig entschieden zu sein. Anders als der BFH hat der BGH jedoch hinsichtlich der typischen Unterbeteiligung mangels Entscheidungserheblichkeit nicht endgültig Stellung bezogen. *Blaurock* ist der Auffassung,[400] dass die Rechtsprechung des BGH ohne Weiteres auf den Schenkungsvollzug bezüglich der typischen Unterbeteiligung zu übertragen ist. Dagegen sprechen aber die oben erläuterten Argumente. Angesichts der fortbestehenden Unsicherheiten durch den differenzierten Meinungsstand in Rechtsprechung und Literatur ist der Praxis zu raten, die Schenkung einer typischen Unterbeteiligung notariell beurkunden zu lassen, bis der BGH auch diesbezüglich eine Entscheidung trifft,[401] um das Risiko einer Formnichtigkeit nach § 125 I BGB zu vermeiden. *Litzenburgers* Vermutung, dass Unterbeteiligungen künftig wegen der „Suhrkamp-Entscheidung" des BGH überwiegend atypisch ausgestaltet werden, liegt nahe. Ein weiterer Grund für die Ausgestaltung atypischer Unterbeteiligungen wäre, dass die Notarkosten eingespart werden können. So kann die Unterbeteiligung als Gestaltungsmittel der vorweggenommenen Erbfolge an Attraktivität gewinnen. Problematisch ist sicherlich, dass der Schutzzweck des § 518 BGB weiterhin aufgeweicht wird. Jedoch überwiegt im Fall der Unterbeteiligung das Interesse an einer schnellen Abwicklung des Rechtsgeschäftes.

---

400 *Blaurock,* NZG 2012, 521, 524.

401 Vgl. *Blaurock,* Rn. 30.33; *Blaurock,* NZG 2012, 521, 524; *Frohnmayer/Ederle,* FuS 2012, 83, 84.

II. Anwendung der Lehre von der fehlerhaften Gesellschaft

Umstritten ist, ob die Lehre von der fehlerhaften Gesellschaft[402] auf die Unterbeteiligung als Innengesellschaft anzuwenden ist.[403] Die Lehre von der fehlerhaften Gesellschaft geht davon aus, dass die Rechtsfolge der rückwirkenden Nichtigkeit, die sich aus den allgemeinen Vorschriften des BGB ergeben kann (zum Beispiel bei der Anfechtung gemäß § 142 I BGB, bei Formfehlern nach § 125 1 BGB, bei Sittenwidrigkeit nach § 138 I BGB oder Gesetzesverstößen gemäß § 134 BGB), bei Willenserklärungen, die auf den Abschluss eines Gesellschaftsvertrags gerichtet sind, nicht eintritt, wenn die Gesellschaft bereits in Vollzug gesetzt worden ist. Begründet wird dies mit Rückabwicklungsproblemen. Die Gesellschafter leisten ihre Beiträge, das Gesellschaftsvermögen entsteht. Die Gesellschaft nimmt am Rechtsverkehr teil, sie geht Verbindlichkeiten ein und es entstehen Gewinne und Verluste.[404] Die Fiktion einer rückwirkenden Nichtigkeit würde zu der Annahme führen, dass die Gesellschaft gleichwohl nie bestanden hat. Eine Rückabwicklung über das Bereicherungsrecht wäre unbillig, weil es regelmäßig dem Zufall überlassen bleibt, ob und welche Partei sich auf eine Entreicherung nach § 818 III BGB berufen kann. Daher wird fingiert, dass die Gesellschaft wirksam gegründet und somit nur für die Zukunft aufzulösen ist.[405] Im Außenverhältnis ist die Gesellschaft voll wirksam, bis sie aufgelöst und durch ihre Abwicklung beendet wird.[406] Ausnahmen davon werden unter dem Gesichtspunkt des Schutzzwecks der verletzten Rechtsnorm (Gesetzesverstoß, grobe Sittenwidrigkeit des Gesellschaftszwecks (§§ 134, 138 I BGB), Beteiligung

---

402 S. allgemein zur Lehre von der fehlerhaften Gesellschaft, *Weber*, S. 83 ff.; *Wiesner*, S. 35 ff.

403 S. ausführlich *Ulbrich*, S. 108 ff. Das Problem der Anwendbarkeit der fehlerhaften Gesellschaft stellt sich ebenfalls bei der stillen Gesellschaft. Die dort getroffenen Ansätze sind ohne Weiteres auf die Unterbeteiligung übertragbar. Zum Streitstand bezüglich der stillen Gesellschaft s. *Blaurock*, Rn. 11.5 ff. Zur fehlerhaften mehrgliedrigen stillen Gesellschaft s. das kürzlich ergangene Urteil des BGH vom 19.11.2013 – II ZR 320/12 und 383/12, DStR 2014, 45 ff. Der BGH hat die Grundsätze der fehlerhaften Gesellschaft in dieser als „intuitives Meisterwerk" (*Schmidt*, ZIP 2014, 1457) bezeichneten Entscheidung auf eine mehrgliedrige stille Gesellschaft übertragen.

404 Vgl. *Windbichler*, § 13 Rn. 11; *Weber*, S. 83 ff.; *Wiesner*, S. 43 ff., S. 31 ff.; *Schmidt*, Gesellschaftsrecht, S. 147 f.; 154.; *Grunewald*, § 1 Rn. 166 ff.; *Röwer*, FG Weichler, S. 116 ff.

405 *Schmidt*, Gesellschaftsrecht, S. 155 f.; *Saenger*, Rn. 90 ff.; *Windbichler*, § 13 Rn. 13; *Eisenhardt/Wackerbarth*, Rn. 439, 442; *Wiesner*, S. 122 ff.; *Röwer*, FG Weichler, S. 118.

406 *Schmidt*, Gesellschaftsrecht, S. 155 f.; *Windbichler*, § 13 Rn. 19; *Weber*, S. 170 ff.; *Grunewald*, § 1 Rn. 171; *Saenger*, Rn. 92.

eines Minderjährigen) gemacht.[407] Diese Ausnahmen gelten nach der Rechtsprechung des BGH jedoch nicht, wenn nur einzelne Vertragsbestandteile unwirksam sind und die Wirksamkeit der übrigen Vertragsbestimmungen aufgrund einer salvatorischen Klausel im Gesellschaftsvertrag davon nicht berührt wird.[408]

Die Unterbeteiligung ist eine Innengesellschaft und tritt im Rechtsverkehr nicht nach außen auf. Daher greift das Argument des Verkehrsschutzes nicht.[409] Fraglich erscheint auch, ob die Rückabwicklungsschwierigkeiten nach dem Bereicherungsrecht die Behandlung als fehlerhafte Gesellschaft rechtfertigen können. Der BGH ist sowohl hinsichtlich der typischen als auch der atypischen stillen Gesellschaft der Auffassung, dass eine Risikogemeinschaft bestehe, die die Anwendung der Grundsätze der fehlerhaften Gesellschaft rechtfertige.[410] Dieser Aspekt ist auch auf die Unterbeteiligung zu übertragen. Nach anderer Ansicht besteht für den Bestandsschutz einer Unterbeteiligungsgesellschaft kein Bedürfnis. Eine Rückabwicklung könne ohne Weiteres über das Bereicherungsrecht erfolgen.[411] Daher seien auch die Grundsätze von der fehlerhaften Gesellschaft nicht auf sie anwendbar.[412]

Nach einer weiteren Ansicht kommt es auf die Gestaltung der Unterbeteiligung an.[413] Bei einer typischen Unterbeteiligung bestehe das Gesellschaftsverhältnis

---

407 *Schmidt,* Gesellschaftsrecht, S. 156 f.; *Windbichler,* § 13 Rn. 17; *Eisenhardt/Wackerbarth,* Rn. 443 ff.; Wachter/*Eberl,* S. 1826; *Saenger,* Rn. 85 ff.; *Grunewald,* § 1 Rn. 173 ff.; *Wiesner,* S. 130 ff.; Palandt/*Sprau,* § 705 Rn. 17 ff.; *Zapp,* S. 62.

408 BGH, Urt. v. 12.2.1973 – II ZR 69/70, WM 1973, 900, 901 (zur stillen Gesellschaft).

409 Wachter/*Eberl,* S. 1826; *Ulbrich,* S. 109; *Schmidt,* Gesellschaftsrecht, S. 152; *Tebben,* S. 249 f.

410 Vgl. dazu die Entscheidung zur stillen Gesellschaft, BGH, Urt. v. 29.6.1970 – II ZR 158/69, NJW 1971, 375, 376 f.; u.a. zuletzt bestätigt von den Entscheidungen über den Anlegerschutz bei der „Göttinger Gruppe": Urt. v. 21.3.2005 – II ZR 310/03, NJW 2005, 1784, 1785 f.; Urt. v. 21.3.2005 – II ZR 140/03, BB 2005, 1018; Urt. v. 21.3.2015 – II ZR 149/03, ZIP 2005, 763.
Der Rechtsprechung haben sich Singhof/*Seiler/Schlitt,* Rn. 378; *Ziegler,* S. 44; *Böttcher/Zartmann/Faut,* S. 91; *Blaurock,* Rn. 30.38, 11.12 ff.; *Blaurock,* Unterbeteiligung, S. 161 f. angeschlossen.

411 Staub/*Harbarth,* § 230 Rn. 182; *Wiesner,* S. 166 ff.; *Ulmer,* FS Flume II 1978, S. 318 (jeweils zur stillen Gesellschaft).

412 Staub/*Harbarth,* § 230 Rn. 284, 176 ff. Für Innengesellschaften ohne Gesamthandsvermögen: *Goette,* DStR 1996, 266, 269; *Röwer,* FG Weichler, S. 125 ff.; *Wiesner,* S. 166 ff. (zur stillen Gesellschaft); *Ulmer,* FS Flume II 1978, S. 318 (zur stillen Gesellschaft).

413 S. etwa: *Ulbrich,* S. 108 f.; *Tebben,* S. 250 ff.; MüKo/*Schmidt,* § 230 HGB Rn. 229; Schlegelberger/*Schmidt,* § 230 Rn. 215; *Schmidt,* Gesellschaftsrecht, S. 152 f. (für die stille Gesellschaft).

vorwiegend aus schuldrechtlichen Rechtsbeziehungen. Diese könnten problemlos abgewickelt werden, sodass die Lehre von der fehlerhaften Gesellschaft bei der typischen Unterbeteiligung keine Anwendung finde.[414] Wegen der fehlenden Schutzbedürftigkeit des Haupt- und Unterbeteiligten ist dieser Ansicht der Vorzug zu geben. Anders kann dies bei einer atypischen Unterbeteiligung sein. In diesem Fall liegt ein gesellschaftsrechtliches Gemeinschaftsverhältnis mit mitgliedschaftlichen Rechten und Pflichten vor, die nicht ohne Weiteres nach dem Bereicherungsrecht abgewickelt werden können. Daher erscheint in diesem Fall die Anwendung der Lehre der fehlerhaften Gesellschaft gerechtfertigt.[415]

III. Zusammenfassung der Aspekte zur Errichtung einer Unterbeteiligungsgesellschaft

Die Unterbeteiligung wird durch den Abschluss eines Gesellschaftsvertrags gemäß § 705 I BGB errichtet. Der gesellschaftsrechtliche Zweck ist das gemeinsame Halten und die Nutzung der Hauptbeteiligung mit Gewinnerzielungsabsicht. Vertragspartner können jede natürliche und juristische Person sowie rechtsfähige Personengesellschaften sein. Beim Abschluss des Vertrages bestehen Vertretungsprobleme bei Minderjährigen und Geschäftsunfähigen. Wegen der Verpflichtung zur Erbringung der Einlage und der möglichen Teilnahme an den Verlusten ist der Abschluss des Unterbeteiligungsvertrages regelmäßig als nachteiliges Geschäft zu beurteilen. Dies trifft selbst für den Fall der schenkweisen Einräumung der Unterbeteiligung zu. Deshalb muss für den Vertragsabschluss ein Ergänzungspfleger bestellt werden. Außerdem ist die Einholung der Genehmigung des Vormundschaftsgerichts notwendig. Die Bestellung eines Dauerergänzungspflegers ist dagegen nicht erforderlich.

---

414 *Ulbrich,* S. 109; a. A. Baumbach/Hopt/*Roth,* § 105 Rn. 78; Staub/*Schilling*, 3. Aufl., § 335 Rn. 42 (zur stillen Gesellschaft); *Steckhan,* S. 108 ff. (zur fehlerhaften Innengesellschaft).

415 Wachter/*Eberl,* S. 1826; *Ulbrich,* S. 109 f.; MüHdb/*Gayk,* § 30 Rn. 28 (mit Verweis auf MüHdb/*Miras,* § 100 Rn. 102 ff.); Röhricht/von Westphalen/Haas/*Mock,* § 230 Rn. 168; Heymann/*Horn,* § 230 Rn. 68; Singhof/*Seiler/Schlitt,* Rn. 377; Ebenroth/Boujong/Joost/Strohn/*Gehrlein,* § 230 Rn. 93; BHbdP/Bärwaldt, § 15 Rn. 45; *Ziegler,* S. 44 f.; dagegen: MüKo/*Ulmer/Schäfer,* § 705 Rn. 359 f.; *Aulinger,* S. 47 ff.; *Koenigs,* S. 104 ff. (für die stille Gesellschaft); *Schäfer,* ZHR 170 (2006), 373, 391 ff. (für die stille Gesellschaft); *Wiesner,* S. 165 ff. (für die stille Gesellschaft); differenzierend: MüKo/*Schmidt,* § 230 HGB Rn. 229; Schlegelberger/*Schmidt,* § 230 Rn. 215.

Die Einholung der Zustimmung der Hauptgesellschafter hinsichtlich des Abschlusses des Unterbeteiligungsvertrags kann sich insbesondere bei GmbH-Gesellschaftsanteilen aus Vinkulierungsklauseln im Sinne von § 15 V GmbHG ergeben.

Beitrag und Einlage sind unterschiedliche Rechtsbegriffe. Bei der Unterbeteiligung als BGB-Innengesellschaft geht es vor allem um die gesellschaftsrechtlichen Beiträge, die auf unterschiedlichste Art und Weise geleistet werden können. Eine Einlage muss der Unterbeteiligte nicht in eigener Person leisten. Er muss jedoch eine solche Einlage halten.

Der Inhalt des Unterbeteiligungsvertrages kann wegen der gesellschaftsrechtlichen Vertragsfreiheit weitgehend frei gestaltet werden. Die Unterbeteiligungsgesellschafter sollten wegen der zahlreichen Gestaltungsmöglichkeiten anwaltlichen Rat einholen, damit sinnvolle und zweckmäßige Vereinbarungen getroffen werden. Der Unterbeteiligungsvertrag kann grundsätzlich formlos abgeschlossen werden. § 15 III, IV GmbHG finden bei einer Unterbeteiligung an einem GmbH-Gesellschaftsanteil keine Anwendung. Bei der schenkweisen Einräumung einer Unterbeteiligung ist die notarielle Beurkundung des Schenkungsversprechens gemäß § 518 I 1 BGB erforderlich. Ob die Formunwirksamkeit nach § 125 1 BGB durch den Abschluss des Unterbeteiligungsvertrages oder die Einbuchung des Gesellschaftsanteils gemäß § 518 II BGB geheilt werden kann, ist umstritten. Dazu hat *Schmidt* eine differenzierende Ansicht entwickelt, die der BGH im „Suhrkamp-Urteil" zumindest für die atypische Unterbeteiligung übernommen hat. Die Formunwirksamkeit wird demnach geheilt, wenn dem mittelbar Beteiligten eine atypische Unterbeteiligung und damit eine dingliche Mitberechtigung eingeräumt wird. Dagegen liegt bei einer typischen Unterbeteiligung kein ausreichender Vollzug im Sinne von § 518 II BGB vor. Die Lehre von der fehlerhaften Gesellschaft ist auf die atypische Unterbeteiligung anwendbar. Bei der typischen Unterbeteiligung bestehen wegen der rein schuldrechtlichen Rechtsverhältnisse keine Rückabwicklungsprobleme und kein Schutzbedürfnis der Beteiligten. Bei ihr ist daher die Lehre der fehlerhaften Gesellschaft nicht anzuwenden.

B. Rechtsverhältnisse in der Hauptgesellschaft und in der Unterbeteiligung

Für die Rechtsverhältnisse der Unterbeteiligungsgesellschaft kommen nur wenige gesetzliche Regelungen in Frage. Die Unterbeteiligungsgesellschafter sollten daher von ihrer Vertragsfreiheit Gebrauch machen und die gegenseitigen Rechte und Pflichten im Gesellschaftsvertrag festhalten.[416] Zu unterscheiden sind die Rechtsverhältnisse in der Haupt- und in der Unterbeteiligung.

I. Rechtsverhältnisse in der Hauptgesellschaft

Hinsichtlich der Rechtsverhältnisse in der Hauptgesellschaft sind die Befugnisse des Hauptbeteiligten und des Unterbeteiligten zu betrachten.

1. Befugnisse und Verantwortlichkeiten des Hauptbeteiligten

Die wichtigsten Befugnisse und Verantwortlichkeiten des Hauptbeteiligten gegenüber der Hauptgesellschaft ergeben sich aus seinen Mitgliedschaftsrechten, seiner Haftung und der Verpflichtung zur Einhaltung eines Wettbewerbsverbots.

a) Mitgliedschaftsrechte des Hauptgesellschafters

Die Mitgliedschaftsrechte bezüglich der Hauptgesellschaft (Stimmrechte, Informationsrechte, Geschäftsführungsrechte[417] des Gesellschafters einer Gesellschaft bürgerlichen Rechts, einer offenen Handelsgesellschaft oder des Komplementärs einer Kommanditgesellschaft,[418] Vermögensrechte, Anfechtungs- und Klagerechte[419]) stehen ausschließlich dem Hauptbeteiligten und nicht dem Unterbeteiligten zu.[420] Insbesondere mit seinem Stimmrecht nimmt der Hauptbeteiligte Einfluss auf die Willensbildung der Hauptgesellschaft.[421] Es kann in Personengesellschaften nicht geteilt werden, weil die personengesellschaftsrechtliche Mitgliedschaft als einheitlich anzusehen ist.[422] Der Hauptbeteiligte kann das Stimmrecht daher nicht für seinen alleinigen Anteil anders ausüben als für den Anteil, der intern

---

416 Vgl. MüKo/*Schmidt,* § 230 HGB Rn. 236; Schlegelberger/*Schmidt,* § 230 Rn. 205; Staub/*Harbarth,* § 230 Rn. 288; Singhof/*Seiler/Schlitt,* Rn. 394; *Blaurock,* Rn. 30.41; *Werner,* ZEV 2015, 194, 196.

417 Singhof/*Seiler/Schlitt,* Rn. 396.

418 Oetker/*Schubert,* § 230 Rn. 116.

419 *Schmidt,* Gesellschaftsrecht, S. 1872; MüKo/*Schmidt,* § 230 HGB Rn. 232.

420 MüKo/*Schmidt,* § 230 HGB Rn. 232; Schlegelberger/*Schmidt,* § 230 HGB Rn. 219; *Schmidt,* S. 1872; *Blaurock,* Rn. 30.48; MüHdb/*Gayk,* § 30 Rn. 34; Oetker/*Schubert,* § 230 Rn. 119; Singhof/*Seiler/Schlitt,* Rn. 396; *Flume,* ZHR 136 (1972), 177, 183; *Meyer,* S. 86; *Böttcher/Zartmann/Faut,* S. 111 f.; Heymann/*Horn,* § 230 Rn. 70; *Winterstein,* S. 62; Koller/*Kindler*/Roth/Morck, § 230 Rn. 4; Röhricht/von Westphalen/Haas/*Mock,* § 230 Rn. 170.

421 *Tebben,* S. 354, 384.

422 Vgl. BGH, Urt. v. 11.4.1957 – II ZR 182/55, BGHZ 24, 106, 115; *Ulbrich,* S. 119; Röhricht/von Westphalen/Haas/*Mock,* § 230 Rn. 171; MüKo/*Schmidt,* § 230 HGB

dem Unterbeteiligten zusteht.[423] Eine Spaltung des Stimmrechts aus einem Gesellschaftsanteil ist wegen der Einheitlichkeit der Mitgliedschaft auch bei der GmbH unzulässig.[424] Bei einer Aktiengesellschaft stellt sich das Problem in der Regel nicht, da Unterbeteiligungen an Aktien in der Praxis selten sind. Auch dort ist jedoch nur eine einheitliche Ausübung des Stimmrechts möglich.[425]

b) Haftung

Der Hauptbeteiligte haftet gegenüber der Hauptgesellschaft und ihren Gesellschaftern nach den allgemeinen Grundsätzen.[426] Daneben haftet er für die Verbindlichkeiten der Gesellschaft, sofern die Gesellschaftsform eine solche Haftung vorsieht, etwa bei Personengesellschaften.[427]

c) Wettbewerbsverbot und Treuepflichten in der Hauptgesellschaft

In dem Hauptgesellschaftsvertrag können die Gesellschafter der Hauptgesellschaft ein Wettbewerbsverbot vereinbaren. Ein solches kann sich auch aus der Treuepflicht ergeben.[428] Der Hauptbeteiligte muss insbesondere die sich aus der Treuepflicht ergebende Verschwiegenheitspflicht hinsichtlich der

---

Rn. 232; Schlegelberger/*Schmidt,* Rn. 219; Singhof/*Seiler/Schlitt,* Rn. 403; *Meyer,* S. 107 f.; *Tebben,* S. 360 f.; a. A.: *Blaurock,* Unterbeteiligung, S. 189; *Peters,* S. 107 f.

423 *Ulbrich,* S. 119; *Winter,* GmbHR 1965, 23, 29.

424 *Henn,* S. 54; BGH, Urt. v. 17.9.1964 – II ZR 136/62, GmbHR 1965, 32; Urt. v. 21.3.1988 – II ZR 308/87, NJW 1988, 1844, 1845 f.; Urt. v. 17.9.1964 – II ZR 136/62, BB 1964, 1272; Rowedder/Schmidt-Leithoff/*Koppensteiner/Gruber,* § 47 Rn. 39; Lutter/Hommelhoff/*Bayer,* § 47 Rn. 4; Scholz/*Schmidt,* § 47 Rn. 69 f.; *Meyer,* S. 105 ff.; *Roth/Thöni,* FS 100 Jahre GmbHG 1992, S. 279; *Peters,* S. 103 ff., 106; Baumbach/Hueck/*Zöllner,* § 47 Rn. 20; *Heckelmann,* AcP 170 (1970), 307, 340 f.; *Winter,* GmbHR 1965, 23, 29; *Tebben,* S. 358 ff.; a. A. Ulmer/Habersack/Löbbe/*Hüffer/Schürnbrand,* § 47 Rn. 64 m. w. N.

425 *Tebben,* S. 359; *Peters,* S. 106.

426 MüKo/*Schmidt,* § 230 HGB Rn. 234; Schlegelberger/*Schmidt,* § 230 Rn. 221; MüHdb/*Gayk,* § 30 Rn. 63; Staub/*Harbarth,* § 230 Rn. 286; Saenger/Aderhold/Lenkaitis/Speckmann/*Eickhoff,* § 7 Rn. 223; Ebenroth/Boujong/Joost/Strohn/*Gehrlein,* § 230 Rn. 96; Singhof/*Seiler/Schlitt,* Rn. 413.

427 Vgl. *Schmidt,* Gesellschaftsrecht, S. 1872; MüKo/*Schmidt,* § 230 Rn. 234; *Greifeld,* S. 51; *Blaurock,* Rn. 30.50; *Blaurock,* Unterbeteiligung, S. 213; MüHdb/*Gayk,* § 30 Rn. 63; Singhof/*Seiler/Schlitt,* Rn. 413.

428 MüHdb/*Gayk,* § 30 Rn. 39; MüKo/*Schmidt,* § 230 HGB Rn. 244; Wachter/*Eberl,* S. 1838 f.; Singhof/*Seiler/Schlitt,* Rn. 412; Saenger/Aderhold/Lenkaitis/Speckmann/*Eickhoff,* § 7 Rn. 208; Staub/*Harbarth,* § 230 Rn. 299.

Hauptgesellschaft beachten. Durch sie ist der Hauptbeteiligte auch gegenüber dem Unterbeteiligten zum Stillschweigen bezüglich aller Angelegenheiten der Hauptgesellschaft verpflichtet.[429] Diese Verpflichtung kollidiert mit den Interessen des Unterbeteiligten an Informationen über seine Beteiligung. Daher wird die Verschwiegenheitspflicht durch die Informations- und Kontrollrechte des Unterbeteiligten durchbrochen.

2. *Befugnisse und Verantwortlichkeiten des Unterbeteiligten*

Hinsichtlich der Befugnisse und Verantwortlichkeiten des Unterbeteiligten gegenüber der Hauptgesellschaft ergeben sich einige Besonderheiten.

a) *Mitgliedschaftsrechte in der Hauptgesellschaft*

Der Unterbeteiligte ist nicht Gesellschafter der Hauptgesellschaft. Daher stehen ihm insoweit auch keine Gesellschafterrechte zu.[430] Die Übertragung des Stimmrechts auf den Unterbeteiligten würde gegen das gesellschaftsrechtliche Abspaltungsverbot verstoßen. Es ist Kernbestand des Gesellschaftsanteils.[431] Dem Unterbeteiligten stehen auch keine Kontroll- und Informationsrechte unmittelbar gegenüber der Hauptgesellschaft zu.[432] Ob der Unterbeteiligte mittelbar über den Hauptbeteiligten Einfluss auf die Hauptgesellschaft nehmen kann, hängt von der Ausgestaltung des Unterbeteiligungsverhältnisses ab.

b) *Haftung*

Wegen der fehlenden Gesellschafterstellung haftet der Unterbeteiligte grundsätzlich nicht gegenüber der Hauptgesellschaft, den Hauptgesellschaftern oder

---

429 *Tebben,* S. 378 f.

430 BGH, Urt. v. 11.7.1968 – II ZR 179/66, NJW 1968, 2003, 2005; OLG Frankfurt am Main, Urt. v. 17.9.2012 – 23 U 190/11 (juris); MüHdb/*Gayk,* § 30 Rn. 63; MüKo/*Ulmer/Schäfer,* Vor. § 705 BGB Rn. 94; Staub/*Schäfer,* § 105 Rn. 109; Schlegelberger/*Schmidt,* § 230 Rn. 220; Singhof/*Seiler/Schlitt,* Rn. 396; *Tebben,* S. 383 f.; *Paulick,* ZGR 1974, 253, 257; *Böttcher/Zartmann/Faut,* S. 111 f.; *Spiegelberger,* § 9 Rn. 21; Esskandari/Franck/*Künnemann,* Kap. 5 Rn. 21.

431 Singhof/*Seiler/Schlitt,* Rn. 402; *Henn,* S. 46. Zum Abspaltungsverbot allgemein s. *Schmidt,* Gesellschaftsrecht, S. 560 ff.; BGH, Urt. v. 10.11.1951 – II ZR 111/50, BGHZ 3, 354, 356 ff.; Urt. v. 14.5.1956 – II ZR 229/54, NJW 1956, 1198, 1199; Urt. v. 11.10.1976 – II ZR 119/75, GmbHR 1977, 244, 246; Scholz/*Schmidt,* § 47 Rn. 20; *Wiedemann,* S. 215 ff.

432 MüHdb/*Gayk,* § 30 Rn. 34; BGHZ 50, 316, 324; Staub/*Schäfer,* § 105 Rn. 112; Staub/*Harbarth,* § 230 Rn. 295.

ihren Gläubigern.[433] Ebensowenig haften die Gesellschafter der Hauptgesellschaft gegenüber dem Unterbeteiligten.[434] Der Unterbeteiligte ist nicht der Erfüllungsgehilfe (§ 278 BGB) des Hauptbeteiligten. Somit scheidet auch eine Haftung für dessen Vertragsverletzungen gegenüber der Hauptgesellschaft aus.[435] Eine unmittelbare Haftung kommt deshalb nur nach den Bestimmungen des Deliktsrechts zum Beispiel im Falle eines Kreditbetruges nach § 823 II BGB in Verbindung mit § 263 I StGB oder beim Vorschieben eines vermögenslosen Hauptgesellschafters zur Gläubigerbenachteiligung nach § 826 BGB[436] oder den allgemeinen Grundsätzen der Rechtsscheinhaftung in Betracht.[437] Daneben kann es bei Kapitalgesellschaften in Ausnahmefällen (Vermögensvermischung, Unterkapitalisierung, Institutsmißbrauch) zu einem Haftungsdurchgriff auf den Unterbeteiligten kommen.[438] Den atypischen Unterbeteiligten kann die Gründerhaftung des § 9a IV GmbHG treffen.[439] In Einzelfällen kommt auch eine Ausfallhaftung nach § 24 GmbHG in Betracht.[440] Der Unterbeteiligte haftet ferner bei Verstößen gegen die Grundsätze der Kapitalerhaltung in Kapitalgesellschaften,

---

433 *Blaurock,* Unterbeteiligung, S. 212; Staub/*Harbarth,* § 230 Rn. 286; *Ulbrich,* S. 143; Wachter/*Eberl,* S. 1839 f.; Ebenroth/Boujong/Joost/Strohn/*Gehrlein,* § 230 Rn. 97; MüKo/*Reichert/Weller,* § 15 GmbHG Rn. 258; *Meyer,* S. 126 f.; Singhof/*Seiler/Schlitt,* Rn. 396; *Tebben,* S. 414.

434 *Blaurock,* Unterbeteiligung, S. 209.

435 *Herzfeld,* AcP 137 (1933), 270, 325 f.; MüKo/*Schmidt,* § 230 HGB Rn. 234; Schlegelberger/*Schmidt,* § 230 Rn. 221; *Ulbrich,* S. 146; *Greifeld,* S. 51; Singhof/*Seiler/Schlitt,* Rn. 413.

436 *Tebben,* S. 415; weitere Bsp. nennt *Peters,* S. 65 ff.; vgl. zur Treuhand: *Schaub,* DStR 1996, 65, 67; *Beuthien,* ZGR 1974, 26, 48; *Eden,* S. 63.

437 MüKo/*Schmidt,* § 230 HGB Rn. 234; Schlegelberger/*Schmidt,* § 230 Rn. 221; MüHdb/*Gayk,* § 30 Rn. 63; *Ulbrich,* S. 145 f.; Wachter/*Eberl,* S. 1840; *Böttcher/Zartmann/Faut,* S. 137 f.; Singhof/*Seiler/Schlitt,* Rn. 413; *Tebben,* S. 415.

438 S. dazu *Henn,* S. 93 ff.; *Blaurock,* Unterbeteiligung, S. 213 f.; MüKo/*Reichert/Weller,* § 15 GmbHG Rn. 258; *Peters,* S. 39 ff. Zur Vermögensvermischung kann es bspw. kommen, wenn der Unterbeteiligte gleichzeititg GmbH-Geschäftsführer ist, *Henn,* S. 94.

439 *Henn,* S. 73; *Peters,* S. 46 f.; *Roth/Thöni,* FS 100 Jahre GmbHG 1992, S. 266 f.; *Tebben,* S. 392 f. spricht sich dafür aus, eine Gründerhaftung nach § 9a IV GmbHG und § 46 V AktG immer anzunehmen. Gegen eine Anwendung des § 9a IV GmbHG sind: Baumbach/Hueck/*Fastrich,* § 9a Rn. 4; Scholz/*Veil* § 9a Rn. 26; *Ulmer/Habersack/*Löbbe, § 9a Rn. 36; *Schmidt,* NJW 1980, 1769, 1771.

440 *Henn,* S. 74 ff.; *Peters,* S. 47 ff.; dagegen *Tebben,* S. 401.

§§ 31, 30 GmbHG und § 62 AktG.[441] Schließlich kann es zu einer unmittelbaren Haftung des Unterbeteiligten kommen, wenn er bei einer offenen Unterbeteiligung in unmittelbaren Rechtsbeziehungen zur Hauptgesellschaft steht und zum Beispiel eine Verschwiegenheitspflicht verletzt.[442]

c) *Wettbewerbsverbot und Treuepflicht*

Der Unterbeteiligte ist nicht Gesellschafter der Hauptgesellschaft und muss sich deshalb grundsätzlich nicht an ein Wettbewerbsverbot aus dem Hauptgesellschaftsvertrag halten.[443] Ihm obliegt auch keine Treuepflicht gegenüber der Hauptgesellschaft, es sei denn, er hat sich vertraglich ihr gegenüber dazu verpflichtet.[444] Ausnahmsweise kann sich ein Wettbewerbsverbot des Hauptbeteiligten gegenüber der Hauptgesellschaft auch auf den Unterbeteiligten erstrecken, wenn ihm umfassende Kontroll- und Informationsrechte oder andere Einflussnahmemöglichkeiten, zum Beispiel eine Geschäftsführungsbeteiligung an der Hauptgesellschaft, eingeräumt werden.[445] Dabei gilt: Je größer die Einflussmöglichkeit des Unterbeteiligten durch die Einräumung von Rechten und „je größer [sein] Einblick in die Interna der Hauptgesellschaft ist, [...] desto eher [ist] ein Wettbewerbsverbot auch für den Unterbeteiligten [anzunehmen].“[446] Für die Annahme

---

441 *Henn,* S. 78 ff.; *Peters,* S. 55 ff.; *Blaurock/Berninger,* GmbHR 1990, 11, 13; Ulmer/Habersack/*Löbbe,* § 30 Rn. 74, § 31 Rn. 19; *Roth/Thöni,* FS 100 Jahre GmbHG 1992, S. 267 f.; auch *Tebben,* S. 402, der aber die Anwendung des § 31 III GmbHG verneint.

442 OLG Schleswig, Urt. v. 24.5.2007 – 5 U 38/06, ZIP 2007, 2258, 2261; MüHdb/Gayk, § 30 Rn. 63; Singhof/*Seiler/Schlitt,* Rn. 413; offengelassen bei Saenger/Aderhold/Lenkaitis/Speckmann/*Eickhoff,* § 7 Rn. 224.

443 BGH, Urt. v. 11.7.1968 – II ZR 179/66, NJW 1968, 2003, 2005; *Ulbrich,* S. 130; *Pöllinger,* S. 54; *Greifeld,* S. 48; *Janberg,* DB 1953, 77, 79; *Esch,* NJW 1964, 902, 905; Wachter/*Eberl,* S. 1838; Staub/*Harbarth,* § 230 Rn. 299; Singhof/*Seiler/Schlitt,* Rn. 412. Dies gilt inbesondere für den Fall einer bloßen kapitalmäßigen Beteiligung: Wachter/*Eberl,* S. 1838; MüKo/*Schmidt,* § 230 HGB Rn. 243 f.; Schlegelberger/*Schmidt,* § 230 Rn. 230; *Winterstein,* S. 82; Röhricht/von Westphalen/Haas/*Mock,* § 230 Rn. 118; Saenger/Aderhold/Lenkaitis/Speckmann/*Eickhoff,* § 7 Rn. 208.

444 BGH, Urt. v. 11.7.1968 – II ZR 179/66, NJW 1968, 2003, 2005; BHbdP/*Bärwaldt,* § 15 Rn. 37.

445 Saenger/Aderhold/Lenkaitis/Speckmann/*Eickhoff,* § 7 Rn. 208; BHbdP/*Bärwaldt,* § 15 Rn. 38; Wachter/*Eberl,* S. 1839; Ebenroth/Boujong/Joost/Strohn/*Gehrlein,* § 230 Rn. 103; Staub/*Harbarth,* § 230 Rn. 299; Singhof/*Seiler/Schlitt,* Rn. 412; vgl. auch *Janberg,* DB 1953, 77, 79.

446 *Blaurock,* Rn. 30.49; ausführlicher *Blaurock,* Unterbeteiligung, S. 201 ff.; vgl. auch OLG Frankfurt am Main, Urt. v. 7.9.1991 – 11 U 21/91, DB 1992, 2489, 2490; Staub/*Harbarth,* § 230 Rn. 299; MüKo/*Schmidt,* § 230 Rn. 244; MüHdb/*Gayk,* § 30 Rn. 39.

eines Wettbewerbsverbots kommt es somit entscheidend auf die Ausgestaltung des Unterbeteiligungsverhältnisses an.[447] Bei einer rein kapitalmäßigen und mithin typischen Unterbeteiligung besteht kein Wettbewerbsverbot.[448] Zudem kann in Fällen der offenen Unterbeteiligung ein Wettbewerbsverbot angenommen werden, wenn der Unterbeteiligte in den Gesellschaftsverband der Hauptgesellschaft mit einbezogen wird.[449] Zu beachten ist, dass in diesen Fällen immer auch in der Hauptgesellschaft ein Wettbewerbsverbot bestehen muss, weil die Rechtsstellung des Unterbeteiligten an die des Hauptbeteiligten gekoppelt ist.[450]

II. Rechtsverhältnisse in der Unterbeteiligungsgesellschaft

Der Hauptbeteiligte ist über den Gesellschaftsvertrag mit der Hauptgesellschaft und ihren Gesellschaftern verbunden. Außerdem begründet er über den Unterbeteiligungsvertrag ein Rechtsverhältnis mit dem Unterbeteiligten.[451] Insoweit besteht ein „doppeltes Gesellschaftsverhältnis".[452] Der Hauptbeteiligte muss bei der Wahrnehmung seiner Gesellschafterrechte – insbesondere der Geschäftsführung – jeweils deren unterschiedliche Interessen berücksichtigen.[453] Der Unterbeteiligte kann sich nicht mit einem über den Hauptgesellschaftsvertrag hinausgehenden Inhalt an der Hauptgesellschaft beteiligen.[454] Also bilden die Rechtsverhältnisse in der Hauptgesellschaft die Grundlage für die daran

---

447 *Blaurock*, Rn. 30.49; Wachter/*Eberl*, S. 1839; MüHdb/*Gayk*, § 30 Rn. 39; Ebenroth/Boujong/Joost/Strohn/*Gehrlein*, § 230 Rn. 103; BHbdP/*Bärwaldt*, § 15 Rn. 38; a.A. *Tebben*, S. 293, der ein Wettbewerbsverbot regelmäßig annimmt.

448 *Blaurock*, Rn. 30.49; MüKo/*Schmidt*, § 230 HGB Rn. 244; MüHdb/*Gayk*, § 30 Rn. 39.

449 Saenger/Aderhold/Lenkaitis/Speckmann/*Eickhoff*, § 7 Rn. 208; MüHdb/*Gayk*, § 30 Rn. 31; Staub/*Schäfer*, § 105 Rn. 113; *Tebben*, S. 415.

450 BGH, Urt. v. 11.7.1968 – II ZR 179/66, NJW 1968, 2003, 2005; MüHdb/*Gayk*, § 30 Rn. 39; Saenger/Aderhold/Lenkaitis/Speckmann/*Eickhoff*, § 7 Rn. 208.

451 *Schmidt*, Gesellschaftsrecht, S. 1872.

452 MüHdb/*Gayk*, § 30 Rn. 30; MüKo/*Schmidt*, § 230 HGB Rn. 241; Schlegelberger/*Schmidt*, § 230 Rn. 227; *Schmidt*, Gesellschaftsrecht, S. 1872; MüKo/*Ulmer/Schäfer*, Vor. § 705 BGB Rn. 94; *Tebben*, S. 79; Singhof/*Seiler/Schlitt*, Rn. 416; Ebenroth/Boujong/Joost/Strohn/*Gehrlein*, § 230 Rn. 102; Röhricht/von Westphalen/Haas/*Mock*, § 230 Rn. 119; Staub/*Harbarth*, § 230 Rn. 289; der Hauptgesellschafter hat Treuepflichten gegenüber beiden Gesellschaften.

453 MüKo/*Schmidt*, § 230 HGB Rn. 241; Oetker/*Schubert*, § 230 Rn. 116; Staub/*Harbarth*, § 230 Rn. 289; *Gehrlein*, DStR 1994, 1314, 1315 f.; *Paulick*, ZGR 1974, 274; *Ulbrich*, S. 117; Saenger/Aderhold/Lenkaitis/Speckmann/*Eickhoff*, § 7 Rn. 203; Röhricht/von Westphalen/Haas/*Mock*, § 230 Rn. 175; Singhof/*Seiler/Schlitt*, Rn. 416.

454 *Paulick*, ZGR 1974, 253, 268; Singhof/*Seiler/Schlitt*, Rn. 399.

anknüpfende Unterbeteiligung.[455] Aufgrund der gesellschaftsrechtlichen Vertragsfreiheit können die Parteien das Innenverhältnis der Unterbeteiligung in ihrem Interesse gestalten.[456] Es empfehlen sich insbesondere Regelungen für den Fall möglicher Interessenskonflikte zwischen der Haupt- und der Unterbeteiligungsgesellschaft.

1. Vertretung

Der Hauptbeteiligte übt die Rechte der Hauptgesellschaft im eigenen Namen aus, handelt im Innenverhältnis aber auf gemeinsame Rechnung mit dem Unterbeteiligten (§ 230 II HGB analog).[457] Eine Vertretung der Unterbeteiligungsgesellschaft scheidet somit wegen ihrer Rechtsnatur als Innengesellschaft aus.[458] Der Hauptbeteiligte kann den Unterbeteiligten jedoch zur Ausübung seiner Mitgliedschaftsrechte in der Hauptgesellschaft bevollmächtigen.[459]

2. Geschäftsführung

Die Geschäftsführung einer Gesellschaft bürgerlichen Rechts ist in §§ 709–715 BGB geregelt. Sie ist als „jede zur Förderung des Gesellschaftszwecks bestimmte, für die Gesamthand wahrgenommene Tätigkeit zu verstehen,

---

455 Röhricht/von Westphalen/Haas/*Mock*, § 230 Rn. 172; *Ulbrich*, S. 111 f.

456 MüKo/*Schmidt*, § 230 HGB Rn. 236; Schlegelberger/*Schmidt*, § 230 Rn. 223; *Paulick*, ZGR 1974, 253, 258; Singhof/*Seiler/Schlitt*, Rn. 394.

457 *Blaurock*, Rn. 30.42; *Blaurock*, Unterbeteiligung, S. 119; MüKo/*Schmidt*, § 230 HGB Rn. 238; MüKo/*Reichert/Weller*, § 15 GmbHG Rn. 257; Staub/*Harbarth*, § 230 Rn. 292; *Paulick*, ZGR 1974, 253, 274; MüHdb/*Gayk*, § 30 Rn. 33; Singhof/*Seiler/Schlitt*, Rn. 415.

458 MüKo/*Schmidt*, § 230 HGB Rn. 238; Schlegelberger/*Schmidt*, § 230 Rn. 224; Ebenroth/Boujong/Joost/Strohn/*Gehrlein*, § 230 Rn. 94; Wachter/*Eberl*, S. 1830; *Gehrlein*, DStR 1994, 1314, 1316; Staub/*Harbarth*, § 230 Rn. 292; *Blaurock*, Rn. 30.42; *Ulbrich*, S. 122; MüKo/*Reichert/Weller*, § 15 GmbHG Rn. 257; MüHdb/*Gayk*, § 30 Rn. 33; *Paulick*, ZGR 1974, 253, 276; *Friehe*, S. 55 f.; *Blaurock*, Unterbeteiligung, S. 119; Sudhoff/*Froning*, § 43 Rn. 40; Singhof/*Seiler/Schlitt*, Rn. 420; *Tebben*, S. 257; Giefers/*Ruhkamp*, Rn. 692; *Greifeld*, S. 40.

459 MüHdb/*Gayk*, § 30 Rn. 33; Staub/*Harbarth*, § 230 Rn. 292; *Paulick*, ZGR 1974, 253, 275; Singhof/*Seiler/Schlitt*, Rn. 421, 448; Giefers/*Ruhkamp*, Rn. 693; *Thomsen*, S. 39; *Erkens*, S. 220 f.; Esch/*Baumann/Schulze zur Wiesche*, I Rn. 1270; *Peters*, S. 86; *Tebben*, S. 170, 385; *Flume*, ZHR 136 (1972), 177, 183; Peter/Crezelius/*Fichtelmann*, Rn. 1546. Die Zulässigkeit der Vertretung hinsichtlich der Stimmrechte innerhalb einer GmbH ergibt sich ausdrücklich aus § 47 III GmbHG, s. dazu *Henn*, S. 50 ff.

mit Ausnahme solcher Maßnahmen, die die Grundlagen der Gesellschaft betreffen."[460]

a) *Gegenstand*

Gegenstand der Geschäftführung ist insbesondere das Tagesgeschäft (Buchführung, Rechnungslegung, Schriftwechsel, Organisation der Geschäftsabläufe, Personalführung) einschließlich der Vornahme von Rechtsgeschäften.[461] § 709 I BGB sieht die gemeinschaftliche Geschäftsführung aller Gesellschafter vor. Dies widerspricht jedoch dem Wesen der Unterbeteiligung als mittelbarer Beteiligung, weil der mittelbar Beteiligte als Kapitalgeber grundsätzlich kein gleichrangiger Gesellschafter sein soll. Die Geschäftsführung der Unterbeteiligungsgesellschaft obliegt deshalb, abweichend von der dispositiven Regelung in § 709 I BGB,[462] grundsätzlich allein dem Hauptbeteiligten (analog § 230 II HGB).[463] Der Unterbeteiligungsvertrag kann aber auch vorsehen, dass der Unterbeteiligte bevollmächtigt wird, bestimmte oder auch alle Mitgliedschaftsrechte hinsichtlich der

460 MüKo/*Schäfer,* § 709 BGB Rn. 7; vgl. auch Soergel/*Hadding/Kießling,* § 709 Rn. 3; Erman/*Westermann,* § 709 Rn. 5 f.; Staudinger/*Habermeier,* § 709 Rn. 1 f.; Bamberger/Roth/*Schöne,* § 709 Rn. 3.

461 MüKo/*Schäfer,* § 709 BGB Rn. 12; Soergel/*Hadding/Kießling,* § 709 Rn. 9; Wachter/*Eberl,* S. 1827; *Thomsen,* S. 35.

462 Bamberger/Roth/*Schöne,* § 709 Rn. 22. Die Abweichungsmöglichkeit von dieser Regelung ergibt sich auch aus § 710 1 BGB.

463 *Paulick,* ZGR 1974, 253, 274; *Blaurock,* Rn. 30.43; *Blaurock,* Unterbeteiligung, S. 120; MüKo/*Schmidt,* § 230 HGB Rn. 237; Schlegelberger/*Schmidt,* § 230 Rn. 225; MüKo/*Ulmer/Schäfer,* Vor. § 705 BGB Rn. 98; MüKo/*Reichert/Weller,* § 15 GmbHG Rn. 257; MüHdb/*Gayk,* § 30 Rn. 29; Wachter/*Eberl,* S. 1827; Saenger/Aderhold/Lenkaitis/Speckmann/*Eickhoff,* § 7 Rn. 202; *Weigl,* S. 211; *Böttcher/Zartmann/Faut,* S. 111 f.; Ebenroth/Boujong/Joost/Strohn/*Gehrlein,* § 230 Rn. 94; *Gehrlein,* DStR 1994, 1314, 1316; Röhricht/von Westphalen/Haas/*Mock,* § 230 Rn. 175; Staub/*Harbarth,* § 230 Rn. 293; *Herzfeld,* AcP 137 (1933), 270, 305; *Friehe,* S. 56 f.; Giefers/*Ruhkamp,* Rn. 694; *Thomsen,* S. 36; Oetker/*Schubert,* § 230 Rn. 116; BHbdP/*Bärwaldt,* § 15 Rn. 24; Esch/*Baumann/Schulze zur Wiesche,* I Rn. 1270.
Eine a. A. spricht sich für die Anwendung des § 709 BGB auch bei der Unterbeteiligung aus: *Westermann,* S. 191 ff.; *Tebben,* S. 258 ff. S. zu den einzelnen Argumenten die Darstellung des Streitstandes bei *Tebben,* S. 258 ff. M. E. ergibt sich die Alleingeschäftsführung des Hauptbeteiligten aus der Rechtsnatur der Unterbeteiligung. Eine Rolle könnte diese Diskussion nur bei einer atypischen Unterbeteiligung spielen, bei welcher i. d. R. ohnehin Regelungen im Unterbeteiligungsvertrag getroffen werden.

Hauptbeteiligung auszuüben.[464] Bei einer Unterbeteiligungsgesellschaft hat die Geschäftsführung die Wahrnehmung der Rechte und Pflichten aus der Hauptbeteiligung zum Inhalt. Dies ist der Beitrag des Hauptbeteiligten zur Erreichung des gemeinsamen Zwecks.[465] Daneben kommen auch Angelegenheiten in Frage, die sich allein aus der Unterbeteiligungsgesellschaft ergeben (Buchführung, Rechnungslegung, Gewinnverteilung, Information).[466]

b) Zustimmungsrechte des Unterbeteiligten

Aus dem Grundsatz der gleichrangigen Geschäftsführung des § 709 BGB können sich für eine mittelbare Beteiligung zumindest schuldrechtliche Zustimmungsrechte auf Seiten des Unterbeteiligten ergeben.

aa) Gesetzliches Zustimmungsrecht

Fraglich ist, ob dem Unterbeteiligten Mitgeschäftsführungsrechte dergestalt zustehen, dass er bei der Vornahme bestimmter Geschäfte zustimmen muss.[467] Unstreitig ist, dass der Hauptbeteiligte die Zustimmung des Unterbeteiligten einholen muss, wenn Entscheidungen in der Hauptgesellschaft auch unmittelbar die Grundlagen der Unterbeteiligung berühren (zum Beispiel Kapitalerhöhung, Änderung der Gewinnverteilung, Rechtsformwechsel sowie Kündigung).[468] Dies gilt aber nicht,

---

464 *Blaurock,* Rn. 30.43; MüKo/*Schmidt,* § 230 HGB Rn. 237; Schlegelberger/*Schmidt,* § 230 Rn. 225; MüKo/*Reichert/Weller,* § 15 GmbHG Rn. 257; Singhof/*Seiler/Schlitt,* Rn. 418; Wachter/*Eberl,* S. 1828 f.; *Ulbrich,* S. 117 f.; *Paulick,* ZGR 1974, 253, 275; *Tebben,* S. 258; *Weigl,* S. 211 f.; *Meyer,* S. 110. Diese Möglichkeit muss sich jedoch aus dem Unterbeteiligungsvertrag ergeben, bzw. die Hauptgesellschafter müssen vorher zustimmen, da die Geschäftsführung des Hauptbeteiligten im Wesentlichen in der Geltendmachung der Gesellschafterrechte an der Hauptgesellschaft besteht.

465 MüHdb/*Gayk,* § 30 Rn. 29; Singhof/*Seiler/Schlitt,* Rn. 415; *Tebben,* S. 258; Wachter/*Eberl,* S. 1827; Oetker/*Schubert,* § 230 Rn. 116.

466 *Paulick,* ZGR 1974, 253, 274; MüHdb/*Gayk,* § 30 Rn. Singhof/*Seiler/Schlitt,* Rn. 415; *Thomsen,* S. 35.

467 Singhof/*Seiler/Schlitt,* Rn. 419; *Blaurock,* Rn. 30.46. Dafür: *Wagner,* S. 60 ff.; 83 f.; Staub/*Harbarth,* § 230 Rn. 293; Saenger/Aderhold/Lenkaitis/Speckmann/*Eickhoff,* § 7 Rn. 203; dagegen: *Blaurock,* Unterbeteiligung, S. 121; *Thomsen,* S. 37 ff.

468 BGH, Urt. v. 22.11.1965 – II ZR 102/63, WM 1966, 188, 191; Oetker/*Schubert,* § 230 Rn. 116; *Blaurock,* Rn. 30.46; *Tebben,* S. 385; MüHdb/*Gayk,* § 30 Rn. 30; Ebenroth/Boujong/Joost/Strohn/*Gehrlein,* § 230 Rn. 94; Staub/*Harbarth,* § 230 Rn. 293; Singhof/*Seiler/Schlitt,* Rn. 408, 416; Saenger/Aderhold/Lenkaitis/Speckmann/*Eickhoff,* § 7 Rn. 203; *Weigl,* S. 212; *Erkens,* S. 225 f.; Esskandari/Franck/*Künnemann,* Kap. 5 Rn. 181.

wenn die Treuepflicht des Unterbeteiligten gegenüber der Hauptgesellschaft oder ihren Gesellschaftern ihn ohnehin zu einem bestimmten Verhalten verpflichtet.[469] Bei Grundlagengeschäften, die sich nur mittelbar auf die Unterbeteiligung auswirken, wie zum Beispiel die Kündigung der Hauptgesellschaft oder die Änderung des Gesellschaftszwecks der Hauptgesellschaft, ist umstritten, ob ebenfalls stillschweigende oder gesetzliche Zustimmungsrechte bestehen.[470]

Eine Ansicht spricht sich für die analoge Anwendung von §§ 116 II, 164 HGB aus.[471] § 116 II HGB sieht einen Beschluss aller Gesellschafter einer offenen Handelsgesellschaft zur Vornahme von Handlungen vor, die über Handlungen hinausgehen, die zum gewöhnlichen Betrieb des Handelsgewerbes der Gesellschaft gehören (§ 116 I HGB). § 164 HGB schließt zunächst den Kommanditisten von der Geschäftsführung aus. Gehen die Handlungen der Komplementäre jedoch über den gewöhnlichen Betrieb des Handelsgewerbes der Gesellschaft hinaus, gewährt § 164 HGB dem Kommanditisten ein Widerspruchsrecht. Auch bei der Unterbeteiligung gebe es einen vergleichbaren gewöhnlichen Geschäftsbetrieb. Dagegen spricht zunächst, dass die gesetzlichen Regelungen in §§ 705 ff. BGB kein solches Zustimmungsrecht vorsehen.[472] Außerdem besteht ein ausreichender Schutz des Unterbeteiligten bereits durch die Treuepflicht des Hauptbeteiligten ihm gegenüber.[473] Die Folge einer verweigerten Zustimmung des Unterbeteiligten wäre, dass sich der Hauptbeteiligte bei solchen Geschäften enthalten beziehungsweise dagegen stimmen müsste. Stimmt er trotz der verweigerten Zustimmung überhaupt oder gegen die Vorgabe des Unterbeteiligten ab, haftet er diesem gegenüber. Dadurch entsteht für den Hauptgesellschafter eine faktische Verpflichtung, die Zustimmung des Unterbeteiligten einzuholen.[474] Auch ohne ein solches Zustimmungsrecht würde der Hauptbeteiligte immer dann haften, wenn er sich konkret über berechtigte Interessen des Unterbeteiligten hinwegsetzt und somit gegen seine Treuepflicht ihm gegenüber

469 *Blaurock,* Rn. 30.46; Staub/*Harbarth,* § 230 Rn. 278; Heymann/*Horn,* Rn. 70; Ebenroth/Boujong/Joost/Strohn/*Gehrlein,* § 230 Rn. 94.

470 Dafür: BGH, Urt. v. 22.11.1965 – II ZR 102/63, WM 1966, 188, 191; Saenger/Aderhold/Lenkaitis/Speckmann/*Eickhoff,* § 7 Rn. 203; Staub/*Harbarth,* § 230 Rn. 293; *Blaurock,* Rn. 30.46; Singhof/*Seiler/Schlitt,* Rn. 408; *Tebben,* S. 263 ff.; *Wagner,* S. 60 ff.; 82; dagegen: *Blaurock,* Unterbeteiligung, S. 121; *Blaurock,* Rn. 30.46; MüKo/*Schmidt,* § 230 HGB Rn. 237; MüHdb/*Gayk,* § 30 Rn. 30; *Ulbrich,* S. 121.

471 *Wagner,* S. 82; *Tebben,* S. 264 f.

472 So auch *Tebben,* S. 264.

473 Singhof/*Seiler/Schlitt,* Rn. 408; *Blaurock,* Rn. 30.46.

474 Vgl. Singhof/*Seiler/Schlitt,* Rn. 408; *Tebben,* S. 385 f.

verstößt.[475] Aus diesem Grunde besteht keine Notwendigkeit für eine analoge Anwendung gesetzlicher Zustimmungsrechte zugunsten des Unterbeteiligten.

bb) Stimmbindungsvertrag und vertragliches Zustimmungsrecht

Es obliegt den Unterbeteiligungsgesellschaftern, die Einflussmöglichkeiten des Unterbeteiligten auf die Mitwirkungsrechte vertraglich zu vereinbaren.[476] Eine Vertragsklausel, die eine Stimmbindung des Hauptbeteiligten in der Hauptgesellschaft vorsieht, ist in den Grenzen von §§ 134, 138, 242 BGB wirksam.[477] Eine solche Klausel bildet das Korrektiv zum Abspaltungsverbot von Mitgliedschaft und Stimmrecht und ist somit zulässig.[478] Vertraglich vereinbart werden kann ferner ein Zustimmungs- oder Widerspruchsrecht[479] oder ein Recht zur Anhörung des Unterbeteiligten.[480] Daneben kann der Vertrag einen Katalog zustimmungsbedürftiger Geschäfte vorsehen oder die Verpflichtung der Unterbeteiligungsgesellschafter, ein Einvernehmen herstellen zu müssen. Wird ein solches Einvernehmen nicht hergestellt, kann die Klausel als Rechtsfolge vorsehen, dass sich der Hauptbeteiligte bei Abstimmungen in der Hauptgesellschaft

---

475 *Blaurock*, Rn. 30.46.

476 MüKo/*Schmidt*, § 230 HGB Rn. 237; MüHdb/*Gayk*, § 30 Rn. 31; Heymann/*Horn*, § 230 Rn. 70; Schlegelberger/*Schmidt*, § 230 Rn. 225; Singhof/*Seiler/Schlitt*, Rn. 402; *Meyer*, S. 96 ff.; Wachter/*Eberl*, S. 1828 f.; *Winterstein*, S. 66; *Weigl*, S. 213; *Thomsen*, S. 37; *Böttcher/Zartmann/Faut*, S. 112; *Kiethe*, NZG 1999, 858, 866.

477 MüKo/*Schmidt*, § 230 HGB Rn. 232; Schlegelberger/*Schmidt*, § 230 Rn. 219; *Blaurock*, Rn. 30.45; Ebenroth/Boujong/Joost/Strohn/*Gehrlein*, § 230 Rn. 95; BHbdP/*Bärwaldt*, § 15 Rn. 28; MüHdb/*Gayk*, § 30 Rn. 31; MüKo/*Reichert/Weller*, § 15 GmbHG Rn. 263; *Ulbrich*, S. 113 f.; Giefers/*Ruhkamp*, Rn. 700; Ulmer/Habersack/Löbbe/*Hüffer/Schürnband*, § 47 Rn. 79, 83; *Zöllner*, ZHR 155 (1991) 168, 178 f.; Singhof/*Seiler/Schlitt*, Rn. 403; *Meyer*, S. 97; *Peters*, S. 88 ff., 115 ff.; *Erkens*, S. 221 ff.; *Roth/Thöni*, FS 100 Jahre GmbHG 1992, S. 279 f.; *Weigl*, S. 213; zu den Grenzen s. *Blaurock*, Unterbeteiligung, S. 186 ff.; *Tebben*, S. 270 f.; *Henn*, S. 57, 63 f.; *Winter*, GmbHR 1965, 23, 29.

478 *Henn*, S. 57 f. Teilweise werde gefordert, dass der Unterbeteiligte zumindest ein gerechtfertigtes Interesse an dem Stimmbindungsvertrag haben müsse, da der Unterbeteiligte ansonsten ohne Weiteres zum Quasi-Gesellschafter werde. Ein solches Interesse könne sich aus einer hohen Beteiligung ergeben (etwa 50 %), *Henn*, S. 60.

479 MüKo/*Schmidt*, § 230 HGB Rn. 237; Wachter/*Eberl*, S. 1829; *Henn*, S. 65; *Meyer*, S. 96; Ebenroth/Boujong/Joost/Strohn/*Gehrlein*, § 230 Rn. 95; BHbdP/*Bärwaldt*, § 15 Rn. 28; *Thomsen*, S. 38; Rowedder/Schmidt-Leithoff/*Koppensteiner/Gruber*, § 47 Rn. 16.

480 Saenger/Aderhold/Lenkaitis/Speckmann/*Eickhoff*, § 7 Rn. 204.

enthalten muss.[481] Der Hauptbeteiligte ist im Außenverhältnis nicht an die Weisungen des Unterbeteiligten gebunden.[482] Ein Verstoß wirkt jedoch im Innenverhältnis und kann zu Schadensersatzansprüchen führen. Die Wirksamkeit der Stimmabgabe in der Hauptversammlung wird davon nicht berührt.[483]

c) *Entzug der Geschäftsführung*

Gemäß § 712 I BGB kann dem Gesellschafter einer Gesellschaft bürgerlichen Rechts die Geschäftsführung aus wichtigem Grund entzogen werden. Der Anwendungsbereich dieser Regelung erschöpft sich auf Gesellschaften, die von dem Gesellschafter gleichermaßen geführt werden.[484] Eine Entziehung der Geschäftsführung des Hauptbeteiligten scheidet somit aus, weil der Hauptgesellschafter die Geschäftsführung allein inne hat und die Geschäfte im eigenen Namen vornimmt.[485] Seine Tätigkeit kann nicht von dem Unterbeteiligten wahrgenommen werden.[486] Der Unterbeteiligte ist bei Pflichtverletzungen des Hauptbeteiligten bezüglich der Geschäftsführung auf die Geltendmachung von Schadensersatzansprüchen oder eine außerordentliche Kündigung des Gesellschaftsvertrags nach § 723 I BGB zu verweisen.[487] Wird dem Unterbeteiligten die Geschäftsführung

---

481 Saenger/Aderhold/Lenkaitis/Speckmann/*Eickhoff,* § 7 Rn. 204; Wachter/*Eberl,* S. 1829.

482 MüKo/*Schmidt,* § 230 HGB Rn. 232; Schlegelberger/*Schmidt,* § 230 Rn. 219; Heymann/*Horn,* § 230 Rn. 70; MüKo/*Ulmer/Schäfer,* Vor. § 705 BGB Rn. 100; *Zapp,* S. 29 f.

483 MüKo/*Reichert/Weller,* § 15 GmbHG Rn. 263; BHbdP/*Bärwaldt,* § 15 Rn. 29; *Ulbrich,* S. 117; Oetker/*Schubert,* § 230 Rn. 116; Heymann/*Horn,* § 230 Rn. 70; Giefers/*Ruhkamp,* Rn. 700; *Wendelstein,* BB 1970, 735, 736; *Zapp,* S. 30; MüKo/*Ulmer/Schäfer,* Vor. § 705 BGB Rn. 100. Die Voraussetzungen eines Schadensersatzanspruches können erfüllt sein, wenn die Ertragsbeteiligung des Unterbeteiligten durch eine hohe Selbstfinanzierung und Bildung stiller Reserven ausgehöhlt wird: MüKo/*Ulmer/Schäfer,* Vor. § 705 BGB Rn. 100, BGH, Urt. v. 22.11.1965 – II ZR 102/63, WM 1966, 188, 191.

484 *Blaurock,* Rn. 30.44; *Blaurock,* Unterbeteiligung, S. 120.

485 MüKo/*Schmidt,* § 230 HGB Rn. 237; Schlegelberger/*Schmidt,* § 230 Rn. 225; *Paulick,* ZGR 1974, 253, 274; Heymann/*Horn,* § 230 Rn. 70; Oetker/*Schubert,* § 230 Rn. 116; *Esch,* NJW 1964, 902, 903; *Blaurock,* Unterbeteiligung, S. 121; *Winterstein,* S. 64; Wachter/*Eberl,* S. 1830; *Ulbrich,* S. 121; *Tebben,* S. 265 f. m. w. N.

486 *Blaurock,* Rn. 30.44; *Blaurock,* Unterbeteiligung, S. 121.

487 *Paulick,* ZGR 1974, 253, 274 f.; Singhof/*Seiler/Schlitt,* Rn. 417; *Winterstein,* S. 64; Wachter/*Eberl,* S. 1830; MüHdb/*Gayk,* § 30 Rn. 32.

eingeräumt, kann sie ihm gemäß § 712 I BGB entzogen werden, weil der Hauptbeteiligte ihn in dieser Stellung ersetzen kann.[488]

d) Vergütung

Der Hauptbeteiligte hat hinsichtlich der Geschäftsführung grundsätzlich keinen Anspruch auf eine Vergütung. Zur Geschäftsführung ist er im Unterbeteiligungsvertrag gesellschaftsrechtlich verpflichtet. Gleichwohl kann aber eine solche Vergütung vereinbart werden.[489]

3. Kontroll- und Informationsrechte

Kontroll- und Informationsrechte sind für den Unterbeteiligten von großer Bedeutung, weil er selbst keinen Einblick in die Gesellschafterstellung des Hauptbeteiligten in der Hauptgesellschaft hat.[490]

a) Informationsrecht gegenüber der Hauptgesellschaft

Der Unterbeteiligte hat grundsätzlich kein unmittelbares Informationsrecht gegenüber der Hauptgesellschaft. Er kann nur Einsicht in die Jahresabschlüsse der Hauptgesellschaft verlangen, wenn dies im Unterbeteiligungsvertrag vorgesehen ist und der Gesellschaftsvertrag der Hauptgesellschaft dies gestattet.[491] Die bloße Kenntnis der Hauptgesellschafter von der Unterbeteiligung reicht dafür nicht aus.[492] Ungeachtet dessen darf die Hauptgesellschaft die Gestattung nicht grundlos verweigern. Der Hauptgesellschafter hat auf die Einräumung von Informationsrechten

---

488 Wachter/*Eberl*, S. 1829.

489 Singhof/*Seiler/Schlitt*, Rn. 415; Saenger/Aderhold/Lenkaitis/Speckmann/*Eickhoff*, § 7 Rn. 206; Staub/*Harbarth*, § 230 Rn. 300; vgl. auch: MüKo/*Schäfer*, § 709 Rn. 32; § 713, Rn. 17; MüKo/*Schmidt*, § 230 HGB Rn. 237; Ebenroth/Boujong/Joost/Strohn/*Gehrlein*, § 230 Rn. 86; *Tebben*, S. 288 f.; *Weigl*, S. 213.

490 Vgl. Wachter/*Eberl*, S. 1834 f.; MüHdb/*Gayk*, § 30 Rn. 34; *Tebben*, S. 272.

491 BGH, Urt. v. 11.7.1968 – II ZR 179/66, NJW 1968, 2003, 2005; MüKo/*Schmidt*, § 233 HGB Rn. 34; *Blaurock*, Rn. 30.48; Ebenroth/Boujong/Joost/Strohn/*Gehrlein*, § 233 Rn. 22; Staub/*Schäfer*, § 105 Rn. 112 MüHdb/*Gayk*, § 30 Rn. 35; BHbdP/*Bärwaldt*, § 15 Rn. 34; Oetker/*Schubert*, § 233 Rn. 21; Wachter/*Eberl*, S. 1835 f.; *Paulick*, ZGR 1974, 253, 271; *Ulbrich*, S. 125; *Tebben*, S. 386, 273 f.
Zu den Besonderheiten der Unterbeteiligung in einer GmbH s. *Henn*, S. 34 ff. Ein direktes Informationsrecht aus § 51a I GmbHG des Unterbeteiligten gegen die Hauptgesellschaft steht dem Unterbeteiligten nicht zu.

492 BGH, Urt. v. 11.7.1968 – II ZR 179/66, NJW 1968, 2003, 2005; Saenger/Aderhold/Lenkaitis/Speckmann/*Eickhoff*, § 7 Rn. 212.

hinzuwirken.[493] Trifft die Hauptgesellschaft eine allgemeine Publizitätspflicht[494], kann der Unterbeteiligte in die veröffentlichten Abschlüsse Einsicht nehmen.[495]

b) Informationsrecht gegenüber der Hauptbeteiligung

Der Unterbeteiligte hat gegen den Hauptbeteiligten ein Informationsrecht hinsichtlich der Hauptbeteiligung. Umstritten ist, aus welcher Rechtsgrundlage sich dieser Anspruch ergibt und welchen Inhalt das Informationsrecht hat.

aa) Eingeschränktes Informationsrecht analog § 233 HGB

Nach überwiegender Auffassung steht dem Unterbeteiligten gegenüber dem Hauptgesellschafter analog § 233 HGB nur ein eingeschränktes Informationsrecht zu.[496] Die Analogie wird mit der Ähnlichkeit der Unterbeteiligung mit der stillen Gesellschaft begründet.[497] Im Innenverhältnis zum Hauptbeteiligten steht dem Unterbeteiligten somit ein Recht auf Rechnungslegung zu, dass die Bilanzaufstellung und Bilanzfeststellung umfasst.[498] Aus dieser Bilanz sollen „die auf seine

---

493 BFH, Urt. v. 21.2.1991 – IV R 35/89, BStBl. II 1995, 449, 451 f.

494 Die Offenlegung von Kapitalgesellschaften erfolgt nach § 325 HGB. Personengesellschaften ohne natürliche Person als haftenden Gesellschafter trifft diese Pflicht aus § 264a HGB. Größere Unternehmen können nach § 1 PublG dazu verpflichtet sein.

495 MüHdb/*Gayk*, § 30 Rn. 35; Saenger/Aderhold/Lenkaitis/Speckmann/*Eickhoff*, § 7 Rn. 212.

496 BGH, Urt. v. 10.10.1994 – II ZR 285/93, NJW-RR 1995, 165, 166; Urt. v. 11.7.1968 – II ZR 179/66, NJW 1968, 2003, 2004 f.; MüKo/*Schmidt*, § 233 HGB Rn. 33; *Schmidt*, Informationsrechte, S. 80 ff.; MüKo/*Ulmer/Schäfer*, Vor. § 705 BGB Rn. 99; Staub/*Harbarth*, § 230 Rn. 294; *Wendelstein*, BB 1970, 735, 736; *Friehe*, S. 59 ff.; *Paulick*, ZGR 1974, 253, 271; *Ulbrich*, S. 125; *Blaurock*, Unterbeteiligung, S. 182 ff.; Singhof/*Seiler/Schlitt*, Rn. 404; *Böttcher/Zartmann/Faut*, S. 113 ff.; *Meyer*, S. 131 ff.; Röhricht/von Westphalen/Haas/*Mock*, § 233 Rn. 11; Oetker/*Schubert*, § 233 Rn. 21 f.; Baumbach/Hopt/*Roth*, § 233 Rn. 13; MüKo/*Reichert/Weller*, § 15 GmbHG Rn. 262; Ebenroth/Boujong/Joost/Strohn/*Gehrlein*, § 230 Rn. 100, § 233 Rn. 22; Esch/*Baumann/Schulze zur Wiesche*, I Rn. 1271; Sudhoff/*Stenger*, § 34 Rn. 30; Heymann/*Horn*, § 230 Rn. 71; *Roth/Thöni*, FS 100 Jahre GmbHG 1992, S. 277; BHbdP/*Bärwaldt*, § 15 Rn. 34; *Winterstein*, S. 55 f.
Für eine direkte Anwendung von § 233 HGB waren noch: *Esch*, NJW 1964, 902, 904 f.; *Schneider*, FS Möhring, 1965, S. 120; Giefers/*Ruhkamp*, Rn. 702.

497 BGH, Urt. v. 11.7.1968 – II ZR 179/66, NJW 1968, 2003, 2004 f.; Singhof/*Seiler/Schlitt*, Rn. 404; MüKo/*Reichert/Weller*, § 15 GmbHG Rn. 262.

498 BGH, Urt. v. 11.7.1968 – II ZR 179/66, NJW 1968, 2003, 2004 f.; MüKo/*Schmidt*, § 230 HGB Rn. 239; MüKo/*Ulmer/Schäfer*, Vor. § 705 BGB Rn. 99; Koller/*Kindler*/Roth/Morck, § 230 Rn. 4; Heymann/*Horn*, § 230 Rn. 70.

Beteiligung entfallenden Erträge und deren Zusammensetzung (Gewinnanteil, Kapitalzinsen, Geschäftsführergehalt und so weiter) sowie die Entwicklung des Kapitalkontos und seines Anteils" ersichtlich sein.[499] Von der Analogie wird auch ein außerordentliches Infromationsrecht aus § 233 III BGB erfasst.[500] Danach kann das Gericht auf Antrag des Unterbeteiligten die Mitteilung einer Bilanz und eines Jahresabschlusses oder sonstiger Erklärungen sowie die Vorlage der Bücher und Papiere jederzeit anordnen, wenn wichtige Gründe dafür gegeben sind. Wichtige Gründe im Sinne von § 233 III BGB analog liegen vor, wenn die Interessen des Unterbeteiligten konkret gefährdet sind. Dies ist zum Beispiel der Fall, wenn es Anzeichen für ein nachvollziehbares Mißtrauen im Hinblick auf die Ordnungsmäßigkeit der Geschäfts- oder Buchführung gibt.[501] Eine Kontrollmöglichkeit des Unterbeteiligten hinsichtlich der ihm übermittelten Informationen ergibt sich aus §§ 259 II, 260 II BGB.[502] Danach kann der Hauptbeteiligte zur Versicherung an Eides statt verpflichtet werden, wenn ein Grund zur Annahme besteht, dass er die Angaben nicht mit der erforderlichen Sorgfalt gemacht hat.

bb) Weitergehendes Informationsrecht aus § 716 BGB

Eine Auffassung in der Literatur wendet sich gegen die analoge Anwendung von § 233 HGB und will weitergehende Informationsrechte des Unterbeteiligten gegenüber den Hauptbeteiligten aus § 716 BGB herleiten.[503] Nach *Herzfeld* „ist also nichts dagegen zu erinnern, daß der Unterbeteiligte Kenntnis von allen

---

499 BGH, Urt. v. 11.7.1968 – II ZR 179/66, NJW 1968, 2003, 2004 f.; Singhof/*Seiler/Schlitt*, Rn. 404. Zur Bilanz der Unterbeteiligungsgesellschaft im Allgemeinen s. *Groh*, FS Priester 2007, S. 107 ff.

500 BGH, Urt. v. 11.7.1968 – II ZR 179/66, NJW 1968, 2003, 2004 f.; MüKo/*Schmidt*, § 233 HGB Rn. 36; MüHdb/*Gayk*, § 30 Rn. 35; Wachter/*Eberl*, S. 1836.

501 Schlegelberger/*Schmidt*, § 233 Rn. 9, § 166 Rn. 26 f.; Singhof/*Seiler/Schlitt*, Rn. 406.

502 Staub/*Schäfer*, § 105 Rn. 112; Singhof/*Seiler/Schlitt*, Rn. 404; MüHdb/*Gayk*, § 30 Rn. 35.

503 *Herzfeld*, AcP 137 (1933), 270, 305 ff.; *Tebben*, S. 276 ff.; *Blaurock*, Rn. 30.48; *Blaurock*, Unterbeteiligung, S. 183 f.; *Pöllinger*, S. 43 f.; *Wagner*, S. 105; Heymann/*Horn*, § 233 Rn. 12; vgl. auch Staub/*Zutt*, 4. Aufl. § 233 Rn. 18.
MüHdb/*Gayk*, § 30 Rn. 36 stützt das Informationsrecht im Anschluss an MüHdb/*Riegger*, 2. Aufl., § 30 Rn. 36 auf § 713 BGB in Verbindung mit § 666 BGB. Gegen die Anwendung von § 713 BGB spricht, dass diese Regelung nicht das Informationsrecht des Gesellschafters, sondern der Gesellschaft gegen ihre Organe betrifft, vgl. Schlegelberger/*Schmidt*, § 233 Rn. 12; *Schmidt*, Informationsrechte, S. 66. Gegen die Anwendung von § 666 BGB ist auch die Rechtsprechung: BGH, Urt. v. 10.10.1994 – II ZR 285/93, NJW-RR 1995, 165, 166. MüKo/*Schmidt*, § 233 HGB Rn. 38, 16 ff.; Schlegelberger/*Schmidt*, § 233 Rn. 22, 11 f. leitet bei atypischen Unterbeteiligungen

wichtigen Plänen, Entschließungen und Maßnahmen der Hauptgesellschaft sowie von deren Geschäftsergebnissen erhält".[504] Wegen § 716 BGB bestehe gar keine Regelungslücke, was gegen eine analoge Anwendung von § 233 HGB spreche.[505] Aus § 716 BGB ergebe sich deshalb wie bei der Gesellschaft bürgerlichen Rechts auch für den Unterbeteiligten gegenüber dem Hauptgesellschafter ein „jederzeitiges Informationsrecht".[506] Der Unterbeteiligte habe ein Interesse daran, Zugang zu den Informationen über die Hauptbeteiligung zu erhalten, um den Wert der Hauptbeteiligung, der die Grundlage für den Wert der mittelbaren Beteiligung darstellt, einschätzen zu können.[507] Dieses Recht müsse dem Unterbeteiligten ferner als Ausgleich dafür zustehen, dass ihm gegenüber der Hauptgesellschaft kein Rechnungslegungsanspruch zustehe.[508] Zu beachten sei, dass der Hauptbeteiligte gegenüber der Hauptgesellschaft zur Verschwiegenheit verpflichtet ist. Deshalb könne er über § 233 HGB analog hinausgehende Informationen nur weitergeben, soweit sie aus der Sicht der Hauptbeteiligung keiner Geheimhaltung bedürfen.[509] Ansonsten würde er sich gegenüber der Hauptgesellschaft schadensersatzpflichtig machen. Dadurch wäre das Informationsrecht des Unterbeteiligten bereits ausreichend begrenzt. Gegen eine analoge Anwendung des § 233 HGB sprächen zudem praktische Bedenken. So seien die Unterbeteiligungsgesellschaft und der Hauptgesellschafter als Nichtkaufmann gemäß §§ 238, 242 HGB gar nicht zur Buchführung und auch nicht zur Aufstellung eines Jahresabschlusses verpflichtet.[510] Die Rechtsfolgen des § 233 HGB würden dadurch modifiziert und somit die Grenzen der Analogie überschritten.[511]

---

weitergehende Informationsrechte aus einer Rechtsfortbildung her, wendet ansonsten aber ebenfalls § 233 HGB analog an.

504 *Herzfeld*, AcP 137 (1933), 270, 306.

505 *Tebben*, S. 276; der den Gedanken von *Schmidt* aufgegriffen hat: Schlegelberger/*Schmidt*, § 233 Rn. 20; *Schmidt*, Informationsrechte, S. 80. Schmidt stellt jedoch richtigerweise fest, dass bei vergleichbaren Gesellschaftsformen gesetzliche Sonderregelungen vorhanden sind (§§ 118, 166, 233 HGB), woraus deutlich wird, dass auch für die Unterbeteiligung eine Sonderregelung notwendig ist und nicht auf den allgemeinen § 716 BGB der Gesellschaft bürgerlichen Rechts zurückgegriffen werden kann.

506 *Blaurock*, Rn. 30.48.

507 MüHdb/*Gayk*, § 30 Rn. 36; Saenger/Aderhold/Lenkaitis/Speckmann/*Eickhoff*, § 7 Rn. 213.

508 *Blaurock*, Rn. 30.48.

509 *Blaurock*, Unterbeteiligung, S. 181, 184; *Böttcher/Zartmann/Faut*, S. 113 f.; *Tebben*, S. 278; *Henn*, S. 40.

510 *Tebben*, S. 277.

511 *Tebben*, S. 277.

Für *Blaurock* geht es bei diesem Streit vor allem um die zeitliche Komponente des Informationsrechts. Bei § 716 BGB bestünde es jederzeit und nicht nur einmal jährlich, § 233 I HGB.[512] Gegen die Anwendung von § 716 BGB spreche aber das Interesse der Hauptgesellschafter, Interna nicht an in der Regel unbekannte Dritte weitergeben zu müssen, die gegenüber der Hauptgesellschaft in Wettbewerb treten könnten.[513] Zudem stehe der Unterbeteiligte gegenüber der Hauptgesellschaft in keiner Rechtsbeziehung. Ihn treffen auch keine direkten Treuepflichten. Er würde sich nicht schadensersatzpflichtig machen. Ein aus der Sicht der Hauptgesellschaft möglicherweise missbräuchliches Verhalten könnte nicht durch Schadensersatzansprüche sanktioniert werden.

cc) Stellungnahme

Die Unterbeteiligung ist hinsichtlich der Informationsrechte nicht mit einer Außengesellschaft bürgerlichen Rechts vergleichbar. Das Informationsinteresse des Unterbeteiligten ähnelt vielmehr der eines stillen Gesellschafters. Daher liegt eine Regelungslücke vor. Eine analoge Anwendung des § 233 I HGB ist geboten. Auch § 233 II HGB ist analog anwendbar. Diese Regelung sieht den Ausschluss der allgemeinen Regelung des § 716 BGB vor. Das Interesse der Hauptgesellschaft und der Hauptgesellschafter an Geheimhaltung ist hoch zu bewerten. Das berechtigte Interesse des Unterbeteiligten an der Wertfeststellung seines Anteils muss dahinter zurücktreten. Ein Verweis auf die Verschwiegenheitspflicht des Unterbeteiligten ist nicht überzeugend, da die missbräuchliche Weitergabe von Informationen nicht ausreichend sanktioniert werden kann. Außerdem ist zu beachten, dass der Unterbeteiligte nur an einem Gesellschaftsanteil und eben nicht an der Hauptgesellschaft beteiligt ist. Ausreichend ist daher ein Informationsrecht, das sich allein auf seine Beteiligung bezieht. Die Kritik von *Tebben* an der Analogie ist nicht überzeugend. Die Rechtsfolgen des § 233 HGB werden hinsichtlich der Unterbeteiligung nicht in unzulässiger Weise modifiziert, sondern an die dort gegebene Situation angepasst. Als Nichtkaufmann kann der Hauptbeteiligte nur seine Erträge aus dem Gesellschaftsanteil angeben. Diese Information reicht in Verbindung mit der Höhe

---

512 *Blaurock,* Unterbeteiligung, S. 183; im Anschluss daran: *Henn,* S. 43.

513 Saenger/Aderhold/Lenkaitis/Speckmann/*Eickhoff,* § 7 Rn. 213; OLG Frankfurt, Urt. v. 8.8.1985 – 15 U 223/83, GmbHR 1987, 57, 59; *Roth/Thöni,* FS 100 Jahre GmbHG 1992, S. 277; *Meyer,* S. 131 ff.; *Schneider,* FS Möhring 1965, S. 120; *Kletschka,* S. 51 f.; *Ulbrich,* S. 123; MüKo/*Ulmer/Schäfer,* Vor. § 705 Rn. 99.

der Einlage aus, um den Wert der mittelbaren Beteiligung beurteilen zu können. Ein jederzeitiges Informationsrecht kann auch nicht aus der Systematik des HGB und den Grundsätzen der Buchführung abgeleitet werden. In der Regel erfolgen die Aufstellung der Bilanzen und die Wertfeststellung im Jahreszeitraum. Dem Interesse des Unterbeteiligten, seine Beteiligung zu bewerten, ist damit hinreichend Genüge getan.

c) Ende des Informationsrechts

Nach der Rechtsprechung[514] stehen dem Unterbeteiligten die Informationsrechte aus § 233 I, III HGB analog auch nach der Auflösung der Unterbeteiligungsgesellschaft zu, weil die Hauptgesellschaft anders als bei der stillen Gesellschaft nicht davor geschützt werden müsse, dass der Unterbeteiligte weiterhin Informationen über die Hauptgesellschaft erhalte. Gegen diese Auffassung wendet sich der überwiegende Teil der Literatur.[515] Wie bei der stillen Gesellschaft sei das besondere gesellschaftsrechtliche Informationsrecht auf die Dauer der Unterbeteiligungsgesellschaft zu beschränken, weil für eine unterschiedliche Behandlung von Unterbeteiligung und stiller Gesellschaft kein Grund ersichtlich sei.[516] Es erscheint nicht nachvollziehbar, warum der Unterbeteiligte nach der Auflösung der Unterbeteiligungsgesellschaft weiterhin ein Interesse an Informationen bezüglich der Hauptgesellschaft haben sollte. Die Hauptgesellschaft muss auch vor der Verbreitung von Interna geschützt werden. Die unterschiedliche Behandlung von stiller Gesellschaft und Unterbeteiligung ist nicht gerechtfertigt. Eine Analogie zu § 233 I, III HGB fordert konsequenterweise auch das Erlöschen des Informationsrechts zum Zeitpunkt der Auflösung der Unterbeteiligungsgesellschaft.

---

514 BGH, Urt. v. 11.7.1968 – II ZR 179/66, NJW 1968, 2003, 2004 f.

515 MüKo/*Schmidt*, § 233 Rn. 36; Schlegelberger/*Schmidt*, § 233 Rn. 24; *Schmidt*, Informationsrechte, S. 82; MüHdb/*Gayk*, § 30 Rn. 37; Staub/*Harbarth*, § 230 Rn. 296; Ebenroth/Boujong/Joost/Strohn/*Gehrlein*, § 233 Rn. 22; Röhricht/von Westphal/Haas/*Mock*, § 233 Rn. 14; a. A. Heymann/*Horn*, § 233 Rn. 13, der sich dem BGH anschließt.

516 MüKo/*Schmidt*, § 233 Rn. 37; *Schmidt*, Informationsrechte, S. 82; Oetker/*Schubert*, § 233 Rn. 21; Wachter/*Eberl*, S. 1836 f.; MüHdb/*Gayk*, § 30 Rn. 37.

d) *Vertragliches Informationsrecht*

Die Unterbeteiligungsgesellschafter können vertraglich von der dispositiven Regelung des § 233 HGB abweichen und ein § 716 BGB entsprechendes Informationsrecht vereinbaren.[517] Insbesondere bei einer atypischen Unterbeteiligung ist es ratsam, eine solche Erweiterung der Informationsrechte vorzunehmen.[518]

4. *Gewinn- und Verlustbeteiligung*

Die Gewinnbeteiligung ist eine unverzichtbare Voraussetzung für die Unterbeteiligung, vergleiche § 231 I HGB analog.[519]

a) *Grundlagen*

Der Anspruch des Unterbeteiligten gegen den Hauptbeteiligten auf Auszahlung seines Gewinnanteils ist schuldrechtlicher Natur.[520] Haben die Parteien den Gewinnanteil nicht im Unterbeteiligungsvertrag festgelegt, wird analog § 231 I HGB ein angemessener Anteil fingiert.[521] Die Angemessenheit ergibt sich aus den jeweiligen Umständen des Einzelfalls, insbesondere aber aus den Beiträgen der Unterbeteiligungsgesellschafter.[522] Fraglich ist, ob neben § 231 I HGB auch § 722 I BGB Anwendung findet. Diese Regelung sieht für Gesellschaften bürgerlichen Rechts vor, dass jeder Gesellschafter den gleichen Anteil an Gewinn und Verlust trägt. Sie passt jedoch nicht zum Wesen der Unterbeteiligung, da sie von gleichrangigen Gesellschaftern ausgeht. Das Unterbeteiligungsverhältnis ist dadurch geprägt, dass die Geschäfte der Unterbeteiligung vom Hauptgesellschafter im eigenen Namen geführt werden und sich der Unterbeteiligte regelmäßig

---

517 MüKo/*Schmidt*, § 233 HGB Rn. 33, 16; Schlegelberger/*Schmidt*, § 233 Rn. 20, 14; Baumbach/Hopt/*Roth*, § 233 Rn. 13, 12; Oetker/*Schubert*, § 233 Rn. 20 (für die stille Gesellschaft).

518 *Ulbrich*, S. 128.

519 MüKo/*Schmidt*, § 230 HGB Rn. 198 m. w. N.; MüKo/*Ulmer/Schäfer*, Vor. § 705 BGB Rn. 98; MüKo/*Reichert/Weller*, § 15 GmbHG Rn. 259; Staub/*Harbarth*, § 230 Rn. 308; Singhof/*Seiler/Schlitt*, Rn. 429; Wachter/*Eberl*, S. 1831 f.; *Paulick*, ZGR 1974, 253, 266; *Böttcher/Zartmann/Faut*, S. 44 f.; *Eden*, S. 12; *Ulbrich*, S. 38; *Thomsen*, S. 42; *Friehe*, S. 66; Ulmer/Habersack/*Löbbe*, Rn. 218; *Winterstein*, S. 73 f.; Michalski/*Ebbing*, § 15 Rn. 189; a.A. *Tebben*, S. 44.

520 Singhof/*Seiler/Schlitt*, Rn. 429.

521 Wachter/*Eberl*, S. 1831; Ebenroth/Boujong/Joost/Strohn/*Gehrlein*, § 230 Rn. 92; Singhof/*Seiler/Schlitt*, Rn. 429.

522 Wachter/*Eberl*, S. 1831, zu den maßgeblichen Umständen s. die Aufzählung bei MüHdb/*Gayk*, § 30 Rn. 48; vgl. auch: *Thomsen*, S. 49; Staub/*Harbarth*, § 231 Rn. 8.

nur mittelbar beteiligt.[523] Somit kann § 722 I BGB nicht auf die Unterbeteiligung angewendet werden.

Die Vorschrift des § 722 II BGB bleibt davon unberührt. Sie regelt, dass eine Bestimmung im Gesellschaftsvertrag im Zweifel auch für Gewinn und Verlust gilt, wenn zunächst nur der Anteil am Gewinn oder am Verlust bestimmt ist. Die Bestimmung setzt nicht die Gleichrangigkeit der Gesellschafter voraus.[524] Aus § 722 II BGB folgt, dass grundsätzlich auch eine Verlustbeteiligung der Gesellschafter besteht, wenn die Parteien nicht von dieser dispositiven Regelung abweichen.[525] Eine Abweichungsmöglichkeit ergibt sich zudem aus § 231 II HGB analog.[526] Besteht eine Verlustbeteiligung, ist sie zunächst auf die Höhe der Einlage des Unterbeteiligten begrenzt.[527] Der Unterbeteiligte kann durch Vereinbarung auch in unterschiedlicher Höhe an Gewinn und Verlust beteiligt werden.[528] Die Verlustbeteiligung wird teilweise gänzlich gegen eine feste Vergütung ausgeschlossen.[529] Wird ein bestimmter Mindestgewinnanteil vereinbart, soll die Verlustbeteiligung im Zweifel ausgeschlossen werden.[530] Aus dem Zusammenspiel dieser jeweils unvollständigen beziehungsweise nicht passenden Regelungen für die Unterbeteiligung folgt für die Praxis, dass die Gewinn- und Verlustbeteiligung vertraglich in dem Unterbeteiligungsvertrag umfassend festgelegt werden sollte.[531]

b) Ergebnisermittlung

Für die Ergebnisermittlung ist das Ergebnis der Hauptbeteiligung mit einigen Korrekturen zum Beispiel im Hinblick auf stille Reserven maßgeblich.

---

523 MüKo/*Schmidt*, § 231 HGB Rn. 26; *Winterstein*, S. 73; *Wagner*, S. 113 f.; *Blaurock*, Unterbeteiligung, S. 117; Wachter/*Eberl*, S. 1831; Singhof/*Seiler/Schlitt*, Rn. 429.

524 MüKo/*Schmidt*, § 231 HGB Rn. 26; Schlegelberger/*Schmidt*, § 231 Rn. 25; *Paulick*, ZGR 1974, 253, 267; *Böttcher/Zartmann/Faut*, S. 109; *Ulbrich*, S. 139; Wachter/*Eberl*, S. 1831.

525 *Blaurock*, Rn. 30.1; *Paulick*, ZGR 1974, 253, 266; Schlegelberger/*Schmidt*, § 230 Rn. 187; BHbdP/*Bärwaldt*, § 15 Rn. 33; *Böttcher/Zartmann/Faut*, S. 109; *Meyer*, S. 127; Singhof/*Seiler/Schlitt*, Rn. 429; *Winterstein*, S. 78.

526 BHbdP/*Bärwaldt*, § 15 Rn. 33.

527 Singhof/*Seiler/Schlitt*, Rn. 429; *Meyer*, S. 128; *Thomsen*, S. 40; *Böttcher/Zartmann/Faut*, S. 110; *Pöllinger*, S. 52 f.; *Winterstein*, S. 78; *Herzfeld*, AcP 137 (1933), 270, 304.

528 Wachter/*Eberl*, S. 1832; *Thomsen*, S. 40.

529 MüHdb/*Gayk*, § 30 Rn. 49; *Paulick*, ZGR 1974, 253, 266 f.; Wachter/*Eberl*, S. 1832.

530 MüHdb/*Gayk*, § 30 Rn. 51.

531 Vgl. MüHdb/*Gayk*, § 30 Rn. 43; MüKo/*Schmidt*, § 231 HGB Rn. 26; BHbdP/*Bärwaldt*, § 15 Rn. 31.

aa) Ergebnis der Hauptbeteiligung

Das Ergebnis für die Unterbeteiligung wird aus dem Ergebnis der Hauptbeteiligung ermittelt.[532] Je nach der Rechtsform der Hauptgesellschaft entspricht das Ergebnis der Verbuchung auf dem Gesellschafterkonto des Hauptbeteiligten beziehungsweise der Gewinnausschüttungen und Dividenden in der Höhe des Anteils an dem Bilanzgewinn oder -verlust, der aus der Handelsbilanz ermittelt wird.[533] Somit kommt es auf den jeweiligen Jahresabschluss der Hauptgesellschaft an.[534] Maßgeblich ist grundsätzlich der gesamte ausgeschüttete Gewinn.[535] Oft wird in dem Unterbeteiligungsvertrag vereinbart, die Steuerbilanz als Berechnungsgrundlage heranzuziehen, da diese durch Korrekturen die tatsächlichen wirtschaftlichen Verhältnisse der Hauptgesellschaft besser darstelle.[536] Muss für die Hauptbeteiligung keine Handelsbilanz erstellt werden, ist ohnehin die Steuerbilanz maßgeblich.[537]

bb) Korrekturen für die Ermittlung des Ergebnisses bezüglich der Unterbeteiligung

Das festgestellte Ergebnis ist für die Unterbeteiligung zu korrigieren. So sind im Falle einer rein kapitalmäßigen typischen Unterbeteiligung Tätigkeits- und Haftungsvergütungen des Hauptbeteiligten abzuziehen. Sie werden allein durch seinen persönlichen Einsatz begründet.[538] Ein Anteil an der Haftungsvergütung soll dem Unterbeteiligten jedoch dann zustehen, wenn er auch das wirtschaftliche

532 MüKo/*Schmidt,* § 232 HGB Rn. 46; MüHdb/*Gayk,* § 30 Rn. 44; *Paulick,* ZGR 1974, 253, 264; Saenger/Aderhold/Lenkaitis/Speckmann/*Eickhoff,* § 7 Rn. 216; Wachter/*Eberl,* S. 1833.

533 MüKo/*Schmidt,* § 231 HGB Rn. 26; Schlegelberger/*Schmidt,* § 231 Rn. 25; Staub/*Harbarth,* § 230 Rn. 304; Saenger/Aderhold/Lenkaitis/Speckmann/*Eickhoff,* § 7 Rn. 216; *Paulick,* ZGR 1974, 253, 267; *Thomsen,* S. 43.

534 Saenger/Aderhold/Lenkaitis/Speckmann/*Eickhoff,* § 7 Rn. 218; Wachter/*Eberl,* S. 1833.

535 MüKo/*Reichert/Weller,* § 15 GmbHG Rn. 260; *Tebben,* S. 281; *Blaurock,* Unterbeteiligung, S. 114, 117.

536 Wachter/*Eberl,* S. 1833.

537 *Blaurock,* Rn. 30.56; MüHdb/*Gayk,* § 30 Rn. 45; Singhof/*Seiler/Schlitt,* Rn. 435.

538 MüHdb/*Gayk,* § 30 Rn. 46; MüKo/*Schmidt,* § 232 HGB Rn. 46; Staub/*Harbarth,* § 230 Rn. 305; § 232 Rn. 59; Ebenroth/Boujong/Joost/Strohn/*Gehrlein,* § 232 Rn. 28; *Blaurock,* Rn. 30.54; *Blaurock,* Unterbeteiligung, S. 117; *Ulbrich,* S. 136; *Thomsen,* S. 47; *Tebben,* S. 281; Singhof/*Seiler/Schlitt,* Rn. 431; Saenger/Aderhold/Lenkaitis/Speckmann/*Eickhoff,* § 7 Rn. 218.

Risiko der Beteiligung trägt.[539] Eine Beteiligung an der Tätigkeitsvergütung entspricht regelmäßig nicht dem Willen der Haupt- und Unterbeteiligten.[540] Bei einer Nutzungsvergütung ist im Zweifel anzunehmen, dass der Unterbeteiligte daran beteiligt werden soll.[541] Der Unterbeteiligte kann sich gegen Maßnahmen der Bilanzgestaltung wie Wertberichtigungen, durch die zum Beispiel stille Reserven entstehen oder die Bildung hoher Rückstellungen, die den auszuschüttenden Gewinn schmälern, nicht wehren, solange der Hauptbeteiligte die Interessen des Unterbeteiligten angemessen berücksichtigt und die Gestaltungen dem Grundsatz der ordnungsgemäßen Buchführung entsprechen.[542] Insoweit nimmt der Unterbeteiligte nur am Gewinn teil, der dem Hauptgesellschafter auch tatsächlich zufließt.[543] Werden stille Reserven aufgelöst, sind die daraus anfallenden Gewinne auch auf die Unterbeteiligung zu übertragen,[544] so wie sie naturgemäß in der Gewinn- und Verlustrechnung verbucht werden.

cc) Stille Reserven aus der Zeit vor der Errichtung der Unterbeteiligung

Umstritten ist, ob dies auch für die Auflösung stiller Reserven gilt, die bereits vor der Errichtung der Unterbeteiligung gebildet wurden.[545] Dafür spricht, dass die stillen Reserven schon bei der Bemessung der Einlage beziehungsweise des Gewinnanteils des Unterbeteiligten berücksichtigt werden.[546] Außerdem solle „der Unterbeteiligte regelmäßig am gesamten Gewinn der Hauptbeteiligung beteiligt sein, der während der Dauer der Unterbeteiligung erzielt und realisiert

---

539 MüHdb/*Gayk*, § 30 Rn. 46; *Blaurock*, Rn. 30. 54; Singhof/*Seiler/Schlitt*, Rn. 431.

540 MüKo/*Schmidt*, § 232 HGB Rn. 46; MüHdb/*Gayk*, § 30 Rn. 46; Singhof/*Seiler/Schlitt*, Rn. 431; Ebenroth/Boujong/Joost/Strohn/*Gehrlein*, § 232 Rn. 28.

541 MüHdb/*Gayk*, § 30 Rn. 46.

542 *Thomsen*, S. 45; *Blaurock*, Rn. 30.53; *Blaurock*, Unterbeteiligung, S. 117; Saenger/Aderhold/Lenkaitis/Speckmann/*Eickhoff*, § 7 Rn. 217; MüHdb/*Gayk*, § 30 Rn. 45; MüKo/*Reichert/Weller*, § 15 GmbHG Rn. 259; *Paulick*, ZGR 1974, 253, 264; Ulmer/Habersack/*Löbbe*, § 15 Rn. 218 f.

543 MüKo/*Reichert/Weller*, § 15 GmbHG Rn. 259.

544 MüKo/*Schmidt*, § 232 HGB Rn. 46; MüHdb/*Gayk*, §30 Rn. 45; Staub/*Harbarth*, § 230 Rn. 304; *Blaurock*, Rn. 30.50; Saenger/Aderhold/Lenkaitis/Speckmann/*Eickhoff*, § 7 Rn. 217.

545 Dafür: MüHdb/*Gayk*, § 30 Rn. 45; Staub/*Harbarth*, § 232 Rn. 59; *Blaurock*, Rn. 30.53; *Tebben*, S. 281; Saenger/Aderhold/Lenkaitis/Speckmann/*Eickhoff*, § 7 Rn. 217 f. Dagegen: *Paulick*, ZGR 1974, 253, 265; *Thomsen*, S. 44 ff.; *Winterstein*, S. 74 f.; *Böttcher/Zartmann/Faut*, S. 75 f. (für die stille Gesellschaft). Ohne eigene Stellungnahme: Wachter/*Eberl*, S. 1833.

546 *Tebben*, S. 281; MüKo/*Reichert/Weller*, § 15 GmbHG Rn. 260.

wird."[547] Dies ergibt sich aus der Dogmatik der Unterbeteiligung als mittelbare Beteiligungsform.[548] Zudem ist die Teilhabe an solchen stillen Reserven auch ein Ausgleich dafür, dass der Unterbeteiligte die Bildung neuer stiller Reserven hinnehmen muss und diesbezüglich nicht sofort über die Gewinnbeteiligung an diesen Reserven partizipieren kann.[549] Schließlich würden bei einer differenzierten Abrechnung auch praktische Probleme entstehen. So könnte der Unterbeteiligte Informationen bezüglich des Betriebsvermögens der Hauptgesellschaft erhalten, die der Hauptbeteiligte nur mit Zustimmung der Hauptgesellschaft offenlegen darf.[550] Bei der schenkweisen Einräumung einer Unterbeteiligung ist ohnehin davon auszugehen, dass auch die stillen Reserven von der Schenkung umfasst werden sollen.[551] Dagegen spricht, dass die Unterbeteiligung keinen Bezug zu den vorangegangenen stillen Reserven aufweist und deshalb eine Beteiligung an ihnen „auf den ersten Blick zu Unrecht" erfolgt.[552] Dieses Argument ist jedoch nicht stichhaltig, wenn die stillen Reserven bereits bei der Errichtung der Unterbeteiligung bei der Bemessung der Höhe der Einlage annähernd berücksichtigt werden. Zuzustimmen ist deshalb der Auffassung, die auch die stillen Reserven aus der Zeit vor der Unterbeteiligung bei der Gewinnermittlung mit einbezieht.

c) Ergebnisverteilung

In welchem Umfange der Unterbeteiligte an dem Gewinn der Hauptbeteiligung partizipieren soll, ergibt sich in der Regel aus dem Unterbeteiligungsvertrag.[553] Üblich ist die Vereinbarung eines bestimmten Prozentsatzes vom Gewinn der Hauptbeteiligung, der entweder frei gewählt oder an das Verhältnis der Einlage des Unterbeteiligten zur Hauptbeteiligung geknüpft wird.[554] Für eine Gewinnbeteiligung ist nicht ausreichend, dass der Unterbeteiligte eine feste Verzinsung seiner Einlage erhalten soll oder sein Gewinnanteil nicht von dem Gewinn der Hauptbeteiligung, sondern von anderen Faktoren (zum Beispiel dem Umsatz der

---

547 MüHdb/*Gayk*, § 30 Rn. 45.

548 *Tebben*, S. 281.

549 MüKo/*Reichert/Weller*, § 15 GmbHG Rn. 260.

550 *Thomsen*, S. 45.

551 MüHdb/*Gayk*, § 30 Rn. 45.

552 *Tebben*, S. 281.

553 Saenger/Aderhold/Lenkaitis/Speckmann/*Eickhoff*, § 7 Rn. 218; MüHdb/*Gayk*, § 30 Rn. 50; *Thomsen*, S. 48.

554 MüHdb/*Gayk*, § 30 Rn. 50. S. auch für weitere Gestaltungsmöglichkeiten, die keine Gewinnbeteiligung darstellen.

Hauptbeteiligung) abhängig gemacht wird.[555] Der Ergebnisverteilungsschlüssel kann geändert werden, wenn beide Unterbeteiligungsgesellschafter zustimmen.[556]

d) Entnahmerecht des Unterbeteiligten

Das Entnahmnerecht des Unterbeteiligten richtet sich nach § 232 I HGB analog, wenn der Unterbeteiligungsvertrag nicht eine abweichende Regelung vorsieht.[557] Der Hauptbeteiligte muss am Schluss eines jeden Geschäftsjahres den auf den Unterbeteiligten entfallenden Gewinn an diesen auszahlen. Der Auszahlungsanspruch richtet sich dabei nach den Entnahmemöglichkeiten des Hauptbeteiligten, da diese gegebenenfalls durch das Hauptbeteiligungsverhältnis beschränkt sein können.[558]

5. Treuepflichten

Treuepflichten bestehen zwischen Gesellschaftern aller Gesellschaftsverhältnisse. Die Pflichten gehen über die Grenzen der allgemeinen Treuepflicht zwischen Schuldner und Gläubiger aus § 242 BGB hinaus. Bei jedem Gesellschaftsverhältnis sind die Treuepflichten anders ausgestaltet. Allgemein umfassen sie positiv die Pflicht, die Interessen der Gesellschaft zu wahren, und negativ die Pflicht, alles zu unterlassen, was deren Interessen schädigt.[559] Auch die Haupt- und Unterbeteiligten treffen gegenseitige Treuepflichten.[560] Für den Inhalt der Treuepflichten ist der Zweck der Unterbeteiligung, der in der Verwaltung und dem Halten der

555 MüHdb/*Gayk*, § 30 Rn. 50; *Paulick*, ZGR 1974, 253, 264; *Thomsen*, S. 43; BGH, Urt. v. 10.10.1994 – II ZR 32/94, NJW 1995, 192, 193 (für die stille Gesellschaft). Die Folge einer solchen Vereinbarung ist, dass keine Unterbeteiligung, sondern ein anderes Rechtsverhältnis begründet wird.

556 MüHdb/*Gayk*, § 30 Rn. 53.

557 Saenger/Aderhold/Lenkaitis/Speckmann/*Eickhoff*, § 7 Rn. 222; MüHdb/*Gayk*, § 30 Rn. 54; Singhof/*Seiler/Schlitt*, Rn. 438.

558 MüHdb/*Gayk*, § 30 Rn. 54; Wachter/*Eberl*, S. 1834; Singhof/*Seiler/Schlitt*, Rn. 438. Solche Entnahmebeschränkungen muss der Unterbeteiligte insbesondere bei Personengesellschaften gegen sich gelten lassen, wenn der Gewinn auf einem Privat- oder Darlehenskonto des Hauptbeteiligten gutgeschrieben wird: MüHdb/*Gayk*, § 30 Rn. 54; *Thomsen*, S. 46; *Blaurock*, Rn. 30.53; Singhof/*Seiler/Schlitt*, Rn. 438.

559 *Windbichler*, § 7 Rn. 3.

560 BGH, Urt. v. 4.11.1976 – II ZR 50/75, WM 1977, 525, 527; Staub/*Harbarth*, § 230 Rn. 289 ff.; Singhof/*Seiler/Schlitt*, Rn. 443 f.; *Weigl*, S. 212; MüHdb/*Gayk*, § 30 Rn. 38.

Hauptbeteiligung besteht, maßgeblich.[561] Der Verstoß gegen die Treuepflichten kann Schadensersatzansprüche oder gesellschaftsrechtliche Sanktionen auslösen.[562]

a) *Treuepflicht des Hauptbeteiligten*

Der Hauptgesellschafter muss bei der Ausübung seiner Rechte Rücksicht auf die Interessen des Unterbeteiligten nehmen.[563] Daneben steht der Hauptgesellschafter aber auch zur Hauptgesellschaft in einem Gesellschaftsverhältnis, aus dem sich ebenfalls Treuepflichten ergeben.[564] Es besteht mithin eine doppelte Treuepflicht gegenüber beiden Gesellschaften, was unter Umständen zu Interessenkonflikten führen kann.[565] Solche Konflikte können zum Beispiel entstehen, wenn der Unterbeteiligte kurzfristige Gewinne anstrebt, die Hauptgesellschafter dagegen längerfristig planen.[566] Bei einer Pflichtenkollision ist die Treuepflicht zur Hauptgesellschaft beziehungsweise ihren Gesellschaftern vorrangig, weil die Unterbeteiligung die Mitgliedschaft in der Hauptgesellschaft voraussetzt.[567] Der Hauptbeteiligte kann seine eigenen Interessen verfolgen, soweit sie mit der Unterbeteiligung nicht in Konflikt stehen.[568]

---

561 MüHdb/*Gayk,* § 30 Rn. 38; *Paulick,* ZGR 1974, 253, 276 f.

562 Vgl. BGH, Urt. v. 4.11.1976 – II ZR 50/75, WM 1977, 525, 527 f.; Saenger/Aderhold/Lenkaitis/Speckmann/*Eickhoff,* § 7 Rn. 210.

563 BGH, Urt. v. 4.11.1976 – II ZR 50/75, WM 1977, 525, 527; MüKo/*Schmidt,* § 230 HGB Rn. 233, 241; Ebenroth/Boujong/Joost/Strohn/*Gehrlein,* § 230 Rn. 102; Staub/*Harbarth,* § 230 Rn. 289; BHbdP/*Bärwaldt,* § 15 Rn. 35; Staub/*Schäfer,* § 105 Rn. 112; Oetker/*Schubert,* § 230 Rn. 118; *Paulick,* ZGR 1974, 253, 276 f.; MüHdb/*Gayk,* § 30 Rn. 38.

564 Oetker/*Schubert,* § 230 Rn. 118; Singhof/*Seiler/Schlitt,* Rn. 401.

565 „Doppelte Treuepflicht“: MüKo/*Schmidt,* § 230 HGB Rn. 241; Schlegelberger/*Schmidt,* § 230 Rn. 227; BHbdP/*Bärwaldt,* § 15 Rn. 35; Ebenroth/Boujong/Joost/Strohn/*Gehrlein,* § 230 Rn. 102; Röhricht/von Westphalen/Haas/*Mock,* § 230 Rn. 177; Wachter/*Eberl,* S. 1838.

566 *Tebben,* S. 268; für Bsp. s.: *Friehe,* S. 57 f.; *Meyer,* S. 89 ff.

567 Staub/*Harbarth,* § 230 Rn. 289; Oetker/*Schubert,* § 230 Rn. 118; MüKo/*Schmidt,* § 230 HGB Rn. 241; MüKo/*Ulmer/Schäfer,* Vor. § 705 BGB Rn. 100; *Paulick,* ZGR 1974, 253, 274; Ebenroth/Boujong/Joost/Srohn/*Gehrlein,* Rn. 102; BHbdP/*Bärwaldt,* § 15 Rn. 36; Singhof/*Seiler/Schlitt,* Rn. 401; s. auch *Tebben,* S. 269, 187 f.

568 Oetker/*Schubert,* § 230 Rn. 118; *Paulick,* ZGR 1974, 253, 274; Ebenroth/Boujong/Joost/Strohn/*Gehrlein,* Rn. 102.

b) Treuepflicht des Unterbeteiligten

Für den Unterbeteiligten ergibt sich aus dem Unterbeteiligungsverhältnis eine Treuepflicht gegenüber dem Hauptbeteiligten.[569] Er darf nichts von dem Hauptbeteiligten verlangen, was mit dessen Treuepflicht gegenüber der Hauptgesellschaft nicht vereinbar wäre.[570] Nach überwiegender Ansicht lässt sich aus der Treuepflicht des Unterbeteiligten aber kein Wettbewerbsverbot ableiten.[571] Anderes kann dann gelten, wenn der Hauptbeteiligte gegenüber der Hauptgesellschaft ein Wettbewerbsverbot zu beachten hat und der Zweck der Unterbeteiligung es erfordert, dass sich auch der Unterbeteiligte daran hält.[572] Bei einer nur finanziellen Beteiligung (typische Unterbeteiligung) ist die persönliche Bindung des Unterbeteiligten an den Hauptbeteiligten nur gering, sodass das Gesellschaftsverhältnis zwischen Hauptgesellschaft und Hauptbeteiligten regelmäßig keine Drittwirkung entfaltet.[573] Eine besondere Rücksichtnahme wäre dem Unterbeteiligten nicht zumutbar, es sei denn, der Unterbeteiligte verfügt über Informations- und Mitspracherechte bei der Ausübung der Mitgliederrechte durch den Hauptbeteiligten, die er in wettbewerbsrelevanter Weise ausnutzen könnte.[574] Ansonsten muss ein Wettbewerbsverbot zu Lasten des Unterbeteiligten immer ausdrücklich vereinbart werden.[575]

6. *Wettbewerbsverbote*

Es kommen Wettbewerbsverbote für den Haupt- oder den Unterbeteiligten in Betracht.

---

569 Oetker/*Schubert,* § 230 Rn. 121; BHbdP/*Bärwaldt,* § 15 Rn. 37.

570 BGH, Urt. v. 4.11.1976 – II ZR 50/75, WM 1977, 525, 527; Schlegelberger/*Schmidt,* § 230 Rn. 220; *Paulick,* ZGR 1974, 253, 276 f.; Singhof/*Seiler/Schlitt,* Rn. 444; MüHdb/*Gayk,* § 30 Rn. 38.

571 BGH, Urt. v. 11.7.1968 – II ZR 179/66, NJW 1968, 2003, 2005; MüKo/*Schmidt,* § 230 HGB Rn. 243; Staub/*Harbarth,* § 230 Rn. 298; Oetker/*Schubert,* § 320 Rn. 121; Ebenroth/Boujong/Joost/Strohn/*Gehrlein,* § 230 Rn. 103.

572 Staub/*Harbarth,* § 230 Rn. 298; Ebenroth/Boujong/Joost/Strohn/*Gehrlein,* § 230 Rn. 103.

573 Oetker/*Schubert,* § 230 Rn. 121.

574 MüKo/*Schmidt,* § 230 HGB Rn. 244; Ebenroth/Boujong/Joost/Strohn/*Gehrlein,* § 230 Rn. 103; Röhricht/von Westphalen/Haas/*Mock,* § 230 Rn. 118.

575 Oetker/*Schubert,* § 230 Rn. 121.

a) Wettbewerbsverbot für den Hauptbeteiligten

Der Hauptbeteiligte unterliegt in der Regel nicht dem Verbot, Dritten an seiner Hauptbeteiligung weitere Unterbeteiligungen einzuräumen.[576] Ein solches Verbot kann jedoch im Unterbeteiligungsvertrag vereinbart werden oder sich aus der Treuepflicht ergeben, wenn der Zweck der Unterbeteiligung, die Hauptbeteiligung bestmöglich zu verwalten, gefährdet ist.[577] Eine solche Gefährdung liegt zum Beispiel vor, wenn eine weitere Unterbeteiligung an einem bereits von einer Unterbeteiligung betroffenen Teil des Hauptgesellschaftsanteils eingeräumt wird. Dadurch würde sich nämlich der Anteil des ersten Unterbeteiligten entsprechend verringern.[578]

b) Wettbewerbsverbot für den Unterbeteiligten

Auch der Unterbeteiligte kann weitere Unterbeteiligungen an derselben Hauptgesellschaft erwerben und unterliegt daher grundsätzlich keinem Wettbewerbsverbot.[579] Ausnahmsweise kann sich ein Wettbewerbsverbot jedoch auch für ihn aus besonderen Treuepflichten ergeben.[580] Der Hauptbeteiligte kann ein Interesse daran haben, dass die Vertraulichkeit bezüglich der Unterbeteiligung gewahrt wird. In diesem Fall kann er mit dem Unterbeteiligten eine Vertraulichkeitsverpflichtung vereinbaren, deren Mißachtung Sanktionen, zum Beispiel Schadensersatzforderungen, Vertragsstrafen oder eine außenordentliche Kündigung nach sich ziehen.[581]

---

576 MüHdb/*Gayk*, § 30 Rn. 40; MüKo/*Schmidt*, § 230 HGB Rn. 243; Schlegelberger/*Schmidt*, § 230 Rn. 229; Wachter/*Eberl*, S. 1839; Ebenroth/Boujong/Joost/Strohn/*Gehrlein*, § 230 Rn. 103; Saenger/Aderhold/Lenkaitis/Speckmann/*Eickhoff*, § 7 Rn. 209; *Tebben*, S. 287.

577 MüHdb/*Gayk*, § 30 Rn. 40; MüKo/*Schmidt*, § 230 HGB Rn. 243; Schlegelberger/*Schmidt*, § 230 Rn. 229; *Blaurock*, Rn. 30.49; *Ulbrich*, S. 130; Singhof/*Seiler/Schlitt*, Rn. 439; *Greifeld*, S. 48; Staub/*Harbarth*, § 230 Rn. 298; *Tebben*, S. 293; Saenger/Aderhold/Lenkaitis/Speckmann/*Eickhoff*, § 7 Rn. 209.

578 *Tebben*, S. 287.

579 MüHdb/*Gayk*, § 30 Rn. 40; Wachter/*Eberl*, S. 1839; Röhricht/von Westphalen/Haas/*Mock*, § 230 Rn. 176; Saenger/Aderhold/Lenkaitis/Speckmann/*Eickhoff*, § 7 Rn. 209; *Schmidt*, Gesellschaftsrecht, S. 1872; *Blaurock*, Unterbeteiligung, S. 196, 201.

580 Wie beim Hauptbeteiligten, vgl. dazu oben. S. auch *Tebben*, S. 293.

581 Saenger/Aderhold/Lenkaitis/Speckmann/*Eickhoff*, § 7 Rn. 209.

7. Haftung der Unterbeteiligungsgesellschafter untereinander

Als Innengesellschaft gibt es bei der Unterbeteiligungsgesellschaft keine Außenhaftung.[582] Eine Innengesellschaft zeichnet sich dadurch aus, dass nur ein Gesellschafter (bei der Unterbeteiligung der Hauptbeteiligte) im eigenen Namen nach außen auftritt und sich gegenüber Dritten verpflichtet.[583] In Hinblick auf die Innenhaftung gelten die allgemeinen Grundsätze (Verzug, Unmöglichkeit, Vertragsverletzung, culpa in contrahendo, Deliktshaftung).[584] Haftungsmaßstab ist gemäß § 708 BGB die eigenübliche Sorgfalt des Schädigers. Die Parteien können davon abweichende Regelungen im Unterbeteiligungsvertrag treffen.[585]

a) Haftung des Hauptbeteiligten

Der Hauptbeteiligte haftet gegenüber dem Unterbeteiligten für Verletzungen seiner Pflicht zur sorgfältigen Verwaltung der Hauptbeteiligung.[586] Vertragsverletzungen liegen zum Beispiel vor, wenn der Hauptbeteiligte „Gewinnausschüttungen nicht entsprechend der vertraglichen Verpflichtung an den Unterbeteiligten weiterleitet, er bei geheimer Unterbeteiligung den übrigen Gesellschaftern durch Offenlegung einen Grund zur Ausschließung gibt oder er sich unter [Verstoß gegen den Unterbeteiligungsvertrag] nicht an einer Kapitalerhöhung beteiligt."[587] Zudem kommt eine Haftung in Betracht, wenn der Hauptbeteiligte Pflichten in der Hauptgesellschaft verletzt und dadurch der Unterbeteiligung ein Schaden

582 MüKo/*Schmidt*, § 230 HGB Rn. 234, 246.

583 MüKo/*Ulmer/Schäfer*, § 705 BGB Rn. 279; Bamberger/Roth/*Schöne*, § 705 Rn. 14.

584 *Blaurock*, Unterbeteiligung, S. 208; MüKo/*Schmidt*, § 230 Rn. 246; *Blaurock*, Rn. 30.50; MüHdb/*Gayk*, § 30 Rn. 61; Saenger/Aderhold/Lenkaitis/Speckmann/*Eickhoff*, § 7 Rn. 223; Röhricht/von Westphalen/Haas/*Mock*, § 230 Rn. 179; Ebenroth/Boujong/Joost/Strohn/*Gehrlein*, § 230 Rn. 96; Wachter/*Eberl*, S. 1840.

585 *Paulick*, ZGR 1974, 253, 277; *Janberg*, DB 1953, 77, 79; *Hesselmann*, GmbHR 1964, 26, 28; MüKo/*Schmidt*, § 230 HGB Rn. 246; Schlegelberger/*Schmidt*, § 230 Rn. 232; MüHdb/*Gayk*, § 30 Rn. 61; Staub/*Harbarth*, § 230 Rn. 297; *Blaurock*, Unterbeteiligung, S. 208 ff., 210 ff.; *Blaurock*, Rn. 30.50; Singhof/*Seiler/Schlitt*, Rn. 440; Ebenroth/Boujong/Joost/Strohn/*Gehrlein*, § 230 Rn. 96; Heymann/*Horn*, § 230 Rn. 73; *Pöllinger*, S. 54 f.; *Greifeld*, S. 49; *Thomsen*, S. 41; Röhricht/von Westphalen/Haas/*Mock*, § 230 Rn. 122; Oetker/*Schubert*, § 230 Rn. 117; *Ulbrich*, S. 142; *Winterstein*, S. 70 f.; *Böttcher/Zartmann/Faut*, S. 112; *Ziegler*, S. 45 ff.; Giefers/*Ruhkamp*, Rn. 691.

586 Wachter/*Eberl*, S. 1840; *Ulbrich*, S. 141; Ebenroth/Boujong/Joost/Strohn/*Gehrlein*, § 230 Rn. 96; Singhof/*Seiler/Schlitt*, Rn. 441. Anspruchsgrundlage ist § 280 BGB. Zu ersetzten ist auch der entgangene Gewinn, § 252 BGB.

587 *Blaurock*, Unterbeteiligung, S. 208.

entsteht.[588] Daneben haftet der Hauptbeteiligte auch für Schädigungen durch die Hauptgesellschaft, es sei denn, ihn trifft hinsichtlich dieser Schädigungen durch seine Mitgesellschafter selbst kein Verschulden.[589] Der Hauptbeteiligte ist in diesem Falle jedoch gegenüber dem Unterbeteiligten verpflichtet, seine Mitgesellschafter auf Ersatz des entstandenen Schadens in Anspruch zu nehmen.[590] Ersatzansprüche des Unterbeteiligten gegen den Hauptbeteiligten können sich auch unter dem Gesichtspunkt der Drittschadensliquidation[591] ergeben, wenn der Schaden beim Unterbeteiligten eintritt, als Anspruchsinhaber jedoch nur der Hauptbeteiligte in Betracht kommt.[592] Dann muss der Hauptbeteiligte dem Unterbeteiligten seinen Anspruch abtreten. Bei offen gelegter Unterbeteiligung kommt auch eine Haftung aufgrund eines Vertrags mit Schutzwirkung zugunsten Dritter in Frage.[593]

b) Haftung des Unterbeteiligten

Der Unterbeteiligte haftet gegenüber dem Hauptbeteiligten in gleicher Weise, wenn er Pflichten aus dem Unterbeteiligungsvertrag verletzt.[594] Praxisrelevant ist insbesondere der Fall, dass der Unterbeteiligte wichtige Informationen über die Hauptgesellschaft, die er von dem Hauptbeteiligten erlangt hat, an Dritte weitergibt.[595] Außerdem kommt eine Haftung wegen Verzuges in Betracht, wenn der Unterbeteiligte seine Einlageleistung nicht rechtzeitig erbringt.[596] Zudem haftet

---

588 MüKo/*Schmidt,* § 230 HGB Rn. 246; MüHdb/*Gayk,* § 30 Rn. 62, 63; Wachter/*Eberl,* S. 1840.

589 *Blaurock,* Unterbeteiligung, S. 209; *Blaurock,* Rn. 30.50; MüHdb/*Gayk,* § 30 Rn. 62; MüKo/*Schmidt,* § 230 HGB Rn. 246; Schlegelberger/*Schmidt,* § 230 Rn. 232; *Herzfeld,* AcP 137 (1933), 270, 312 ff.; *Ulbrich,* S. 142; *Böttcher/Zartmann/Faut,* S. 116; Wachter/*Eberl,* S. 1840; Singhof/*Seiler/Schlitt,* Rn. 442.

590 Ebenroth/Boujong/Joost/Strohn/*Gehrlein,* § 230 Rn. 96; MüHdb/*Gayk,* § 30 Rn. 62.

591 Zur Drittschadensliquidation im Allgemeinen s.: *Medicus/Petersen,* Rn. 834 ff.; *Looschelders,* Rn. 1023 ff.

592 *Blaurock,* Unterbeteiligung, S. 219; *Blaurock,* Rn. 30.50; MüHdb/*Gayk,* § 30 Rn. 62. Saenger/Aderhold/Lenkaitis/Speckmann/*Eickhoff,* § 7 Rn. 223; MüKo/*Schmidt,* § 230 Rn. 246; Schlegelberger/*Schmidt,* Rn. 232; Röhricht/ von Westphalen/Haas/*Mock,* § 230 Rn. 179; Wachter/*Eberl,* S. 1840; Singhof/*Seiler/Schlitt,* Rn. 442; *Tebben,* S. 365 f.

593 MüKo/*Schmidt,* § 230 Rn. 246; Schlegelberger/*Schmidt,* § 230 Rn. 232; Singhof/*Seiler/Schlitt,* Rn. 442; zweifelnd MüHdb/*Gayk,* § 30 Rn. 62; offen gelassen von *Blaurock,* Rn. 30.50; dagegen noch *Blaurock,* Unterbeteiligung, S. 220.

594 *Blaurock,* Unterbeteiligung, S. 211; *Ulbrich,* S. 141.

595 *Blaurock,* Unterbeteiligung, S. 211.

596 *Blaurock,* Unterbeteiligung, S. 211; *Ulbrich,* S. 141.

der Unterbeteiligte, wenn er Weisungen hinsichtlich der ihm von dem Hauptbeteiligten im Innenverhältnis eingeräumten Geschäftsführungsbefugnis missachtet.[597] Ob der Hauptgesellschafter das Haftungsrisiko aus der Hauptgesellschaft im Innenverhältnis umlegen kann, ist von der vertraglichen Gestaltung der Unterbeteiligung abhängig.[598] Grundsätzlich ist eine Beteiligung an den Verlusten des Hauptgesellschafters möglich, jedoch nimmt der Unterbeteiligte nicht über die Höhe seines Anteils hinaus am Haftungsrisiko teil.[599] Schließlich kann der Unterbeteiligte durch eine vertraglich vereinbarte Verlustbeteiligung zum Nachschuss über seine Einlage hinaus verpflichtet werden.[600]

8. *Kapitalveränderungen in der Hauptgesellschaft*

Kapitalerhöhungen oder -herabsetzungen in der Hauptgesellschaft haben regelmäßig auch einen Einfluss auf das Unterbeteiligungsverhältnis.[601] An einer Vergrößerung der Hauptbeteiligung zum Beispiel durch eine Kapitalerhöhung ist der Unterbeteiligte nicht zwangsläufig beteiligt,[602] sofern dies nicht im Unterbeteiligungsvertrag vereinbart ist. Des Weiteren kann dort auch ein Bezugsrecht für den neuen Anteil festgelegt werden.[603] Im Fall der Kapitalerhöhung aus Gesellschaftsmitteln bezieht sich die Unterbeteiligung im Zweifel auch auf den neuen Anteil, da der Unterbeteiligte an den Rücklagen der Hauptgesellschaft, durch deren Auflösung die Kapitalerhöhung finanziert wird, mittelbar beteiligt ist.[604] Soll die Kapitalerhöhung gegen Einlagen erfolgen, muss auch der Unterbeteiligte

597 *Blaurock,* Unterbeteiligung, S. 211.

598 Röhricht/von Westphalen/Haas/*Mock,* § 230 Rn. 180; *Blaurock,* Unterbeteiligung, S. 211; *Otto,* BB 1948, 210, 213; Wachter/*Eberl,* S. 1840; MüHdb/*Gayk,* § 30 Rn. 64, 65.

599 MüKo/*Schmidt,* § 230 HGB Rn. 245; *Blaurock,* Unterbeteiligung, S. 211.

600 MüHdb/*Gayk,* § 30 Rn. 65, 52; Röhricht/von Westphalen/Haas/*Mock,* § 230 Rn. 179; Saenger/Aderhold/Lenkaitis/Speckmann/*Eickhoff,* § 7 Rn. 221; Wachter/*Eberl,* S. 1840, differenzierend MüKo/Schmidt, § 230 HGB Rn. 245: grds. keine Nachschusspflicht, aber ausnahmsweise für den Fall, dass die Unterbeteiligung Treuhandcharakter hat.

601 MüHdb/*Gayk,* § 30 Rn. 55.

602 MüKo/*Schmidt,* § 230 HGB Rn. 235; Schlegelberger/*Schmidt,* § 230 Rn. 222; MüHdb/*Gayk,* § 30 Rn. 57; Staub/*Harbarth,* § 230 Rn. 287; Röhricht/von Westphalen/Haas/*Mock,* § 230 Rn. 115; Singhof/*Seiler/Schlitt,* Rn. 409.

603 Schlegelberger/*Schmidt,* Rn. 222; MüHdb/*Gayk,* § 30 Rn. 57.

604 MüHdb/*Gayk,* § 30 Rn. 56; BHbdP/*Bärwaldt,* § 15 Rn. 30; Singhof/*Seiler/Schlitt,* Rn. 409; Saenger/Aderhold/Lenkaitis/Speckmann/*Eickhoff,* § 7 Rn. 226; MüKo/*Schmidt,* § 230 HGB Rn. 235.

die Gelegenheit bekommen, seine Einlage entsprechend aufzustocken, wenn der Hauptbeteiligte an der Erhöhung teilnehmen möchte.[605] Dies ergibt sich aus dem Bezugsrecht des Hauptbeteiligten, das sich mittelbar auch auf den Unterbeteiligten erstreckt.[606] Bei einer Herabsetzung des Grundkapitals ist im Zweifel anzunehmen, dass sich auch der Anteil des Unterbeteiligten entsprechend reduziert.[607]

III. Rechtsverhältnisse zwischen dem Unterbeteiligten und den Gesellschaftern der Hauptgesellschaft

Rechtsbeziehungen zwischen dem Unterbeteiligten und den Gesellschaftern der Hauptgesellschaft bestehen in der Regel nicht.[608] Dennoch kann die Hauptgesellschaft auch Einfluss auf die Rechte und Pflichten des Unterbeteiligten haben, weil sie die Grundlage für die Unterbeteiligung bildet.[609] So können den Unterbeteiligten drittschützende Treuepflichten treffen, die ihn dazu verpflichten, Rücksicht auf die Belange der Hauptgesellschaft zu nehmen.[610]

IV. Zusammenfassung der Aspekte zu den Rechtsverhältnissen in der Hauptgesellschaft und in der Unterbeteiligungsgesellschaft

Die Rechtsverhältnisse innerhalb der Unterbeteiligungsgesellschaft und zwischen den Haupt- und Unterbeteiligungsgesellschaftern sind vielfältig. Der Unterbeteiligte steht in keinem unmittelbaren Rechtsverhältnis zur Hauptgesellschaft. Gleichwohl kommt in den genannten Ausnahmefällen eine Haftung gegenüber der Hauptgesellschaft in Betracht. Auch kann dem Unterbeteiligten ein Wettbewerbsverbot obliegen. Der Hauptgesellschafter befindet sich in einem „doppelten Gesellschaftsverhältnis" und muss deshalb sowohl die Interessen der

---

605 MüHdb/*Gayk*, § 30 Rn. 57.

606 MüHdb/*Gayk*, § 30 Rn. 57; MüKo/*Schmidt*, § 230 HGB Rn. 235; BHbdP/*Bärwaldt*, § 15 Rn. 30; Singhof/*Seiler/Schlitt*, Rn. 409; Saenger/Aderhold/Lenkaitis/Speckmann/*Eickhoff*, § 7 Rn. 226; a.A. *Tebben*, S. 285.

607 Singhof/*Seiler/Schlitt*, Rn. 411.

608 BGH, Urt. v. 16.2.1959 – II ZR 194/57, WM 1959, 595, 596; *Janberg*, DB 1953, 77; MüKo/*Schmidt*, § 230 HGB Rn. 233; Schlegelberger/*Schmidt*, § 230 Rn. 220; *Schmidt*, Gesellschaftsrecht, S. 1871; Oetker/*Schubert*, § 230 Rn. 119; *Böttcher/Zartmann/Faut*, S. 93; *Esch*, NJW 1964, 902, 903; *Paulick*, ZGR 1974, 253, 257.

609 MüKo/*Schmidt*, § 230 HGB Rn. 233; Schlegelberger/*Schmidt*, § 230 Rn. 220; vgl. *Ulbrich*, S. 113; Koller/*Kindler*/Roth/Morck, § 230 Rn. 4.

610 MüKo/*Schmidt*, § 230 HGB Rn. 233; Schlegelberger/*Schmidt*, § 230 Rn. 220; Singhof/*Seiler/Schlitt*, Rn. 400.

Hauptgesellschaft als auch der Unterbeteiligungsgesellschaft berücksichtigen. Er führt die Geschäfte der Unterbeteiligungsgesellschaft. Ein Zustimmungsrecht des Unterbeteiligten besteht in der Regel nur bei Grundlagengeschäften, die auch die Unterbeteiligung betreffen. Vertraglich kann es jedoch weitergehend ausgestaltet werden. Auch der Abschluss eines Stimmbindungsvertrags ist möglich. Die Geschäftsführung kann dem Hauptbeteiligten nicht gemäß § 712 I BGB entzogen werden. Der Unterbeteiligte hat gegenüber der Hauptgesellschaft grundsätzlich keine Informationsrechte. Hinsichtlich der Hauptbeteiligung steht ihm analog § 233 HGB ein eingeschränktes Informationsrecht gegenüber dem Hauptbeteiligten zu. Gegenstand des Informationsrechts ist die Bilanz, die die auf die Beteiligung entfallenden Erträge und deren Zusammensetzung darstellt. § 716 BGB ist wegen der Analogie zu § 233 II HGB nicht anwendbar. Die Informationsrechte erlöschen nach der Auflösung der Unterbeteiligungsgesellschaft. Die Gewinn- und Verlustbeteiligung des Unterbeteiligten richtet sich nach § 231 HGB analog. Es handelt sich dabei um einen schuldrechtlichen Anspruch. § 722 I BGB findet keine Anwendung. Etwas anderes gilt für die Regelung des § 722 II BGB, von der die Parteien jedoch abweichen können. Die Gewinnbeteiligung richtet sich nach dem Jahresabschluss oder der Steuerbilanz der Hauptbeteiligung. Das Abschluss- beziehungsweise Bilanzergebnis ist jedoch hinsichtlich etwaiger Sondervergütungen des Hauptbeteiligten zu korrigieren. Der Unterbeteiligte nimmt an der Auflösung stiller Reserven teil, auch wenn diese bereits in der Zeit vor der Entstehung der Unterbeteiligung gebildet wurden. Der Umfang der Gewinn- und Verlustbeteiligung sollte im Unterbeteiligungsvertrag bestimmt werden. Das Verhältnis des Haupt- und Unterbeteiligten ist von gegenseitigen Treuepflichten gekennzeichnet. Der Verstoß gegen diese Pflichten kann zu gesellschaftsrechtlichen Sanktionen und Schadensersatzansprüchen führen. Außerdem können sie ein Wettbewerbsverbot begründen. Ein Wettbewerbsverbot kann darüber hinaus auch vertraglich vereinbart werden.

Bei der Unterbeteiligung gibt es keine Außenhaftung. Der Haftungsmaßstab zwischen den Unterbeteiligungsgesellschaftern ergibt sich aus § 708 BGB, wenn sie nicht vertraglich eine andere Regelung getroffen haben. Zwischen dem Unterbeteiligten und den Gesellschaftern der Hauptgesellschaft bestehen in der Regel keine Rechtsbeziehungen.

C. Übertragung der Unterbeteiligung

Zu untersuchen ist, ob die Unterbeteiligung übertragbar ist. Sie könnte durch die Übertragung des Unterbeteiligungsanteils selbst oder durch die Übertragung des Gesellschaftsanteils an der Hauptgesellschaft erfolgen.

I. Übertragung des Unterbeteiligungsanteils

Bei der Übertragung des Unterbeteiligungsanteils ist zu prüfen, ob die Grundsätze über die Übertragung eines Gesellschaftsanteils an einer Gesellschaft bürgerlichen Rechts anwendbar sind.

1. *Grundlagen der Übertragung eines Gesellschaftsanteils an einer Gesellschaft bürgerlichen Rechts*

In Personengesellschaften besteht zwischen den Gesellschaftern eine besondere persönliche und rechtliche Verbundenheit. Sie ist die Vertrauensbasis für die Verfolgung des gemeinsamen Zwecks.[611] Damit wäre nicht zu vereinbaren, dass ein Gesellschafter seinen Anteil ohne Mitwirkung der Mitgesellschafter an einen beliebigen Dritten übertragen könnte.[612]

a) *Gleichzeitiger Aus- und Eintritt des Alt- beziehungsweise Neugesellschafters*

Eine Übertragung des Anteils ist zunächst dadurch möglich, dass der Altgesellschafter mit Zustimmung der Gesellschafter aus der Gesellschaft austritt und der Neugesellschafter gleichzeitig eintritt.[613] Der Gesellschafter wird auf diese Weise ausgetauscht. Es kommt nicht zu einer unmittelbaren Rechtsnachfolge. Vielmehr werden die einzelnen Rechtsbeziehungen (Verlust der Mitgliedschaft, Abfindungsanspruch, Anwachsung des Gesellschaftsvermögens, Abwachsung) selbständig abgewickelt.[614]

---

611 Vgl. *Saenger*, Rn. 209; *Eisenhardt/Wackerbarth*, Rn. 143.

612 Vgl. *Paulick*, ZGR 1974, 253, 272; *Schmidt*, Gesellschaftsrecht, S. 1319; *Windbichler*, § 10 Rn. 1; *Eisenhardt/Wackerbarth*, Rn. 143.

613 Eine dogmatisch saubere, aber umständliche Lösung, da sowohl der austretende als auch der eintretende Gesellschafter jeweils mit allen Mitgesellschaftern einen Vertrag über das Ausscheiden beziehungsweise den Eintritt schließen muss (Doppelvertrag). Vgl. dazu: BGH, Urt. v. 8.11.1965 – II ZR 223/64, NJW 1966, 499, 499 f.; *Windbichler*, § 10 Rn. 14; *Kindl*, § 12 Rn. 11; *Grunewald*, § 1 Rn. 151 ff., 136 ff.; *Saenger*, Rn. 234; MüKo/*Schäfer*, § 719 BGB Rn. 17 ff.; ausführlich *Huber*, S. 354 ff.

614 BGH, Urt. v. 8.11.1965 – II ZR 223/64, NJW 1966, 499, 500; *Saenger*, Rn. 234; *Grunewald*, § 1 Rn. 136 ff.; *Windbichler*, § 10 Rn. 14.

b) *Abtretung des Gesellschaftsanteils*

Dem Interesse des Neugesellschafters entspricht es regelmäßig, den Gesellschaftsanteil des Altgesellschafters zu übernehmen.[615] In der Praxis wird der Gesellschaftsanteil daher üblicherweise durch Abtretung gem. §§ 398, 413 BGB mit Zustimmung der übrigen Gesellschafter übertragen.[616] Einer Zustimmung bedarf es nicht, wenn die Möglichkeit zur Übertragung der Gesellschaftanteile bereits im Gesellschaftsvertrag vereinbart wurde.[617] Mit der Abtretung des Gesellschaftsanteils tritt der Erwerber in die Rechtsstellung des Altgesellschafters mit allen gesellschaftsbezogenen Rechten und Pflichten ein.[618]

c) *Die Regelungen der § 717 1 BGB und § 719 I BGB*

Fraglich ist, ob die Regelungen der § 717 1 BGB und § 719 I BGB einer Übertragung des Gesellschaftsanteils entgegenstehen. Gemäß § 717 1 BGB sind die einzelnen Ansprüche der Gesellschafter aus dem Gesellschaftsverhältnis an einer Gesellschaft wegen der personellen Verbundenheit nicht auf einen Dritten übertragbar (Abspaltungsverbot).[619] Nach überwiegender Auffassung[620] ist § 717 1 BGB zwingend, sodass eine Vereinbarung, die die Übertragung von Verwaltungsrechten vorsieht, nichtig ist.[621] Zu beachten ist jedoch, dass die Regelung sich nur auf

---

615 *Grunewald*, § 1 Rn. 151.

616 BGH, Urt. v. 8.11.1965 – II ZR 223/64, NJW 1966, 499; vgl. Urt. v. 22.11.1996 – V ZR 234/95, NJW 1997, 860, 861; *Schmidt*, Gesellschaftsrecht, S. 1319; *Saenger*, Rn. 235; *Windbichler*, § 10 Rn. 15; *Grunewald*, § 1 Rn. 152; *Kindl*, § 12 Rn. 11.

617 MüKo/*Schäfer*, § 719 Rn. 27; *Schmidt*, Gesellschaftsrecht, S. 1319 f.; *Windbichler*, § 10 Rn. 15; *Grunewald*, § 1 Rn. 152; *Kindl*, § 12 Rn. 11.

618 BGH, Urt. v. 2.12.2002 – II ZR 194/00, ZIP 2003, 435, 436 f.; Urt. v. 2.11.1987 – II ZR 50/87, NJW-RR 1988, 419; *Saenger*, Rn. 235; *Grunewald*, § 1 Rn. 153; *Kindl*, § 12 Rn. 11.

619 Vgl. RG, Urt. v. 18.4.1913 – II ZR 659/12, RGZ 82, 167, 169; Urt. v. 31.3.1931 – II ZR 222/30, RGZ 132, 149, 159; BGH, Urt. v. 10.11.1951 – II ZR 111/50, NJW 1952, 178, 179; Urt. v. 14.5.1956 – II ZR 229/54, NJW 1956, 1198, 1199; JurisPK BGB/*Bergmann*, § 717 Rn. 6; Soergel/*Hadding/Kießling*, § 717 Rn. 20; Staudinger/*Habermeier*, § 717 Rn. 1; Prütting/Wegen/Weinreich/*von Ditfurth*, § 717 Rn. 1; *Tebben*, S. 99.

620 BGH, Urt. v. 10.11.1951 – II ZR 111/50, NJW 1952, 178, 179; Urt. v. 14.5.1956 – II ZR 229/54, NJW 1956, 1198, 1199; Urt. v. 22.1.1962 – II ZR 11/61, NJW 1962, 738, 739; NJW 1987, 1997; Staudinger/*Habermeier*, § 717 Rn. 4; Soergel/*Hadding/Kießling*, § 717 Rn. 20; Erman/*Westermann*, § 717 Rn. 3; Staub/*Schäfer*, § 109 Rn. 25 f.; *Ulmer*, FS Fleck 1988, S. 384 ff.; Bamberger/Roth/*Timm/Schöne*, § 717 Rn. 6; JurisPK-BGB/*Bergmann*, § 717 Rn. 12.

621 MüKo/*Schäfer*, § 717 BGB Rn. 7.

die einzelnen Rechte[622] und nicht auf die Gesellschafterstellung als solche bezieht. Wirken die Gesellschafter an der Abtretung durch ihre Zustimmung mit, sind sie nicht schutzbedürftig. § 717 1 BGB verhindert daher in diesem Fall nicht die Abtretung des Gesellschaftsanteils. Einer Übertragung des Anteils könnte § 719 I BGB zuwiderlaufen. § 719 I BGB sieht vor, dass ein Gesellschafter nicht über seinen Anteil an dem Gesellschaftsvermögen und an den einzelnen dazu gehörenden Gegenständen verfügen kann. Nach neuerem Verständnis dient § 719 I BGB allein dem Schutz des Gesamthandsvermögens, das ohnehin der Gesellschaft selbst und nicht den Gesellschaftern zusteht, gegen Verfügungen nichtberechtigter Gesellschafter.[623] Die Regelung steht der Übertragung der Gesellschaftsanteile an einer Gesellschaft bürgerlichen Rechts daher ebenfalls nicht entgegen.

2. Anwendung dieser Grundsätze auf die Unterbeteiligung

Die Unterbeteiligung ist als Gesellschaft bürgerlichen Rechts eine Personengesellschaft. Die dargestellten Grundsätze sind daher auf sie übertragbar.[624] Die Gesellschafter können ihre Gesellschaftsanteile nur auf den beiden oben beschriebenen Wegen übertragen. Veräußert der Hauptgesellschafter seinen Gesellschaftsanteil, muss der Erwerber durch eine Änderung des Gesellschaftsvertrags mit der Zustimmung des Unterbeteiligten in das Unterbeteiligungsverhältnis mit einbezogen werden. Die Zustimmung ist entbehrlich, wenn der Unterbeteiligungsvertrag bereits eine Veräußerung ermöglicht.[625] Der bisherige Gesellschafter scheidet ohne Abfindung aus und der Erwerber muss keine Einlage leisten.[626]

---

622 MüKo/*Schäfer,* § 717 BGB Rn. 3.

623 MüKo/*Schäfer,* § 717 BGB Rn. 2, § 719 Rn. 2; *Schmidt,* Gesellschaftsrecht, S. 1318; Soergel/*Hadding/Kießling,* § 719 Rn. 2; *Huber,* S. 360 ff.; *Wiedemann,* Übertragung, S. 31 f.; Prütting/Wegen/Weinreich/*von Ditfurth,* § 719 Rn. 1 ff.; Staudinger/*Habermeier,* § 719 Rn. 1.

624 *Blaurock,* Rn. 30.51; MüKo/*Schmidt,* § 230 HGB Rn. 247; Heymann/*Horn,* § 230 Rn. 73; Schlegelberger/*Schmidt,* § 230 Rn. 233; Staub/*Harbarth,* § 230 Rn. 301; *Böttcher/Zartmann/Faut,* S. 126; Esskandari/Franck/*Künnemann,* Kap. 5 Rn. 115, 181.

625 *Blaurock,* Rn. 30.51; MüHdb/*Gayk,* § 30 Rn. 58; MüKo/*Schmidt,* § 230 HGB Rn. 247; Saenger/Aderhold/Lenkaitis/Speckmann/*Eickhoff,* § 7 Rn. 229; *Paulick,* ZGR 1974, 253, 273; *Greifeld,* S. 60; *Pöllinger,* S. 56 f.; Giefers/*Ruhkamp,* Rn. 720, 476; vgl. auch Singhof/*Seiler/Schlitt,* Rn. 456, der sich entgegen des Verfassers (so auch *Schmidt,* Gesellschaftsrecht, S. 1319; Wachter/*Eberl,* S. 1837) aber nicht für eine Abtretung, sondern eine Vertragsübernahme im Sinne von §§ 414, 415 BGB ausspricht (dafür auch *Hadding,* FS Steindorff 1990, S. 39; Röhricht/von Westphalen/Haas/*Mock,* § 230 Rn. 181, 113).

626 Giefers/*Ruhkamp,* Rn. 720, 477.

Darüber hinaus kann der Unterbeteiligte einem Dritten eine Unterbeteiligung an seiner Unterbeteiligung einräumen, auch wenn der Hauptgesellschafter seine Zustimmung verweigert.[627] Das Abspaltungsverbot des § 717 1 BGB gilt auch für die einzelnen Ansprüche der Gesellschafter aus dem Unterbeteiligungsvertrag.[628] Zu klären bleibt, welche in § 717 BGB geregelten Ansprüche auch ohne die Zustimmung der Mitgesellschafter übertragen werden können.

a) *§ 717 1 BGB*

Hinsichtlich des Unterbeteiligten sind die Rechte zur Teilnahme an der Geschäftsführung, Zustimmungs-, Widerspruchs-, Informations- und Kontrollrechte von § 717 I BGB betroffen. Diese können nicht einzeln übertragen werden. Sie sind untrennbar mit der Mitgliedschaft verbunden.[629] Allerdings können sie mit Zustimmung des Hauptbeteiligten von einem Dritten ausgeübt werden.[630] Hinsichtlich des Hauptbeteiligten ist die Übertragung der „ihm zustehenden Rechte und Pflichten zur Förderung des gemeinschaftlichen Zwecks sowie der vermögensrechtlichen Ansprüche" gegenüber dem Unterbeteiligten betroffen, zum Beispiel der Anspruch auf Leistung der Einlage.[631]

b) *§ 717 2 BGB*

Die in § 717 2 BGB genannten Ansprüche sind übertragbar. Der Gesetzgeber hält die Abtretung dieser Ansprüche in Hinblick auf die Mitgesellschafter für unbedenklich.[632] Dies gilt auch für die Unterbeteiligung. Dabei kommt es nicht darauf an, ob der Haupt- oder der Unterbeteiligte der Inhaber der Ansprüche ist.[633] In erster Linie geht es um die Ansprüche des Unterbeteiligten auf den

---

627 MüHdb/*Gayk,* § 30 Rn. 58.

628 MüKo/*Schmidt,* § 230 HGB Rn. 247; *Blaurock,* Rn. 30.51; MüHdb/*Gayk,* § 30 Rn. 58; Heymann/*Horn,* § 230 Rn. 73; *Paulick,* ZGR 1974, 253, 272.
Zur möglichen Durchbrechung des Abspaltungsverbots s. *Tebben,* S. 130 ff.

629 *Paulick,* ZGR 1974, 253, 272 f.; MüHdb/*Gayk,* § 30 Rn. 59; Singhof/*Seiler/Schlitt,* Rn. 455; Wachter/*Eberl,* S. 1837 f.

630 MüHdb/*Gayk,* § 30 Rn. 59; Singhof/*Seiler/Schlitt,* Rn. 455.

631 *Paulick,* ZGR 1974, 253, 272 f.; Singhof/*Seiler/Schlitt,* Rn. 453.

632 Mot. II, S. 613 ff. (zu § 644), vgl. auch RG, Urt. v. 23.10.1907 – I ZR 30/07, RGZ 67, 13, 17 ff.

633 *Paulick,* ZGR 1974, 253, 273; Staub/*Harbarth,* § 230 Rn. 302; Singhof/*Seiler/Schlitt,* Rn. 457; MüHdb/*Gayk,* § 30 Rn. 59; Saenger/Aderhold/Lenkaitis/Speckmann/*Eickhoff,* § 7 Rn. 229; *Weigl,* S. 214; *Blaurock,* Rn. 30.51.

anteiligen Gewinn, auf das künftige Auseinandersetzungsguthaben und auf den Liquidationserlös.[634]

II. Übertragung des Gesellschaftsanteils an der Hauptgesellschaft

Weiterhin ist zu untersuchen, was mit der Unterbeteiligung geschieht, wenn der Hauptgesellschaftsanteil übertragen wird. Der Hauptbeteiligte ist aus dem Unterbeteiligungsvertrag verpflichtet, die Hauptbeteiligung für die Dauer des Unterbeteiligungsvertrags zu halten.[635] Daraus ergibt sich regelmäßig ein vertragliches Übertragungs- beziehungsweise Abtretungsverbot.[636] Ein solches Verbot hat keine Außenwirkung.[637] Jedoch ist der Hauptbeteiligte bei der Mißachtung des Verbotes zum Schadensersatz gegenüber dem Unterbeteiligten verpflichtet.[638] Ein Missbrauch der Vertretungsmacht kommt nicht in Betracht.[639] Die Veräußerung des Gesellschaftsanteils an der Hauptgesellschaft hat nicht zur Folge, dass mit dem Erwerber ohne Weiteres eine Unterbeteiligung begründet wird. Vielmehr muss der Erwerber durch eine Änderung des ursprünglichen Unterbeteiligungsvertrages in die Innengesellschaft einbezogen werden oder einen neuen Unterbeteiligungsvertrag mit dem Unterbeteiligten abschließen.[640] Ohne eine solche Vereinbarung ist die Unterbeteiligung zwischen dem Unterbeteiligten und dem früheren Hauptgesellschafter wegen Zweckvereitelung (das Halten der Hauptbeteiligung für die Dauer des Unterbeteiligungsvertrags) aufzulösen, § 726 BGB.[641] Die Regelung des § 726 BGB ist allerdings nur teilweise zwingend.[642] Im Unterbeteiligungsvertrag kann bestimmt werden, dass an die

---

634 *Paulick,* ZGR 1974, 253, 273; *Böttcher/Zartmann/Faut,* S. 126.

635 Singhof/*Seiler/Schlitt,* Rn. 451.

636 MüHdb/*Gayk,* § 30 Rn. 58; Wachter/*Eberl,* S. 1837.

637 Singhof/*Seiler/Schlitt,* Rn. 451; Wachter/*Eberl,* S. 1837.

638 MüHdb/*Gayk,* § 30 Rn. 58; Wachter/*Eberl,* S. 1837.

639 BGH, Urt. v. 4.11.1976 – II ZR 50/75, WM 1977, 525, 527; Singhof/*Seiler/Schlitt,* Rn. 451.

640 *Blaurock,* Rn. 30.51; MüHdb/*Gayk,* § 30 Rn. 58; Staub/*Harbarth,* § 230 Rn. 301; Wachter/*Eberl,* S. 1837.

641 OLG Hamm, Urt. v. 6.12.1993 – 8 U 5/93, NJW-RR 1994, 999, 1001; MüKo/*Schmidt,* § 234 HGB Rn. 73; Staub/*Harbarth,* § 230 Rn. 301; *Blaurock,* Rn. 30.51; MüHdb/*Gayk,* § 30 Rn. 58; *Paulick,* ZGR 1974, 253, 278; Singhof/*Seiler/Schlitt,* Rn. 452; Wachter/*Eberl,* S. 1837.

642 BGH, Urt. v. 20.12.1962 – VII ZR 264/60, WM 1963, 728, 730; MüKo/*Schäfer,* § 726 BGB Rn. 9; Staudinger/*Habermeier,* § 726 Rn. 3.

Stelle des bisherigen Rechtsverhältnisses eine offene Direktbeteiligung an der Hauptgesellschaft tritt.[643]

III. Zusammenfassung der Aspekte zur Übertragung der Unterbeteiligung

Für die Unterbeteiligung gelten die Grundsätze für die Übertragung der Gesellschaftsanteile von Personengesellschaften. Die Übertragung ist dadurch möglich, dass der Unterbeteiligte aus der Gesellschaft austritt und ein Neugesellschafter gleichzeitig eintritt. Außerdem kann die Unterbeteiligung gemäß §§ 398, 413 BGB mit Zustimmung des Hauptbeteiligten abgetreten werden. Einzelne Vermögensrechte im Sinne von § 717 2 BGB können auch ohne die Zustimmung des anderen Gesellschafters übertragen werden. Für den Hauptbeteiligten ergibt sich aus dem Unterbeteiligungsvertrag in der Regel ein Abtretungsverbot hinsichtlich des Hauptbeteiligungsanteils.

D. Vollbeendigung der Unterbeteiligungsgesellschaft

Zu untersuchen ist, wann und auf welche Art und Weise die Vollbeendigung der Unterbeteiligungsgesellschaft eintritt. Festzuhalten ist, dass der Bestand der Hauptbeteiligung durch die Auflösung der Unterbeteiligung nicht beeinträchtigt wird.[644]

I. Grundsätze der Vollbeendigung einer Gesellschaft bürgerlichen Rechts

Eine Gesellschaft bürgerlichen Rechts begründet ein Dauerrechtsverhältnis zwischen den Gesellschaftern und führt in der Regel zur Entstehung eines gesamthänderisch gebundenen Vermögens.[645] Zu ihrer Beendigung bedarf es einer Auflösung (§§ 723 ff. BGB) mit einer anschließenden Auseinandersetzung der Gesellschaft (vergleiche §§ 730 ff. BGB).[646] Die Auflösung leitet die Auseinandersetzung der Gesellschaft mit dem Ziel der Liquidation ein.[647] Die Vollbeendigung

643 OLG Hamm, Urt. v. 6.12.1993 – 8 U 5/93, NJW-RR 1994, 999, 1001.

644 Wachter/*Eberl*, S. 1841; *Paulick*, ZGR 1974, 253, 277; Singhof/*Seiler/Schlitt*, Rn. 458.

645 *Eisenhardt/Wackerbarth*, Rn. 169; *Windbichler*, § 11 Rn. 1.

646 MüKo/*Schäfer*, § 730 BGB Rn. 1; *Eisenhardt/Wackerbarth*, Rn. 169; *Windbichler*, § 11 Rn. 1; *Saenger*, Rn. 237; *Schmidt*, Gesellschaftsrecht, S. 1763.

647 Bamberger/Roth/*Schöne*, § 730 Rn. 1; *Eisenhardt/Wackerbarth*, Rn. 170; *Windbichler*, § 11 Rn. 1.

der Gesellschaft tritt ein, wenn das Liquidationsverfahren abgeschlossen, kein Vermögen mehr vorhanden ist und alle sonstigen Rechtsbeziehungen zwischen den Gesellschaftern und Dritten aufgelöst sind.[648] Die Löschung der Gesellschaft aus einem Register kommt als Auflösungszeitpunkt nicht in Betracht, da für die Gesellschaft bürgerlichen Rechts im Gegensatz zu anderen Gesellschaftsformen eine Registereintragung nicht vorgesehen ist. Durch die Auflösung der Gesellschaft wird der verfolgte Gesellschaftszweck dahingehend geändert, dass das neue Ziel der Gesellschaft ihre Abwicklung ist („Abwicklungsgesellschaft"[649] im Sinne des § 730 I BGB).[650] Der Zweck der Abwicklungsgesellschaft besteht darin, das Gesamthandsvermögen unter den Gesellschaftsgläubigern und den Gesellschaftern zu verteilen.[651]

II. Auflösungsgründe einer Gesellschaft bürgerlichen Rechts im Allgemeinen

Die Abwicklung der Gesellschaft wird durch den Eintritt eines Auflösungsgrundes eingeleitet. Die Auflösungsgründe einer Gesellschaft bürgerlichen Rechts sind:

- Zeitablauf
- Eintritt einer auflösenden Bedingung
- Aufhebungsvertrag
- Tod des Hauptgesellschafters, § 727 BGB
- Zweckerreichung oder Zweckvereitelung (§ 726), wobei die Auflösung der Hauptgesellschaft noch nicht ohne Weiteres als Zweckvereitelung anzusehen ist
- Insolvenz eines Beteiligten, § 728 BGB
- Konfusion der Anteile
- Ordentliche Kündigung analog § 723 I 1 BGB
- Außerordentliche Kündigung nach § 723 I 2, 3 BGB.

---

648 Bamberger/Roth/*Schöne*, § 730 Rn. 1; *Windbichler*, § 11 Rn. 1; *Saenger*, Rn. 250; *Grunewald*, § 1 Rn. 200.

649 *Grunewald*, § 1 Rn. 195; Prütting/Wegen/Weinreich/*von Ditfurth*, § 730 Rn. 1.

650 MüKo/Schäfer, Vor. § 723 BGB Rn. 5 f.; *Windbichler*, § 11 Rn. 1; *Grunewald*, § 1 Rn. 195; *Eisenhardt/Wackerbarth*, Rn. 170; *Saenger*, Rn. 250.

651 *Saenger*, Rn. 250; MüKo/*Ulmer/Schäfer*, Vor. § 705 BGB Rn. 6; Staudinger/*Habermeier*, Vor. §§ 723 ff. Rn. 2; *Kindl*, § 11 Rn. 1; *Ulbrich*, S. 162.

III. Vollbeendigung einer Unterbeteiligung

Die Grundsätze gelten auch für die Unterbeteiligungsgesellschaft als einer Gesellschaft bürgerlichen Rechts.[652] Allerdings kommt für die Unterbeteiligung als Innengesellschaft mangels Gesamthandsvermögens nur eine schuldrechtliche Abwicklung der Rechtsbeziehungen zwischen dem Unter- und Hauptbeteiligten und keine gesellschaftsrechtliche Liquidation in Betracht.[653]

1. Auflösung (§§ 723 ff. BGB)

Die allgemeinen Auflösungsgründe einer Gesellschaft bürgerlichen Rechts beziehungsweise diejenigen einer stillen Gesellschaft, wie der Eintritt einer auflösenden Bedingung, der Ablauf einer im Gesellschaftsvertrag bestimmten Zeit und der Abschluss eines Aufhebungsvertrages, gelten auch für die Unterbeteiligung.[654]

a) Auflösungsgründe bei der Unterbeteiligungsgesellschaft

Besonderheiten ergeben sich in den nachfolgend aufgeführten Fällen der Kündigung, des Todes und der Insolvenz eines Gesellschafters, der Zweckerreichung und Zweckvereitelung sowie der Konfusion der Anteile.

aa) Kündigung

Die Unterbeteiligung kann sowohl ordentlich als auch außerordentlich gekündigt werden.

(1) Ordentliche Kündigung

Sowohl der Haupt- als auch der Unterbeteiligte können das Gesellschaftsverhältnis ordentlich kündigen, wenn für den Bestand der Unterbeteiligung kein Zeitraum vereinbart ist.[655] Umstritten ist, ob auf die Kündigung des

---

652 Saenger/Aderholz/Lenkaitis/Speckmann/*Eickhoff*, § 7 Rn. 230.

653 Singhof/*Seiler/Schlitt*, Rn. 458; *Saenger*, Rn. 250; Prütting/Wegen/Weinreich/*von Ditfurth*, § 730 Rn. 2; *Otto*, BB 1948, 210, 212.

654 MüKo/*Schmidt*, § 234 HGB Rn. 64; Schlegelberger/*Schmidt*, § 234 Rn. 60; *Schmidt*, Gesellschaftsrecht, S. 1872 f.; *Blaurock*, Unterbeteiligung, S. 163; *Henn*, S. 25 ff.; *Wagner*, S. 120; *Ulbrich*, S. 160 f.; *Böttcher/Zartmann/Faut*, S. 119; *Andreopoulos*, S. 103; Staub/*Harbarth*, § 234 Rn. 117; MüHdb/*Gayk*, § 30 Rn. 69; Singhof/*Seiler/Schlitt*, Rn. 459; Wachter/*Eberl*, S. 1844; *Tebben*, S. 341.

655 BGH, Urt. v. 13.6.1994 – II ZR 259/92, NJW 1994, 2886, 2887 f.; MüHdb/*Gayk*, § 30 Rn. 70; Singhof/*Seiler/Schlitt*, Rn. 462; Wachter/*Eberl*, S. 1842 f.; *Tebben*, S. 325.

Unterbeteiligungsgesellschaftsanteils § 723 I 1 BGB[656] oder § 234 I in Verbindung mit §§ 132, 135 HGB analog[657] anzuwenden ist. Unterschiede ergeben sich dabei für die Frist und andere Bedingungen der Kündigung. Nach § 723 I 1 BGB kann die Gesellschaft bürgerlichen Rechts jederzeit ordentlich gekündigt werden. Die Kündigung darf aber nicht zur Unzeit erfolgen, § 723 II BGB. Dagegen ist bei § 234 I HGB in Verbindung mit §§ 132, 135 HGB analog eine Kündigungsfrist von sechs Monaten zum Ende des Geschäftsjahres vorgesehen.[658] Eine „unzeitige" Kündigung ist bei Einhaltung der Voraussetzungen des § 132 HGB wirksam, es sei denn, es liegt ein Verstoß gegen Treu und Glauben (§ 242 BGB) vor.[659]

(a) § 234 I HGB analog

Für die analoge Anwendung von § 234 I HGB spricht die vergleichbare Interessenlage bei der Kündigung einer Unterbeteiligung und der Kündigung einer stillen Gesellschaft. Bei der stillen Gesellschaft soll verhindert werden, dass der Abfindungsanspruch des stillen Gesellschafters den Bestand des Handelsgeschäfts bedroht.[660] Nach erfolgter Kündigung hat auch der Unterbeteiligte einen schuldrechtlichen Anspruch auf die Rückzahlung seines eingesetzten Kapitals. Der Hauptbeteiligte ist aber in der Regel auf dieses Kapital angewiesen und unter Umständen nicht in der Lage, die Forderung sofort (§ 271 I BGB) zu begleichen. Insoweit muss der Hauptbeteiligte vor der Gefahr eines raschen Kapitalabzugs

---

656 Soergel/*Hadding/Kießling*, Vor. § 705 Rn. 36; *Blaurock*, Unterbeteiligung, S. 164; *Blaurock*, Rn. 30.58; *Tebben*, S. 325 ff.; *Pöllinger*, S. 68; *Hesselmann*, GmbHR 1964, 26, 28; noch offengelassen vom BGH, Urt. v. 11.7.1968 – II ZR 179/66, NJW 1968, 2003 f.; aber zustimmend später BGH, Urt. v. 13.6.1994 – II ZR 259/92, BB 1994, 1597, 1598 f.

657 *Paulick*, ZGR 1974, 253, 278; MüKo/*Ulmer/Schäfer*, Vor. § 705 BGB Rn. 102; MüKo/*Schmidt*, § 234 HGB Rn. 70; Schlegelberger/*Schmidt*, § 234 Rn. 68; Singhof/*Seiler/Schlitt*, Rn. 463; *Gehrlein*, DStR 1994, 1314, 1317; *Otto*, BB 1948, 210, 213; *Esch*, NJW 1964, 902, 905 f.; *Meyer*, S. 139 f.; *Friehe*, S. 70; *Wagner*, S. 120 f.; *Böttcher/Zartmann/Faut*, S. 116 f.; *Winterstein*, S. 84; *Ulbrich*, S. 147; *Thomsen*, S. 57; *Schneider*, FS Möhring 1965, S. 122; *Heymann/Horn*, § 234 Rn. 30; Koller/*Kindler*/Roth/*Morck*, § 234 Rn. 14; Röhricht/von Westphalen/Haas/*Mock*, § 234 Rn. 38; Staub/*Harbarth*, § 234 Rn. 119; Wachter/*Eberl*, S. 1842; BHbdP/*Bärwaldt*, § 15 Rn. 44.

658 MüKo/*Schmidt*, § 132 HGB Rn. 15; Wachter/*Eberl*, S. 1842.

659 MüKo/*Schmidt*, § 132 HGB Rn. 16. Ein solcher Verstoß liegt bspw. vor, wenn die ordentliche Kündigung ohne wichtigen Grund zur Unzeit ausgesprochen wird, Wachter/*Eberl*, S. 1843.

660 *Tebben*, S. 326.

geschützt werden.[661] Er soll nicht faktisch dazu gezwungen werden, seine Beteiligung zu veräußern, um den Abfindungsanspruch des Unterbeteiligten erfüllen zu können.[662] Die Veräußerung des Hauptgesellschaftsanteils wirkt sich ähnlich wie bei der stillen Gesellschaft letztlich auch auf die Hauptgesellschaft aus. Einen Schutz dagegen bietet die sechsmonatige Kündigungsfrist aus § 234 I HGB in Verbindung mit § 132 HGB. Die jederzeitige Kündigungsmöglichkeit des § 723 I 1 BGB wird dem Schutzinteresse des Hauptbeteiligten nicht gerecht. Zudem würde eine Kündigung mitten im Geschäftsjahr zu erheblichen buchhalterischen Schwierigkeiten führen.[663]

(b) § 723 I 1 BGB

Gegen die analoge Anwendung von § 234 I HGB ist einzuwenden, dass wegen der Regelung des § 723 I 1 BGB auf den ersten Blick gar keine Regelungslücke besteht. Außerdem ist die Interessenlage insofern nicht vergleichbar, als sich der Abfindungsanspruch bei der stillen Gesellschaft gegen den Inhaber des Handelsgewerbes richtet und diesem die Mittel deshalb unmittelbar entzogen werden.[664] Dagegen würde die Abfindung des Unterbeteiligten nicht unmittelbar, sondern nur mittelbar auf die Hauptgesellschaft durchschlagen und diese gefährden.[665] *Tebben* geht davon aus, dass der Hauptgesellschafter den Abfindungsanspruch aus seinem sonstigen Vermögen erfüllen kann.[666] Dies setzt allerdings voraus, dass ihm dies auch wirtschaftlich möglich ist.

(c) Stellungnahme

Der Hauptgesellschafter darf durch die Kündigung nicht dazu gewzungen werden, seinen Hauptgesellschaftsanteil veräußern zu müssen. Die sechsmonatige Kündigungsfrist des § 132 HGB gibt ihm ausreichend Zeit, sich auf den Abfindungsanspruch des Unterbeteiligten einzustellen und eine Finanzierung sicherzustellen, ohne dafür seinen Hauptgesellschaftsanteil „versilbern" zu müssen. Das jederzeitige Kündigungsrecht des § 723 I BGB würde seinen Interessen nicht gerecht werden. Wegen der erheblichen Auswirkungen auf den

---

661 MüKo/*Schmidt*, § 234 HGB Rn. 70; Singhof/*Seiler/Schlitt*, Rn. 463; BHbdP/*Bärwaldt*, § 15 Rn. 44; *Winterstein*, S. 84.

662 Vgl. Saenger/Aderhold/Lenkaitis/Speckmann/*Eickhoff*, § 7 Rn. 230.

663 Die Kündigung würde die Aufstellung einer Zwischenbilanz erfordern: *Ulbrich*, S. 147; *Meyer*, S. 140; *Thomsen*, S. 58; *Friehe*, S. 71.

664 *Blaurock*, Unterbeteiligung, S. 163 f.; *Tebben*, S. 327.

665 *Tebben*, S. 327.

666 *Tebben*, S. 327.

Hauptgesellschaftsanteil besteht eben doch eine Regelungslücke. Zum Schutz des Hauptbeteiligten erscheint daher die analoge Anwendung der §§ 234 I, 132 HGB geboten. Im Umkehrschluss zu § 234 HGB ist eine ordentliche Kündigung nicht möglich, wenn die Unterbeteiligungsgesellschaft für eine bestimmte Zeit geschlossen wurde.[667] Einzelheiten und abweichende Regelungen bezüglich der ordentlichen Kündigung (insbesondere die Kündigungsfristen[668]) können im Unterbeteiligungsvertrag festgelegt werden. Ein Ausschluss des ordentlichen Kündigungsrechts ist nicht möglich, § 723 III BGB.[669]

(2) Außerordentliche Kündigung

§ 234 I 2 HGB verweist hinsichtlich der außerordentlichen Kündigung auf § 723 BGB. Die außerordentliche Kündigung einer Unterbeteiligung richtet sich daher mangels einer Sonderregelung nach § 723 I 2 BGB.[670] Zunächst ist erforderlich, dass ein außerordentlicher Kündigungsgrund vorliegt. Ein wichtiger Kündigungsgrund für die Unterbeteiligungsgesellschaft liegt vor, „wenn die Fortsetzung der Unterbeteiligungsgesellschaft dem kündigenden Gesellschafter unzumutbar geworden ist."[671] Dies ist anhand einer Interessenabwägung unter Würdigung aller Umstände des Einzelfalls zu ermitteln.[672] Dabei ist zu berücksichtigen, dass es sich bei einer außerordentlichen Kündigung immer um eine ultima ratio handelt.[673] Ein wichtiger Grund sind insbesondere die Verletzung wesentlicher Gesellschafterpflichten oder auch andere Umstände, die die Fortsetzung der Unterbeteiligung unzumutbar machen.[674] Dazu gehören zum Beispiel eine wesentliche Änderung des Unternehmensgegenstandes der

667 Wachter/*Eberl*, S. 1843.

668 MüKo/*Schmidt*, § 234 HGB Rn. 70; Schlegelberger/*Schmidt*, § 234 Rn. 67; MüHdb/*Gayk*, § 30 Rn. 71; Singhof/*Seiler/Schlitt*, Rn. 463.

669 BGH, Urt. v. 11.7.1968 – II ZR 179/66, NJW 1968, 2003; MüKo/*Schmidt*, § 234 HGB Rn. 70; Wachter/*Eberl*, S. 1843; BHbdP/*Bärwaldt*, § 15 Rn. 44; *Ulbrich*, S. 147 f.; MüHdb/*Gayk*, § 30 Rn. 72; *Tebben*, S. 330; Bedenken mittlerweile bei *Schmidt*, FS Roth 2011, 717 f.

670 MüKo/*Schmidt*, § 234 HGB Rn. 71; Wachter/*Eberl*, S. 1843; MüHdb/*Gayk*, § 30 Rn. 72; *Paulick*, ZGR 1974, 253, 279; Ebenroth/Boujong/Joost/Strohn/*Gehrlein*, § 234 Rn. 38; *Winterstein*, S. 85 f.

671 Wachter/*Eberl*, S. 1843; vgl. auch Röhricht/von Westphalen/Haas/*Mock*, § 234 Rn. 38; MüKo/*Schmidt*, § 234 HGB Rn. 71; *Ulbrich*, S. 149; MüHdb/*Gayk*, § 30 Rn. 72.

672 Wachter/*Eberl*, S. 1843.

673 Wachter/*Eberl*, S. 1843.

674 MüKo/*Schmidt*, § 234 HGB Rn. 71; *Ulbrich*, S. 149; *Paulick*, ZGR 1974, 253, 279; MüHdb/*Gayk*, § 30 Rn. 72; Singhof/*Seiler/Schlitt*, Rn. 464.

Hauptgesellschaft oder ihre Unterstellung unter einen fremden Konzern.[675] Das Recht zur außerordentlichen Kündigung kann nicht im Unterbeteiligungsvertrag ausgeschlossen werden.[676] Sind die Voraussetzungen einer außerordentlichen Kündigung nicht erfüllt, kann sie in eine ordentliche umgedeutet werden, § 140 BGB.

(3) Kündigung durch einen Gläubiger des Unterbeteiligten

Die Kündigung eines Gläubigers des Unterbeteiligten erfolgt entweder analog § 234, 135 HGB[677] oder nach § 725 BGB[678]. Die Regelungen der §§ 234, 135 HGB sollen durch die sechsmonatige Kündigungsfrist bei der Kündigung durch einen Gläubiger des stillen Gesellschafters überraschende Kapitalrückflüsse verhindern.[679] Dieser Schutzgedanke ist auf die Unterbeteiligung übertragbar.[680] Eine analoge Anwendung von §§ 234, 135 HGB ist daher aus denselben Gründen wie bei der ordentlichen Kündigung geboten, sodass § 725 BGB keine Anwendung findet. Voraussetzung für die Kündigung ist, dass der Gläubiger innerhalb der letzten sechs Monate erfolglos eine Zwangsvollstreckung in das bewegliche Vermögen des Gesellschafters versucht und einen vollstreckbaren Schuldtitel auf die Pfändung und Überweisung des Auseinandersetzungsanspruchs des Gesellschafters erwirkt hat, § 135 HGB.[681] Das Kündigungsrecht gilt jedoch nur für den Gläubiger des Unterbeteiligten und nicht für denjenigen des Hauptbeteiligten, weil dieser ohnehin auf die Hauptbeteiligung zugreifen kann.[682] Der Gläubiger erhält durch Pfändung und Überweisung einen Anspruch auf Auszahlung des

675 MüKo/*Schmidt*, § 234 HGB Rn. 71; bereits Schlegelberger/*Schmidt*, § 234 Rn. 68.

676 Wachter/*Eberl*, S. 1843; *Tebben*, S. 331; *Friehe*, S. 72; *Ulbrich*, S. 150.

677 MüKo/*Schmidt*, § 234 HGB Rn. 72; Schlegelberger/*Schmidt*, § 234 Rn. 69; MüKo/*Ulmer*/*Schäfer*, Vor. § 705 Rn. 78; *Esch*, NJW 1964, 902, 905 f.; *Paulick*, ZGR 1974, 253, 279; *Schmidt*, ZHR 140 (1976), 475, 492; *Schmidt*, Gesellschaftsrecht, S. 1873; *Friehe*, S. 72 f.; *Wagner*, S. 122 f.; *Ulbrich*, S. 150; Heymann/*Horn*, § 234 Rn. 30; Röhricht/von Westphalen/Haas/*Mock*, § 234 Rn. 38; BHbdP/*Bärwaldt*, § 15 Rn. 42; *Winterstein*, S. 86 f.

678 *Tebben*, S. 330; *Pöllinger*, S. 63 f.; *Greifeld*, S. 67 f.; *Meyer*, S. 144 ff.; *Blaurock*, Rn. 30.58; *Blaurock*, Unterbeteiligung, S. 172; *Koenigs*, S. 343; *Böttcher*/*Zartmann*/*Faut*, S. 121.

679 *Tebben*, S. 329.

680 MüKo/*Schmidt*, § 234 HGB Rn. 72.

681 MüKo/*Schmidt*, § 234 HGB Rn. 72; Heymann/*Horn*, § 234 Rn. 30; MüHdb/*Gayk*, § 30 Rn. 73; Wachter/*Eberl*, S. 1844; *Tebben*, S. 329.

682 Wachter/*Eberl*, S. 1844; *Tebben*, S. 329; *Andreopoulos*, S. 110 f.

Auseinandersetzungsguthabens.[683] Er ist jedoch nicht berechtigt, mitgliedschaftliche Rechte des Unterbeteiligten wahrzunehmen.[684]

bb) Tod eines Gesellschafters

Verstirbt ein Gesellschafter kommen als gesetzliche Grundlagen für die Rechtsfolgen sowohl die Regelungen über die Gesellschaft bürgerlichen Rechts (§ 727 BGB) als auch die Regelungen über die stille Gesellschaft (§ 234 II HGB) in Betracht. Gemäß § 727 BGB wird die Gesellschaft durch den Tod eines der Gesellschafter aufgelöst, wenn im Gesellschaftsvertrag nichts anderes vereinbart ist. Gemäß § 234 II HGB wird die Gesellschaft dagegen nicht aufgelöst, wenn der stille Gesellschafter verstirbt. Es empfiehlt sich insoweit eine vertragliche Regelung im Unterbeteiligungsvertrag.[685] Diese kann entweder vorsehen, dass die Unterbeteiligung beim Tod eines Gesellschafters mit dessen Erben fortgeführt wird (Fortsetzungsklausel) oder dass der Tod des Gesellschafters zur Auflösung der Unterbeteiligungsgesellschaft führt.[686]

(1) Tod des Hauptbeteiligten

Für den Tod des Hauptbeteiligten soll nach überwiegender Auffassung § 727 BGB gelten.[687] Die Vorschrift sieht die Auflösung der Unterbeteiligung vor. Ihr Rechtsgedanke besteht darin, dass die Gesellschaft wegen der persönlichen Verbundenheit und des Vertrauens grundsätzlich nicht mit Dritten (den Erben) fortgeführt werden soll. Davon abweichend können die Parteien unterschiedliche Fortsetzungsklauseln vereinbaren. § 234 HGB sieht keine Sonderregelung für den Tod des Hauptgesellschafters vor. Es stellt sich daher nicht die Frage einer analogen Anwendung auf die Unterbeteiligung. Für den Tod des

683 Wachter/*Eberl*, S. 1844.

684 MüKo/*Schmidt*, § 234 HGB Rn. 72; Wachter/*Eberl*, S. 1844.

685 MüHdb/*Gayk*, § 30 Rn. 66.

686 *Paulick*, ZGR 1974, 253, 273; Singhof/*Seiler/Schlitt*, Rn. 471.

687 Röhricht/von Westphalen/Haas/*Mock*, § 234 Rn. 40; *Tebben*, S. 340; *Thomsen*, S. 58; *Ulbrich*, S. 151; *Meyer*, S. 147; *Friehe*, S. 73; Ebenroth/Boujong/Joost/Strohn/*Gehrlein*, § 234 Rn. 37; Staub/*Harbarth*, § 234 Rn. 120; *Esch*, NJW 1964, 902, 906; *Herzfeld*, AcP 137 (1933), 270, 317; *Paulick*, ZGR 1974, 253, 280; *Böttcher/Zartmann/Faut*, S. 118; *Winterstein*, S. 88; einschränkend: *Blaurock*, Unterbeteiligung, S. 165 f.; *Blaurock*, Rn. 30.60; *Andreopoulos*, S. 105 ff.; *Weigl*, S. 215; im Ergebnis auch MüKo/*Ulmer/Schäfer*, Vor. § 705 BGB Rn. 102; a.A. Erman/*Westermann*, Vor. § 705 Rn. 40, vgl. auch MüKo/*Schmidt*, § 234 HGB Rn. 65; Schlegelberger/*Schmidt*, § 234 Rn. 62; Esskandari/*Franck*/Künnemann, Kap. 2 Rn. 118, 136, 162.

Hauptbeteiligten gilt somit die allgemeine Regelung des § 727 I BGB. Da der Hauptgesellschafter die Geschäfte der Unterbeteiligung führt und den Hauptgesellschaftsanteil verwaltet, muss der Unterbeteiligte ihm ein erhebliches Vertrauen entgegenbringen können.[688] Es liegt in der Regel nicht im Interesse des Unterbeteiligten, die Unterbeteiligungsgesellschaft mit einem Dritten fortzuführen. Im Falle der typischen Unterbeteiligung ist daher eine vergleichbare Interessenlage gegeben, sodass die Unterbeteiligung aufzulösen ist.

Die Regelung des § 727 I BGB wird jedoch in anderen Fällen – insbesondere bei atypischen Unterbeteiligungen – praktischen Bedürfnissen nicht gerecht, weil die Unterbeteiligung ohne Weiteres auch mit den Erben des Hauptbeteiligten weitergeführt werden kann, solange der Unterbeteiligungsvertrag nicht speziell auf einen Hauptbeteiligten zugeschnitten ist oder der Tod des Hauptbeteiligten auch gleichzeitig die Hauptgesellschaft auflöst.[689] Die Parteien sollten daher im Unterbeteiligungsvertrag Nachfolge- oder Eintrittsklauseln vereinbaren und festlegen, dass die Erben jeweils in die Beteiligung einrücken können.[690] Neben den vertraglichen Regelungen kommt die Annahme stillschweigender Fortsetzungsvereinbarungen in Betracht, um die Schwächen des § 727 I BGB hinsichtlich der Unterbeteiligung auszugleichen, sofern die Auslegung des Unterbeteiligungsvertrages sie zulassen.[691] Eine solche Annahme kann nur erfolgen, wenn auch tatsächlich Anhaltspunkte für sie im Unterbeteiligungsvertrag vorliegen. Grundsätzlich gilt also § 727 BGB. Abweichende Vereinbarungen durch die Parteien sind jedoch möglich.

---

688 *Ulbrich*, S. 152; *Böttcher/Zartmann/Faut*, S. 118; *Greifeld*, S. 70; *Meyer*, S. 147; *Pöllinger*, S. 59.

689 *Blaurock*, Rn. 30.60; MüHdb/*Gayk*, § 30 Rn. 66; Wachter/*Eberl*, S. 1842. Dies gilt insbesondere für Unterbeteiligungen, bei denen dem Unterbeteiligten eine „Ersatzgesellschafterstellung" (atypische Unterbeteiligung) eingeräumt wurde, *Blaurock*, Rn. 30.60. Auch in Familiengesellschaften kann wegen eines generellen Vertrauensverhältnises und der Bestrebung nach Kontinuität ein Fortsetzungswille angenommen werden, *Ulbrich*, S. 152.

690 Vgl. ausführlich MüHdb/*Gayk*, § 30 Rn. 66; s. dazu auch *Kühne/Rehm*, NZG 2013, 561, 566; ähnlich: MüKo/*Ulmer/Schäfer*, Vor. § 705 BGB Rn. 102; Singhof/*Seiler/Schlitt*, Rn. 469; Scholz/*Seibt*, § 15 Rn. 226.

691 MüKo/*Schmidt*, § 234 HGB Rn. 65; Schlegelberger/*Schmidt*, § 234 Rn. 62; *Friehe*, S. 73; *Ulbrich*, S. 152.

(2) Tod des Unterbeteiligten

Die überwiegende Ansicht wendet im Fall des Todes des Unterbeteiligten § 234 II HGB analog und nicht § 727 I BGB an.[692] § 234 II HGB sieht vor, dass die Gesellschaft durch den Tod des mittelbar Beteiligten nicht aufgelöst wird. Dahinter steht der Gedanke, dass es auf die Person des mittelbar Beteiligten für den Fortbestand des Gesellschaftsverhältnisses nicht ankommt.[693] Wie der stille Gesellschafter verfolgt auch der (typisch) Unterbeteiligte hauptsächlich Anlegerinteressen in der Hauptgesellschaft. Auch auf seine Person kommt es nicht entscheidend an.[694] Außerdem trifft den Hauptbeteiligten einen Gesellschafterwechsel weniger als der Entzug der Einlage.[695] Schließlich werden auch die Erben nicht unbillig belastet, weil das Verlustrisiko in der Regel auf die Höhe der Einlage begrenzt ist.[696] Die analoge Anwendung des § 234 II HGB auf die typische Unterbeteiligung ist daher zu befürworten.

Bei einer atypischen Unterbeteiligung verfolgt der Unterbeteiligte neben dem Anlageinteresse auch weitere Interessen (zum Beispiel eine Mitbestimmung). Zudem kann auch eine Verlustbeteiligung über die Höhe der Einlage hinaus vereinbart werden. In diesem Fall würden die Erben persönlich haften. Schließlich treffen den atypischen Unterbeteiligten auch Pflichten, die die Erben eventuell nicht erfüllen können oder wollen. Eine analoge Anwendung des § 234 II HGB kommt daher in diesem Fall nicht in Betracht.[697] Im Ergebnis ist eine Differenzierung erforderlich. Für die typische Unterbeteiligung ist § 234 II HGB analog anwendbar. Sie wird durch den Tod des Unterbeteiligten nicht aufgelöst. Die

692 MüKo/*Schmidt,* § 234 Rn. 77; Schlegelberger/*Schmidt,* § 234 Rn. 74; BHbdP/*Bärwaldt,* § 15 Rn. 41; Ebenroth/Boujong/Joost/Strohn/*Gehrlein,* § 234 Rn. 37; MüKo/*Ulmer/Schäfer,* Vor. § 705 BGB Rn. 102; Staub/*Harbarth,* § 234 Rn. 120; *Paulick,* ZGR 1974, 253, 280; *Blaurock,* Rn. 30.60; *Blaurock,* Unterbeteiligung, S. 166; *Winterstein,* S. 88; *Ulbrich,* S. 153; *Meyer,* S. 148 f.; *Friehe,* S. 74; *Weigl,* S. 215; Heymann/*Horn,* § 234 Rn. 31; Röhricht/von Westphalen/Haas/*Mock,* § 234 Rn. 41; Singhof/*Seiler/Schlitt,* Rn. 470; *Böttcher/Zartmann/Faut,* S. 118; *Herzfeld,* AcP 137 (1933), 270, 316; Esskandari/*Franck*/Künnemann, Kap. 2 Rn. 118, 136, 162. Zweifel äußern MüHdb/*Gayk,* § 30 Rn. 74; Wachter/*Eberl,* S. 1842; *Tebben,* S. 340 f.; a.A. *Wendelstein,* BB 1970, 735, 737; *Wagner,* S. 124.

693 MüKo/*Schmidt,* § 234 HGB Rn. 56; *Thomsen,* S. 59.

694 *Ulbrich,* S. 153 spricht von einem „austauschbaren Geldgeber".

695 *Ulbrich,* S. 153.

696 *Ulbrich,* S. 153.

697 So auch *Tebben,* S. 341.

atypische Unterbeteiligung wird dagegen gemäß § 727 I BGB aufgelöst, wenn sich aus dem Parteiwillen im Einzelfall nicht etwas anderes ergibt.[698]

cc) Insolvenzen

Die Unterbeteiligungsgesellschaft hat kein eigenes Gesellschaftsvermögen. Deshalb ist sie selbst auch nicht insolvenzfähig.[699] Es kann aber die Eröffnung eines Insolvenzverfahrens über das Vermögen des Haupt- und Unterbeteiligten erfolgen.[700] Gemäß § 728 II 1 BGB führt die Eröffnung des Insolvenzverfahrens über das Vermögen des Haupt- oder Unterbeteiligten zur Auflösung der Unterbeteiligungsgesellschaft.[701]

(1) Insolvenz des Hauptgesellschafters

Zunächst sind die Folgen der Insolvenz des Hauptgesellschafters zu untersuchen.

(a) Auseinandersetzungsanspruch des Unterbeteiligten

In der Insolvenz des Hauptgesellschafters steht dem Unterbeteiligten infolge der Auflösung der Unterbeteiligungsgesellschaft in der Regel ein Auseinandersetzungsanspruch auf Rückzahlung seiner Einlage zu.[702] Die Auseinandersetzung erfolgt jedoch nicht gemäß § 84 I InsO außerhalb des Insolvenzverfahrens. Der Unterbeteiligte muss vielmehr den analog § 236 I HGB berechneten Anspruch als Insolvenzforderung zur Tabelle anmelden (§§ 174 ff. InsO).[703] Insoweit ist der Unterbeteiligte den übrigen Insolvenzgläubigern gleichzustellen und kann keine

---

698 Vgl. *Tebben*, S. 341.

699 MüKo/*Schmidt*, § 230 HGB Rn. 194; Staub/*Harbarth*, § 236 Rn. 49; Jaeger/*Eckardt*, § 84 Rn. 46; Michalski/*Ebbing*, § 15 Rn. 185; Singhof/*Seiler/Schlitt*, Rn. 472; *Paulick*, ZGR 1974, 253, 283; *Ulbrich*, S. 154; Giefers/*Ruhkamp*, Rn. 733.

700 MüKo/*Schmidt*, § 234 HGB Rn. 68; Jaeger/*Eckardt*, § 84 Rn. 46; Singhof/*Seiler/Schlitt*, Rn. 472; *Ulbrich*, S. 154.

701 MüKo/*Schmidt*, § 234 HGB Rn. 68; Schlegelberger/*Schmidt*, § 234 Rn. 65; Singhof/*Seiler/Schlitt*, Rn. 472; Saenger/Aderhold/Lenkaitis/Speckmann/*Eickhoff*, § 7 Rn. 231; *Blaurock*, Rn. 30.61; *Blaurock*, Unterbeteiligung, S. 173, 274; *Ulbrich*, S. 154; Heymann/*Horn*, § 234 Rn. 32; Staub/*Harbarth*, § 234 Rn. 122; *Köster*, S. 10; *Andreopoulos*, S. 111 f.; *Pöllinger*, S. 62; *Schneider*, FS Möhring 1965, S. 124; *Thomsen*, S. 59; Friehe, S. 75 f.; *Winterstein*, S. 89; *Wendelstein*, BB 1970, 735, 737; *Böttcher/Zartmann/Faut*, S. 121; *Tebben*, S. 306.

702 Oetker/*Schubert*, § 236 Rn. 25, 1.

703 MüKo/*Schmidt*, § 236 HGB Rn. 45; Schlegelberger/*Schmidt*, § 236 Rn. 45; Röhricht/von Westphalen/Haas/*Mock*, § 236 Rn. 39; Oetker/*Schubert*, § 236 Rn. 25; Uhlenbruck/*Hirte;* § 84 Rn. 7; Ebenroth/Boujong/Joost/Strohn/*Gehrlein*, § 236 Rn. 20;

bevorzugte Befriedigung verlangen.[704] Die Anwendung des § 236 HGB analog ist zwingend, soweit die Insolvenzgläubiger durch eine abweichende vertragliche Regelung Nachteile hinnehmen müssten.[705] Ein Aussonderungsrecht nach § 84 I 2 InsO besteht nicht, weil bei der Unterbeteiligung kein Gesamthandsvermögen besteht.[706]

(b) § 236 II HGB analog

Hat der Unterbeteiligte die Einlage noch nicht oder nicht vollständig geleistet, ist er in der Insolvenz des Hauptbeteiligten analog § 236 II HGB bis zur vereinbarten Höhe weiterhin verpflichtet. Die Leistung erfolgt an den Insolvenzverwalter.[707] Den Unterbeteiligten trifft keine darüber hinaus gehende Haftung.[708]

(c) Auswirkungen der Insolvenz des Hauptgesellschafters auf die Hauptgesellschaft

Die Insolvenz des Hauptgesellschafters hat keine Auswirkungen auf den Bestand der Hauptgesellschaft, wenn es sich bei ihr um eine Kapitalgesellschaft handelt. Bei einer Personengesellschaft muss die Hauptgesellschaft liquidiert werden oder den ausscheidenden insolventen Gesellschafter abfinden.[709]

(d) Insolvenzanfechtung analog § 136 InsO

Fraglich ist, ob analog § 136 I InsO ein Anfechtungsrecht der Insolvenzgläubiger des Hauptbeteiligten für Rechtshandlungen besteht, durch die die Einlage

---

Staub/*Harbarth,* § 236 Rn. 49; Singhof/*Seiler/Schlitt,* Rn. 473; a.A. *Blaurock,* Unterbeteiligung, S. 274 ff.; *Blaurock,* Rn. 30.65; *Tebben,* S. 307 ff.

704 Singhof/*Seiler/Schlitt,* Rn. 473; *Tebben,* S. 307.

705 OLG Hamm, Urt. v. 6.3.1996 – 8 U 155/95, WM 1997, 2323, 2324 (zur stillen Gesellschaft); Oetker/*Schubert,* § 236 Rn. 2; Staub/*Harbarth,* § 236 Rn. 10; MüKo/*Schmidt,* § 236 HGB Rn. 4; Heymann/*Horn,* § 236 Rn. 1; Röhricht/von Westphalen/Haas/*Mock,* § 236 Rn. 1.

706 MüKo/*Bergmann/Gehrlein,* § 84 InsO Rn. 23; Ebenroth/Boujong/Joost/Strohn/*Gehrlein,* § 236 Rn. 20, 8; Singhof/*Seiler/Schlitt,* Rn. 473; *Tebben,* S. 307; vgl. bereits *Janberg,* DB 1953, 77, 79. Für die stille Gesellschaft: Oetker/*Schubert,* § 236 Rn. 6; BGH, Urt. v. 19.12.1954 – II ZR 177/53, BB 1955, 331; MüKo/*Schmidt,* § 236 HGB Rn. 21; Heymann/*Horn,* § 236 Rn. 6; MüHdb/*Polzer,* Band 2, § 93 Rn. 6; *Köster,* S. 10; *Hesselmann,* GmbHR 1964, 26, 28 (zum alten Konkursrecht).

707 Ebenroth/Boujong/Joost/Strohn/*Gehrlein,* § 236 Rn. 20, 11.

708 Oetker/*Schubert,* § 236 Rn. 9; Staub/*Harbarth,* § 236 Rn. 23; Baumbach/Hopt/*Roth,* § 236 Rn. 4; *Blaurock,* Rn. 17.60; MüHdb/*Polzer,* Band 2, § 93 Rn. 18.

709 *Tebben,* S. 306.

an den Unterbeteiligten zurückgewährt wird.[710] Eine allgemeine Regelung für die Gesellschaft bürgerlichen Rechts gibt es nicht. Für die Unterbeteiligung besteht insoweit eine Regelungslücke. Die analoge Anwendung setzt voraus, dass hinsichtlich der Unterbeteiligung eine vergleichbare Interessenlage vorliegt. § 136 InsO soll die Insolvenzmasse des Unternehmens erhalten und dient somit dem Gläubigerschutz.[711] Zweifel an einer vergleichbaren Interessenlage bestehen wegen des unterschiedlichen Beteiligungsgegenstandes. Der stille Gesellschafter ist mit einer Vermögenseinlage an dem Handelsgewerbe einer anderen Person mittelbar beteiligt, § 230 I HGB. Der Unterbeteiligte ist dagegen an dem Gesellschaftsanteil des Hauptgesellschafters beteiligt. Der wesentliche Unterschied besteht darin, dass bei der stillen Gesellschaft die Gläubiger des Handelsgewerbes geschützt werden sollen, indem die angefochtene Rechtshandlung rückabgewickelt und die Ausschüttung an das Handelsgewerbe zurückgewährt werden muss. Der Hauptbeteiligte betreibt jedoch kein Handelsgewerbe, sodass die Ausschüttung aus der angefochtenden Rechtshandlung in sein Privatvermögen zurückgeführt werden müsste. Es besteht jedoch zumindest die Gemeinsamkeit einer mittelbaren Beteiligungsform. Die analoge Anwendung des § 136 InsO hätte zur Folge, dass die Insolvenzmasse des Hauptbeteiligen erhalten werden kann. Dadurch wären auch die privaten Gläubiger des Hauptgesellschafters geschützt. Das liegt jedoch außerhalb des Schutzbereichs des § 136 InsO.[712] Aus diesem Grund wird angenommen, dass grundsätzlich keine vergleichbare Interessenlage vorliege.[713]

---

710 Zumindest teilweise dafür: MüKo/*Schmidt*, § 236 HGB Anhang § 136 InsO Rn. 31; Schlegelberger/*Schmidt*, § 237 Rn. 32; Röhricht/von Westphalen/Haas/*Mock*, § 236 Rn. 51; Oetker/*Schubert*, § 236 Rn. 26. Dagegen: *Blaurock*, Rn. 30.23 f.; *Paulick*, ZGR 1974, 253, 283 f.; *Blaurock*, Unterbeteiligung, S. 279; *Koenigs*, S. 346 ff.; *Ulbrich*, S. 156; Ebenroth/Boujong/Joost/Strohn/*Gehrlein*, § 237 Rn. 29; Heymann/*Horn*, § 237 Rn. 13; Koller/*Kindler*/Roth/Morck, § 236 Rn. 12; MüKo/*Gehrlein*, § 136 InsO Rn. 7; *Nerlich*/Römermann, § 136 Rn. 18; Staub/*Harbarth*, Anh. § 236 Rn. 54.

711 MüKo/*Schmidt*, § 236 HGB Anhang § 136 InsO Rn. 31; Oetker/*Schubert*, § 236 Rn. 26.

712 MüKo/*Schmidt*, § 236 HGB Anhang § 136 InsO Rn. 31; Schlegelberger/*Schmidt*, § 237 Rn. 32.

713 Insoweit besteht Einigkeit: MüKo/*Schmidt*, § 236 HGB Anhang § 136 InsO Rn. 31; Schlegelberger/*Schmidt*, § 237 Rn. 32; Röhricht/von Westphalen/Haas/*Mock*, § 236 Rn. 51; Oetker/*Schubert*, § 236 Rn. 26; *Blaurock*, Rn. 30.23 f.; *Paulick*, ZGR 1974, 253, 283 f.; *Blaurock*, Unterbeteiligung, S. 278 f.; *Koenigs*, S. 346 ff.; *Ulbrich*, S. 156; Ebenroth/Boujong/Joost/Strohn/*Gehrlein*, § 237 Rn. 29; Heymann/*Horn*, § 237 Rn. 13; Koller/*Kindler*/Roth/Morck, § 236 Rn. 12; MüKo/*Gehrlein*, § 136 InsO Rn. 7; *Nerlich*/Römermann, § 136 Rn. 18; Staub/*Harbarth*, Anh. § 236 Rn. 54 f.

Dagegen wird eingewandt, dass es auch Fälle geben kann, in denen sich die anfechtbaren Rechtshandlungen zum Nachteil der Gläubiger in einem Insolvenzverfahren der Hauptgesellschaft auswirken können.[714] So sei die Haftungsmasse der Hauptgesellschaft betroffen, wenn der Hauptgesellschafter persönlich für die Unternehmensverbindlichkeiten hafte oder wenn die Rückzahlung der Einlagen an den Unterbeteiligten zu einem Kapitalabzug bei der Hauptgesellschaft führe und Ansprüche gegen den Hauptgesellschafter bestünden.[715] Jedenfalls in diesen Fällen sei eine vergleichbare Interessenlage gegeben.[716] Wird in Ausnahmefällen die Masse der Hauptgesellschaft bedroht, liegt eine vom Schutzzweck des § 136 InsO gedeckte, vergleichbare Interessenlage vor. Dann ist eine analoge Anwendung des § 136 InsO geboten.

(2) Insolvenz des Unterbeteiligten

Durch die Insolvenz des Unterbeteiligten wird die Unterbeteiligungsgesellschaft ebenfalls nach § 728 BGB aufgelöst.[717] In der Auseinandersetzung zwischen Haupt- und Unterbeteiligten wird die Einlage an den Unterbeteiligten zurückgezahlt, sodass seine Insolvenzgläubiger darauf zugreifen können.[718] Der Hauptbeteiligte kann einen Anspruch auf Zahlung der rückständigen Einlage analog § 236 II HGB haben. Diesen muss er zur Insolvenztabelle anmelden (§§ 174 ff. InsO).[719] Die Insolvenz des Unterbeteiligten hat keine Auswirkungen auf die Hauptgesellschaft.

dd) Zweckerreichung und Zweckvereitelung

Gemäß § 726 BGB ist die Unterbeteiligung aufzulösen, wenn der vereinbarte Zweck erreicht oder dessen Erreichung unmöglich geworden ist. Der Zweck der Unterbeteiligung kann durch den Wegfall der Hauptbeteiligung erreicht werden, etwa durch den Ausschluss des Hauptgesellschafters, der Auflösung der

714 MüKo/*Schmidt*, § 236 HGB Anhang § 136 InsO Rn. 31; *Schmidt*, DB 1976, 1705 1709; Schlegelberger/*Schmidt*, § 237 Rn. 32; Röhricht/von Westphalen/Haas/*Mock*, § 236 Rn. 39; Oetker/*Schubert*, § 236 Rn. 26.

715 MüKo/*Schmidt*, § 236 HGB Anhang § 136 InsO Rn. 31; Schlegelberger/*Schmidt*, § 237 Rn. 32.

716 MüKo/*Schmidt*, § 236 HGB Anhang § 136 InsO Rn. 31; Schlegelberger/*Schmidt*, § 237 Rn. 32; Oetker/*Schubert*, § 236 Rn. 26; Röhricht/von Westphalen/Haas/*Mock*, § 236 Rn. 51.

717 Oetker/*Schubert*, § 236 Rn. 25, 17.

718 MüKo/*Schmidt*, § 236 HGB Rn. 46, 43.

719 Oetker/*Schubert*, § 236 Rn. 25, 17.

Hauptgesellschaft, der Eröffnung des Insolvenzverfahrens über die Hauptgesellschaft oder die Übertragung des Gesellschaftsanteils an einen Dritten.[720] Die Unterbeteiligungsgesellschaft nimmt auch an der Abwicklungsgesellschaft teil und besteht daher bis zur Vollbeendigung der Hauptgesellschaft fort.[721] Sobald die Vollbeendigung der Hauptgesellschaft eintritt, liegt nach überwiegender Auffassung der Auflösungsgrund der Zweckerreichung vor.[722] Nach anderer Ansicht wird der Zweck der Unterbeteiligung beim Untergang der Hauptbeteiligung nicht erreicht, sondern vereitelt beziehungsweise unmöglich.[723] Unter welche Tatbestandsalternative des § 726 BGB das Wegfallen der Hauptbeteiligung fällt, ist letztlich nicht erheblich. Jedenfalls liegt ein Auflösungsgrund für die Unterbeteiligungsgesellschaft vor.[724]

ee) Konfusion der Anteile des Haupt- und Unterbeteiligten

Eine Konfusion der Anteile liegt vor, wenn sie in der Hand eines Gesellschafters zusammenfallen.[725] Bei der Konfusion der Anteile erlischt die Unterbeteiligungsgesellschaft automatisch ohne die Durchführung einer Auseinandersetzung.[726] Sie kommt hinsichtlich der Unterbeteiligung zum Beispiel in Betracht, wenn

---

720 Vgl. MüHdb/*Gayk,* § 30 Rn. 75; BHbdP/*Bärwaldt,* § 15 Rn. 41; Staub/*Harbarth,* § 234 Rn. 124; *Tebben,* S. 283, 332; *Meyer,* S. 150; *Böttcher/Zartmann/Faut,* S. 116, 120; *Friehe,* S. 74.

721 *Tebben,* S. 331 f.; Röhricht/von Westphalen/Haas/*Mock,* § 234 Rn. 39; *Ulbrich,* S. 158 f.; MüKo/*Schmidt,* § 234 HGB Rn. 67; *Blaurock,* Unterbeteiligung, S. 166; a.A. *Thomsen,* S. 56 f.

722 OLG Hamm, Urt. v. 6.12.1993 – 8 U 5/93, NJW-RR 1994, 999, 1001; BHbdP/*Bärwaldt,* § 15 Rn. 41; MüHdb/*Gayk,* § 30 Rn. 75; Ebenroth/Boujong/Joost/Strohn/*Gehrlein,* § 234 Rn. 37; *Blaurock,* Rn. 30.61; MüKo/*Schmidt,* § 234 HGB Rn. 67; *Gehrlein,* DStR 1994, 1314, 1317.

723 MüKo/*Schmidt,* § 234 HGB Rn. 73; MüKo/*Ulmer/Schäfer,* Vor. § 705 BGB Rn. 102; *Pöllinger,* S. 64 f.; *Winterstein,* S. 87; Staub/*Harbarth,* § 234 Rn. 124; Röhricht/von Westphalen/Haas/*Mock,* § 234 Rn. 39; *Ulbrich,* S. 158 ff.; *Paulick,* ZGR 1974, 253, 278; *Zapp,* S. 32; *Tebben,* S. 331; wohl auch: Heymann/*Horn,* § 234 Rn. 32, *Greifeld,* S. 67.

724 Ebenfalls offen gelassen von: MüKo/*Reichert/Weller,* § 15 GmbHG Rn. 267; Michalski/*Ebbing,* § 15 Rn. 190.

725 Vgl. MüKo/*Schmidt,* § 234 HGB Rn. 69; Wachter/*Eberl,* S. 1845.

726 Wachter/*Eberl,* S. 1845; Staub/*Harbarth,* § 234 Rn. 123; Heymann/*Horn,* § 234 Rn. 32; MüKo/*Schmidt,* § 234 HGB Rn. 69; *Schmidt,* Gesellschaftsrecht, S. 1874; Schlegelberger/*Schmidt,* § 234 Rn. 66; MüHdb/*Gayk,* § 30 Rn. 76; Singhof/*Seiler/Schlitt,* Rn. 490.
Zu den Auswirkungen der Konfusion auf die Hauptgesellschaft für den Fall, dass der Hauptgesellschafter alle Gesellschaftsanteile übernimmt und folglich zum Alleingesellschafter wird s. *Tebben,* S. 333 ff.

sich der Unterbeteiligte und der Hauptbeteiligte beerben oder der Unterbeteiligte die Hauptbeteiligung unter Lebenden, beispielsweise durch eine Schenkung, erwirbt und sich die Anteile exakt entsprechen.[727] Bei mittelständischen Familienunternehmen können solche Konstellationen häufig vorkommen.

b) Keine Auflösungsgründe

Darüber hinaus gibt es auch Änderungen in der Haupt- oder Unterbeteiligungsgesellschaft, die keinen Auflösungsgrund darstellen.

aa) Umwandlungen

Zu denken ist zunächst an Umwandlungsvorgänge.

(1) Umwandlung der Unterbeteiligungsgesellschaft

Die Unterbeteiligungsgesellschaft selbst kann wegen ihrer Einordnung als Innengesellschaft nicht Gegenstand von Umwandlungsvorgängen sein.[728]

(2) Umwandlung der Hauptgesellschaft

Bezüglich der Hauptgesellschaft kommen der Rechtsformwechsel und übertragende Umwandlungen der Hauptgesellschaft in Betracht.

(a) Rechtsformwechsel

Beim Rechtsformwechsel ändert eine Gesellschaft ihr „Rechtskleid". Das bedeutet, dass die Gesellschaft dieselbe bleibt. Sie ändert lediglich ihre Verfassung und Rechtsform.[729] Der Formwechsel (§§ 190 ff. UmwG) der Hauptgesellschaft hat in der Regel keine Auswirkungen auf die Unterbeteiligungsgesellschaft und stellt somit keinen Auflösungsgrund dar.[730] Die Unterbeteiligung besteht nach dem Formwechsel an dem geänderten Anteil fort. So kann sich ein GmbH-Anteil

---

727 MüKo/*Schmidt,* § 234 HGB Rn. 69; Schlegelberger/*Schmidt,* § 234 Rn. 66; Singhof/*Seiler/Schlitt,* Rn. 479.

728 Singhof/*Seiler/Schlitt,* Rn. 480; *Honert,* EStB 2001, 237; *Mühlhaus,* ErbStB 2009, 276, 277, 279.

729 *Kuhlmann/Ahnis,* Rn. 920.

730 MüKo/*Schmidt,* § 234 HGB Rn. 75, 78; MüHdb/*Gayk,* § 30 Rn. 77; ausführlich: *Erkens,* S. 211 ff.; *Blaurock,* Rn. 30.62; *Tebben,* S. 339; *Stegemann/Middendorf,* BB 2006, 1084, 1087; anders soll dies bei der Umwandlung einer Personengesellschaft in eine Kapitalgesellschaft sein *Honert,* EStB 2001, 237, 239.

zum Beispiel in eine Aktie verwandeln.[731] Wenn allerdings die Umwandlung die Interessen des Unterbeteiligten nachteilig berührt, kann ein außerordentliches Kündigungsrecht bestehen.[732]

(b) Übertragende Umwandlungen

Zu untersuchen ist, ob die übertragenden Umwandlungen einen Auflösungsgrund für die Unterbeteiligung darstellen können. Umstritten ist dies zunächst im Fall einer Verschmelzung (§§ 2 ff. UmwG).[733] Bei einer Verschmelzung verbinden sich zwei oder mehr Unternehmen zu einem Unternehmen.[734] Nach einer Ansicht ist die „dingliche Kontinuität" des Gesellschaftsanteils nicht gegeben, wenn sich die Hauptgesellschaft mit einem anderen Unternehmen verbindet. Demnach liegt ein Auflösungsgrund vor. Der Unterbeteiligte soll jedoch einen Anspruch auf Neuvereinbarung einer Unterbeteiligung an dem neuen Gesellschaftsanteil erhalten.[735] Nach anderer Ansicht kommt es nicht auf die „dingliche Kontinuität" des Gesellschaftsanteils an, weil die Unterbeteiligung nur eine schuldrechtliche Beteiligung an dem Gesellschaftsanteil ist, die auch nach der Verschmelzung noch erhalten bleibt.[736] Maßgeblich sei vielmehr die Auslegung des Unterbeteiligungsvertrags und die Frage, ob der Zweck der Unterbeteiligung

731 MüKo/*Schmidt,* § 234 HGB Rn. 75; MüHdb/*Gayk,* § 30 Rn. 77; Singhof/*Seiler/Schlitt,* Rn. 481; BHbdP/*Bärwaldt,* § 15 Rn. 42; *Blaurock,* Rn. 30.59; *Erkens,* S. 267 ff.; *Schindhelm/Pickhardt-Poremba/Hilling,* DStR 2003, 1444, 1448; *Stegemann/Middendorf,* BB 2006, 1084, 1087; zum alten Recht: *Blaurock,* Unterbeteiligung, S. 170; *Theil,* S. 59 ff.; Staub/*Harbarth,* § 234 Rn. 127.

732 *Schmidt,* Gesellschaftsrecht, S. 1875; MüKo/*Schmidt,* § 234 HGB Rn. 75, 78; *Blaurock,* Rn. 30.62; MüHdb/*Gayk,* § 30 Rn. 77; Singhof/*Seiler/Schlitt,* Rn. 481; *Theil,* S. 62 f.; Staub/*Harbarth,* § 234 Rn. 127; Röhricht/von Westphalen/Haas/*Mock,* § 234 Rn. 47; BHbdP/*Bärwaldt,* § 15 Rn. 42; *Schindhelm/Pickhardt-Poremba/Hilling,* DStR 2003, 1444, 1448. Das zumutbare Maß ist bspw. überschritten, wenn der Unterbeteiligte an einer ganz bestimmten Rechtsform beteiligt werden sollte und der Formwechsel daher gegen den Zweck der Unterbeteiligung verstößt.

733 Singhof/*Seiler/Schlitt,* Rn. 482.

734 *Kuhlmann/Ahnis,* Rn. 920.

735 MüKo/*Schmidt,* § 234 HGB Rn. 75; Schlegelberger/*Schmidt,* § 234 Rn. 72; Röhricht/von Westphalen/Haas/*Mock,* § 234 Rn. 47; *Tebben,* S. 338 f.; zum alten Recht: *Theil,* S. 100 ff.; Staub/*Zutt,* 4. Aufl. § 234 Rn. 41.

736 Singhof/*Seiler/Schlitt,* Rn. 482; MüHdb/*Gayk,* § 30 Rn. 77; Staub/*Harbarth,* § 234 Rn. 127; *Schindhelm/Pickhardt-Poremba/Hilling,* DStR 2003, 1444, 1446; *Blaurock,* Unterbeteiligung, S. 170; BHbdP/*Bärwaldt,* § 15 Rn. 42.

auch an der neuen Hauptbeteiligung fortgeführt werden könne.[737] Dieser Zweck sei in der Regel wirtschaftlicher Natur, sodass es für den Unterbeteiligten nicht bedeutsam sei, welches „rechtliche Gewand" die Hauptbeteiligung hat.[738]

Gegen die erstgenannte Ansicht spricht, dass aus dem Unterbeteiligungsvertrag ohne ausdrückliche Regelung wohl nur schwerlich ein Anspruch auf Neuvereinbarung einer Unterbeteiligung hergeleitet werden kann. Richtigerweise sollte der wirtschaftliche Inhalt der Unterbeteiligung maßgeblich sein. Sofern der Unterbeteiligte ausschließlich wirtschaftliche Interessen verfolgt, werden diese durch den neuen Gesellschaftsanteil nicht gefährdet. Ebenso wie bei einem Formwechsel kann es daher nicht auf die Rechtsform der Hauptgesellschaft ankommen. Gleiches gilt für die Spaltung (§§ 123 ff. UmwG).[739] Bei der Spaltung wird ein Teil des Unternehmens auf eine andere Gesellschaft übertragen.[740] Auch ist entscheidend, dass der Zweck der Unterbeteiligung weiterhin erfüllt werden kann.[741]

(3) Umwandlung der Hauptbeteiligung

Zu einer Umwandlung der Hauptbeteiligung kommt es zum Beispiel, wenn der Hauptbeteiligte die Stellung eines Gesellschafters in einer offenen Handelsgesellschaft gegen diejenige eines Kommanditisten tauscht. Auch im umgekehrten Fall verändert sich die Hauptbeteiligung. Die Identität des Anteils bleibt aber gewahrt,[742] sodass kein Auflösungsgrund besteht.[743] Werden dadurch die Interessen des Unterbeteiligten berührt, bedarf eine solche Umwandlung seiner Zustimmung.[744] Holt der Hauptbeteiligte nicht die Zustimmung des Unterbeteiligten

737 MüHdb/*Gayk*, § 30 Rn. 77; *Schindhelm/Pickardt-Poremba/Hilling*, DStR 2003, 1444, 1446; BHbdP/*Bärwaldt*, § 15 Rn. 42.

738 BHbdP/*Bärwaldt*, § 15 Rn. 42.

739 Singhof/*Seiler/Schlitt*, Rn. 482; MüHdb/*Gayk*, § 30 Rn. 77; *Schindhelm/Pickhardt-Poremba/Hilling*, DStR 2003, 1444, 1447; BHbdP/*Bärwaldt*, § 15 Rn. 42.

740 *Kuhlmann/Ahnis*, Rn. 920.

741 Singhof/*Seiler/Schlitt*, Rn. 482; MüHdb/*Gayk*, § 30 Rn. 77; BHbdP/*Bärwaldt*, § 15 Rn. 42.

742 *Tebben*, S. 339.

743 MüKo/*Schmidt*, § 234 HGB Rn. 76; Singhof/*Seiler/Schlitt*, Rn. 483; BHbdP/*Bärwaldt*, § 15 Rn. 43.

744 Singhof/*Seiler/Schlitt*, Rn. 483; MüKo/*Schmidt*, § 234 HGB Rn. 76; *Meyer*, S. 151 f.; *Friehe*, S. 74; *Ulbrich*, S. 159; MüHdb/*Gayk*, § 30 Rn. 78; Röhricht/von Westphalen/Haas/*Mock*, § 234 Rn. 46; BHbdP/*Bärwaldt*, § 15 Rn. 43.

ein, so kann letzterem unter Umständen ein Recht zur außerordentlichen Kündigung zustehen.[745]

bb) Insolvenz der Hauptgesellschaft

Die Liquidation oder Insolvenz der Hauptgesellschaft stellen noch keine Auflösungsgründe dar. Erst mit der Vollbeendigung der Hauptgesellschaft wird die Unterbeteiligung wegen Wegfalls ihres Zwecks aufgelöst.[746] Bis dahin nimmt der Unterbeteiligte an einem etwaigen Liquidationserlös teil.[747]

2. *Auseinandersetzung der Unterbeteiligungsgesellschaft*

Mit der Auflösung der Unterbeteiligung findet eine Auseinandersetzung zwischen dem Haupt- und Unterbeteiligten statt.[748]

a) Rechtsgrundlage für die Auseinandersetzung

Umstritten ist, ob die Auseinandersetzung nach den §§ 730 ff. BGB[749] erfolgt oder ob unmittelbar die Vollbeendigung eintritt und das Rechtsverhältnis zwischen dem Haupt- und Unterbeteiligten analog § 235 I HGB[750] lediglich schuldrechtlich abzuwickeln ist. Nach der ersten Ansicht besteht noch ein echtes

---

745 *Ulbrich,* S. 159; MüHdb/*Gayk,* § 30 Rn. 78; MüKo/*Schmidt,* § 234 HGB Rn. 76; Singhof/*Seiler/Schlitt,* Rn. 483; BHbdP/*Bärwaldt,* § 15 Rn. 43; *Friehe,* S. 74.

746 Saenger/Aderhold/Lenkaitis/Speckmann/*Eickhoff,* § 7 Rn. 228.

747 Saenger/Aderhold/Lenkaitis/Speckmann/*Eickhoff,* § 7 Rn. 228.

748 *Schmidt,* Gesellschaftsrecht, S. 1874; MüHdb/*Gayk,* § 30 Rn. 79; Wachter/*Eberl,* S. 1845 f.

749 *Wendelstein,* BB 1970, 735, 737 f.; *Herzfeld,* AcP 137 (1933), 270, 318; *Friehe,* S. 76; *Pöllinger,* S. 71.

750 OLG Hamm, Urt. v. 6.12.1993 – 8 U 5/93, NJW-RR 1994, 999, 1001; *Esch,* NJW 1964, 902, 906; *Paulick,* ZGR 1974, 280 f.; MüKo/*Ulmer/Schäfer,* Vor. § 705 BGB Rn. 103; Müko/*Schmidt,* § 235 HGB Rn. 69; Schlegelberger/*Schmidt,* § 235 Rn. 65; Ebenroth/Boujong/Joost/Strohn/Gehrlein, § 235 Rn. 35; *Ulbrich,* S. 162; *Wagner,* S. 137 ff.; *Weigl,* S. 216; Staub/*Harbarth,* § 235 Rn. 75; Heymann/*Horn,* § 235 Rn. 25; Oetker/*Schubert,* § 235 Rn. 32; BHbdP/*Bärwaldt,* § 15 Rn. 46; Wachter/*Eberl,* S. 1846; Michalski/*Ebbing,* § 15 Rn. 191; Röhricht/von Westphalen/Haas/*Mock,* § 235 Rn. 37; *Böttcher/Zartmann/Faut,* S. 122; *Winterstein,* S. 91; differenzierend *Blaurock,* Unterbeteiligung, S. 174 ff.; sowie auch Saenger/Aderhold/Lenkaitis/Speckmann/*Eickhoff,* § 7 Rn. 234 f. Schmidt vertritt eine vermittelnde Ansicht und spricht sich für die Anwendung der §§ 738 ff. BGB aus, soweit diese Regelungen auf die Innengesellschaft passen, für die Berechnung des Auseinandersetzungsanspruchs wendet er ebenfalls § 235 I HGB analog an, MüKo/*Schmidt,* § 235 HGB Rn. 68.

Gesellschaftsverhältnis mit gegenseitigen Treuepflichten, während nach der zweiten Ansicht lediglich der Anspruch des Unterbeteiligten am Anteil des Auseinandersetzungsguthabens abzuwickeln ist.[751] Bei der Gesellschaft bürgerlichen Rechts muss das Gesamthandsvermögen unter den Gesellschaftern aufgeteilt werden. Für diese Verteilung ist das Abwicklungsverfahren vorgesehen.[752] Bei der Unterbeteiligung gibt es aber keine gesamthänderisch gebundenen Vermögenswerte, die die Gesellschafter unter sich aufteilen müssten. Gegen die erste Ansicht spricht, dass eine Abwicklungsgesellschaft mangels Gesellschaftsvermögens für die Unterbeteiligung weitgehend zwecklos ist.[753] Zumindest bei der typischen Unterbeteiligung ist – wie bei der stillen Gesellschaft – lediglich der Geldbetrag zu ermitteln, der dem Unterbeteiligten hinsichtlich seiner Einlage zusteht.[754] Insoweit liegt eine vergleichbare Interessenlage vor. Die besseren Gründe sprechen daher dafür, die Auseinandersetzung analog § 235 I HGB durchzuführen. Das schuldrechtliche Sonderrechtsverhältnis der Unterbeteiligung besteht dann noch als Abrechnungsverhältnis fort. Die mitgliedschaftlichen Rechte und Pflichten enden,[755] wenn sich nichts anderes aus dem Unterbeteiligungsvertrag ergibt.[756]

b) Verwertung des Hauptgesellschaftsanteils

Bei der Verwertung des Hauptgesellschaftsanteils kommt der dargestellte Meinungsstreit zum Tragen. Nach § 733 III BGB ist das Gesellschaftsvermögen zur Rückerstattung der Einlagen in Geld umzusetzen. Bei einer analogen Anwendung könnte das für den Hauptbeteiligten bedeuten, dass er seine Hauptbeteiligung veräußern müsste, um dem Unterbeteiligten seine Einlage zurückzuerstatten. Auf welche Weise der Hauptbeteiligte die Forderung des Unterbeteiligten erfüllt, ist aber grundsätzlich ihm überlassen. Für den Unterbeteiligten ist es nicht bedeutsam, ob der Hauptbeteiligte dafür den Hauptgesellschaftsanteil

---

751 Wachter/*Eberl*, S. 1841.

752 *Tebben*, S. 345.

753 BGH, Urt. v. 22.6.1981 – II ZR 94/80, NJW 1982, 99, 100; Staub/*Harbarth*, § 234 Rn. 40; BHbdP/*Bärwaldt*, § 15 Rn. 40; *Paulick*, ZGR 1974, 277; MüHdb/*Gayk*, § 30 Rn. 68; Wachter/*Eberl*, S. 1841; *Gehrlein*, DStR 1994, 1314, 1318; Saenger/Aderhold/Lenkaitis/Speckmann/*Eickhoff*, § 7 Rn. 233.

754 Singhof/*Seiler/Schlitt*, Rn. 486; *Paulick*, ZGR 1974, 253, 281; MüKo/*Schmidt*, § 235 HGB Rn. 70.

755 MüKo/*Schmidt*, § 234 HGB Rn. 63; *Blaurock*, Rn. 30.63; *Paulick*, ZGR 1974, 253, 277.

756 MüKo/*Schmidt*, § 235 HGB Rn. 68.

verwertet oder sein sonstiges Vermögen verwendet.[757] Die Interessenlage ist bei der Unterbeteiligung eine andere als bei der Gesellschaft bürgerlichen Rechts. Die Hauptbeteiligung ist nicht Teil eines Gesamthandsvermögens, das aufgeteilt werden muss. Es erscheint daher nicht zweckmäßig, den Hauptbeteiligten zur Veräußerung der Hauptbeteiligung zu zwingen, wenn er die Forderung des Unterbeteiligten auf andere Weise erfüllen kann. Eine Verwertung des Hauptgesellschaftsanteils nach § 733 III BGB kommt deshalb nicht in Betracht.[758] Der Unterbeteiligte ist in Geld abzufinden.[759]

3. *Bemessung des Auseinandersetzungsanspruchs*

Problematisch ist die Bemessung des Auseinandersetzungsanspruchs. Sie sollte zweckmäßigerweise im Unterbeteiligungsvertrag geregelt werden.[760] Die jeweiligen Besonderheiten der typischen und der atypischen Unterbeteiligung müssen berücksichtigt werden.

a) Typische Unterbeteiligung

Hinsichtlich der typischen Unterbeteiligung ist zunächst die Rechtsgrundlage umstritten. Fraglich ist auch, ob abweichende vertragliche Regelungen getroffen werden können.

aa) Gesetzliche Regelung

Besteht keine Regelung im Unterbeteiligungsvertrag, kommt die Anwendung des § 738 I 2 2. HS BGB oder des § 235 I HGB analog in Betracht. Gemäß § 738 I 2 2. HS BGB ist dem Gesellschafter dasjenige zu zahlen, was er bei der Auseinandersetzung erhalten würde, wenn die Gesellschaft zur Zeit seines Ausscheidens aufgelöst worden wäre. § 235 I HGB sieht dagegen vor, dass das Guthaben des stillen Gesellschafters in Geld zu berichtigen ist. Die Unterbeteiligung ist eine Gesellschaft bürgerlichen Rechts in der Form einer Innnengesellschaft.

---

757 MüKo/*Schmidt*, § 235 HGB Rn. 68; Schlegelberger/*Schmidt*, § 235 Rn. 64; *Tebben*, S. 345.

758 MüKo/*Schmidt*, § 235 HGB Rn. 68; MüHdb/*Gayk*, § 30 Rn. 79; BHbdP/*Bärwaldt*, § 15 Rn. 46; *Ulbrich*, S. 162.

759 MüKo/*Schmidt*, § 235 HGB Rn. 68; Schlegelberger/*Schmidt*, § 235 Rn. 64; MüHdb/*Gayk*, § 30 Rn. 79; *Tebben*, S. 345.

760 MüKo/*Schmidt*, § 235 HGB Rn. 70; Schlegelberger/*Schmidt*, § 235 Rn. 66; MüHdb/*Gayk*, § 30 Rn. 80; Wachter/*Eberl*, S. 1846.

Somit kommt zunächst die Anwendung von § 738 I 2 2. HS BGB in Frage.[761] Nach § 734 BGB stünde dem Unterbeteiligten über seine Einlage hinaus ein Anteil am Wertzuwachs des Hauptgesellschaftsanteils zu.[762] Analog § 235 I HGB ist dem Unterbeteiligten lediglich seine Einlage zurückzugewähren. Da es bei der Auseinandersetzung der typischen Unterbeteiligung lediglich um die Berechnung eines schuldrechtlichen Geldanspruchs geht, erscheint die Regelung des § 235 I HGB als sachgerechter.[763] Analog § 235 I HGB geht es nur um die Auszahlung des Guthabens. Das Guthaben umfasst die Einlage des Unterbeteiligten, aber keine Wertzuwächse. Es entspricht dem Buchwert zuzüglich noch nicht ausgezahlter Gewinne und abzüglich etwaiger Verluste.[764] Folglich ist der Unterbeteiligte nicht an den stillen Reserven der Hauptbeteiligung beteiligt.[765] Die Grundlage für die Auseinandersetzung ist demnach eine Gewinnermittlungsbilanz.[766] Die Höhe ist in dieser Bilanz bis auf den Tag der Auflösung zu errechnen.[767] Die Aufstellung obliegt dem Hauptbeteiligten, der Unterbeteiligte hat ein Prüfungsrecht aus § 810 BGB.[768]

---

761 So *Tebben,* S. 346 f.

762 *Tebben,* S. 346 f.

763 So auch OLG-Hamm, Urt. v. 6.12.1993 – 8 U 5/93, NJW-RR 1994, 999, 1000 f.; MüKo/*Ulmer/Schäfer,* Vor. § 705 BGB Rn. 103; Röhricht/von Westphalen/Haas/*Mock,* § 235 Rn. 37; Schlegelberger/*Schmidt,* § 235 Rn. 65; *Paulick,* ZGR 1974, 253, 280 ff.

764 MüKo/*Schmidt,* § 235 HGB Rn. 70; Schlegelberger/*Schmidt,* § 235 Rn. 66; Heymann/*Horn,* § 235 Rn. 25; Wachter/*Eberl,* S. 1846 f.; *Paulick,* ZGR 1974, 253, 281; *Ulbrich,* S. 162; *Böttcher/Zartmann/Faut,* S. 121 f.; Ebenroth/Boujong/Joost/Strohn/*Gehrlein,* § 235 Rn. 35; BHbdP/*Bärwaldt,* § 15 Rn. 47; *Gehrlein,* DStR 1994, 1314, 1318; Saenger/Aderhold/Lenkaitis/Speckmann/*Eickhoff,* § 7 Rn. 234.

765 MüHdb/*Gayk,* § 30 Rn. 80; MüKo/*Schmidt,* § 235 HGB Rn. 70; Wachter/*Eberl,* S. 1847; Saenger/Aderhold/Lenkaitis/Speckmann/*Eickhoff,* § 7 Rn. 234.

766 Oetker/*Schubert,* § 235 Rn. 32; BHbdP/*Bärwaldt,* § 15 Rn. 47; Singhof/*Seiler/Schlitt,* Rn. 488; *Ulbrich,* S. 162.

767 *Paulick,* ZGR 1974, 253, 281; MüHdb/*Gayk,* § 30 Rn. 81; BHbdP/*Bärwaldt,* § 15 Rn. 47.

768 BGH, Urt. v. 11.7.1968 – II ZR 92/67, WM 1968, 1245; MüHdb/*Gayk,* § 30 Rn. 80; Singhof/*Seiler/Schlitt,* Rn. 489; *Ulbrich,* S. 164; *Koenigs,* S. 171, 299 (für die stille Gesellschaft); a.A. *Paulick,* ZGR 1974, 253, 282, der § 233 HGB analog anwendet.

bb) Vertragliche Regelung

Die Parteien können im Unterbeteiligungsvertrag abweichendes vereinbaren.[769] Insbesondere bei Finanzierungsproblemen sollten solche Regelungen getroffen werden, da das Kapital des Hauptbeteiligten in der Hauptgesellschaft in Form von stillen Reserven gebunden sein kann, die nur beim Ausscheiden aus der Gesellschaft zu realisieren sind.[770] Es liegt nicht in seinem Interesse, die Auseinandersetzung durch die Auflösung seiner Hauptbeteiligung zu finanzieren beziehungsweise dazu gezwungen zu werden.[771] Der Verkaufszwang könnte beispielsweise durch Vereinbarungen über eine Stundung oder eine Ratenzahlung[772] vermieden werden. Im Unterbeteiligungsvertrag kann auch festgelegt werden, dass der Verkehrswert der Hauptbeteiligung maßgeblich für die Abfindung sein soll.[773] Über die Rückzahlung seiner Einlage hinaus kann dem Unterbeteiligten auch ein Anteil am Wertzuwachs im Verhältnis seiner Gewinnbeteiligung am Hauptgesellschaftsanteil zugesprochen werden.[774]

b) Atypische Unterbeteiligung

Bei der atypischen Unterbeteiligung ist eine Auseinandersetzungsbilanz nach § 738 I 2 BGB auf der Basis der Anteilsbewertung aufzustellen.[775] Dies folgt aus der gesellschafterähnlichen Stellung des Unterbeteiligten. Das Auseinandersetzungsguthaben richtet sich nach dem Verkehrswert der Hauptbeteiligung, der wiederum nach ihren Ertragswerten berechnet wird. In der Vermögensbilanz sind auch die stillen Reserven enthalten.[776]

---

769 MüHdb/*Gayk*, § 30 Rn. 82; MüKo/*Schmidt*, § 235 HGB Rn. 70; *Thomsen*, S. 60; *Paulick*, ZGR 1974, 253, 281; *Böttcher/Zartmann/Faut*, S. 122 f.; Singhof/*Seiler/Schlitt*, Rn. 487.

770 MüHdb/*Gayk*, § 30 Rn. 82; *Thomsen*, S. 60.

771 So auch Saenger/Aderhold/Lenkaitis/Speckmann/*Eickhoff*, § 7 Rn. 237.

772 Vgl. Saenger/Aderhold/Lenkaitis/Speckmann/*Eickhoff*, § 7 Rn. 237.

773 MüHdb/*Gayk*, § 30 Rn. 82.

774 *Friehe*, S. 76; *Tebben*, S. 346 f.

775 MüKo/*Schmidt*, § 235 HGB Rn. 71; *Böttcher/Zartmann/Faut*, S. 140; *Ulbrich*, S. 163 f.; Heymann/*Horn*, § 235 Rn. 25; Saenger/Aderhold/Lenkaitis/Speckmann/*Eickhoff*, § 7 Rn. 235.

776 Saenger/Aderhold/Lenkaitis/Speckmann/*Eickhoff*, § 7 Rn. 235; Wachter/*Eberl*, S. 1847.

c) Erfüllung der Auseinandersetzungsforderung

Der Anspruch ist fällig, sobald seine Höhe feststeht.[777] Die Verzinsung richtet sich nach den allgemeinen Grundsätzen, soweit im Unterbeteiligungsvertrag keine abweichenden Regelungen getroffen wurden.[778] Ist die Unterbeteiligung ein beiderseitiges Handelsgeschäft, ist die Forderung ab Fälligkeit mit 5 % zu verzinsen, §§ 352 I 1, 353 1 HGB.[779]

d) Keine Nachschusspflichten

Nimmt der Unterbeteiligte an den Verlusten teil, besteht keine gesetzliche Nachschusspflicht.[780] Sie müsste daher im Unterbeteiligungsvertrag vereinbart werden. Ohne eine solche Vereinbarung ist der Unterbeteiligungsvertrag so auszulegen, dass eine Verlustbeteiligung nicht zugleich auch eine Nachschusspflicht begründet.[781] Daher müssen die Verluste nicht ausgeglichen werden, wenn das Einlagenkonto passiv geworden ist.[782] Eine noch nicht erbrachte Einlage muss der Unterbeteiligte jedoch noch leisten.[783]

e) Abwicklung schwebender Geschäfte

Nach überwiegender Auffassung nimmt der Unterbeteiligte an schwebenden Geschäften der Unterbeteiligung analog § 235 II und III HGB teil.[784] Begründet wird dies mit der Systematik des Gesetzes. Das Gesetz sieht sowohl bei der Gesellschaft bürgerlichen Rechts (§ 740 BGB) als auch bei der stillen Gesellschaft

---

777 MüHdb/*Gayk*, § 30 Rn. 83; MüKo/*Schmidt*, § 235 HGB Rn. 29; Baumbach/Hopt/*Roth*, § 235 Rn. 2; Wachter/*Eberl*, S. 1847.

778 MüHdb/*Gayk*, § 30 Rn. 83.

779 Wachter/*Eberl*, S. 1847.

780 MüKo/*Schmidt*, § 235 HGB Rn. 72; Schlegelberger/*Schmidt*, § 235 Rn. 68; *Böttcher/Zartmann/Faut*, S. 110; *Otto*, BB 1948, 210, 213; Staub/*Harbarth*, § 235 Rn. 76; *Ulbrich*, S. 140; Ebenroth/Boujong/Joost/Strohn/*Gehrlein*, § 235 Rn. 35; Wachter/*Eberl*, S. 1847.

781 MüHdb/*Gayk*, § 30 Rn. 83; *Paulick*, ZGR 1974, 253, 282; MüKo/*Schmidt*, § 235 HGB Rn. 72; *Weigl*, S. 216; *Tebben*, S. 292.

782 MüKo/*Schmidt*, § 235 HGB Rn. 72; MüHdb/*Gayk*, § 30 Rn. 83.

783 MüKo/*Schmidt*, § 235 HGB Rn. 72; Schlegelberger/*Schmidt*, § 235 Rn. 68; MüHdb/*Gayk*, § 30 Rn. 83; *Ulbrich*, S. 163; *Paulick*, ZGR 1974, 253, 282; *Greifeld*, S. 76; *Pöllinger*, S. 73; Saenger/Aderhold/Lenkaitis/Speckmann/*Eickhoff*, § 7 Rn. 234; BHbdP/*Bärwaldt*, § 15 Rn. 47.

784 *Ulbrich*, S. 163; *Winterstein*, S. 91; Staub/*Harbarth*, § 235 Rn. 77; Heymann/*Horn*, § 235 Rn. 25; Röhricht/von Westphalen/Haas/*Mock*, § 235 Rn 39; differenzierend: MüKo/*Schmidt*, § 235 HGB Rn. 73; Schlegelberger/*Schmidt*, § 235 Rn. 69.

(§ 235 II HGB) für die ausscheidenden Gesellschafter vor, dass diese bei der Auflösung der Gesellschaft an den schwebenden Geschäften teilnehmen sollen.[785] Zudem handelt es sich um eine mittelbare Unternehmensbeteiligung. Die Teilnahme liegt daher regelmäßig im Interesse des Beteiligten.[786] Dagegen spricht, dass die schwebenden Geschäfte weder die Unterbeteiligung noch den Hauptbeteiligten, sondern die Hauptgesellschaft betreffen.[787] Der Unterbeteiligte nimmt während seiner Beteiligung nicht direkt am Ergebnis der Hauptgesellschaft teil. Seine Beteiligung orientiert sich nur am Gewinn oder Verlust der Hauptbeteiligung.[788] Es ist daher nicht einzusehen, warum der Unterbeteiligte nach der Beendigung der Unterbeteiligung noch mittelbar an den Geschäften der Hauptgesellschaft teilhaben sollte, obwohl zu ihr keine Verbindung über den Gesellschaftsanteil des Hauptbeteiligten mehr besteht.[789] Die Berechnung des Anteils an den schwebenden Geschäften hinsichtlich des Auseinandersetzungsanspruchs würde zudem dadurch erschwert, dass der Hauptbeteiligte das Ergebnis der schwebenden Geschäfte gar nicht feststellen kann, da die Hauptgesellschaft ihm dieses Ergebnis nicht mitteilen muss.[790] Dagegen lässt sich wiederum einwenden, dass die Unterbeteiligung eine mittelbare Unternehmensbeteiligung ist und es daher im Interesse der Beteiligten liegt, dass der Unterbeteiligte auch noch an den schwebenden Geschäften teilnimmt.[791] Es erscheint gerechtfertigt, die wirtschaftliche Betrachtung der rein dogmatischen vorzuziehen und § 235 II, III HGB analog auf die Unterbeteiligung anzuwenden.[792] Gleichwohl kann es ratsam sein, die Teilnahme des Unterbeteiligten an den schwebenden Geschäften vertraglich auszuschließen, weil der Hauptbeteiligte selbst nicht unmittelbar an diesen beteiligt ist und sie ohne die Hauptgesellschaft nicht abrechnen kann.[793]

---

785 MüKo/*Schmidt,* § 235 HGB Rn. 73; Schlegelberger/*Schmidt,* § 235 Rn. 69; Wachter/*Eberl,* S. 1848.

786 MüKo/*Schmidt,* § 235 HGB Rn. 73; Schlegelberger/*Schmidt,* § 235 Rn. 69.

787 MüKo/*Schmidt,* § 235 HGB Rn. 73; MüHdb/*Gayk,* § 30 Rn. 84.

788 MüHdb/*Gayk,* § 30 Rn. 84.

789 MüHdb/*Gayk,* § 30 Rn. 84.

790 MüKo/*Schmidt,* § 235 HGB Rn. 73; MüHdb/*Gayk,* § 30 Rn. 84.

791 MüKo/*Schmidt,* § 235 HGB Rn. 73; Schlegelberger/*Schmidt,* § 235 Rn. 69; Staub/*Harbarth,* § 235 Rn. 77; Singhof/*Seiler/Schlitt;* Rn. 490.

792 So schon *Ulbrich,* S. 163.

793 MüKo/*Schmidt,* § 235 HGB Rn. 73; Schlegelberger/*Schmidt,* § 235 Rn. 69; MüHdb/*Gayk,* § 30 Rn. 84; Röhricht/von Westphalen/Haas/*Mock,* § 235 Rn. 39; Wachter/*Eberl,* S. 1848; Oetker/*Schubert,* § 235 Rn. 33.

Bei der Insolvenz des Hauptbeteiligten obliegt die Abwicklung schwebender Geschäfte dem Insolvenzverwalter, §§ 103 InsO.[794] Bei der atypischen Unterbeteiligung nimmt der Unterbeteiligte nicht an den schwebenden Geschäften teil, weil diese wirtschaftlich bereits bei der Bewertung des Auseinandersetzungsanspruchs berücksichtigt werden.[795] Wenn die Unterbeteiligung beendet werden muss, weil der Hauptbeteiligte aus der Hauptgesellschaft ausscheidet, nimmt der Unterbeteiligte an den Gewinnen und Verlusten aus den schwebenden Geschäfte gleichfalls wie der Hauptbeteiligte teil.[796]

IV. Zusammenfassung der Aspekte zur Vollbeendigung der Unterbeteiligungsgesellschaft

Die Regelungen über die Vollbeendigung einer Gesellschaft bürgerlichen Rechts sind grundsätzlich auf die Unterbeteiligung übertragbar. Eine gesellschaftsrechtliche Liquidation findet indes nicht statt, weil die Unterbeteiligung nicht über ein Gesamthandsvermögen verfügt. Bei der Unterbeteiligung gibt es Besonderheiten hinsichtlich einiger Auflösungsgründe. Eine ordentliche Kündigung kann analog § 234 I HGB erfolgen. Die außerordentliche Kündigung richtet sich über den Verweis des § 234 I 2 HGB nach § 723 I 2 BGB. Die Kündigung kann analog §§ 234, 135 HGB auch durch einen Gläubiger des Unterbeteiligten erfolgen. Für den Tod des Hauptbeteiligten gilt § 727 BGB. Davon abweichend können im Unterbeteiligungsvertrag Fortsetzungsklauseln vereinbart werden. Eine typische Unterbeteiligung wird durch den Tod des Unterbeteiligten analog § 234 II HGB nicht aufgelöst. Bei einer atypischen Unterbeteiligung ist dagegen § 727 I BGB anzuwenden. Grundsätzlich besteht danach ein Auflösungsgrund, sofern nicht Fortsetzungsklauseln ausdrücklich oder konkludent vereinbart worden sind. Die Unterbeteiligung selbst ist nicht insolvenzfähig. Meldet der Hauptbeteiligte Insolvenz an, muss der Unterbeteiligte seine Auseinandersetzungsforderung, die analog § 236 I HGB berechnet wird, als Insolvenzforderung zur Tabelle anmelden. Die Insolvenzgläubiger haben analog § 136 I InsO ein Anfechtungsrecht für Rechtshandlungen des Hauptbeteiligten, durch die die Einlage an den Unterbeteiligten zurückgewährt wird. Bei der Insolvenz des

794 Ebenroth/Boujong/Joost/Strohn/*Gehrlein,* § 236 Rn. 20, 6; Heymann/*Horn,* § 236 Rn. 3; Röhricht/von Westphalen/Haas/*Mock,* § 236 Rn. 4; Baumbach/Hopt/*Roth,* § 236 Rn. 2.

795 MüKo/*Schmidt,* § 235 HGB Rn. 73; Saenger/Aderhold/Lenkaitis/Speckmann/*Eickhoff,* § 7 Rn. 235.

796 MüKo/*Schmidt,* § 235 HGB Rn. 74; Schlegelberger/*Schmidt,* § 235 Rn. 70.

Hauptbeteiligten ist die Unterbeteiligung nach § 728 BGB aufzulösen. Der Untergang der Hauptbeteiligung ist ein Auflösungsgrund im Sinne von § 726 BGB. Die Konfusion der Anteile hat die sofortige Beendigung der Unterbeteiligungsgesellschaft zur Folge. Keine Auflösungsgründe sind Umwandlungsfälle, in denen die Hauptgesellschaft sich wirtschaftlich nicht verändert. Gleiches gilt für die Umwandlung der Hauptbeteiligung. Die Rechtsgrundlage für die Auseinandersetzung ist grundsätzlich § 235 I HGB. Eine Verwertung des Hauptgesellschaftsanteils nach § 733 III BGB kommt nicht in Betracht. Die Höhe des Auseinandersetzungsanspruchs ergibt sich aus der Gewinnermittlungsbilanz. Bei der atypischen Unterbeteiligung ist die Höhe aus einer Vermögensbilanz gemäß § 738 I 2 BGB zu ermitteln. Für den Unterbeteiligten besteht keine Nachschusspflicht. An schwebenden Geschäften nimmt er analog § 235 II, III HGB teil.

3. Teil: Unterbeteiligung als Gestaltungsmittel zur Unternehmensnachfolge in mittelständischen Familienunternehmen

Unter Berücksichtigung der gefundenen Ergebnisse zur Errichtung, den Rechtsverhältnissen, der Übertragung und der Beendigung der Unterbeteiligung ist zu untersuchen, ob die Unterbeteiligung ein geeignetes Mittel für die Unternehmensnachfolge in mittelständischen Familienunternehmen ist. Da die Unterbeteiligung nur an Gesellschaftanteilen begründet werden kann, sind die Unternehmensnachfolge in Einzelunternehmen und die Übertragung einzelner Wirtschaftsgüter (asset deal) nicht Gegenstand der nachfolgenden Ausführungen. Zunächst ist der Begriff des „Familienunternehmens" zu definieren. Sodann sind die Ziele der Unternehmensnachfolge in Familienunternehmen zu formulieren. Danach sollen verschiedene Gestaltungsmöglichkeiten der Unterbeteiligung untersucht werden, mit Hilfe derer diese Ziele erreicht werden können.

A. Begriff des „Familienunternehmens"

Zunächst ist zu klären, was unter dem Begriff „Familienunternehmen" zu verstehen ist. *Handler* stellt dazu fest:

> *„There is a lack of certainty as to what defines a family firm. Since they can range from small, informal shops to big, formal, public corporations, any definition needs to be specific as to how it accounts for these various forms."*[797]

Aus diesem Zitat wird deutlich, dass es eine klassische Definition des Familienunternehmens nicht gibt.[798] Der Begriff ist Teil des allgemeinen Sprachgebrauchs, kann aber sehr unterschiedliche Ausprägungen annehmen. Aus diesem Grund gibt es zahlreiche Ansätze, den Begriff des „Familienunternehmens" zu umschreiben. Die wirtschaftswissenschaftliche Literatur hat verschiedene Merkmale für die Definition von Familienunternehmen herausgearbeitet. Insbesondere englischsprachige Autoren definieren den Begriff des Familienunternehmens überwiegend über den Anteil der Familie am Gesellschaftsanteil oder an der Einflussmöglichkeit auf das Management durch Geschäftsführung oder

797 *Handler,* FBR, 257, 258.
798 S. auch *Habig/Berninghaus,* S. 7.

Kontrollmöglichkeiten.[799] Unterschiedlich beurteilt wird dabei, wie hoch der Anteil der Familie am Eigenkapital beziehungsweise wie stark ihr Einfluss auf die Organe sein muss.[800] Zum Teil wird der Übergang von Familienunternehmen zu Nichtfamilienunternehmen als fließend angesehen. Die Einordnung des Unternehmens soll anhand einer Skala erfolgen, die den Einfluss der Familie auf das Unternehmen messen kann.[801] Das IFM Bonn stellt für ein Familienunternehmen zwei Kriterien auf. Zuerst müssen bis zu zwei natürliche Personen einer Familie mindestens 50 % der Anteile des Unternehmens halten. Dazu müssen diese Personen Mitglieder der Geschäftsführung sein.[802] Nach der Auffassung von *Kirchdörfer* liegt ein Familienunternehmen vor,

> *„wenn an einem Unternehmen beliebiger Größe und beliebiger Rechtsform unmittelbar oder mittelbar mehrheitlich [...] eine oder mehrere Familien beteiligt sind, die untereinander verwandtschaftlich (objektiver Ansatz) oder dadurch, dass sie – in subjektiver Sicht – eine familienübergreifende, auf das Unternehmen bezogene Familientradition oder Unternehmensstrategie verfolgen (subjektiver Ansatz), verbunden sind. Zudem muss (müssen) die(se) Familie(n) in bestimmter Weise einen nachhaltigen Einfluss auf die Strategie des Unternehmens nehmen, sei es durch direkte Einflussnahme der Gesellschafterversammlung auf die Geschäftsführung, sei es über einen Beirat oder über Vertreter im Aufsichtsrat oder sei es über die Vertretung der Familie im Geschäftsführungsorgan.“*[803]

Der Begriff des Familienunternehmens ist vielseitig und kann nicht eindeutig definiert werden. Familienunternehmen unterscheiden sich nach den meisten Auffassungen gegenüber anderen Unternehmen wesentlich durch zwei Merkmale: Zum einen muss mehrheitlich eine Familie an dem Unternehmen beteiligt sein. Diese Familie muss zweitens durch die Gesellschaftsbeteiligungen oder das Besetzen von Führungspositionen einen ausreichenden Einfluss auf das Unternehmen ausüben können. Die Einflussnahme kann auf unterschiedliche Weise erfolgen. Zudem sind die Größe[804] und die Rechtsform[805] des Unternehmens

---

799 S. dazu mit jeweils unterschiedlichen Gewichtungen bzw. Ausprägungen: *Hennerkes*, S. 2; *Bauer*, S. 9; *Simon*, S. 11 ff.; *Habig/Berninghaus*, S. 7; *Häring*, S. 12 f.; *Fasselt*, S. 4; *Werner*, DSWR 2006, 89; *Klein*, S. 3 f.; *Kirchdörfer*, FuS 2011, S. 32; *Handler*, FBR, 257, 262. Eine umfassende Übersicht von Definitionen der englischsprachigen Autoren m. w. N. geben *Westhead/Cowling*, ET&P 1998, 31, 34 ff.

800 Vgl. *Kirchdörfer*, FuS 2011, S. 32.

801 *Klein*, S. 14 ff. m. w. N.

802 IFM Bonn, Familienunternehmen.

803 *Kirchdörfer*, FuS 2011, 32.

804 So auch *Bauer*, S. 7.

805 So auch *Häring*, S. 13.

irrelevant. Wichtig ist aber, dass die Tradition des Unternehmens beibehalten wird und das Unternehmen in den Folgegenerationen weitergeführt werden soll.

B. Gestaltungsziele der Unternehmensnachfolge eines mittelständischen Familienunternehmens

Die Gestaltung der Unternehmensnachfolge verfolgt unterschiedliche Ziele, die bei der Rechtsberatung berücksichtigt werden müssen.[806] Vorrang hat immer der Erhalt des Unternehmens, seines Charakters als Familienunternehmen und die Sicherung des in ihm verkörperten Vermögens.[807] Es geht in der Regel auch darum, den Namen der Familie als Marke und Identifikationsmerkmal zu etablieren.[808] Deshalb liegt es im Interesse des Familienunternehmers, sein Unternehmen an ein Familienmitglied zu übertragen, das ausreichend qualifiziert ist und es nach seinem Ausscheiden aus dem Unternehmen in seinem Sinne weiterführt.[809] Dabei soll jedoch kein Stillstand erfolgen, sondern das Unternehmen soll innovativ sein und stets verbessert werden. So kann der Nachfolger es durch neue Ideen weiterentwickeln. Daneben geht es – insbesondere bei der vorweggenommenen Erbfolge – darum, dass der ausscheidende Unternehmer versorgt wird.[810] Ein weiterer wichtiger Gesichtspunkt ist die Nutzung von Steuervorteilen und der Ausschluss vermeidbarer Steuerbelastungen.[811] Anzustreben ist, dass

---

806 Vgl. *Crezelius*, Rn. 4. Zu den allgemeinen Zielen der Unternehmensnachfolge s. Esch/*Baumann/Schulze zur Wiesche*, I Rn. 945 ff.

807 *Schwarz*, S. 10; *Groschoff/Koming*, S. 4; *Fasselt*, S. 11 ff.; *Crezelius*, Rn. 2; *Spiegelberger*, § 1 Rn. 13; Esch/*Baumann/Schulze zur Wiesche*, I Rn. 943, 945, 946 ff.; *Hennerkes/Kirchdörfer*, S. 92 ff.; *Hennerkes/May*, NJW 1988, 2761, 2766 f.; Sudhoff/*Hübner*, § 71 Rn. 1. Motive sind Stolz und die Errichtung eines Lebenswerkes, das über den Tod hinaus erhalten werden soll. Auch die Verantwortung gegenüber den Mitarbeitern spielt eine erhebliche Rolle, Frieser/Sarres/Stückemann/Tschichoflos/*Hannes*, Kap. 18 Rn. 2, 9.

808 Vgl. *Thomsen*, S. 139 f.; *Hennerkes/Kirchdörfer*, S. 64.

809 Vgl. *Groschoff/Komning*, S. 3; *Hennerkes/May*, NJW 1988, 2761, 2762; *Fasselt*, S. 18 ff.; *Spiegelberger*, § 1 Rn. 18; Esch/*Baumann/Schulze zur Wiesche*, I Rn. 951 ff.

810 Frieser/Sarres/Stückemann/Tschichoflos/*Hannes*, Kap. 18 Rn. 2 ff.; *Fasselt*, S. 12; *Spiegelberger*, § 1 Rn. 11; *Groschoff/Komning*, S. 5; *Armbrüster*, S. 58 (für die Treuhand); *Armbrüster*, Symposium, S. 52. Aus der Angst einer mangelnden Altersversorgung heraus kommt es bei manchen Unternehmen dazu, dass der abgebende Senior seine Position bis ins hohe Alter nicht räumt – das „Phänomen des „Nichtloslassenkönnens"", Frieser/Sarres/Stückemann/Tschichoflos/*Hannes*, Kap. 18 Rn. 3.

811 *Groschoff/Komning*, S. 5; Esch/*Baumann/Schulze zur Wiesche*, I Rn. 956 f.; Sudhoff/*Hübner*, § 71 Rn. 2 f.; *Armbrüster*, Symposium, S. 52; *Armbrüster*, S. 79 ff. (für die Treuhand). Eine Übersicht dazu gibt *Spiegelberger*, § 1 Rn. 51–135.

die Vermögenswerte möglichst gleichmäßig auf mehrere Kinder der ausscheidenden Unternehmer aufgeteilt werden, damit keines der Kinder benachteiligt wird.[812] Dabei darf es aber nicht zu einer Zersplitterung der Anteile an dem Unternehmen kommen, die seine Leitung erheblich erschweren würde.[813] Auch sollten unnötige und den Erben unvorbereitet treffende Liquidationsbelastungen durch Pflichtteilsansprüche oder Steuern vermieden werden, da diese die Existenz des Unternehmens gefährden können.[814]

Die wesentlichen Gestaltungsziele der Unternehmensnachfolge in Familienunternehmen lassen sich wie folgt zusammenfassen:

- Erhalt des Unternehmens und seines Charakters als Familienunternehmen
- Einsetzung eines geeigneten und ausreichend qualifizierten Nachfolgers
- Schaffung und Bewahrung einer Marke beziehungsweise eines Qualitätssiegels
- Weiterentwicklung des Unternehmens
- Sicherung des Familienvermögens
- Absicherung des ausscheidenden Unternehmers sowie anderer Familienmitglieder
- Nutzung von Steuervorteilen
- Vermeidung einer Veräußerung oder Zersplitterung des Unternehmens
- Vermeidung von Liquidationsbelastungen.

C. Einsatz von Unterbeteiligungen in mittelständischen Familienunternehmen

Es ist zu untersuchen, auf welche Art und Weise die oben aufgeführten Gestaltungsziele erreicht werden können. Untersuchungsgegenstand sind zunächst die vorweggenommene Erbfolge zu Lebzeiten des Hauptbeteiligten und die gewillkürte Erbfolge im Todesfall.

---

812 Frieser/Sarres/Stückemann/Tschichoflos/*Hannes*, Kap. 18 Rn. 2, 12; *Lorz/Kirchdörfer*, S. 24 ff.; *Spiegelberger*, § 1 Rn. 11; *Groschoff/Komning*, S. 4; MüAnwHdbErbR/*Kögel*, § 40 Rn. 6; *Luckey*, S. 163. Von Wendelstein als „Gleichstellungsinteresse" bezeichnet *Wendelstein*, BB 1970, 735.

813 Vgl. dazu *Baus*, S. 38 ff.

814 Frieser/Sarres/Stückemann/Tschichoflos/*Hannes*, Kap. 18 Rn. 2, 13; *Groschoff/Komning*, S. 4; *Frohnmayer/Ederle*, FuS 2012, 83; *Lorz/Kirchdörfer*, S. 24 f.; MüAnwHdbErbR/*Kögel*, § 40 Rn. 5.

I. Vorweggenommene Erbfolge zu Lebzeiten des Hauptbeteiligten

Ein Mittel, die Unternehmensnachfolge frühzeitig zu regeln, ist die vorweggenommene Erbfolge zu Lebzeiten des Hauptbeteiligten. Die vorweggenommene Erbfolge hat den Vorteil, dass der künftige Erblasser noch zu Lebzeiten den optimalen Zeitpunkt für die Weitergabe seines Unternehmens bestimmen kann. Auf diese Weise kann er sich frühzeitig aus dem Unternehmen zurückziehen, Verantwortung abgeben und Neuerungen zulassen. Nachteilig kann sein, dass er die aufgegebenen Einflussmöglichkeiten ohne Weiteres nicht mehr zurückerlangen kann. Insoweit kann die Unterbeteiligung jedoch ein Mittel sein, um den künftigen Erblasser weiterhin an das Unternehmen zu binden und ihm auch seine Lebensgrundlage durch die Einkünfte aus der Unterbeteiligung zu sichern. Auch können die Rechte des Nachfolgers hinsichtlich des Unternehmens durch den Einsatz der Unterbeteiligung im Gegensatz zu einer Gesellschafterstellung beschränkt werden, um „jugendliche[r] Risikofreudigkeit vor[zu]beugen.“[815] Zudem droht keine Zersplitterung des Unternehmens, wenn einer der Erben das Unternehmen fortführen soll und die anderen Erben durch die Einräumung einer Unterbeteiligung abgefunden werden. Bedeutsam sind auch steuerrechtliche Motive. Es können Gewinne auf die Familienangehörigen umverteilt werden, um so die Einkommensteuerfreibeträge auszunutzen. Zudem können auch anfallende Erbschaft- oder Schenkungsteuern gespart werden, sofern der Verfügungsgegenstand wegen §§ 13a, 13b ErbStG nicht schon gänzlich von der Erbschaft- und Schenkungsteuer befreit ist.

1. *Einkommensumverteilung innerhalb der Familie*

Die Unterbeteiligung kann als Mittel eingesetzt werden, um Steuerfreibeträge von Familienangehörigen – auch von minderjährigen Kindern – auszunutzen und diese an den Einkünften aus der Hauptbeteiligung ohne Gegenleistung zu beteiligen.[816] Ersparnisse können auch durch die Anwendung unterschiedlicher Steuertarife erfolgen. Diese Art der Beteiligung ist vor allem dann für den Hauptbeteiligten sinnvoll, wenn er selbst über genügend Einkommen und Vermögen verfügt und das Vermögen ohnehin durch Erbfall auf die betreffenden Familienangehörigen übergeben würde.[817]

---

815 Vgl. *Spiegelberger,* Vermögensnachfolge, Rn. 399.

816 *Mühlhaus,* ErbStB 2009, 276; *Bilsdorfer,* NJW 1980, 2785, 2786; *Ulbrich,* S. 18; *Tebben,* S. 35; *Eisenhardt/Wackerbarth,* Rn. 543; *Henn,* S. 28; *Schimke,* S. 17; *Böttcher/Zartmann/Faut,* S. 29; Sudhoff/*Hübner,* § 71 Rn. 5.

817 Vgl. *Bilsdorfer,* NJW 1980, 2685, 2686.

a) *Einräumung der Unterbeteiligung*

Es können bereits Teile des Vermögens und der künftigen Gewinne auf die Nachfolger übertragen werden.[818] Für die Eimräumung einer Unterbeteiligung ist der Abschluss eines Gesellschaftsvertrages notwendig. Ihr liegt in der Regel ein Schenkungsversprechen nach §§ 516 I, 518 I BGB zu Grunde. Ein Schenkungsversprechen von Todes wegen gemäß § 2301 I BGB scheidet dagegen regelmäßig aus, da der künftige Erblasser das Schenkungsversprechen nicht von seinem Tod abhängig macht. Der Hauptanwendungsfall ist der, dass Familienangehörige beteiligt werden, die nach dem Tod des Erblassers nicht das Unternehmen weiterführen sollen. Die Einlageleistung erfolgt dann in der Regel als Schenkung durch den Hauptbeteiligten. Für die Beitragsleistung muss der Unterbeteiligte diese Einlage lediglich halten. Möglich ist es auch, dem Unterbeteiligten die Einlage nur teilweise unentgeltlich einzuräumen. Dann liegt eine gemischte Schenkung vor.[819] Bei Beendigung der Unterbeteiligung hat der Unterbeteiligte einen schuldrechtlichen Auszahlungsanspruch hinsichtlich dieser Einlage. Die alleinige Geschäftsführung innerhalb der Unterbeteiligungsgesellschaft sollte in diesem Falle dem Hauptbeteiligten übertragen werden.[820]

Für die Ausgestaltung des Unterbeteiligungsvertrages spielt hauptsächlich die Gewinnbeteiligung eine Rolle. Es empfiehlt sich, als Gewinnbeteiligung einen bestimmten Prozentsatz vom Gewinn der Hauptbeteiligung im Unterbeteiligungsvertrag festzulegen. Bei der Beendigung nehmen die Unterbeteiligten nicht an den Wertveränderungen des Gesellschaftsanteils teil. Dies ist in der Regel auch nicht gewollt, da sie mangels Einflusses auf die Gesellschafterrechte keinen Einfluss auf die Entwicklung des Gesellschaftsanteils haben. Außerdem sollen sie nicht dem Risiko ausgesetzt sein, dass sich das schenkweise übertragende Kapital auflöst. Verwaltungs- und Mitgliedschaftsrechte sind für den Unterbeteiligten weniger von Bedeutung, da das vorangige Ziel die Einkommensumverteilung innerhalb der Familie ist. Ein Weisungsrecht des Unterbeteiligten bezüglich der Geschäftsführung innerhalb der Unterbeteiligungsgesellschaft ist

---

818 Sudhoff/*Hübner*, § 71 Rn. 5.

819 *Zapp*, S. 43. Umstritten ist, wie eine gemischte Schenkung zu behandeln ist. Nach der Zweckwürdigungstheorie sind diejenigen Normen anzuwenden, die dem Zweck oder dem Parteiwillen am besten entsprechen. Das Rechtsgeschäft wird danach entweder als Einheit behandelt oder in einen entgeltlichen und einen unentgeltlichen Teil aufgespalten. S. dazu MüKo/*Koch*, § 516 Rn. 38 m. w. N. Die Unterbeteiligung ist nach dieser Maßgabe in einen entgeltlichen und einen unentgeltlichen Teil aufzuspalten. Dies ist auch für die Schenkungsteuer relevant.

820 So auch *Wendelstein*, BB 1970, 735, 736.

daher nicht zweckmäßig. Für die Erreichung des Ziels einer steuergünstigen Einkommensumverteilung innerhalb der Familie bietet sich also eine typische Unterbeteiligung an.

b) Form

Das Schenkungsversprechen sollte aus Gründen der Rechtssicherheit gemäß § 518 I 1 BGB notariell beurkundet werden, da noch nicht höchstrichterlich geklärt ist, ob bei der typischen Unterbeteiligung ein Schenkungsvollzug im Sinne des § 518 II BGB anzunehmen ist.[821] Möchten die Beteiligten die Notarkosten sparen, können Sie die Unterbeteiligung auch atypisch ausgestalten. Bei einer atypischen Unterbeteiligung kann der Formmangel durch Schenkungsvollzug geheilt werden. Dazu müssten dem Unterbeteiligten Mitgliedschaftsrechte eingeräumt werden. Für eine steuerliche Anerkennung der atypischen Unterbeteiligung muss diese auch zivilrechtlich wirksam sein und tatsächlich durchgeführt werden. Daher müsste der Unterbeteiligte aktiv tätig werden und die ihm eingeräumten Rechte auch tatsächlich ausüben. Diese Gestaltung ist in der Regel nicht im Interesse des Unterbeteiligten, der rein finanziell und nicht unternehmerisch an dem Unternehmen beteiligt werden soll.

c) Befristung und Kündigung

Sinnvoll ist es, für die Unterbeteiligung entweder einen festen Zeitraum zu bestimmen oder ordentliche Kündigungsfristen festzulegen, damit der spätere Erbe der Hauptbeteiligung sie im Falle des Todes des Erblassers nicht unmittelbar kündigen kann. Auch sollte für den Fall des Todes des Hauptbeteiligten im Unterbeteiligungsvertrag eine Nachfolgeklausel vereinbart werden.

d) Ausschluss der Verlustbeteiligung

Die nach § 722 BGB bestehende Verlustbeteiligung des Unterbeteiligten sollte analog § 231 II HGB ausgeschlossen werden. Zumindest sollte sie im Unterbeteiligungsvertrag auf die Höhe der Einlage beschränkt werden. Nicht sinnvoll ist es, für den Unterbeteiligten eine Nachschusspflicht über seine Einlage hinaus zu vereinbaren.

e) Minderjährige Kinder

Die Gestaltungsform ist auch für minderjährige Kinder geeignet. Allerdings muss ein Ergänzungspfleger (§§ 1909 ff. BGB) bestellt werden, da der Abschluss

---

821 S. oben S. 88 f.

des Unterbeteiligungsvertrages auch bei einer schenkweisen Einräumung der Unterbeteiligung für den Minderjährigen rechtlich nachteilhaft ist, sodass eine teleologische Reduktion des § 181 BGB ausscheidet.[822] Außerdem ist für den Abschluss des Unterbeteiligungsvertrages die Genehmigung des Vormundschaftsgerichtes gemäß § 1822 Nr. 3 BGB einzuholen.[823]

f) Sonderfall des Nachfolgers

Mit dem Unternehmensnachfolger sollte der künftige Erblasser eine atypische Unterbeteiligung vereinbaren. So können zunächst die Notarkosten gespart werden. Außerdem kann der Nachfolger durch die Einräumung mitgliedschaftlicher Rechte bereits an die Unternehmensführung und die spätere Übernahme des Unternehmens herangeführt werden. Steht der Nachfolger noch nicht fest und sind alle Kinder des Hauptgesellschafters noch minderjährig, empfiehlt es sich, allen Kindern zunächst gleichermaßen eine typische Unterbeteiligung schenkweise einzuräumen. Im Falle einer atypischen Unterbeteiligung wäre es sehr aufwendig, die Kinder hinsichtlich der Geschäftsführung in der Unterbeteiligung in den dem Kindesinteresse zuwider laufenden Rechtsgeschäften von einem Ergänzungspfleger vertreten zu lassen.[824]

2. Heranführung des Nachfolgers an das Unternehmen

Die Unterbeteiligung eignet sich dazu, einem Nachfolger der Geschäftsführung bereits Rechte bezüglich des Unternehmens zu übertragen, ohne dass ihm Gesellschaftsanteile übertragen werden und er dadurch – insbesondere bei Personengesellschaften – einem Haftungsrisiko ausgesetzt oder schon zu fest an das Unternehmen gebunden wird.

a) Gestaltung der Unterbeteiligung

Anders als im Fall der Einkommensumverteilung kommt es hierbei darauf an, dem Unterbeteiligten neben der Gewinnbeteiligung weitere Rechte in Bezug auf die Unterbeteiligung und die Hauptgesellschaft einzuräumen. Für die rechtliche Gestaltung kommt nur eine atypische Unterbeteiligung in Frage. Durch die weitgehenden Gestaltungsmöglichkeiten der atypischen Unterbeteiligung können dem potentiellen Nachfolger bereits verschiedene Rechte (Kontroll-, Zustimmungs- oder Weisungsrechte) eingeräumt werden. Die Geschäftsführung

---

822 S. oben, S. 58 ff.

823 S. oben S. 63 f.

824 Vgl. *Schindhelm/Stein*, ErbStB 2003, 32, 33. S. oben S. 62 f.

der Unterbeteiligung sollte ausschließlich dem Unterbeteiligten übertragen werden.[825] Für den Unterbeteiligten steht bei dieser Gestaltung im Vordergrund, dass er bereits Einfluss auf die Hauptgesellschaft ausüben kann. Daher sollte im Unterbeteiligungsvertrag ein umfassendes Weisungsrecht hinsichtlich des Stimmrechts vereinbart werden. Außerdem nimmt der Unterbeteiligte im Gegensatz zur typischen Unterbeteiligung bei der Abfindung an den Wertsteigerungen der Hauptbeteiligung teil.[826] Dies entspricht auch regelmäßig dem Willen des Hauptbeteiligten, um dem Unterbeteiligten frühzeitig klar zu machen, dass der Wert des Anteils an die richtigen Entscheidungen hinsichtlich der Unternehmensführung gekoppelt ist. Die Einräumung der Unterbeteiligung sollte zudem schenkweise erfolgen. Eine etwaig anfallende Schenkungsteuer sollte auf den Hauptbeteiligten übertragen werden.[827]

b) Positive Aspekte

Der Nachfolger wird bei dieser Gestaltung bereits mit den Chancen und Risiken des Unternehmens vertraut gemacht.[828] Der künftige Erblasser kann den Einfluss seines Nachfolgers zunächst begrenzen und selbst noch weiter im Unternehmen tätig sein[829], während der Nachfolger an das Unternehmen und seine späteren Aufgaben herangeführt wird.[830] Dadurch kommt es zu einer frühen Bindung des Nachfolgers an das Unternehmen.[831] Ein weiterer Vorteil besteht darin, dass bei der Unterbeteiligung im Gegensatz zu einem Gesellschaftsanteil an der Hauptgesellschaft ein beiderseitiges Kündigungrecht vereinbart werden kann.[832] So kann der Hauptbeteiligte die Beteiligung auf einfache Weise wieder rückgängig machen, wenn der Nachfolger die an ihn gestellten Erwartungen nicht erfüllt. Im Falle eines bereits im Vorwege übertragenen Gesellschaftsanteils wäre dies sehr viel schwieriger. Vorteilhaft ist ferner, dass auch bei dieser Gestaltung die einkommensteuerrechtlichen Freibeträge ausgenutzt werden können, zumal nicht unwahrscheinlich ist, dass die potentiellen Unternehmensnachfolger durch ein Studium auf die Unternehmensnachfolge vorbereitet werden und keine anderen Einkünfte haben. Zudem gilt für sie gegebenenfalls ein günstigerer Steuertarif.

---

825 Vgl. *Haas,* GStB 2004, 406.
826 Hopt/*Volhard,* S. 620.
827 Vgl. *Schindhelm/Stein,* ErbStB 2003, 32, 34.
828 MüHdb/*Gayk,* § 30 Rn. 7; *Lorz/Kirchdörfer,* S. 9.
829 Vgl. *Kühne/Rehm,* NZG 2013, 561; *Lorz/Kirchdörfer,* S. 9.
830 *Schindhelm/Stein,* ErbStB 2003, 32; *Lorz/Kirchdörfer,* S. 9.
831 Sudhoff/*Hübner,* § 71 Rn. 4.
832 MüHdb/*Gayk,* § 30 Rn. 6.

c) *Negative Aspekte*

Nachteilig ist, dass der Nachfolger letztlich nur eine Quasigesellschafterstellung inne hat. Die Mitwirkungs- und Informationsrechte können nur aus der Rechtsstellung des Hauptbeteiligten abgeleitet werden. Ihm stehen keine Rechte unmittelbar gegenüber der Hauptgesellschaft zu.[833] Dies kann sein Ansehen und die Durchsetzungsfähigkeit im Unternehmen schwächen. Auch kann darunter sein Vertrauen gegenüber dem künftigen Erblasser in Mitleidenschaft gezogen werden, wenn er zunächst nur als „Versuchsperson" eingesetzt wird. Unter Mithilfe der Hauptgesellschaft kann auch eine „offene Unterbeteiligung" vereinbart werden, um dem Unterbeteiligten unmittelbare Mitwirkungsrechte in der Hauptgesellschaft zu übertragen.[834] In diesem Fall wäre seine Position im Vergleich zu einer atypischen Unterbeteiligung stärker.

3. *Unterbeteiligung als Vorstufe einer geplanten Übertragung eines Gesellschaftsanteils*

Die Unterbeteiligung kommt auch für eine später geplante Übertragung eines Gesellschaftsanteils als Gestaltungsmittel in Betracht. Sie ist dann gewissermaßen eine Vorstufe.[835] Ein Anwendungsfall dafür ist die atypische Unterbeteiligung als Vorstufe zu einer schenkweisen Übertragung eines Kommanditanteils. Die atypische Unterbeteiligung kann dazu geeignet sein, Unsicherheiten etwa wegen einer überlangen Dauer der Eintragung des Beschenkten als Kommanditisten in das Handelsregister zu vermeiden.[836] Gemäß § 162 III, I HGB muss der Eintritt eines Kommanditisten ins Handelsregister eingetragen werden. Diese Regelung hat zunächst nur deklaratorische Wirkung.[837] Gemäß § 176 I 1 HGB haftet jeder Kommanditist, der dem Geschäftsbeginn zugestimmt hat, für die bis zur Eintragung begründeten Verbindlichkeiten der Gesellschaft gleich einem persönlich haftenden Gesellschafter, wenn die Gesellschaft ihre Geschäfte begonnen hat, bevor sie in das Handelsregister des Gerichts eingetragen ist. Dies gilt bei dem Eintritt eines Kommanditisten in eine bestehende Gesellschaft auch für begründete Verbindlichkeiten der Gesellschaft, die im Zeitraum zwischen seinem Eintritt und dessen Eintragung in das Handelsregister entstehen, § 176 II HGB. Bis zum Zeitpunkt der Eintragung ins Handelsregister unterliegt

---

833 *Weigl*, S. 18, s. S. 96.

834 *Weigl*, S. 18, zur offenen Unterbeteiligung s. S. 42.

835 *Weigl*, S. 23.

836 S. dazu ausführlich *Hecht*, ZEV 2004, 105 ff.

837 Koller/*Kindler*/Roth/Morck, § 162 Rn.3; *Grunewald*, § 3 Rn. 57.

der Beschenkte also dem Risiko einer persönlichen Haftung. Ab der Eintragung haftet der Kommanditist gemäß § 171 I HGB nur bis zur Höhe seiner Einlage, soweit er seine Einlage geleistet hat.

Gemäß § 9 I Nr. 2 ErbStG entsteht die Schenkungsteuer unter Lebenden mit dem Zeitpunkt der Ausführung der Zuwendung. Der Zeitpunkt der Eintragung in das Handelsregister gilt bei der schenkweisen Übertragung eines Kommanditanteils auch für die Entstehung der Schenkungsteuer im Sinne von § 9 I Nr. 2 ErbStG.[838] Wenn es bei Handelsregistereintragungen zu langen Wartezeiten kommt, ist der Zeitpunkt der Eintragung nur schwer zu kontrollieren. Besonders misslich ist es, wenn die Eintragung erst nach einem Jahreswechsel erfolgt und die Zuwendung nicht mehr dem möglicherweise aus steuerrechtlichen Gründen zunächst angedachten Jahr zugerechnet werden kann.[839] Das Haftungsrisiko bleibt bei dieser Gestaltung bestehen. Jedoch können die Unsicherheiten hinsichtlich des Entstehungszeitpunkts der Schenkungsteuer beseitigt werden, indem der Hauptbeteiligte dem Beschenkten vor der Übertragung bereits schenkweise eine atypische Unterbeteiligung an seinem Kommanditanteil einräumt. Die Schenkung einer atypischen Unterbeteiligung ist bereits mit dem Abschluss des Unterbeteiligungsvertrages vollzogen.[840] Der für die Schenkungsteuer maßgebliche Zeitpunkt kann daher durch die schenkweise Einräumung der Unterbeteiligung gesteuert werden.[841] Außerdem kann der Beschenkte bereits unternehmerisch tätig werden und erwirbt einen Gewinnbeteiligungsanspruch. Die Haftung kann zudem auf die Einlage der Unterbeteiligung begrenzt werden. Nach der Eintragung ins Handelsregister kann die atypische Unterbeteiligung dann durch eine im Unterbeteiligungsvertrag vereinbarte Klausel in eine Kommanditbeteiligung umgewandelt werden.[842] Diese Gestaltung kann die Übertragung einer Kommanditbeteiligung erleichtern.

4. *Umgehung von Vinkulierungsklauseln und anderen Beschränkungen hinsichtlich des Gesellschaftsanteils*

Die Unterbeteiligung kann ein Gestaltungsmittel dafür sein, die Vinkulierung von Gesellschaftsanteilen und andere Beschränkungen im Gesellschaftsvertrag zu umgehen.

---

838 *Hecht,* ZEV 2004, 105.

839 *Hecht,* ZEV 2004, 105.

840 S. oben S. 83 ff.

841 S. zur Schenkungsteuer unten S. 237 ff.

842 *Hecht,* ZEV 2004, 105.

a) *Grundlagen*

GmbH-Anteile (§ 15 I GmbHG) und Aktien sind grundsätzlich frei veräußerbar.[843] Die Übertragung der Kapitalgesellschaftsanteile kann aber von weiteren Voraussetzungen, insbesondere der Genehmigung (Zustimmung im Sinne von §§ 182 ff. BGB) der Gesellschafter beziehungsweise bei der AG der Gesellschaft, abhängig gemacht werden, vergleiche § 15 V GmbHG und § 68 II AktG. Dagegen können Personengesellschaftsanteile grundsätzlich nicht frei veräußert werden. Ihre Übertragung muss vielmehr ausdrücklich im Gesellschaftsvertrag zugelassen sein oder alle Gesellschafter müssen zustimmen.[844] Personengesellschaftsanteile sind „per se vinkuliert".[845] Durch die Verwendung von Vinkulierungsklauseln kann die Zusammensetzung der Gesellschafter kontrolliert beziehungsweise bei der Aktiengesellschaft eine feindliche Übernahme verhindert werden. Bei Familienunternehmen soll durch ihre Verwendung der Charakter des Unternehmens als Familienunternehmen beibehalten werden, indem der Eintritt von Personen, die nicht zur Familie gehören, in die Gesellschaft verhindert wird.[846] Es ist üblich, die Veräußerung der Anteile durch Vinkulierungsklauseln im Gesellschaftsvertrag nur innerhalb der Familiengesellschafter oder deren Abkömmlinge ohne Zustimmungserfordernis zuzulassen. In allen anderen Fällen soll regelmäßig ein Zustimmungsvorbehalt gelten.[847]

b) *Erstreckung der Wirkung der Vinkulierungsklausel auf die Einräumung einer Unterbeteiligung*

Eine Vinkulierungsklausel verhindert die Übertragung von Gesellschaftsanteilen. Sie steht der Einräumung einer Unterbeteiligung aber grundsätzlich nicht entgegen, weil die Verfügungsbefugnis hinsichtlich der Einräumung einer Unterbeteiligung nicht durch Rechtsgeschäft ausgeschlossen werden kann, § 137 1 BGB.[848] Die Unterbeteiligung kommt somit wirksam zustande. Allerdings kann sich der Hauptgesellschafter schadensersatzpflichtig machen oder aus der Gesellschaft ausgeschlossen werden. Anders ist dies unter Umständen zu beurteilen, wenn der Unterbeteiligte im Wege einer atypischen Unterbeteiligung

---

843 *Binz/Mayer,* NZG 2012, 201, 202.

844 *Binz/Mayer,* NZG 2012, 201, 202.

845 *Binz/Mayer,* NZG 2012, 201, 202.

846 *Hübner,* ErbR 2014, 257, 263; *Binz/Mayer,* NZG 2012, 201, 204; *Böttcher/Zartmann/Faut,* S. 95.

847 *Binz/Mayer,* NZG 2012, 201, 202.

848 *Hübner,* ErbR 2014, 257, 264; *Binz/Mayer,* NZG 2012, 201, 207; *Werner,* ZEV 2015, 194, 195.

wirtschaftlich und unternehmerisch (durch die Einflussnahme auf die Stimmrechtsausübung und die Teilnahme an den Wertveränderungen der Hauptbeteiligung) einem Gesellschafter gleichgestellt wird. Fraglich ist, ob in diesem Fall eine Umgehung der Vinkulierungsklausel vorliegt, sodass die Zustimmung der Gesellschafter eingeholt werden muss.[849] Die Rechtsprechung hat die Einräumung einer atypischen Unterbeteiligung wegen der immer noch bestehenden Unterschiede zu einer Gesellschafterstellung jedoch nicht als Umgehung einer Vinkulierungsklausel angesehen, sodass insoweit auch keine Zustimmung der Gesellschafter erforderlich ist.[850]

c) Ausschluss von mittelbaren Beteiligungen im Hauptgesellschaftsvertrag

Über eine Vinkulierungsklausel hinaus können die Gesellschafter im Gesellschaftsvertrag der Hauptgesellschaft mittelbare Beteiligungen und insbesondere die Einräumung einer Unterbeteiligung ausdrücklich ausschließen. Zwar kommt die Unterbeteiligung in diesem Fall trotz eines Verbotes wirksam zustande.[851] Im Falle eines Verstoßes gegen das Verbot können im Hauptgesellschaftsvertrag aber Sanktionen wie zum Beispiel der Ausschluss aus der Gesellschaft oder eine Vertragsstrafe vorgesehen werden.[852]

d) Gestaltung der Unterbeteiligung

Die Unterbeteiligung in ihrer typischen Ausgestaltung kann unstreitig dazu dienen, eine Vinkulierungsklausel zu umgehen. Oft liegt eine rein wirtschaftliche Beteiligung jedoch nicht im Interesse des Unterbeteiligten, da die Ausschüttungs- und Entnahmemöglichkeiten in Familienunternehmen in der Regel begrenzt sind. Vielmehr liegt es in seinem Interesse, auch unternehmerischen Einfluss auszuüben.[853] Sobald dem Unterbeteiligten jedoch Einflussmöglichkeiten auf die Stimmrechtsausübung eingeräumt werden, liegt eine atypische Unterbeteiligung vor. In diesem Falle kann es innerhalb der Hauptgesellschaft zu den dargestellten Auseinandersetzungen und Sanktionen wegen der Umgehung der Vinkulierungsklauseln kommen. Zwar ist die Unterbeteiligungsgesellschaft in jedem Fall wirksam zustande gekommen (§ 137 1 BGB), dennoch ist der

849 *Binz/Mayer,* NZG 2012, 201, 208; Baumbach/Hueck/*Fastrich,* § 15 Rn. 59; *Roth/Altmeppen,* § 15 Rn. 112 ff.; Michalski/*Ebbing,* § 15 Rn. 164.

850 LG Bremen, Urt. v. 10.5.1990 – 2 O 221/90, NJW-RR 1991, 98.

851 S. Fn. 259.

852 Vgl. *Hübner,* ErbR 2014, 257, 264; für weitere Nachweise s. Fn. 260.

853 Vgl. *Binz/Mayer,* NZG 2012, 201, 208.

Abschluss einer Unterbeteiligung ohne eine Absprache mit den anderen Hauptgesellschaftern nicht anzuraten, um diese Auseinandersetzungen innerhalb der Hauptgesellschaft zu vermeiden.

e) Anwendungsbeispiele

Die Unterbeteiligung in Familienunternehmen zur Umgehung von Vinkulierungsklauseln ist zum Beispiel[854] sinnvoll, wenn der Gesellschaftsvertrag eine Übertragung des Gesellschaftsanteils an die Kinder des Anteilseigners erlaubt, dieser die Anteile aber auf seine Ehefrau übertragen möchte.[855] Kann der Anteilseigner die übrigen Gesellschafter in der Hauptgesellschaft nicht zu einer Zustimmung bewegen, bleibt ihm die Möglichkeit, seiner Ehefrau eine Unterbeteiligung einzuräumen. Mit Hilfe einer typischen Unterbeteiligung kann die Ehefrau dann wirtschaftlich am Unternehmen und im Falle einer atypischen Unterbeteiligung auch unternehmerisch beteiligt werden. Wird die atypische Unterbeteiligung schenkweise eingeräumt, kann eine fehlende notarielle Beurkundung des Schenkungsversprechens durch den Vollzug der Schenkung gemäß § 518 II BGB geheilt werden. Die Unterbeteiligung kommt als Gestaltungsmittel auch in Betracht, wenn im Gesellschaftsvertrag eine Mindestbeteiligung festgelegt ist, die die Anzahl der Gesellschafter begrenzen soll.[856] Für die Höhe der Mindestbeteiligung kann ein bestimmter Prozentsatz vorgesehen werden. So können von vornherein finanzschwache Investoren von einer Unternehmensbeteiligung ausgeschlossen werden. Die Mindestbeteiligung schlägt ebensowenig wie eine Vinkulierungsklausel auf eine Unterbeteiligung durch. Daher kann der Unterbeteiligte auch mit einer unter der Mindestbeteiligung liegenden Einlage zumindest mittelbar beteiligt werden. Solche Gestaltungen sind interessant, um weitere Familienmitglieder am Unternehmen zu beteiligen.[857]

5. Geheimhaltung einer Beteiligung

Die Unterbeteiligung kann zur Geheimhaltung einer Beteiligung dienen. Sie muss weder in ein Handelsregister eingetragen werden[858] noch auf andere Weise als mittelbare Beteiligungsform offen gelegt werden. Eine Offenlegung gegenüber der Hauptgesellschaft muss nur ausnahmsweise erfolgen, wenn dem Unterbeteiligten

---

854 Zu Bsp. von einschlägigen Klauseln s. auch *Wendelstein*, BB 1970, 735.
855 Vgl. *Hübner*, ErbR 2014, 257, 263.
856 MüHdb/*Gayk*, § 30 Rn. 6.
857 S. auch MüHdb/*Gayk*, § 30 Rn. 6.
858 Singhof/*Seiler/Schlitt*, Rn. 366; *Ulbrich*, S. 20; *Weigl*, S. 23.

unmittelbare Mitverwaltungsrechte in der Hauptgesellschaft eingeräumt werden sollen.[859] Der Geheimhaltungsaspekt bietet dem Unterbeteiligten eine gute Möglichkeit, sich zum Beispiel an einem Unternehmen zu beteiligen, bei dem die anderen Gesellschafter ihn nicht als Gesellschafter aufnehmen wollen (zum Beispiel bei Personengesellschaftsanteilen oder vinkulierten Kapitalgesellschaftsanteilen).[860] Für die Unternehmensnachfolge spielt der Geheimhaltungsaspekt nur eine untergeordnete Rolle. Festzuhalten ist indes, dass dadurch Dritten die Möglichkeit eröffnet werden kann, sich überhaupt an einem Familienunternehmen zu beteiligen.[861] Die Geheimhaltung kann gleichwohl auch für die Unternehmensnachfolge von Bedeutung sein, wenn zum Beispiel bei namenhaften Familienunternehmen die Nachfolge vorbereitet werden soll, ohne den Nachfolger frühzeitig öffentlich zu machen. Insbesondere im Fall unternehmerischer Fehlentscheidungen kann es nützlich sein, dass der Nachfolger nicht sofort öffentlich bloßgestellt wird. Außerdem kann es auch von Vorteil sein, dass Konkurrenzunternehmen erst spät von der Nachfolge erfahren, damit sie sich nicht frühzeitig auf die Nachfolgestrategien einstellen können.[862] In diesem Fall sollte dem Nachfolger eine atypische Unterbeteiligung eingeräumt werden, die ähnlich wie bei der Fallgruppe „Heranführen des Nachfolgers an das Unternehmen“ ausgestaltet ist.

6. *Schenkweise Übertragung des Gesellschaftsanteils an den privilegierten Erben und schenkweise Einräumung der Unterbeteiligung an die nicht privilegierten Erben*

In diesem Fall geht es darum, das Unternehmen an den geeigneten Nachfolger weiterzugeben, gleichzeitig aber für die übrigen Erben einen vernünftigen Ausgleich dafür zu finden, dass sie nicht unmittelbar von dem Familienunternehmen als dessen Gesellschafter profitieren und der künftige Erblasser nicht über andere finanzielle Mittel oder Vermögenswerte verfügt, um auch für die weichenden Erben einen Ausgleich[863] herzustellen. Der Rat *Wendelsteins* zur Lösung dieses Problems besteht darin, neben der Unternehmensbeteiligung weitere Vermögenswerte anzusammeln. Wie sonst solle

859 S. oben S. 42.

860 Vgl. *Blaurock,* Unterbeteiligung, S. 57; Wachter/*Eberl,* S. 1817; MüHdb/*Gayk,* § 30 Rn. 6; *Weigl,* S. 18.

861 MüHdb/*Gayk,* § 30 Rn. 6.

862 Vgl. *Böttcher/Zartmann/Faut,* S. 30; *Ulbrich,* S. 20 f.; *Blaurock,* Unterbeteiligung, S. 58; die diese Vorteile der Unterbeteiligung bereits bei Entwicklungs- oder Versuchsgesellschaften sehen.

863 Vgl. *Wendelstein,* BB 1970, 735; *Thomsen,* S. 141; *Weigl,* S. 23.

„ein Gesellschafter, der […] schon verwitwet ist, das Erbrecht unter seinen fünf Kindern, nämlich einen Sohn, der Geschäftsnachfolger wird, und vier Töchtern, die aus dem Unternehmen ausscheiden müssen, gestalten, wenn sein Vermögen im [W]esentlichen nur in seiner Beteiligung an einer offenen Handelsgesellschaft besteht?"[864]

Im Gegensatz zu den gesellschaftlichen Vorstellungen zu Beginn der 70er Jahre ist heutzutage sicherlich nicht mehr selbstverständlich, dass gerade der Sohn[865] das Unternehmen fortführen soll. Der Vorschlag erscheint in der Sache jedoch nicht durchführbar, wenn die Unternehmensbeteiligung einen sehr hohen Wert erreicht und fraglich ist, ob der künftige Erblasser ein Interesse daran hat, privates Vermögen aufzubauen anstatt mit dem dafür aufgewendeten Kapital das Unternehmen weiter zu unterstützen und konkurrenzfähig zu halten. Dies gilt umsomehr, wenn er gar nicht über weitergehendes Kapital verfügt. Eine Erbteilung wäre zudem dadurch möglich, langfristige und unverzinste „Gleichstellungsforderungen" vorzusehen, die einen Ausgleich schaffen, oder bereits frühzeitig ausreichend Rücklagen für diesen Fall zu bilden.[866] Dies kann aber – insbesondere wenn mehrere weichende Erben vorhanden sind – zu einer untragbaren Auszahlungslast führen.[867] Somit scheidet diese Möglichkeit als praxistaugliche Lösung aus. Zu untersuchen bleibt, ob eine Unterbeteiligung ein sinnvolles Gestaltungsmittel für einen Ausgleich zwischen den weichenden Erben sein kann.

a) Grundlagen und rechtliche Gestaltung

Bei dieser Fallgestaltung wird zunächst vorausgesetzt, dass sich unter den Kindern des künftigen Erblassers ein geeigneter Nachfolger für sein Unternehmen befindet und er bereits als Nachfolger bestimmt worden ist. Diesem Nachfolger soll der Gesellschaftsanteil im Wege der vorweggenommenen Erbfolge schenkweise übertragen werden.[868] Allen anderen Erben räumt der Hauptgesellschafter vor der Übertragung des Unternehmens an den Nachfolger schenkweise (§ 516 I BGB) eine Unterbeteiligung an seinem Hauptgesellschaftsanteil ein.

864 *Wendelstein,* BB 1970, 735. Auch *Spiegelberger,* § 1 Rn. 29 empfiehlt, den Pflichtteil durch andere Vermögenswerte zuzuwenden.

865 Auch bei einem Bsp. von *Böttcher/Zartmann/Faut,* S. 96 zur Vermeidung der Zersplitterung der Gesellschaftsanteile soll nur „ein männlicher Abkömmling als Erbe in die Gesellschaft eintreten [dürfen]".

866 *Kühne/Rehm,* NZG 2013, 561, 566.

867 *Wendelstein,* BB 1970, 735.

868 Auf die Darstellung der gesellschaftsrechtlichen und steuerrechtlichen Einzelheiten der Übertragungsmöglichkeiten von Gesellschaftsanteilen soll wegen der Schwerpunktsetzung auf die Unterbeteiligung an dieser Stelle verzichtet werden.

Sofern die Einräumung der Unterbeteiligung nur teilweise unentgeltlich erfolgt, ist eine gemischte Schenkung anzunehmen.[869] Außer dieser Beteiligung sollen die Erben in Bezug auf das Unternehmen keine weitere Zuwendung erhalten. Der Inhalt der Unterbeteiligung kann wegen ihrer Gestaltungsfreiheit vielseitig an die Bedürfnisse der jeweiligen Unternehmerfamilie angepasst werden. Wie im Falle der Einkommensumverteilung ist auch in dieser Konstellation eine typische Unterbeteiligung zweckmäßig, um die weichenden Erben ausschließlich kapitalmäßig zu beteiligen. Nachdem der künftige Erblasser den nicht privilegierten Erben jeweils Unterbeteiligungen eingeräumt hat, kann er seinen Gesellschaftsanteil an den Nachfolger schenkweise übertragen.

b) Verhältnis der Unterbeteiligungen untereinander

Fraglich ist, in welcher Beziehung die einzelnen Unterbeteiligungsverhältnisse zueinander stehen. Der Hauptgesellschafter kann an seinem Gesellschaftsanteil mehreren Personen gleichzeitig eine Unterbeteiligung einräumen.[870] Die Unterbeteiligungsverhältnisse bestehen unabhängig voneinander, ohne Rechtsverhältnisse zwischen den Unterbeteiligten zu begründen.[871] Folglich haben auch Veränderungen hinsichtlich einer Unterbeteiligung keinen Einfluss auf die anderen Unterbeteiligungsverhältnisse.

c) Kündigung

Der Nachfolger kann unter Umständen daran denken, sich der Unterbeteiligungen zu entledigen, sobald der künftige Erblasser durch die schenkweise Übertragung seinen Einfluss auf den Gesellschaftsanteil verloren hat. Die Schwäche dieser Gestaltung liegt darin, dass der künftige Erbe als neuer Inhaber der Hauptbeteiligung nach deren Übertragung die Unterbeteiligung nach der hier vertretenen Ansicht[872] ohne Weiteres analog §§ 234 I 1, 132 HGB mit einer Frist von sechs Monaten ordentlich zum Schluss des Geschäftsjahres kündigen kann,

---

869 *Zupp*, S. 43. Dies kann einen Einfluss auf die Berechnung der Schenkungsteuer haben. Als Schenkung im steuerrechtlichen Sinn gilt der Teil des zugewendeten Vermögensgegenstandes, der nach dem Abzug der Gegenleistung übrig bleibt, vgl. die gleich lautenden Erl. der Obersten Finanzbehörden der Länder v. 20.5.2011, BStBl. I 2011, 562; *Meincke*, § 10 Rn. 20a.

870 *Kühne/Rehm*, NZG 2013, 561, 564; *Thomsen*, S. 141; s. S. 43.

871 *Kühne/Rehm*, NZG 2013, 561, 564.

872 S. oben S. 134 ff. Nach a. A. könnte die Kündigung gemäß § 723 I 1 BGB sogar jederzeit erfolgen. Folgt man dieser Ansicht, wäre erst recht die Vereinbarung einer bestimmten Laufzeit zu empfehlen.

wenn die Unterbeteiligungsgesellschaft für unbestimmte Zeit eingegangen wurde. Im Unterbeteiligungsvertrag sollte der Kündigung ein Riegel vorgeschoben werden – entweder durch Ausschluss des ordentlichen Kündigungsrechts oder durch eine ausreichende Befristung. Der künftige Erblasser und die weichenden Erben sollten im Unterbeteiligungsvertrag zweckmäßigerweise einen Zeitraum von mehreren Jahren für den Bestand der Unterbeteiligung festlegen, sodass eine entsprechende Ausgleichszahlung erfolgen kann. Die Parteien müssen allerdings darauf achten, dass die Regelung nicht zu einem faktischen Ausschluss der ordentlichen Kündigung führt. In diesem Fall wäre die Vereinbarung nichtig, § 138 I BGB. Im Falle einer Kündigung kann der künftige Erblasser den Schenkungsvertrag über den Unternehmensanteil an seinen Nachfolger unter Umständen wegen groben Undanks widerrufen, § 530 I BGB. Diese Möglichkeit entfällt jedoch, wenn der Erblasser bereits verstorben ist und die Erben den Widerruf erklären wollen. Dies ist gemäß § 530 II BGB grundsätzlich ausgeschlossen.

Im Übrigen kann die Entledigung der Unterbeteiligungen auch durch entsprechende Vereinbarungen im Schenkungsvertrag verhindert werden. So könnte die schenkweise Übertragung des Gesellschaftsanteils an die auflösende Bedingung geknüpft werden, dass der Nachfolger die Unterbeteiligungen nicht kündigt, § 158 II BGB. Im Falle einer Kündigung der Unterbeteiligungen würde dann die Schenkung wegfallen. Der Rechtsgrund für die Übertragung des Gesellschaftsanteils entfiele und die Miterben könnten Ansprüche aus dem Bereicherungsrecht gerichtet auf die Rückübertragung des Gesellschaftsanteils gegen den Nachfolger geltend machen. Unberührt bleibt dagegen das außerordentliche Kündigungsrecht des Nachfolgers nach §§ 234 I 2 HGB, 723 I 2 BGB, wenn ein wichtiger Grund zur Kündigung vorliegt.

d) Form

Wegen der zu beachtenden Form der schenkweisen Einräumung einer Unterbeteiligung ist auf die bisherigen Ausführungen zu verweisen.

e) Tod des Hauptbeteiligten

Ein weiteres Problem kann sich durch den Tod des Erblassers ergeben. Zu untersuchen ist das rechtliche Schicksal der Unterbeteiligung nach dem Tod des Hauptbeteiligten. Ohne eine Fortsetzungsklausel wird die Unterbeteiligungsgesellschaft gemäß § 727 BGB aufgelöst.[873] Das Ziel der Gestaltung ist es aber, mit Hilfe der Unterbeteiligung die Erbschaftsansprüche der weichenden Erben zu

873 *Kühne/Rehm,* NZG 2013, 561, 566 m. w. N.

finanzieren. Daher ist es im Interesse der Beteiligten, dass die Unterbeteiligung auch über den Tod des Hauptgesellschafters hinaus fortbesteht. Im Unterbeteiligungsvertrag können jedoch auch abweichende Regelungen getroffen werden.[874] Für diese Gestaltung ist es notwendig, die Anwendung des § 727 BGB auszuschließen, sodass die Unterbeteiligung beim Tod des Hauptbeteiligten bestehen bleibt.

f) Anrechnung der Schenkung auf den Erbteil

Fraglich ist, ob sich die beteiligten Personen beim Tod des Erblassers die Schenkungen auf ihren Erbteil anrechnen lassen müssen. Eine Anrechnung kommt nach den §§ 2050 ff. BGB in Betracht. Der Grundgedanke dieser Vorschriften besteht darin, dass der Erblasser alle seine Erben in Bezug auf die Erbschaft gleichmäßig behandeln will.[875] Aus § 2052 BGB wird deutlich, dass dieser Grundsatz nicht für die gewillkürte, sondern nur für die gesetzliche Erbfolge gelten soll. Der Grund dafür ist, dass der Erblasser bei der gewillkürten Erbfolge bewusste Entscheidungen hinsichtlich der zu vererbenden Vermögensgegenstände trifft und Ungleichheiten bewusst in Kauf nimmt.[876]

aa) Anrechnung der schenkweise eingeräumten Unterbeteiligungen auf den Erbteil der nicht privilegierten Erben

Der Gesellschaftsanteil wurde bereits auf den Nachfolger übertragen. Zum Ausgleich dafür ist den anderen Erben jeweils eine Unterbeteiligung eingeräumt worden, die auch über den Tod des Erblassers hinaus Bestand haben soll. Die Unterbeteiligungen entsprechen zwar in der Regel nicht dem Wert der Gesellschaftsanteile, die den Erben jeweils bei einer gleichmäßigen Teilung zustehen würden. Allerdings obliegen dem Nachfolger auch die Verantwortung und das Risiko der Unternehmensführung. Die anderen Familienmitglieder sind lediglich kapitalmäßig beteiligt. Diese Aspekte und der Wille des Erblassers sprechen dafür, dass die gegenseitigen Ansprüche in Bezug auf das Unternehmen abgegolten sein sollen. Grundsätzlich ist also davon auszugehen, dass keine Anrechnung erfolgen soll. Der Erblasser kann jedoch in einer letztwilligen Verfügung eine andere Regelung treffen. Durch die vorweggenommene Erbfolge wird die Nachfolge in Bezug auf das Unternehmen bereits eingeleitet. Die restlichen

874 *Kühne/Rehm,* NZG 2013, 561, 566.

875 BGH, Urt. v. 4.7.1975 – IV ZR 3/74, NJW 1975, 1831, 1832; MüKo/*Ann,* § 2050 BGB Rn. 1; Bamberger/Roth/*Lohmann,* § 2050 Rn. 1.

876 Vgl. Bamberger/Roth/*Lohmann,* § 2050 Rn. 1.

Vermögenswerte des künftigen Erblassers können daher gleichmäßig auf die Erben verteilt werden. Der Erblasser sollte in seiner letztwilligen Verfügung bestimmen, dass weder die schenkweise Übertragung der Gesellschaftsanteile noch die schenkweise Einräumung der Unterbeteiligungen auf den jeweiligen Erbteil anzurechnen sind. Liegt keine letztwillige Verfügung vor, tritt die gesetzliche Erbfolge in Kraft. In diesem Fall findet ohne eine Anordnung des Erblassers kein Ausgleich statt, vergleiche § 2050 III BGB. In Verbindung mit § 2052 BGB gilt dies auch für den Fall, dass der Erblasser eine gewillkürte Verfügung trifft, die dem Inhalt der gesetzlichen Erbfolge entspricht.

bb) Anrechnung der Schenkung der Gesellschaftsanteile auf den Erbteil des privilegierten Erben beziehungsweise Erbverzicht

Die Gesellschaftsanteile sind in der Regel von erheblichem Wert. Der Nachfolger muss deshalb nicht zwangsläufig darüber hinaus auch noch am weiteren Nachlass teilhaben. Daher sollte der Erblasser eine Anordnung bezüglich der Anrechnung der Schenkung der Gesellschaftsanteile treffen. Auch erscheint es gerechtfertigt, den privilegierten Erben von der Erbfolge hinsichtlich des restlichen Vermögens auszuschließen. Eine dahingehende Vereinbarung können der Erblasser und der Nachfolger im Wege eines Erbverzichtes gemäß § 2346 I 1 BGB treffen. Auf diese Weise könnte auch der Pflichtteil des Nachfolgers ausgeschlossen werden, § 2346 I 2 BGB. Durch eine testamentarische Anordnung wäre dies nicht möglich.[877]

cc) Anordnung des Erblassers

Der Erblasser kann gemäß § 2050 III BGB die Anordnung treffen, dass die Schenkungen auf den späteren Erbteil angerechnet werden sollen.[878] Damit einher gehen kann auch die Anordnung der Anrechnung der Schenkung auf den Pflichtteil, § 2315 I BGB.[879] Zu beachten ist auch § 2325 III BGB. Gemäß § 2325 III 1 BGB wird die Schenkung innerhalb eines jeden weiteren Jahres vor dem Erbfall um jeweils ein Zehntel weniger berücksichtigt. Nach § 2325 III 2 BGB ist die Schenkung nach zehn Jahren nach der Leistung des verschenkten Gegenstands nicht mehr zu berücksichtigen. Nach zehn Jahren bleiben die Schenkung des

877 Vgl. *Leipold,* Rn. 546.
878 Vgl. *Wendelstein,* BB 1970, 735, 738, ihm folgend *Böttcher/Zartmann/Faut,* S. 103.
879 *Wendelstein,* BB 1970, 735, 738.

Gesellschaftsanteils und die schenkweise eingeräumten Unterbeteiligungen daher bei der Berechnung der Pflichtteilsansprüche außer Betracht.[880]

g) Vorteile

Die Gestaltung hat das Ziel, dem „Konzentrationsinteresse“ und dem „Gleichstellungsinteresse“ zu dienen. Das „Konzentrationsinteresse“ ist bei der Unternehmensnachfolge ein wichtiges Kriterium. Die Gesellschaftsbeteiligung an dem Unternehmen soll auch in der nächsten Generation zusammengehalten werden.[881] Dieses Ziel wird dadurch erreicht, dass ein Nachfolger bestimmt wird, der den Gesellschaftsanteil alleine erhalten soll. Andererseits kommt diese Gestaltung den anderen Erben entgegen und fördert das „Gleichstellungsinteresse“.[882] Die in Bezug auf die Unternehmensführung weichenden Erben haben ein Interesse daran, hinsichtlich der Erbschaft in Bezug auf die Gesellschaftsanteile nicht allzu sehr benachteiligt zu werden. Daher verlangen sie in der Regel eine Abfindung, die sie nicht wesentlich schlechter stellt als den Unternehmensnachfolger.[883] Da das Kapital regelmäßig in der Gesellschaft gebunden ist und das Vermögen des Unternehmers in das Unternehmen investiert werden soll, ist eine gewisse Schlechterstellung der weichenden Erben in den meisten Fällen in Kauf zu nehmen. Sie ist allerdings durch das Pflichtteilsrecht beschränkt.[884]

Für die vorweggenommene Erbfolge erfolgt ein gerechter Ausgleich. Die weichenden Erben können schon vor dem Tod des künftigen Erblassers an dem Unternehmen teilhaben. Zudem kann durch die Unterbeteiligung ein entsprechender Ausgleich dafür geschaffen werden, dass der Nachfolger die Gesellschaftsbeteiligung geschlossen erhält. Bei dieser Gestaltung fällt die Gesellschaftsbeteiligung des Unternehmens aus dem Nachlass heraus, sodass es nicht zu einer Zerschlagung des Unternehmens kommen kann, weil Pflichtteilsansprüche weichender Erben erfüllt werden müssen.[885] Durch die Einräumung einer Unterbeteiligung kann für die weichenden Erben wegen der zeitlichen Vorverlagerung eine angemessene Abfindung angespart werden, um deren Ansprüche abzugelten.[886] Die Zahlungen verteilen sich so über einen längeren Zeitraum. Die weichenden Erben erhalten regelmäßig eine – wenn auch

880 *Böttcher/Zartmann/Faut,* S. 102.
881 *Wendelstein,* BB 1970, 735; *Böttcher/Zartmann/Faut,* S. 100.
882 *Wendelstein,* BB 1970, 735; *Böttcher/Zartmann/Faut,* S. 100.
883 *Wendelstein,* BB 1970, 735; *Böttcher/Zartmann/Faut,* S. 100.
884 *Wendelstein,* BB 1970, 735.
885 Vgl. *Frohnmayer/Ederle,* FuS 2012, 83; *Thomsen,* S. 141.
886 Singhof/*Seiler/Schlitt,* Rn. 367; MüHdb/*Gayk* § 30 Rn. 7.

geringere – Geldsumme und können das Erbe nicht auf einmal verlangen.[887] Sie brauchen sich auch nicht um die Verwaltung des Kapitals des künftigen Erblassers zu kümmern. Die Übertragung der Gesellschaftsanteile im Wege der vorweggenommenen Erbfolge kann wegen einer möglichen Steuerbefreiung gemäß §§ 13a, 13b ErbStG auch schenkungsteuerrechtliche Vorteile bringen. So können etwa die schenkungsteuerrechtlichen Freigrenzen ausgeschöpft werden. Daneben können auch die Einkommensteuerfreibeträge der nicht privilegierten Erben ausgenutzt und eventuell Steuervorteile durch die Anwendung geringerer Steuertarife erreicht werden.

h) Nachteile

Die Nachteile dieser Gestaltung liegen darin, dass der Nachfolger versuchen könnte, sich der Unterbeteiligungen zu entledigen. Dadurch würden die übrigen Erben der Gefahr ausgesetzt, hinsichtlich des Gesellschaftsanteils leer auszugehen. Probleme ergeben sich auch, wenn sich die Unterbeteiligungen auf einen hohen prozentualen Anteil des Gesellschaftsanteils beziehen. Dann muss der Nachfolger unter Umständen erhebliche Gewinnansprüche an die Unterbeteiligten auszahlen und hätte keine ausreichenden finanziellen Mittel, um das Unternehmen weiter voranzutreiben und Investitionen zu tätigen. Zudem besteht auch immer die Gefahr, dass die Gesellschaft Verluste einfährt und nicht in der Lage ist, Gewinne auszuschütten. Dann erhalten die weichenden Erben ebenfalls keine Auszahlungen. Der Zweck der Gestaltung, eine angemessene Abfindung anzusparen, wäre dadurch gefährdet.

7. Schenkweise Übertragung des Gesellschaftsanteils an den privilegierten Erben unter der Auflage, den nicht privilegierten Erben schenkweise Unterbeteiligungen einzuräumen

Eine weitere Gestaltungsmöglichkeit, die aus denselben Motiven gewählt wird und zu einem ähnlichen Ergebnis führt, aber noch weitere Vorteile haben kann, besteht darin, dass der künftige Erblasser dem privilegierten Erben den Gesellschaftsanteil schenkweise unter der Auflage überträgt, den nicht privilegierten Erben schenkweise Unterbeteiligungen an dem übertragenen Gesellschaftsanteil einzuräumen.

887 *Wendelstein*, BB 1970, 735.

a) Grundlagen der Schenkung unter Auflage

Gemäß § 525 I BGB kann der Schenker die Schenkung mit einer Auflage verknüpfen und deren Vollziehung verlangen. Die Auflage begründet eine eigene obligatorische Leistungspflicht. Gegenstand dieser Leistungspflicht kann jedes Tun oder Unterlassen sein.[888] Die mit der schenkweisen Übertragung des Gesellschaftsanteils verbundene Auflage kann bestimmen, dass den übrigen Erben eine Unterbeteiligung einzuräumen ist.[889] Diese Gestaltung ist möglicherweise dazu geeignet, die oben angesprochenen Nachteile in Bezug auf eine etwaige frühzeitige Beendigung der Unterbeteiligung durch eine Kündigung des Nachfolgers zu vermeiden.

aa) Abgrenzung der Schenkung unter Auflage zu anderen Schenkungsarten

Die Schenkung unter Auflage ist von der gemischten Schenkung und der Zweck- und Wunschschenkung abzugrenzen.

(1) Abgrenzung zur gemischten Schenkung

Die gemischte Schenkung besteht aus einem entgeltlichen und einem unentgeltlichen Teil. Sie liegt zum Beispiel vor, wenn eine Sache erheblich unter ihrem Wert veräußert wird und sich die Vertragsparteien darüber einig sind, dass der überschießende Zuwendungsanteil dem Beschenkten unentgeltlich zustehen soll.[890] Bei der Schenkung unter Auflage soll der Beschenkte eine Leistung aus dem Wert des Zuwendungsgegenstandes erbringen.[891] Die Schenkung erfolgt dabei gänzlich unentgeltlich.[892] Der Nachfolger soll die Unterbeteiligungen erst noch an dem ihm vom künftigen Erblasser schenkweise übertragenen Gesellschaftsanteil einräumen. Diese Schenkung versieht der künftige Erblasser mit der Auflage, den nicht privilegierten Erben schenkweise Unterbeteiligungen einzuräumen. Eine gemischte Schenkung läge vor, wenn die Unterbeteiligungen bereits vorhanden sind und der Nachfolger für die Übertragung des Gesellschaftsanteils eine Gegenleistung erbringen muss.

---

888 MüKo/*Koch,* § 525 BGB Rn. 2; Staudinger/*Chiusi,* § 525 Rn. 4; Palandt/*Weidenkaff,* § 525 Rn. 1.

889 Vgl. *Zapp,* S. 43.

890 Bamberger/Roth/*Gehrlein,* § 516 Rn. 12; *Ernst,* FS Picker 2010, S. 166 f.

891 Vgl. BGH, Urt. v. 7.4.1989 – V ZR 252/87, NJW 1989, 2122, 2122 f.; Urt. v. 2.10.1981 – V ZR 134/80, NJW 1982, 818, 819; MüKo/*Koch,* § 525 Rn. 7, 2; Erman/*Herrmann,* § 525 Rn. 6; Bamberger/Roth/*Gehrlein,* § 525 Rn. 7; *Looschelders,* Schuldrecht BT Rn. 331.

892 Staudinger/*Chiusi,* § 525 Rn. 42.

(2) Abgrenzung zur Zweck- und Wunschschenkung

Die Zweck- oder Wunschschenkung unterscheidet sich von der Schenkung unter Auflage dadurch, dass der Beschenkte zwar auch eine Leistung oder ein bestimmtes Verhalten von dem Beschenkten einfordert, diesbezüglich aber keine vertragliche Einigung, sondern nur eine tatsächliche Willensübereinstimmung der Parteien vorliegt.[893] Bei dieser Gestaltung kann in der Regel nicht von einer Wunsch- oder Zweckschenkung ausgegangen werden, weil der Erblasser nicht nur einen Wunsch äußern will, sondern vielmehr eine verbindliche Auflage treffen möchte, die von dem Nachfolger auch tatsächlich erfüllt werden soll.

bb) Anspruch auf Vollziehung der Auflage

Der Anspruch des künftigen Erblassers gegen den Nachfolger auf Vollziehung der Auflage ist gemäß § 525 I BGB durch den Schenkungsvollzug aufschiebend bedingt.[894] Demzufolge ist der künftige Erblasser vorleistungspflichtig und muss dem Nachfolger zunächst die Unternehmensanteile übertragen.[895] Gemäß § 527 II BGB ist der Anspruch ausgeschlossen, wenn ein Dritter dazu berechtigt ist, die Vollziehung der Auflage zu verlangen. Auf diese Weise soll verhindert werden, dass der Schenker den Anspruch des Dritten durch seine Rückforderung zunichte machen kann.[896] Für den Fall, dass der Beschenkte die Auflage nicht erfüllt, kann der Schenker gemäß § 527 I BGB die Herausgabe des Geschenkes verlangen.[897] § 527 I BGB verweist bezüglich des Herausgabeanspruchs über das Rücktrittsrecht auf das Bereicherungsrecht. Stirbt der Anspruchsinhaber, geht der Anspruch im Wege der Gesamtrechtsnachfolge gemäß § 1922 I BGB auf seine Erben über.[898] Das ist für den Fall wichtig, dass der künftige Erblasser verstirbt, der Nachfolger die Auflage jedoch noch nicht erfüllt hat und sie auch nicht erfüllen will.

---

893 BGH, Urt. v. 23.9.1983 – V ZR 67/82, NJW 1984, 233; OLG Düsseldorf, Urt. v. 30.3.1995 – 13 U 98/94, NJW-RR 1996, 517; MüKo/*Koch*, § 525 Rn. 8; Bamberger/Roth/*Gehrlein*, § 525 Rn. 7.

894 MüKo/*Koch*, § 525 Rn 13; Palandt/*Weidenkaff*, § 525 Rn. 12; Soergel/*Eckert*, § 525 Rn. 13; Staudinger/*Chiusi*, § 525 Rn. 30; a.A. Erman/*Herrmann*, § 525 Rn. 4, der darin eine Anspruchsvoraussetzung sieht.

895 Vgl. MüKo/*Koch*, § 525 Rn. 13; Palandt/*Weidenkaff*, § 525 Rn. 12; Soergel/*Eckert*, § 525 Rn. 13; *Looschelders*, Schuldrecht BT, Rn. 329.

896 MüKo/*Koch*, § 527 Rn. 1; Soergel/*Eckert*, § 527 Rn. 6.

897 *Looschelders*, Schuldrecht BT, Rn. 329.

898 Palandt/*Weidenkaff*, § 527 Rn. 3.

b) *Rechtliche Gestaltung*

Die Auflage sollte bestimmen, dass der Erwerber der Gesellschaftsanteile den nicht privilegierten Erben schenkweise eine Unterbeteiligung einzuräumen hat. Die Unterbeteiligung kann typisch ausgestaltet sein, da die weichenden Erben nur an einer finanziellen Beteiligung interessiert sind und der Hauptbeteiligte seinen unternehmerischen Einfluss auf die Gesellschaft nicht verlieren soll. Wichtig ist, dass der Inhalt der Unterbeteiligung genau festgelegt wird, damit die Vorstellungen des künftigen Erblassers umgesetzt werden.

c) *Form und Vertretung*

Sowohl das Schenkungsversprechen als auch die Auflage müssen gemäß § 518 I 1 BGB notariell beurkundet werden.[899] Im Übrigen stellen sich die bereits dargestellten Probleme hinsichtlich der Kündigung, der Beteiligung minderjähriger Kinder, des Verhältnisses der Unterbeteiligungen untereinander und des Todes des Hauptbeteiligten.

d) *Anrechnung auf den Erbteil*

Fraglich ist, ob sich die Parteien das im Wege der vorweggenommenen Erbfolge Erhaltene auf die Erbschaft anrechnen lassen müssen.

aa) Privilegierte Erbe

Der Unternehmensnachfolger kann testamentarisch von der restlichen Erbschaft ausgeschlossen werden. In diesem Fall steht ihm gemäß § 2303 I BGB ein Pflichtteilsanspruch zu. Mit Hilfe eines Erbverzichtsvertrages (§ 2346 BGB) könnte er zudem auf seinen Pflichtteil verzichten. Eine solche Vereinbarung wäre interessengerecht, da der Nachfolger bereits die Gesellschaftsanteile erhalten hat.

bb) Nicht privilegierte Erben

Die nicht privilegierten Erben erhalten von dem künftigen Erblasser über die Auflage mittelbar schenkweise eine Unterbeteiligung. Diese bekommen sie zum Ausgleich dafür, dass dem Nachfolger die Gesellschaftsanteile übertragen werden. Somit ist davon auszugehen, dass die Erbschaftsansprüche hinsichtlich des Unternehmens abgegolten sein sollen. Die Erbfolge hinsichtlich der übrigen Vermögenswerte sollte durch eine letztwillige Verfügung des künftigen Erblassers

---

899 OLG Köln, Urt. v. 31.5.1995 – 2 U 181/94, NJW-RR 1995, 1224, 1225; MüKo/*Koch*, § 518 Rn. 4; § 525 Rn. 1; Bamberger/Roth/*Gehrlein*, § 525 Rn. 2; Palandt/*Weidenkaff*, § 525 Rn. 2; Staudinger/*Chiusi*, § 518 Rn. 2.

geregelt werden. Darin kann er bestimmen, ob die bereits übertragenen Vermögenswerte auf den Erbteil angerechnet werden sollen.

e) Vorteile

Ein Vorteil dieser Konstellation besteht darin, dass die Gesellschaftsanteile an dem Unternehmen nur an einen Nachfolger weitergeben werden (Konzentrationsinteresse). Außerdem kann durch die Unterbeteiligung als Ausgleich und dem Ausschluss des Nachfolgers in Hinsicht auf das restliche Erbe auch das Gleichstellungsinteresse gewahrt werden, indem die nicht privilegierten Erben bereits frühzeitig an dem Unternehmen über die Unterbeteiligung beteiligt werden. Auch wird das Unternehmen nicht zerschlagen, um die Pflichtteilsansprüche erfüllen zu müssen. Der Pflichtteilsanspruch der nicht privilegierten Erben wird durch die Unterbeteiligung über einen längeren Zeitraum angespart. In der Auflage sollten der Inhalt des Unterbeteiligungsvertrages genau vorgegeben werden und möglichst auch Regelungen getroffen werden, die verhindern, dass sich der Unternehmensnachfolger der Unterbeteiligungen entledigt. Wiederum können durch die Ausnutzung von einkommen- und schenkungsteuerlichen Freibeträgen sowie Freigrenzen und die Anwendung von gegebenenfalls geringeren Steuertarifen steuerrechtliche Vorteile bestehen.

f) Nachteile

Nachteile können sich bei dieser Konstellation ergeben, wenn der künftige Erblasser die Schenkungsauflage nicht vollständig vorformuliert oder wichtige Regelungen nicht getroffen werden. Die Folge davon können Streitigkeiten über die Auslegung des Unterbeteiligungsvertrages sein. Ratsam ist es, für alle denkbaren Eventualitäten Bestimmungen zu treffen und insbesondere die Kündigungsmodalitäten zu regeln und ausführlich in der Auflage zu formulieren.

8. Erbverzicht der weichenden Erben gegen eine Unterbeteiligung als Abfindung

Eine weitere Fallgestaltung der Unterbeteiligung in Bezug auf die vorweggenommene Erbfolge wäre ein Erbverzicht der weichenden Erben gegen eine Unterbeteiligung als Abfindung.[900] In dieser Konstellation überträgt der künftige Erblasser die Gesellschaftsanteile im Wege der vorweggenommenen Erbfolge auf den Nachfolger schenkweise. Daneben kann die Übertragung der

900 *Zapp*, S. 43 f.; kurz angesprochen auch bei *Frohnmayer/Ederle*, FuS 2012, 83, 84.

Gesellschaftsbeteiligung auch durch letztwillige Verfügung oder im Wege der gesetzlichen Erbfolge erfolgen. Danach erbt der Nachfolger die Gesellschaftsbeteiligung.

a) Grundlagen des Erbverzichts

Der Erbverzicht ist in den §§ 2346 ff. BGB geregelt. Er ist ein abstrakter, erbrechtlicher Verfügungsvertrag[901] zwischen dem künftigen Erblasser und dem verzichtenden Erben, § 2346 I 1 BGB. Der Inhalt des Vertrages sieht den Verzicht auf das gesetzliche Erbrecht vor. Gemäß § 2346 I 2 BGB erfasst die Rechtsfolge des Erbverzichts auch den Ausschluss des Pflichtteils. Im Gegensatz dazu kann der Pflichtteil mittels einer letztwilligen Verfügung nicht ausgeschlossen werden, § 2303 I 1 BGB. Der Ausschluss des Pflichtteils macht die Besonderheit des Erbverzichts aus.[902] Zudem sieht § 2346 II BGB vor, dass sich der Erbverzicht auch allein auf den Pflichtteil beziehen kann (Pflichtteilsverzicht).[903] Der Verzicht erstreckt sich gemäß § 2349 BGB auch auf die Abkömmlinge des Verzichtenden. Die Vorschrift bewirkt, dass beim Tod des Verzichtenden dessen Erben an den Verzicht gebunden sind. So wird der gesamte Stamm von der Erbschaft ausgeschlossen.[904] Der Ehegatte des künftigen Erblassers kann auf den erhöhten Erbteil nach § 1371 I BGB verzichten. Ein Verzicht auf seinen Anspruch auf Zugewinnausgleich aus §§ 1371 II, 1372 ff. BGB ist jedoch nicht möglich.[905]

b) Abfindung

Für den Erbverzicht ist gesetzlich keine Gegenleistung in der Form einer schuldrechtlichen Verpflichtung vorgesehen. Allerdings erhält der Verzichtende als Ausgleich für seinen Verzicht in der Praxis regelmäßig eine Abfindung.[906] Gesetzliche Regelungen für eine solche Abfindung gibt es nicht. Sie muss vertraglich festgelegt werden. Schuldrechtlich liegt dem Erbverzicht als Kausalgeschäft

---

901 BGH, Urt. v. 4.7.1962 – V ZR 14/61, NJW 1962, 1910, 1912 f.; Frieser/*Tschichoflos*, § 2346 Rn. 1; Frank/*Helms*, § 22 Rn. 3; *Schmoeckel*, § 24 Rn. 1; *Leipold*, Rn. 545; Brox/*Walker*, Rn. 293; *Crezelius*, Rn. 104.

902 MüKo/*Wegerhoff*, § 2346 BGB Rn. 6; Bamberger/Roth/*Mayer*, § 2346 Rn. 16.

903 Frank/*Helms*, § 22 Rn. 2; *Schmoeckel*, § 24 Rn. 4; *Crezelius*, Rn. 105; *Spiegelberger*, Vermögensnachfolge, Rn. 357.

904 Vgl. Frieser/*Tschichoflos*, § 2349 Rn. 1; Staudinger/*Schotten*, § 2349 Rn. 1.

905 Frieser/*Tschichoflos*, § 2346 Rn. 25; vgl. Palandt/*Weidlich*, § 2346 Rn. 12; Jauernig/*Stürner*, § 2346 Rn. 3.

906 Frank/*Helms*, § 22 Rn. 1; *Crezelius*, Rn. 106.

häufig ein Abfindungsvertrag zu Grunde.[907] Die Abfindung beinhaltet ein Entgelt in der Form einer Zuwendung unter Lebenden.[908] Sie kann beispielsweise eine Geldzahlung oder die Übertragung anderer Vermögenswerte zum Gegenstand haben. Es kommt auch die Einräumung einer Unterbeteiligung in Betracht.[909]

aa) Gegenseitiger Vertrag

Die Abfindung und der Erbverzicht können zu einem gegenseitigen Vertrag verknüpft werden (entgeltlicher Erbverzicht).[910] Das ist der Fall, wenn der Erbverzicht und die Leistung der Abfindung in einem Austauschverhältnis im Sinne der §§ 320 ff. BGB stehen.[911] Der Vertrag sieht dann vor, dass sich der Erblasser zur Leistung einer Abfindung und der Erbanwärter zum Abschluss des Erbverzichtsvertrags verpflichten.[912] Der Rücktritt einer Vertragspartei kommt in Frage, wenn die andere Partei nicht ihre Pflichten aus dem Vertrag erfüllt.[913]

bb) Aufschiebend und auflösend bedingter Erbverzicht

Die jeweiligen Verträge können durch rechtsgeschäftliche Bedingungen im Sinne des § 158 BGB miteinander verbunden werden. Beispielsweise kann die Wirkung des Erbverzichts von der auflösenden Bedingung der Leistung der vereinbarten Abfindung abhängig gemacht werden.[914] Auch kann die Nichterfüllung eines Vermächtnisses eine auflösende Bedingung darstellen.[915]

---

907 Vgl. auch Bamberger/Roth/*Mayer,* § 2346 Rn. 26; *Crezelius,* Rn. 106; *Schmoeckel,* § 24 Rn. 1. Bei einem unentgeltlichen Erbverzicht liegt ein einseitig verpflichtender schuldrechtlicher Vertrag sui generis vor, Bamberger/Roth/*Mayer,* § 2346 Rn. 26; *Keller,* ZEV 2005, 229, 232; Staudinger/*Schotten,* § 2346 Rn. 121.

908 MüKo/*Wegerhoff,* § 2346 Rn. 21.

909 *Zapp,* S. 44.

910 BGH, Urt. v. 4.7.1962 – V ZR 14/61, NJW 1962, 1910, 1912; BayOLG, Beschl. v. 27.1.1995 – 1Z BR 22/94, NJW-RR 1995, 648, 649; Frieser/*Tschichoflos,* § 2346 Rn. 4, 31; MüKo/*Wegerhoff,* § 2346 Rn. 22; Frank/*Helms,* § 22 Rn. 4; *Schotten,* DNotZ 1998, 163, 165.

911 MüKo/*Wegerhoff,* § 2346 Rn. 22; *Leipold,* Rn. 548; Brox/*Walker,* Rn. 299.

912 BGH, Urt. v. 4.7.1962 – V ZR 14/61, NJW 1962, 1910, 1912; BayOLG, Beschl. v. 27.1.1995 – 1Z BR 22/94, NJW-RR 1995, 648, 649; MüKo/*Wegerhoff,* § 2346 Rn. 22; *Schotten,* DNotZ 1998, 163, 165.

913 Frank/*Helms,* § 22 Rn. 4.

914 BGH, Urt. v. 4.7.1962 – V ZR 14/61, NJW 1962, 1910, 1912; Staudinger/*Schotten,* § 2346 Rn. 153; Frieser/*Tschichoflos,* § 2346 Rn. 31; *Leipold,* Rn. 547.

915 BayOLG, Beschl. v. 27.1.1995 – 1Z BR 22/94, NJW-RR 1995, 648, 649; *Leipold,* Rn. 547.

c) *Persönliche Anforderungen und Stellvertretung der Vertragspartner*

Der Erblasser kann den Vertrag gemäß § 2347 II 1 BGB nur persönlich abschließen. Diese Regelung gilt nicht für den Abschluss eines Abfindungsvertrages.[916] Ist der Erblasser beschränkt geschäftsfähig, muss keine Genehmigung seines gesetzlichen Vertreters erfolgen, § 2347 II1 BGB. Ist er geschäftsunfähig, kann der Vertrag unter der Mitwirkung des gesetzlichen Vertreters geschlossen werden, § 2347 II 2 BGB. Hinsichtlich der Erforderlichkeit einer Genehmigung des Betreuungs- oder Familiengerichts verweist diese Norm auf § 2347 I BGB. Besonderheiten sieht § 2347 BGB hinsichtlich der persönlichen Anforderungen und einer möglichen Stellvertretung des Verzichtenden vor. Nach § 2347 I 1 BGB muss das Familiengericht seine Genehmigung erteilen, wenn der Verzichtende unter Vormundschaft steht. Dies ist auch der Fall, wenn er unter einer elterlicher Sorge steht, außer der Vertrag wird zwischen Ehegatten oder unter Verlobten geschlossen. Für den Verzicht durch einen Betreuer ist die Genehmigung des Betreuungsgerichts erforderlich, § 2347 I 2 BGB.

d) *Form*

Gemäß § 2348 BGB bedarf der Erbverzichtsvertrag der notariellen Beurkundung. Dieses Erfordernis gilt nach einem Erst-recht-Schluss analog auch für einen Abfindungsvertrag, der mit dem Erbverzicht verknüpft wurde.[917] Ein Formmangel kann analog § 311b I 2 BGB durch die Erfüllung des Abfindungsanspruchs geheilt werden.[918]

e) *Rechtsfolgen des Erbverzichts*

Die Rechtsfolgen des Erbverzichts sind in § 2346 BGB geregelt. Der Verzichtende wird behandelt, „als ob [er] vorverstorben wäre".[919] Er ist demnach nicht als Erbe anzusehen und erhält auch keinen Pflichtteil, § 2346 I BGB.[920] Außerdem wird der Pflichtteil des Verzichtenden bei der Berechnung des Pflichteils der übrigen Pflichtteilsberechtigten gemäß § 2310 2 BGB nicht mitgezählt, sodass sein Anteil

---

916 MüKo/*Wegerhoff*, § 2346 Rn. 22.

917 OLG Köln, Urt. v. 30.6.2010 - 2 U 154/09, ZEV 2011, 384, 386; offen gelassen vom BGH, Urt. v. 7.12.2011 - IV ZR 16/11, ZEV 2012, 145, 146 f.; Frieser/*Tschichoflos*, § 2346 Rn. 2; *Leipold*, Rn. 548; Frank/*Helms*, § 22 Rn. 3; MüKo/*Wegerhoff*, § 2348 Rn. 2; *Schotten*, DNotZ 1998, 163, 176; *Keller*, ZEV 2005, 229, 230.

918 Frieser/*Tschichoflos*, § 2346 Rn. 31; Staudinger/*Schotten*, § 2348 Rn. 17.

919 *Leipold*, Rn. 550; Frieser/*Tschichoflos*, § 2346 Rn. 29.

920 MüKo/*Wegerhoff*, § 2346 Rn. 31 f.; *Leipold*, Rn. 550.

deren Pflichtteilen zugerechnet wird.[921] Zur Beseitigung des Erbverzichts kann zu Lebzeiten des künftigen Erblassers gemäß §§ 2351, 2347 II 1 BGB unter Beachtung der notariellen Beurkundung ein Aufhebungsvertrag geschlossen werden.[922] Mit Hilfe dieser Gestaltungen tritt der künftige Erblasser frühzeitig mit seinen Erben in Kontakt und schafft klare Verhältnisse für den Erbfall.

f) Gestaltung der Unterbeteiligung

Der künftige Erblasser schließt in dieser Fallgestaltung mit den nicht privilegierten Erben jeweils einen Erbverzichtsvertrag ab. Als Abfindung sollte er die Unterbeteiligung gleichzeitig schenkweise einräumen. Die beiden Verträge sollten zu einem gegenseitigen Vertrag im Sinne der §§ 320 ff. BGB verbunden werden, damit der nicht privilegierte Erbe im Falle der Nichterfüllung vom Vertrag zurücktreten kann. Die Formvoraussetzungen beziehungsweise besonderen Regelungen des Erbverzichts gelten nicht für den Abschluss dieses Vertrages.

Eine andere Möglichkeit besteht darin, die Wirkung des Erbverzichts von der auflösenden Bedingung (§ 158 II BGB) der Leistung der vereinbarten Abfindung abhängig zu machen. Der Erbverzicht ist gemäß § 2348 BGB notariell zu beurkunden. Der Vertrag sollte wegen des Schenkungsversprechens hinsichtlich der Unterbeteiligung ohnehin notariell beurkundet werden, § 518 I 1 BGB. Der künftige Erblasser kann den Vertrag nur persönlich abschließen, § 2247 II 1 BGB. Bei minderjährig Verzichtenden ist die Genehmigung des Familiengerichts erforderlich, da auch der Abschluss des Unterbeteiligungsvertrages gemäß § 1822 Nr. 3 BGB eine Genehmigung des Vormundschaftsgerichtes erfordert. Die Höhe der Abfindung ist unabhängig von der Höhe der zu erwartenden Erbschaft und des Pflichtteils. Der Hauptbeteiligte muss sich überlegen, in welchem Umfang er den nicht privilegierten Erben an seinem Gesellschaftsanteil beteiligen will. Im Regelfall ist davon auszugehen, dass der künftige Erblasser ein Gleichstellungsinteresse hat, welches in der Praxis aber gleichwohl oft hinter dem Interesse an einem wirtschaftlichen Erfolg des Nachfolgers zurückstehen muss. So wird er zwar versuchen, für die nicht privilegierten Erben einen angemessenen Ausgleich herzustellen, es liegt aber auch in seinem Interesse, die Gesellschaftsanteile nicht zu stark mit den Unterbeteiligungen zu belasten.

In der Regel wird der künftige Erblasser die Gesellschaft zunächst noch weiterführen oder die Gesellschaftsanteile schenkweise an den privilegierten Erben weitergeben. Eine weitere Möglichkeit besteht darin, dass die Gesellschaftsanteile

---

921 Frieser/*Tschichoflos*, § 2346 Rn. 29 f.
922 *Leipold*, Rn. 555; Frank/*Helms*, § 22 Rn. 16.

erst im Erbfall auf den Nachfolger übergehen. Jedenfalls soll eine dieser beiden Personen das Unternehmen in eigener Verantwortung führen. Daher sollte die Unterbeteiligung wie in den vorangegangenen Fällen typisch ausgestaltet werden, damit die nicht privilegierten Erben keinen Einfluss auf die Geschäftsführung der Hauptgesellschaft nehmen können und nur kapitalmäßig am Gewinn beteiligt werden. Der Unterbeteiligungsvertrag muss für den Fall, dass der künftige Erblasser die Gesellschaftsanteile behält, Regelungen über dessen Tod enthalten, damit die Unterbeteiligung in diesem Fall nicht aufgelöst, sondern mit dem Nachfolger weitergeführt wird. Zudem sollten Regelungen über die Kündigung des Unterbeteiligungsverhältnisses erfolgen, damit der Nachfolger sich ihrer nicht entledigen kann.

g) Vorteile

Diese Gestaltung ist auf eine sehr frühzeitige Klärung der Unternehmensnachfolge gerichtet. Alle Beteiligten werden mit ihr frühzeitig vertraut gemacht und können sich auf eine mögliche Benachteiligung im Erbfall einstellen. Durch den Erbverzicht ist für die weichenden Erben klar, dass sie nur die Unterbeteiligung und keine weiteren Zuwendungen erhalten. Der künftige Erblasser kann auch seinem Interesse, die Erben gleichzustellen, nachkommen und den Umfang der jeweiligen Unterbeteiligungen selbst bestimmen. Ein weiterer Vorteil besteht darin, dass sich der Nachfolger nicht mit Pflichtteilsansprüchen auseinandersetzen muss. So kommt er nicht in die Situation, dass er Gesellschaftsanteile veräußern muss, um die Pflichtteilsansprüche zu erfüllen. Die Pflichtteilsansprüche werden vielmehr durch die Unterbeteiligung abgegolten. Mit Hilfe dieser Gestaltung kann der Erblasser seine Nachfolge rechtzeitig und abschließend regeln. Zudem bleiben die Gesellschaftsanteile zusammen, was dem Konzentrationsinteresse dient, und können entweder im Wege der vorweggenommenen Erbfolge oder im Todesfall des Erblassers auf einen Nachfolger übertragen werden.

h) Nachteile

Der Nachteil dieser Gestaltung besteht darin, dass die nicht privilegierten Erben außer der Abfindung nichts aus der Erbschaft erhalten. Sie könnten sich unter Umständen ungerecht behandelt fühlen, weil sie von der Erbfolge ausgeschlossen werden. Als Ausgleich könnten zwar Vermächtnisse hinsichtlich weiterer Vermögenswerte eingeräumt werden, gleichwohl kann zumindest der Eindruck entstehen, dass sie ungleich behandelt worden sind. Dem kann durch eine transparente Regelung und eine faire Beteiligung an dem Gesellschaftsanteil des Nachfolgers durch die Unterbeteiligung entgegengewirkt werden. Trotzdem ist diese Gestaltung wegen des Erbverzichts von der Mitwirkung der weichenden Erben abhängig, die sie aus nachvollziehbaren Gründen verweigern könnten. Ein weiterer Nachteil dieser Gestaltung ist, dass sich die Vermögenswerte des künftigen Erblassers nicht trennen lassen. Der Erbverzicht der anderen Familienmitglieder hat zur Folge, dass sie vollständig auf ihren Erbteil und den Pflichtteil verzichten. Bei den beiden zuvor geschilderten Gestaltungen besteht dagegen die Möglichkeit, die Gesellschaftsanteile und die sonstigen Vermögenswerte zu trennen. Auf diese Weise kann ein fairer Ausgleich vorgenommen werden. Bei der Einräumung der Unterbeteiligungen müssen auch die sonstigen Vermögenswerte berücksichtigt werden. Für den Nachfolger kann das zur Folge haben, dass sein Gesellschaftsanteil zu sehr belastet wird beziehungsweise sich sein eigener Anteil am Gewinn verringert. Er erhält zwar die gesamten Vermögenswerte, unter Umständen aber auch solche, die für ihn keinen Nutzen haben. Es bleibt dem künftigen Erblasser überlassen, den weichenden Erben schenkweise Zuwendungen zu Lebzeiten zukommen zu lassen. Die Erforderlichkeit einer notariellen Beurkundung gemäß § 2348 BGB ist kein Nachteil, da das Schenkungsversprechen hinsichtlich der Einräumung der typischen Unterbeteiligung ohnehin (noch) notariell beurkundet werden muss. Hinsichtlich einer möglichen Entledigung der Unterbeteiligung stellen sich dieselben Probleme wie bei der schenkweisen Einräumung von Unterbeteiligungen vor der Übertragung der Gesellschaftsanteile des künftigen Erblassers an den Nachfolger im Wege der vorweggenommenen Erbfolge.[923]

i) Steuerrechtliche Aspekte

Erb- und Pflichtteilsverzicht unterliegen nicht der Erb- oder Schenkungsteuer.[924] Dagegen ist die Abfindung gemäß § 7 I Nr. 5 ErbStG schenkungsteuerpflichtig.[925] Insoweit könnten wiederum die Freigrenzen ausgeschöpft werden. Durch die Unterbeteiligungen können zudem die einkommensteuerrechtlichen Freibeträge ausgenutzt und Steuervorteile dadurch erreicht werden, dass bei den weichenden Erben gegebenenfalls ein geringerer Steuertarif anzuwenden ist.

923 Vgl. oben S. 175 f.

924 BFH, Urt. v. 25.5.1977 – II R 136/73, BStBl. II 1977, 733; MüKo/*Wegerhoff*, § 2346 Rn. 29; Kapp/Ebeling/*Geck*, § 7 Rn. 116; Frieser/*Tschichoflos*, § 2346 Rn. 47.

925 BFH, Urt. v. 25.5.1977 – II R 136/73, BStBl. II 1977, 733; MüKo/*Wegerhoff*, § 2346 Rn. 29; Troll/*Gebel*/Jülicher, § 7 Rn. 315 ff.; Kapp/Ebeling/*Geck*, § 7 Rn. 121 f.

9. *Unterbeteiligung als Absicherung des künftigen Erblassers*

Die Unterbeteiligung kann auch dazu dienen, den künftigen Erblasser finanziell abzusichern. Im Gegenzug zur Übertragung seiner Gesellschaftsbeteiligung im Wege der vorweggenommenen Erbfolge kann er sich von dem Nachfolger eine typische oder atypische Unterbeteiligung einräumen lassen. Die daraus anfallenden Gewinne können ihm als Alterssicherung dienen. Welche Art der Unterbeteiligung für diesen Zweck zu empfehlen ist, richtet sich danach, ob und in welchem Umfange der künftige Erblasser noch an der Verwaltung des Hauptgesellschaftsanteils beteiligt sein möchte. Für eine rein finanzielle Beteiligung bietet sich eine typische Unterbeteiligung an. Sofern der künftige Erblasser weiterhin Einfluss auf die Gesellschaft ausüben möchte, sollte er eine atypische Unterbeteiligung mit dem Nachfolger vereinbaren. Der Gesellschaftsanteil kann durch eine Schenkung unter Auflage im Sinne von § 525 I BGB an den Nachfolger übertragen werden. Der künftige Erblasser überträgt seinen Anteil schenkweise auf den Nachfolger. Dabei ist darauf zu achten, die Schenkungsteuer möglichst zu vermeiden oder gering zu halten, wenn die Schenkung die Freibeträge überschreiten sollte. Er muss die Auflage, dem Altgesellschafter eine Unterbeteiligung an den an ihn übertragenen Anteil einzuräumen, nach der Übertragung des Gesellschaftsanteils erfüllen. Sollte er dies nicht tun, kann der Altgesellschafter die Herausgabe des schenkweise übertragenen Gesellschaftsanteils verlangen, § 527 I BGB.

Fraglich ist, ob der Altgesellschafter sich vor der Übertragung des Gesellschaftsanteils selbst eine Unterbeteiligung einräumen kann. Da die Person des Hauptgesellschafters und die des Unterbeteiligten nicht identisch sein kann,[926] scheidet die Einräumung einer Unterbeteiligung vor der Übertragung des Gesellschaftsanteils aus.

a) Typische Unterbeteiligung

Die typische Unterbeteiligung sorgt bereits frühzeitig für klare Verhältnisse hinsichtlich der Unternehmensnachfolge. Der künftige Erblasser erhält lediglich eine finanzielle Beteiligung, ohne dass er bei der Ausübung der Gesellschafterrechte noch mitwirken kann. Er zieht sich bereits vollständig aus dem Unternehmen zurück. Durch die Einräumung einer typischen Unterbeteiligung ist er finanziell abgesichert. In welchem Umfang er beteiligt werden soll, bestimmen die Vertragsparteien. In dieser Konstellation erhält der Nachfolger bereits den Gesellschaftsanteil und kann die Gesellschafterrechte ohne Einfluss des künftigen Erblassers selbstständig wahrnehmen und ausüben.

---

926 S. oben S. 56 f.

b) Atypische Unterbeteiligung

Die Unterbeteiligung kann auch atypisch ausgestaltet werden, sodass der künftige Erblasser immer noch Einfluss auf die Stimmrechte ausüben kann. Auf diese Weise kann er auch nach der Übertragung des Gesellschaftsanteils noch mittelbar an unternehmerischen Entscheidungen mitwirken. Gleichwohl gibt er die Verantwortung und die Verwaltung der Gesellschaftsanteile an den Nachfolger weiter.

c) Nachteile

Problematisch ist es, wenn der Nachfolger die mit der Schenkung verbundene Auflage nicht erfüllt. In diesem Fall hat der künftige Erblasser nur einen Bereicherungsanspruch auf Rückübertragung der Gesellschaftsanteile aus § 527 I BGB. Außerdem ist bei einer atypischen Unterbeteiligung die Gefahr gegeben, dass sich der künftige Erblasser noch zu sehr in die Entscheidungen des Nachfolgers einmischt und diesen dadurch verunsichert beziehungsweise dessen Position und Glaubwürdigkeit im Unternehmen schwächt.

10. Zusammenfassung der Fallgestaltungen der vorweggenommenen Erbfolge

Die dargestellten Konstellationen zeigen, dass die Unterbeteiligung bei der vorweggenommenen Erbfolge vielfältig eingesetzt werden kann. Es können dabei verschiedene Ziele verfolgt werden. Auch ist der Zusammenhang zur Unternehmensnachfolge stets unterschiedlich stark ausgeprägt. Die Unterbeteiligung bietet ein adäquates Gestaltungsinstrument, um die Einkommensteuerlast eines Familienunternehmens auf mehrere Familienangehörige zu verteilen und deren Freibeträge auszunutzen. Dabei geht es nicht unmittelbar um die Unternehmensnachfolge. Im Vordergrund steht, dass Gewinne, die das Unternehmen erwirtschaftet, bereits frühzeitig auf die Angehörigen verteilt werden. In Hinblick darauf würde sich eine Entscheidung des BGH zum Schenkungsvollzug einer typischen Unterbeteiligung positiv auswirken, da eine atypische Unterbeteiligung in dieser Konstellation regelmäßig nicht gewollt ist. Mit der Heilung einer fehlenden notariellen Beurkundung könnten zusätzlich zu den steuerrechtlichen Vorteilen auch noch Notarkosten gespart werden, was diese Fallgruppe noch attraktiver machen könnte. Auf eine anwaltliche Beratung sollte indes nicht verzichtet werden. Die Unterbeteiligung ist auch ein Gestaltungsmittel, um einen Nachfolger an die Unternehmensführung heranzuführen. Voraussetzung ist, dass er sich mit einer Quasigesellschafterstellung einverstanden erklärt und als künftige Führungsperson der Gesellschaft akzeptiert wird. Die Unterbeteiligung als Vorstufe einer geplanten Übertragung des Gesellschaftsanteils ermöglicht es, den maßgeblichen Zeitpunkt für den Anfall der Schenkungsteuer zu bestimmen. Die persönliche Haftung kann jedoch dadurch nicht beschränkt werden. Die Unterbeteiligung ist zudem ein adäquates Mittel, in der Hauptgesellschaft bestehende Vinkulierungsklauseln zu umgehen. Sie steht nicht unmittelbar mit der vorweggenommenen Unternehmensnachfolge im Zusammenhang, ist aber dazu geeignet, weichende Erben mittelbar am Unternehmen zu beteiligen, zweckmäßigerweise durch Vereinbarung einer typischen Unterbeteiligung. Die Geheimhaltung der Beteiligung spielt in den Fällen eine Rolle, in denen ein Nachfolger an das Unternehmen herangeführt werden soll, ohne dass seine Identität offenbart werden muss. Bei der Unternehmensnachfolge können den nicht privilegierten Erben durch unterschiedliche rechtliche Gestaltungen Unterbeteiligungen als Ausgleich dafür eingeräumt werden, dass sie keine direkten Beteiligungen an dem Unternehmen erhalten. Zum einen kann der Unternehmer seine Anteile schenkweise an den Nachfolger übertragen, nachdem er den nicht privilegierten Erben jeweils schenkweise eine typische Unterbeteiligung als Ausgleich eingeräumt hat. Dadurch wird der Gesellschaftsanteil am Unternehmen zusammengehalten. Gleichzeitig behandelt der künftige Erblasser alle Erben fair und gleich. Dass der Unternehmensnachfolger gegenüber den anderen Angehörigen bevorzugt wird, liegt in der Natur der Sache. Wichtig ist, dass die Unterbeteiligung inhaltlich so ausgestaltet wird, dass ein Nachfolger, der rein finanzielle Interessen hat, sich der Unterbeteiligungen nicht entledigen kann. Der Unternehmensnachfolger sollte durch den Abschluss eines Erbverzichtsvertrages mit dem künftigen Erblasser auf das übrige Erbe und den Pflichtteil verzichten. Die Unterbeteiligten sollten sich die Schenkung nicht auf das übrige Erbe anrechnen lassen.

Zu einem ähnlichen Ergebnis kommt man, wenn der Gesellschaftsanteil auf einen Nachfolger schenkweise unter der Auflage, dass er den nicht privilegierten Erben schenkweise eine typische Unterbeteiligung einzuräumen hat, übertragen wird. Diese Lösung erfolgt in einer zeitlichen Abfolge, die den Interessen des Erblassers und des Nachfolgers noch besser entspricht. Wichtig ist, dass die typischen Unterbeteiligungen in dem Schenkungsvertrag ausführlich inhaltlich geregelt werden, damit der Wille des künftigen Erblassers erfüllt wird und der Nachfolger die nicht privilegierten Erben nicht durch eine erheblich geringere Beteiligung übervorteilen kann. Dieses Ergebnis kann auch mit Hilfe eines Erbverzichtes erreicht werden. Dabei erhalten die weichenden Erben als Gegenleistung schenkweise eine Unterbeteiligung. Schließlich kann die Unterbeteiligung dazu dienen, den künftigen Erblasser im Alter abzusichern.

II. Gewillkürte Erbfolge

Abschließend soll untersucht werden, welche inhaltlichen Gestaltungen der Unterbeteiligung bei der gewillkürten Erbfolge geeignet sind, die Unternehmensnachfolge in mittelständischen Familienunternehmen zu optimieren. Ein Vorteil der gewillkürten Erbfolge gegenüber der vorweggenommenen Erbfolge besteht darin, dass der Erblasser seine Vorstellungen hinsichtlich der Nachfolge in dem Unternehmen und seines sonstigen Vermögens umfassend in einer letztwilligen Verfügung festlegen kann, ohne sich im Vorwege mit seinen Erben auseinandersetzen zu müssen. Auf diese Weise wird er nicht mit den Reaktionen der unter Umständen enttäuschten Erben konfrontiert und darf darauf vertrauen, dass sein letzter Wille tatsächlich beachtet und umgesetzt wird. Einzuräumen ist allerdings, dass die Unternehmensnachfolge und die damit zusammenhängenden Themen oft sehr komplex sind, umfassende Regelungen erfordern und es sich unter diesen Gesichtspunkten anbietet, die Erben frühzeitig in die Gestaltung der Unternehmensnachfolge mit einzubeziehen und bei Bedarf Erb- sowie Erbverzichtsverträge abzuschließen. Darin ist ein Nachteil der gewillkürten gegenüber der vorweggenommenen Erbfolge zu sehen. Andererseits lassen sich auch bei der gewillkürten Erbfolge Gestaltungen für eine sachgerechte Unternehmensnachfolge in mittelständischen Familienunternehmen mittels einer Unterbeteiligung finden. Festzuhalten ist, dass eine Unterbeteiligung nicht „mit dem Erbfall „kraft Erbrechts" […] entstehen" kann.[927] Vielmehr ist stets der Abschluss eines Gesellschaftsvertrages zwischen dem Hauptbeteiligten und dem Unterbeteiligten Voraussetzung für eine wirksame Entstehung der Unterbeteiligung.

Fraglich ist, mit Hilfe welcher erbrechtlichen Rechtsinstitute eine passende Gestaltung gewählt werden kann, die eine Unterbeteiligung erst mit dem Erbfall entstehen lässt. In Frage kommt insbesondere ein Vermächtnis, das im Testament oder Erbvertrag angeordnet werden kann.[928] Auch könnte der Erblasser eine Teilungsanordnung mit einem solchen Inhalt in einer letztwilligen Verfügung treffen.[929] Bevor diese Gestaltungen untersucht werden, ist auf die Vererblichkeit von Gesellschaftsanteilen im Allgemeinen einzugehen.

---

927 BGH, Urt. v. 11.7.1968 – II ZR 179/66, NJW 1968, 2003.

928 Vgl. BGH, Urt. v. 11.7.1968 – II ZR 179/66, NJW 1968, 2003; *Zapp*, S. 44 f.; *Wendelstein*, BB 1970, 735, 736.

929 *Zapp*, S. 45.

1. *Vererblichkeit von Gesellschaftsanteilen*

Hinsichtlich der Vererblichkeit von Gesellschaftsanteilen ist zwischen Kapital- und Personengesellschaftsanteilen zu unterscheiden.

a) *Kapitalgesellschaftsanteile*

Kapitalgesellschaftsanteile sind frei vererblich. Für die GmbH ist das in § 15 I GmbHG ausdrücklich geregelt („Grundsatz der freien Übertragbarkeit"[930]). Auch Aktien sind vererblich.[931] Der Grund dafür ist, dass die Kapitalgesellschaften eigenständige juristische Personen sind, für die die Gesellschafter ohnehin nicht persönlich haften. So können beim Übergang der Gesellschaftsanteile keine Haftungsprobleme entstehen.[932] Außerdem besteht keine persönliche Bindung des Gesellschafters an die Gesellschaft.[933] Die Kapitalgesellschaftsanteile gehen im Wege der Gesamtrechtsnachfolge gemäß § 1922 I BGB auf den Erben über.[934] Ein Alleinerbe wird zum alleinigen Inhaber des Gesellschaftsanteils. Mehrere Erben bilden eine Gesamthandsgemeinschaft (§ 2032 I BGB), der der Gesellschaftsanteil ungeteilt zusteht. Die Verwaltung des Gesellschaftsanteils erfolgt gemäß § 2038 BGB gemeinschaftlich.[935] Eine Aktie ist gemäß § 8 V AktG unteilbar. Eine Teilung nach der Quote der Erben ist also nicht möglich. Anderes gilt bei der GmbH. Bei ihr kann gemäß § 46 Nr. 4 GmbHG durch einen entsprechenden Gesellschaftsbeschluss auch die Aufteilung des Anteils auf einzelne Miterben angeordnet werden.[936] Die Vererblichkeit von Kapitalgesellschaftsanteilen steht den zu besprechenden Fallgestaltungen nicht im Weg. Die Erben werden Inhaber des Gesellschaftsanteils. Sie können anderen Personen hinsichtlich dieses Anteils Unterbeteiligungen einräumen.

---

930 *Reichert/Weller,* § 15 GmbHG Rn. 1.

931 MüKo/*Leipold,* § 1922 Rn. 55; Sudhoff/*Scherer,* § 1 Rn. 10, 11; *Leipold,* Rn. 583c; Frank/*Helms,* § 24 Rn. 7; *Schmoeckel,* § 31 Rn. 1; *Crezelius,* Rn. 137; *Lorz/Kirchdörfer,* S. 133; MüAnwHdbErbR/*Kögel,* § 40 Rn. 26.

932 *Leipold,* Rn. 583c, 583d; Frank/*Helms,* § 24 Rn. 7.

933 Brox/*Walker,* Rn. 795.

934 MüKo/*Reichert/Weller,* § 15 GmbHG Rn. 442; Ulmer/Habersack/*Löbbe,* § 15 Rn. 6; *Lange,* GmbHR 2013, 113.

935 MüKo/*Reichert/Weller,* § 15 GmbHG Rn. 443; *Crezelius,* Rn. 70; *Lange,* GmbHR 2013, 113.

936 MüKo/*Leipold,* § 1922 Rn. 56; Frank/*Helms,* § 24 Rn. 7.

b) Personengesellschaftsanteile

Fraglich ist, ob Personengesellschaftsanteile vererblich sind. Wäre dies nicht der Fall, könnte auch keine Unterbeteiligung an ihnen eingeräumt werden.

aa) Gesetzliche Regelungen zum Schicksal der Gesellschaften beim Tod eines Gesellschafters

Darzustellen ist zunächst, welche Rechtsfolgen die gesetzlichen Regelungen jeweils für den Tod eines Gesellschafters in den Personengesellschaften vorsehen.

(1) Gesellschaft bürgerlichen Rechts

Gemäß § 727 I BGB wird die Gesellschaft bürgerlichen Rechts durch den Tod eines Gesellschafters aufgelöst, sofern sich nichts anderes aus dem Gesellschaftsvertrag ergibt. Der Gesellschaftsanteil ist daher grundsätzlich nicht vererblich.[937] Die Erben werden als Erbengemeinschaft Mitglied der Abwicklungsgesellschaft. Es findet folglich eine Auseinandersetzung der Gesellschaft im Sinne von §§ 730 ff. BGB statt.[938] Diese Rechtsfolge sieht das Gesetz wegen der Höchstpersönlichkeit der Gesellschafterstellung, dem gegenseitigen Vertrauen der Gesellschafter und ihrer persönlichen Zusammenarbeit vor. Daraus folgt, dass Personengesellschaftsanteile grundsätzlich nicht übertragbar und vererblich sind.[939] Abweichende Regelungen können sich aus dem Gesellschaftsvertrag ergeben, § 727 I BGB.

(2) Offene Handelsgesellschaft

Gemäß § 131 III 1 Nr. 1 HGB führt der Tod eines Gesellschafters zu dessen Ausscheiden aus der offenen Handelsgesellschaft. Die gesetzliche Regelung sieht im Gegensatz zur Gesellschaft bürgerlichen Rechts vor, dass die Gesellschaft fortgeführt wird. Die Gesellschaftsanteile sind grundsätzlich auch nicht vererblich, da die offene Handelsgesellschaft wie die Gesellschaft bürgerlichen Rechts auf den persönlichen

---

937 Brox/*Walker*, Rn. 779.

938 MüKo/*Schäfer*, § 727 Rn. 6; Brox/*Walker*, Rn. 779; *Schmoeckel*, § 31 Rn. 2; *Banck*, S. 28; *Crezelius*, Rn. 77.

939 MüKo/*Schäfer*, § 727 Rn. 1; Bamberger/Roth/*Schöne*, § 727 Rn. 1; Sudhoff/*Scherer*, § 1 Rn. 12; Frank/*Helms*, § 24 Rn. 8; Brox/*Walker*, Rn. 779; *Schmoeckel*, § 31 Rn. 2; *Leipold*, Rn. 584; *Banck*, S. 27; *Crezelius*, Rn. 138; zum Rechtsgedanken des § 727 I BGB s. bereits oben, S. 138 f.; zur Übertragbarkeit von Anteilen an einer Gesellschaft bürgerlichen Rechts s. oben, S. 123 ff.

Beziehungen der Gesellschafter beruht.[940] Den verbleibenden Gesellschaftern wächst der Gesellschaftsanteil des Erblassers an, § 105 III HGB, § 738 I 1 BGB. Den Erben steht dafür ein Abfindungsanspruch gemäß § 105 III HGB in Verbindung mit § 738 I 2 BGB zu.[941] Hohe Abfindungsansprüche können den Bestand des Unternehmens gefährden.[942] Außerdem kann der Gesellschafter den Wunsch haben, dass seine Erben den Gesellschaftsanteil an seiner Stelle verwalten.[943] Daher ermöglicht § 139 HGB abweichende gesellschaftsrechtliche Regelungen auch bei der offenen Handelsgesellschaft. Neben der Vererblichkeit des Gesellschaftsanteils kann auch vereinbart werden, dass die offene Handelsgesellschaft beim Tod eines Gesellschafters aufgelöst werden soll.[944]

(3) Kommanditgesellschaft

Bei der Kommanditgesellschaft ist zwischen dem Tod des Komplementärs und dem Tod des Kommanditisten zu unterscheiden.

(a) Tod des Komplementärs

Über die Verweisung des § 161 I HGB ist die Regelung des § 131 III 1 Nr. 1 HGB auch für den Tod des Komplementärs einer Kommanditgesellschaft anzuwenden. Es gilt dasselbe wie bei dem Gesellschafter einer offenen Handelsgesellschaft.

(b) Tod des Kommanditisten

Stirbt der Kommanditist einer Kommanditgesellschaft, wird die Gesellschaft mangels abweichender vertraglicher Regelungen mit seinen Erben fortgesetzt, § 177 HGB. Der Gesellschaftsanteil eines Kommanditisten ist mithin vererblich.[945] Der Kommanditist haftet nur beschränkt auf seine Einlage. Daher bestehen nicht die gleichen Haftungsprobleme. Auch gibt es in der Regel kein besonderes Vertrauensverhältnis zu den übrigen Gesellschaftern. Seine Stellung ist eher mit der eines Kapitalgesellschafters zu vergleichen.[946] Es entspricht nicht

---

940 Vgl. *Windbichler*, § 16 Rn. 2; Brox/*Walker*, Rn. 779; *Schmoeckel*, § 31 Rn. 3; Sudhoff/*Scherer*, § 1 Rn. 15.

941 Vgl. *Windbichler*, § 16 Rn. 18; Frank/*Helms*, § 24 Rn. 12; *Leipold*, Rn. 587; *Göhner*, ZJS 2010, 592.

942 *Schmidt*, NJW 1998, 2161, 2166; *Schmidt*, DB 1998, 61, 63 f.

943 Frank/*Helms*, § 24 Rn. 13.

944 *Leipold*, Rn. 586.

945 *Schmoeckel*, § 31 Rn. 13; *Göhner*, ZJS 2010, 592, 593.

946 Frank/*Helms*, § 24 Rn. 23; Brox/*Walker*, Rn. 795.

den Interessen der Beteiligten, dass der Kommanditist aus der Gesellschaft ausscheidet.[947] Streitig ist, ob auch eine Erbengemeinschaft in die Rechtsposition eines Kommanditisten einrücken kann.[948] Nach dem Wortlaut des § 177 HGB wird die Gesellschaft mit „den Erben“ fortgesetzt. Das spricht dafür, dass die Erben eine Beteiligung entsprechend ihren Erbquoten erhalten können.[949]

bb) Abweichende Regelungen im Gesellschaftsvertrag

Die gesetzlichen Regelungen für die Personengesellschaften entsprechen häufig nicht dem Interesse der Gesellschafter.[950] Sie lassen deshalb Abweichungen im Gesellschaftsvertrag zu. Davon wird in der Praxis häufig Gebrauch gemacht. Solche Regelungen verfolgen unterschiedliche Ziele. Es gibt Fortsetzungs-, Eintritts- und Nachfolgeklauseln.

(1) Fortsetzungsklausel

Eine Fortsetzungsklausel kommt nur für die Gesellschaft bürgerlichen Rechts in Betracht, da die gesetzlichen Regelungen für die Personenhandelsgesellschaften die Fortsetzung der Gesellschaften vorsehen, § 131 III 1 Nr. 1 HGB (für die Kommanditgesellschaft in Verbindung mit § 161 II HGB beziehungsweise gemäß § 177 HGB). Für die Gesellschaft bürgerlichen Rechts wurde diese Regelung nicht übernommen.[951]

(a) Inhalt und Rechtsfolgen der Fortsetzungsklausel

Ist eine Fortsetzungsklausel im Sinne des § 736 I BGB vereinbart, besteht die Gesellschaft unter den übrigen Gesellschaftern fort. Der Verstorbene scheidet

---

947 Vgl. MüKo/*Schmidt*, § 177 HGB Rn. 4.

948 Dafür: *Grunewald*, § 3 Rn. 63; auf Anregung von *Ulmer*, NJW 1990, 73, 75; dagegen die h. M.: BGH, Beschl. v. 3.7.1989 – II ZB 1/89, NJW 1989, 3152, 3153 ff.; Urt. v. 14.5.1986 – IVa ZR 155/84, NJW 1986, 2431, 2432 f.; Urt. v. 30.4.1984 – II ZR 293/83, NJW 1984, 2104, 2105; Urt. v. 10.2.1977 – II ZR 120/75, NJW 1977, 1339, 1342; KG Berlin, Beschl. v. 30.5.2000 – 1 W 931/99, NJW-RR 2000, 1704, 1705; Baumbach/Hopt/*Roth*, § 177 Rn. 3; MüKo/*Leipold*, § 1922 Rn. 86; MüKo/*Schmidt*, § 177 HGB Rn. 16; Frank/*Helms*, § 24 Rn. 23; Brox/*Walker*, Rn. 795; *Schmoeckel*, § 31 Rn. 13; *Leipold*, Rn. 595.

949 S. nur MüKo/*Schmidt*, § 177 HGB Rn. 16.

950 Vgl. MüAnwHdbErbR/*Kögel*, § 40 Rn. 30; *Göhner*, ZJS 2010, 592, 593.

951 MüKo/*Schäfer*, § 736 Rn. 1; Frank/*Helms*, § 24 Rn. 9, 12; Brox/*Walker*, Rn. 779; *Leipold*, Rn. 584 f., *von Braunbehrens*, ErbBstg 2003, 172; *Göhner*, ZJS 2010, 592, 593.

aus der Gesellschaft „automatisch und mit sofortiger Wirkung“[952] aus und sein Gesellschaftsanteil wächst gemäß § 738 I 1 BGB den verbleibenden Gesellschaftern an.[953] Mithin wird der Gesellschaftsanteil nicht vererbt. Als Ausgleich für das Ausscheiden erhalten die Erben eine Abfindung, §§ 738 I 2, 730 I BGB.[954] Die Verwendung einer solchen Klausel hängt davon ab, ob die persönliche Mitarbeit beziehungsweise Stellung des Gesellschafters für die Gesellschaft derart wichtig ist, dass eine Fortführung ohne ihn nicht sinnvoll erscheint.[955] Besteht die Gesellschaft nur aus zwei Gesellschaftern, so kann die Gesellschaft nach dem Tod eines Gesellschafters nicht mehr fortgesetzt werden, weil nur noch ein Gesellschafter übrig ist. In diesem Fall ist die Fortsetzungsklausel als Übernahmeklausel in ein Einzelunternehmen auszulegen.[956]

(b) Auswirkungen auf die Gestaltungsmöglichkeiten der Nachfolge in Zusammenhang mit einer Unterbeteiligung

Die Fortsetzungsklausel sieht lediglich vor, dass die Gesellschaft beim Tod eines Gesellschafters fortbesteht und nicht aufzulösen ist. Sie beinhaltet keine Regelungen zur Übertragung des Gesellschaftsanteils auf die Erben beziehungsweise kann die Anteile an der Gesellschaft bürgerlichen Rechts nicht vererblich machen. Somit ist die Fortsetzungsklausel allein für die Nachfolge in einem mittelständischen Familienunternehmen mit Unterbeteiligungen als Gestaltungsmittel nicht sachgerecht. Ist an dem Hauptgesellschaftsanteil bereits eine Unterbeteiligung eingeräumt worden, endet auch sie beim Tod des Hauptgesellschafters gegen eine Abfindung, §§ 738 I 2, 730 I BGB.

(2) Nachfolgeklauseln

Durch erbrechtliche Nachfolgeklauseln wird der Gesellschaftsanteil vererblich gemacht.[957] Bei der Gesellschaft bürgerlichen Rechts muss die Klausel ebenfalls die

---

952 MüKo/*Schäfer,* § 736 Rn. 8, s. auch Rn. 20.

953 Frank/*Helms,* § 24 Rn. 10; Brox/*Walker,* Rn. 780 f.; *Banck,* S. 28; *Crezelius,* Rn. 139.

954 BGH, Urt. v. 14.7.1971 – III ZR 91/70, WM 1971, 1338; *Schmidt,* Gesellschaftsrecht, S. 1336; MüKo/*Schäfer,* § 727 Rn. 4; *Saenger,* Rn. 225; Brox/*Walker,* Rn. 781; Frank/*Helms,* § 24 Rn. 10; *Crezelius,* Rn. 139; *Göhner,* ZJS 2010, 592, 593.

955 Vgl. MüAnwHdbErbR/*Kögel,* § 40 Rn. 31.

956 MüKo/*Schäfer,* § 736 Rn. 9, s. auch *Schmidt,* DB 1998, 61, 64.

957 BGH, Urt. v. 10.2.1977 – II ZR 120/75, NJW 1977, 1339, 1340; MüKo/*Schäfer,* § 727 Rn. 28; *Wiedemann,* Übertragung, S. 162 ff.; Soergel/*Hadding/Kießling,* § 727 Rn. 17 ff.; Staub/*Schäfer,* § 139 Rn. 9 ff., 23 ff.; Frank/*Helms,* § 24 Rn. 15, 17; Brox/*Walker,* Rn. 786.

Fortsetzung der Gesellschaft vorsehen, um die in § 727 I BGB an sich vorgesehene Auflösung der Gesellschaft zu vermeiden.[958] Der Vollzug solcher Klauseln richtet sich nach den erbrechtlichen Bestimmungen und nicht nach dem Gesellschaftsrecht. Die gesellschaftsrechtlichen und erbrechtlichen Regelungen müssen sich entsprechen. Daher muss eine im Gesellschaftsvertrag als Nachfolger vorgesehene Person stets auch von dem Erblasser als Erbe eingesetzt werden.[959] Es wird zwischen einfachen und qualifizierten Nachfolgeklauseln unterschieden.

(a) Einfache Nachfolgeklausel

Zunächst ist die einfache Nachfolgeklausel zu betrachten.

(aa) Inhalt und Rechtsfolgen der einfachen Nachfolgeklausel

Bei der einfachen Nachfolgeklausel wird der Gesellschaftsanteil vererblich gestellt, ohne die Person der Erben näher zu bestimmen. Auf diese Weise erhalten sämtliche Erben beim Tod des Erblassers die Gesellschaftsanteile unmittelbar kraft erbrechtlicher Nachfolge.[960] Der Erblasser kann durch die gewillkürte Erbfolge seine Nachfolger selbst bestimmen.[961] Den Erben verbleibt die Möglichkeit, das gesamte Erbe auszuschlagen.[962] Zwischen Erbrecht und Gesellschaftsrecht besteht keine Kollision, wenn nur ein Alleinerbe als Nachfolger vorhanden ist. Dieser erhält im Wege der Gesamtrechtsnachfolge gemäß § 1922 BGB alle Persongesellschaftsanteile.[963] Anderes gilt für den Fall, dass mehrere Erben vorhanden sind. Die Erbengemeinschaft ist insbesondere wegen der Vorschriften der §§ 2033 I, 2042 II BGB (alleiniges Verfügungsrecht jedes Miterbens, Anspruch auf jederzeitige Auseinandersetzung) nicht als Gesellschafter einer Personengesellschaft geeignet.[964] Außerdem verfügt die Erbengemeinschaft nicht über eine

---

958 MüKo/*Schäfer*, § 727 Rn. 28.

959 BGH, Urt. v. 10.2.1977 – II ZR 120/75, NJW 1977, 1339, 1342 f.; MüKo/*Schäfer*, § 727 Rn. 28; MüKo/*Leipold*, § 1922 Rn. 70; Baumbach/Hopt/*Roth*, § 139 Rn. 10; *Schlüter*, Rn. 1274; Brox/*Walker*, Rn. 788 ff.; Frank/*Helms*, § 24 Rn. 17; *Banck*, S. 37 ff., 40.

960 MüKo/*Schäfer*, § 727 Rn. 31; Brox/*Walker*, Rn. 790; Frank/*Helms*, § 24 Rn. 16; *Banck*, S. 31; *Crezelius*, Rn. 140; Sudhoff/*Scherer*, § 1 Rn. 19; *Schlüter*, Rn. 1272; *Göhner*, ZJS 2010, 592, 594.

961 MüKo/*Schäfer*, § 727 Rn. 29.

962 MüKo/*Schäfer*, § 727 Rn. 31; Frank/*Helms*, § 24 Rn. 19.

963 MüKo/*Schäfer*, § 727 Rn. 32.

964 RG, Urt. v. 17.3.1886 – I ZR 12/86, RGZ 16, 40, 56; BGH, Urt. v. 22.11.1956 – II ZR 222/55, NJW 1957, 180; Urt. v. 21.12.1970 – II ZR 258/67, NJW 1971, 1268; Urt. v. 20.4.1972 – II ZR 143/69, NJW 1972, 1755; Urt. v. 10.2.1977 – II ZR 120/75, NJW

eigene Rechtspersönlichkeit.[965] Sie kann daher nicht Gesellschafterin einer Personengesellschaft sein.[966] Die zwischen Erb- und Gesellschaftsrecht bestehenden Spannungen werden von der überwiegenden Ansicht dahingehend gelöst, dass die Gesamtrechtsnachfolge in Hinblick auf die Erbengemeinschaft durchbrochen wird.[967] Demnach kommt es zu einer Sondererbfolge, sodass jeder Miterbe persönlich in einen Anteil entsprechend seiner Erbquote einrückt.[968]

(bb) Auswirkungen auf die Gestaltung der Nachfolge mit Hilfe einer Unterbeteiligung

Wegen der Sondererbfolge droht bei der einfachen Nachfolgeklausel die Gefahr einer Zersplitterung der Gesellschaftsanteile, wenn mehrere Personen als Erben eingesetzt werden.[969] Dies widerspricht dem Interesse des Familienunternehmers, der sich einen starken Nachfolger wünscht. Nach seinen Vorstellungen soll der Gesellschaftsanteil in der Regel ungeteilt auf einen Nachfolger übergehen und gerade nicht auf alle Erben gleichermaßen aufgeteilt werden.[970] Die einfache Nachfolgeklausel wird häufig eingesetzt, wenn noch nicht geklärt ist, wer den Gesellschaftsanteil letztlich übernehmen soll. In dem dargestellten Fallbeispiel hat der Erblasser aber bereits einen geeigneten Nachfolger ausgewählt. Eine

---

1977, 1339, 1342; MüKo/*Ulmer/Schäfer*, § 705 Rn. 81; Schlegelberger/*Schmidt*, § 139 Rn. 18; *Luckey*, S. 101; *Gummert*, WiB 1994, 775, 776; Frank/*Helms*, § 24 Rn. 18; *Banck*, S. 41 f.

965 BGH, Urt. v. 21.12.1988 – VIII ZR 277/87, NJW 1989, 2133, 2134; Urt. v. 11.9.2002 – XII ZR 187/00, NJW 2002, 3389, 3390; Urt. v. 17.10.2006 – VIII ZB 94/05, NJW 2006, 3715, 3715 f.; BFH, Urt. v. 12.2.2014 – II R 46/12, BFHE 244, 455, 459; MüKo/*Gergen*, § 2032 Rn. 12; Soergel/*Wolf*, § 2032 Rn. 1; Staudinger/*Werner*, § 2032 Rn. 5; Staudinger/*Meyer-Pritzl*, Eckpfeiler, Y. Rn. 123; Bamberger/Roth/*Lohmann*, § 2032 Rn. 5; Palandt/*Weidlich*, Vor. § 2032 Rn. 1, § 2032 Rn. 1; *Schlüter*, Rn. 643.

966 BGH, Urt. v. 11.9.2002 – XII ZR 187/00, NJW 2002, 3389, 3390; MüKo/*Ulmer/Schäfer*, § 705 Rn. 81; MüKo/*Schmidt*, § 105 HGB Rn. 104; Staub/*Schäfer*, § 105 Rn. 100; § 139 Rn. 45; Baumbach/Hopt/*Roth*, § 105 Rn. 29; *Göhner*, ZJS 2010, 592, 594.

967 Ständige Rechtsprechung seit RG, Urt. v. 17.3.1886 – I ZR 12/86, RGZ 16, 40, 56; BGH, Urt. v. 22.11.1956 – II ZR 222/55, NJW 1957, 180; zuletzt Urt. v. 9.11.1998 – II ZR 213/97, NJW 1999, 571, 572; MüKo/*Schäfer*, § 727 Rn. 33; Soergel/*Hadding/Kießling*, § 727 Rn. 21; Erman/*Westermann*, § 727 Rn. 8; Bamberger/Roth/*Schöne*, § 727 Rn. 16; Staub/*Schäfer*, § 139 Rn. 45.

968 BGH, Urt. v. 22.11.1956 – II ZR 222/55, NJW 1957, 180, 181; MüKo/*Schäfer*, § 727 Rn. 33; *Schmidt*, Gesellschaftsrecht, S. 1339 ff.; Frank/*Helms*, § 24 Rn. 18; *Göhner*, ZJS 2010, 592, 594.

969 *Von Braunbehrens*, ErbBstg 2003, 172.

970 Vgl. oben S. 161 f., 179, 189.

einfache Nachfolgeklausel ist daher bei der Nachfolge von mittelständischen Familienunternehmen im Zusammenhang mit einer Unterbeteiligung grundsätzlich nicht hilfreich. Anders ist dies nur zu beurteilen, wenn der Erblasser einen Alleinerben einsetzt. Ihm wird ohnehin der Gesellschaftsanteil übertragen. Dann bietet sich aber auch eine qualifizierte Nachfolgeklausel an.

(b) Qualifizierte Nachfolgeklausel

Nachfolgend ist die qualifizierte Nachfolgeklausel darzustellen.

(aa) Inhalt und Rechtsfolgen der qualifizierten Nachfolgeklausel

Bei der qualifizierten Nachfolgeklausel wird derjenige Nachfolger des Gesellschaftsanteils, der im Gesellschaftsvertrag „namentlich genannt oder durch abstrakte Merkmale umschrieben" wird.[971] Auf diese Weise kann der Gesellschaftsanteil in Hinblick auf einzelne Personen (Kinder, Ehegatte, Erben erster Ordnung) vererblich gestellt werden.[972] Mit Hilfe einer qualifizierten Nachfolgeklausel können die Gesellschafter sicherstellen, dass nicht jede Person, die von dem künftigen Erblasser als Erbe eingesetzt wird, auch ihr Mitgesellschafter wird. So können sie sich davor schützen, sich mit mehreren Personen, die ihnen womöglich unbekannt sind, auseinandersetzen zu müssen. Wegen der Sondererbfolge drohen zudem die Anteile des Erblassers zu zersplittern, indem sie auf mehrere Personen aufgeteilt werden. Auch dies kann dem Interesse der Gesellschafter widersprechen. Zum Nachfolger des künftigen Erblassers wird derjenige aus dem im Gesellschaftsvertrag genannten Personenkreis, den der künftige Erblasser letztlich auch als Erben einsetzt.[973] Die Anordnung eines Vermächtnisses reicht aber nicht aus, da es nur schuldrechtliche Wirkung entfaltet, § 2174 BGB.[974] Die qualifizierte Nachfolgeklausel hat einen großen Einfluss auf die Auseinandersetzung (§§ 2042 ff. BGB) des Nachfolgers mit seinen Miterben. Der Erbe der Personengesellschaftsanteile muss sich dessen Wert in voller Höhe anrechnen lassen.[975] Sobald der Wert der Beteiligung seine

971 MüKo/*Schäfer*, § 727 Rn. 29; Bamberger/Roth/*Schöne*, § 727 Rn. 17.

972 MüKo/*Schäfer*, § 727 Rn. 41, 29; *Schmidt*, Gesellschaftsrecht, S. 1343 f.; Brox/*Walker*, Rn. 791; *Schlüter*, Rn. 1278; Frank/*Helms*, § 24 Rn. 20; *Hennerkes/May*, NJW 1988, 2761, 2767; *Göhner*, ZJS 2010, 592, 594.

973 MüKo/*Schäfer*, § 727 Rn. 29, 42; Frank/*Helms*, § 24 Rn. 21.

974 MüKo/*Schäfer*, § 727 Rn. 42.

975 BGH, Urt. v. 22.11.1956 – II ZR 222/55, NJW 1957, 180, 181; MüKo/*Schäfer*, § 727 Rn. 45; Brox/*Walker*, Rn. 794; Frank/*Helms*, § 24 Rn. 20.

Erbquote übersteigt, muss er an die Miterben einen Ausgleich zahlen.[976] Dies kann für den Erben problematisch werden, wenn er nicht über genügend liquide Mittel verfügt. Nachteilig ist es, wenn der im Gesellschaftsvertrag genannte Nachfolger letztlich nicht als Erbe eingesetzt wird. Dann „geht die [qualifizierte] Nachfolgeklausel ins Leere".[977]

(bb) Auswirkungen auf die Gestaltungsmöglichkeiten der Nachfolge in Zusammenhang mit einer Unterbeteiligung

Für die Unternehmensnachfolge in einem mittelständischen Familienunternehmen ist die qualifizierte Nachfolgeklausel in besonderem Maße geeignet, wenn der Nachfolger als Alleinerbe eingesetzt wird. Probleme können sich ergeben, wenn noch andere Personen als Erben eingesetzt werden und der Nachfolger einen Ausgleich für den Wert des Gesellschaftsanteils erbringen muss. Der Erblasser kann als Ausgleich Unterbeteiligungen einräumen.[978] Dies müsste er in einer letztwilligen Verfügung anordnen. Die Einzelheiten dieser Gestaltung sind an anderer Stelle näher zu untersuchen.[979] Der Erbe kann auf den Gesellschaftsanteil verzichten, wenn er das gesamte Erbe ausschlägt, §§ 1942 ff BGB. Bei einer offenen Handelsgesellschaft oder Kommanditgesellschaft steht den Erben zur Vermeidung der Ausschlagung ein Austrittsrecht gemäß § 139 I, II, III 1 HGB innerhalb von drei Monaten ab Kenntnis der Erbschaft zu, wenn die Mitgesellschafter den Erben

976 MüKo/*Schäfer,* § 727 Rn. 45; *Lorz/Kirchdörfer,* S. 122; Sudhoff/*Scherer,* § 1 Rn. 20, 22; Bamberger/Roth/*Schöne,* § 727 Rn. 18; BGH, Urt. v. 22.11.1956 – II ZR 222/55, NJW 1957, 180, 181; keine Stellungnahme in Urt. v. 10.2.1977 – II ZR 120/75, NJW 1977, 1339, 1343; kritisch zum BGH *Marotzke,* AcP 184 (1984), 541, 575 ff.
Umstritten ist die dogmatische Begründung. Der BGH verwendet § 242 BGB als Anspruchsgrundlage; eine a. A. zieht das Bereicherungsrecht heran, *Heckelmann,* FG von Lübtow 1980, S. 627 f.; eine weitere Ansicht bezieht sich auf die Grundsätze der Teilungsanordnung und § 1978 BGB analog, *Ulmer,* ZGR 1972, 324, 326 f.; *Ulmer,* FS Schilling 1973, S. 95; vgl. auch *Rüthers,* AcP 168 (1968), 263, 280 f.; Bamberger/Roth/*Schöne,* § 727 Rn. 18; eine weitere Ansicht begründet den Ausgleichsanspruch aus den §§ 2050 ff. BGB (analog), Brox/*Walker,* Rn. 794; *Flume,* S. 405 ff.
Weitgehend unstreitig ist indes, dass ein Ausgleich erfolgen muss.

977 MüKo/*Schäfer,* § 727 Rn. 42; Brox/*Walker,* Rn. 792; Frank/*Helms,* § 24 Rn. 21.

978 So auch *Zapp,* S. 48.

979 S. S. 206 ff., 213 ff.

nicht eine Kommanditistenstellung gewähren.[980] Dieses Recht gilt nach überwiegender Meinung auch für die Gesellschaft bürgerlichen Rechts.[981]

(3) Eintrittsklausel

Zuletzt ist die Eintrittsklausel zu behandeln.

(a) Inhalt und Rechtsfolgen der Eintrittsklausel

Im Unterschied zur Nachfolgeklausel soll die Eintrittsklausel die Nachfolge der Gesellschaftsanteile über das Gesellschaftsrecht und nicht über das Erbrecht ermöglichen.[982] Ebenso wie die Fortsetzungsklausel sieht die Eintrittsklausel vor, dass die Gesellschaft mit den übrigen Gesellschaftern fortbestehen soll. Darüber hinaus räumt sie den Erben oder Dritten ein obligatorisches Recht auf Beitritt zur fortbestehenden Gesellschaft ein.[983] Dieses Recht wird durch einen berechtigten Vertrag zu Gunsten Dritter begründet, § 328 I BGB.[984] Gemäß § 328 I BGB kann durch einen Vertrag eine Leistung an einen Dritten mit der Wirkung bedungen werden, dass der Dritte unmittelbar das Recht erwirbt, die Leistung zu fordern. Der Vertrag zu Gunsten Dritter steht in einem Spannungsverhältnis zur Relativität der Schuldverhältnisse. Da für den Dritten jedoch lediglich ein Recht begründet und er nicht zu einer Leistung verpflichtet wird, ist ein solcher Vertrag für den Begünstigten vorteilhaft und ohne Weiteres rechtlich zulässig.

Der Vertrag zu Gunsten Dritter ist als ein schuldrechtlicher Verpflichtungsvertrag gerichtet auf eine Leistung an einen Dritten.[985] Er kommt zwischen dem Versprechenden und dem Versprechensempfänger zustande.[986] Versprechensempfänger ist der durch seinen Tod ausscheidende Gesellschafter. Versprechende

---

980 MüKo/*Schäfer*, § 727 Rn. 46; MüKo/*Schmidt*, § 139 HGB Rn. 58 f.; Brox/*Walker*, Rn. 793.

981 MüKo/*Schmidt*, § 139 HGB Rn. 60; MüKo/*Schäfer*, § 727 Rn. 47; *Ulmer*, ZIP 2003, 1113, 1121; *Schäfer*, NJW 2005, 3665, 3666 ff.; *Mock*, NZG 2004, 118, 119 f.; Bamberger/Roth/*Schöne*, § 727 Rn. 13; Erman/*Westermann*, § 727 Rn. 11.

982 MüKo/*Schäfer*, § 727 Rn. 53; Brox/*Walker*, Rn. 782, 785; Frank/*Helms*, § 24 Rn. 14.

983 MüKo/*Schäfer*, § 727 Rn. 53; Brox/*Walker*, Rn. 782; Frank/*Helms*, § 24 Rn. 14; *Banck*, S. 29 f.; *Crezelius*, Rn. 144; *Lorz/Kirchdörfer*, S. 129; *Schlüter*, Rn. 1270.

984 MüKo/*Schäfer*, § 727 Rn.57; Staub/*Schäfer*, § 139 Rn. 146; Soergel/*Hadding/Kießling*, § 727 Rn. 15; Erman/*Westermann*, § 727 Rn. 13; Bamberger/Roth/*Schöne*, § 727 Rn. 21; Sudhoff/*Scherer*, § 1 Rn. 17; *Schmidt*, Gesellschaftsrecht, S. 1346; Brox/*Walker*, Rn. 782; Frank/*Helms*, § 24 Rn. 14; *Banck*, S. 29.

985 MüKo/*Gottwald*, § 328 Rn. 19; Bamberger/Roth/*Janoschek*, § 328 Rn. 3; Staudinger/*Klumpp*, § 328 Rn. 1; *Looschelders*, Rn. 1130.

986 Vgl. MüKo/*Gottwald*, § 328 Rn. 25; Bamberger/Roth/*Janoschek*, § 328 Rn. 7; Staudinger/*Klumpp*, § 328 Rn. 5; *Looschelders*, Rn. 1134 ff.

sind die übrigen Gesellschafter. Der Begünstigte kann bereits im Gesellschaftsvertrag benannt oder später in einer letztwilligen Verfügung von dem Erblasser bestimmt werden. Die Auswahl des Begünstigten kann auch nach dem Tod des Erblassers durch eine vertraglich ermächtigte Person erfolgen.[987] Gegenstand der Zuwendung kann jede rechtlich zulässige und bestimmbare Leistung im Sinne von § 241 I 1 BGB sein.[988] Darunter fällt auch das Recht auf den Betritt zur Gesellschaft. Es kann die Mitwirkung der übrigen Gesellschafter oder eine einseitige Erklärung des Eintretenden vorsehen.[989] Der Begünstigte erwirbt das Recht auf den Beitritt in die Gesellschaft mit dem Tod des Versprechensempfängers, § 331 I BGB. Zu beachten ist, dass das Recht des Begünstigten auf den Beitritt zur Gesellschaft nur schuldrechtlicher Natur ist. Außerdem ist es von der Ausübung des Begünstigten abhängig. Die erbrechtliche Nachfolgeklausel entfaltet dagegen kraft Gesetzes ihre Wirkung.[990] Da der künftige Erblasser in der Regel ein Interesse daran hat, dass der von ihm ausgewählte Nachfolger auch tatsächlich der Gesellschaft beitritt, ist die Eintrittsklausel nicht geeignet, dieses Ziel zu erreichen. Auch können Probleme hinsichtlich der Finanzierung des Abfindungsanspruchs gemäß §§ 736 I, 738 I 2 BGB bestehen, der mit dem Tod des Erblassers entsteht und in den Nachlass fällt. Daher sollte auch diesbezüglich eine Regelung im Gesellschaftsvertrag erfolgen.[991] Sind lediglich zwei Gesellschafter vorhanden, von denen einer stirbt, ist bei der Eintrittsklausel eine Neugründung der Gesellschaft erforderlich.[992]

(b) Auswirkungen auf die Gestaltungsmöglichkeiten der Nachfolge in Zusammenhang mit einer Unterbeteiligung

Die Nachfolge mit Hilfe einer schuldrechtlichen Eintrittsklausel wird von der Unsicherheit begleitet, dass der Berechtigte sein Eintrittsrecht auch tatsächlich ausübt und die Gesellschafter diesen Anspruch erfüllen. Daher kann sich der Erblasser nicht sicher sein, ob der von ihm ausgewählte Nachfolger auch tatsächlich

---

987 MüKo/*Schäfer,* § 727 Rn. 54; MüKo/*Gottwald,* § 328 Rn. 24; Soergel/*Hadding,* § 328 Rn. 11 ff.

988 MüKo/*Gottwald,* § 328 Rn. 21; Bamberger/Roth/*Janoschek,* § 328 Rn. 15; Erman/*Westermann,* Vor. § 328 Rn. 3; Staudinger/*Klumpp,* § 328 Rn. 36 f.; Soergel/*Hadding,* § 328 Rn. 31.

989 MüKo/*Schäfer,* § 727 Rn. 57; Bamberger/Roth/*Janoschek,* § 328 Rn. 35.

990 MüKo/*Schäfer,* § 727 Rn. 55; Brox/*Walker,* Rn. 782; Frank/*Helms,* § 24 Rn. 14; *Göhner,* ZJS 2010, 592, 594.

991 MüKo/*Schäfer,* § 727 Rn. 58 f.; Brox/*Walker,* Rn. 784.

992 MüKo/*Schäfer,* § 727 Rn. 55.

Gesellschafter wird. Zudem muss der Inhalt des Abfindungsanspruchs geregelt werden. Die Zweckmäßigkeit einer Eintrittsklausel bei der Nachfolge in mittelständischen Familienunternehmen ist daher fraglich. Gleichwohl kann der Nachfolger den weichenden Erben nach seinem Eintritt in die Gesellschaft eine Unterbeteiligung einräumen.[993] Dies ist aber wegen der angesprochenen Nachteile nicht zu empfehlen.

2. *Einsetzung des Unternehmensnachfolgers zum Alleinerben verbunden mit Zuwendungen von Unterbeteiligungen im Wege des Vermächtnisses*

Bei dieser Gestaltung steht der Nachfolger des Unternehmens fest. Er wird testamentarisch oder in einem Erbvertrag zum Alleinerben eingesetzt und erhält den Gesellschaftsanteil. Die weichenden Erben sollen aber nicht leer ausgehen. Zwar kann der Erblasser wegen der Testierfreiheit, die „ein bestimmendes Element der Erbrechtsgarantie" aus Art. 14 I 1 GG ist,[994] frei über sein Vermögen verfügen, den Grundsatz der Testierfreieheit hat der Gesetzgeber jedoch dahingehend eingeschränkt, dass den nächsten Angehörigen (Kinder, Eltern und Ehegatten) zumindest ein Mindestanteil am Erbe zustehen soll – der Pflichtteil.[995] Das Pflichtteilsrecht (§§ 2303 ff. BGB) wird aus der Erbrechtsgarantie des Art. 14 I GG in Verbindung mit dem Schutz der Familie aus Art. 6 I GG verfassungsrechtlich hergeleitet.[996] Ein Pflichtteilsentzug gemäß § 2333 BGB ist nur bei schweren schuldhaften Verfehlungen des Pflichtteilsberechtigten gegenüber dem Erblasser oder seiner Familie möglich.[997] Er muss gemäß § 2336 I BGB von dem Erblasser in der letztwilligen Verfügung angeordnet werden. Solche schweren Verfehlungen bilden seltene Ausnahmen und werden daher im Folgenden nicht weiter berücksichtigt.

---

993 Vgl. *Zapp*, S. 48.

994 BVerfG, Beschl. v. 19.4.2005 1 BvR 1644/00, NJW 2005, 1561, 1562.

995 Soergel/*Dieckmann*, Vor. § 2303 Rn. 1; Staudinger/*Otte*, Vor. §§ 2303 ff. Rn. 22; *Leipold*, Rn. 821; *Schmoeckel*, § 4 Rn. 4; Frank/*Helms*, § 1 Rn. 4; *Frohnmayer/Ederle*, FuS 2012, 83; *Crezelius*, Rn. 12; vgl. auch *Zapp*, S. 41.

996 BVerfG, Beschl. v. 19.4.2005 – 1 BvR 1644/00, NJW 2005, 1561, 1562; Dauner-Lieb/Grziwotz/Hohmann-Dennhardt/*Herzog*, § 2333 Rn. 1; Staudinger/*Olshausen*, Vor. §§ 2333–2337 Rn. 1; Staudinger/*Meyer-Pritzl*, Eckpfeiler, Y. Rn. 40; *Leipold*, Rn. 821b, 72 ff.

997 MüKo/*Lange*, § 2333 Rn. 1; Dauner-Lieb/Grziwotz/Hohmann-Dennhardt/*Herzog*, § 2333 Rn. 3; Soergel/*Dieckmann*, Vor. § 2333 Rn. 1; Staudinger/*Olshausen*, Vor. §§ 2333–2337 Rn. 5 f.; Staudinger/*Meyer-Pritzl*, Eckpfeiler, Y. Rn. 34; Brox/*Walker*, Rn. 568; Frank/*Helms*, § 20 Rn. 41 ff.

Den weichenden Erben steht der Pflichtteil gemäß § 2303 I 1 BGB zu, sofern sie zu den pflichtteilsberechtigten Personen gehören. Der Pflichtteil beträgt die Hälfte des Wertes des gesetzlichen Erbteils, § 2303 I 2 BGB. Gemäß § 2317 I BGB entsteht der Anspruch bereits mit dem Erbfall und ist sofort fällig, § 271 I BGB. Er begründet einen schuldrechtlichen Geldanspruch.[998] Ist der Erbe nicht dazu in der Lage, den oder die Pflichtteilsansprüche sofort zu erfüllen, sieht § 2331a BGB die Stundung der Ansprüche vor, wenn die sofortige Erfüllung eine unbillige Härte darstellt. Durch eine gut durchdachte und organisierte Nachfolge kann die Notwendigkeit einer Stundung entfallen. Trotz der Möglichkeit einer Stundung kann sich der Alleinerbe des Gesellschaftsanteils wegen des Drucks zur Erfüllung der Pflichtteilsansprüche dazu gezwungen fühlen, einen Teil des Gesellschaftsanteils zu veräußern. Die letztwillige Verfügung sollte neben der Einsetzung des Nachfolgers zum Alleinerben Vermächtnisse mit dem Inhalt vorsehen, dass die weichenden Erben Unterbeteiligungen erhalten, damit der Nachfolger die Pflichtteilsansprüche bedienen kann.[999] Die Unterbeteiligung sollte typisch ausgestaltet werden, da die weichenden Erben lediglich finanziell und nicht unternehmerisch an der Gesellschaft beteiligt werden sollen. Durch die Zahlung der jährlichen Gewinnbeteiligung kann der Pflichtteilsanspruch gewissermaßen in Raten erfüllt werden, sodass der Nachfolger nicht mit nur schwer erfüllbaren Geldforderungen belastet wird. Auf diesem Weg kommt es nicht zu einer Zersplitterung des Gesellschaftsanteils.[1000] Zudem werden Liquiditätsprobleme vermieden, die die Existenz der Gesellschaft gefährden könnten.[1001] Der Erblasser sollte die Unterbeteiligungsverträge bereits detailliert in der letztwilligen Verfügung vorgeben und eindeutige Regelungen treffen, damit der Nachfolger die Interessen der weichenden Erben ausreichend berücksichtigt.[1002] Außerdem kann der Erblasser auf diese Weise sicherstellen, dass die Einräumung der Unterbeteiligungen und die dazugehörigen Regelungen auch tatsächlich seinem Willen entsprechen.[1003]

---

998 Soergel/*Dieckmann,* § 2303 Rn. 28; Staudinger/*Otte,* § 2303 Rn. 44; *Leipold,* Rn. 828; Frank/*Helms,* § 20 Rn. 13; *Böttcher/Zartmann/Faut,* S. 100.

999 Diesen Fall beschreiben sehr kurz auch: MüHdb/*Gayk,* § 30 Rn. 7; *Carlé,* ErbStB 2012, 14; *App,* DStR 1994, 291, 293; *Böttcher/Zartmann/Faut,* S. 97 ff.; *Henn,* S. 30; *Wagner,* S. 11; *Rüthers,* AcP 168 (1968), 263, 282.

1000 Vgl. *Zapp,* S. 44.

1001 Vgl. *Meyer,* S. 67; *Lorz/Kirchdörfer,* S. 24 f.; *Böttcher/Zartmann/Faut,* S. 100.

1002 *Zapp,* S. 44; *Thomsen,* S. 141; *App,* DStR 1994, 291, 293.

1003 Vgl. *Wendelstein,* BB 1970, 735, 736 f.

a) Unterbeteiligungsvermächtnis

Der Erblasser wendet den weichenden Erben jeweils ein Unterbeteiligungsvermächtnis zu, das zur Erfüllung des Pflichtteilsanspruchs die Einräumung einer Unterbeteiligung vorsieht.

aa) Grundlagen des Vermächtnisses

Gemäß § 1939 BGB kann der Erblasser testamentarisch einem anderen, ohne ihn als Erben einzusetzen, einen Vermögensvorteil zuwenden (Vermächtnis). Entsprechendes kann der künftige Erblasser in einem Erbvertrag vereinbaren, § 1941 I BGB. Durch das Vermächtnis erlangt der Begünstigte gegen den Beschwerten gemäß § 2174 BGB einen Anspruch auf Leistung des vermachten Gegenstandes.[1004] Das Vermächtnis hat nur obligatorische und keine dingliche Wirkung.[1005] Gegenstand eines Vermächtnisses kann jeder Vermögensvorteil sein.[1006]

bb) Inhalt des Unterbeteiligungsvermächtnisses

Zulässig ist auch ein Unterbeteiligungsvermächtnis.[1007] Der Erblasser wählt einen Nachfolger aus und macht ihn mittels einer letztwilligen Verfügung zum Alleinerben. Der vom Erblasser ausgewählte Nachfolger wird mit den Vermächtnissen beschwert. Diese haben zum Inhalt, dass den nicht als Erben eingesetzten Pflichtteilsberechtigten eine Unterbeteiligung an dem übertragenden Gesellschaftsanteil einzuräumen ist.[1008] Die weichenden Erben erhalten also einen Vermächtnisanspruch gemäß § 2174 BGB, der die Einräumung einer Unterbeteiligung vorsieht. Auch die Einzelheiten des Unterbeteiligungsvertrages kann der künftige Erblasser bereits in der letztwilligen Verfügung regeln.[1009] Da das Unterbeteiligungsverhältnis den Abschluss eines Gesellschaftsvertrags vorsieht, kann das Vermächtnis den Nachfolger nur schuldrechtlich verpflichten, an dem

---

1004 *Leipold,* Rn. 768; Brox/*Walker,* Rn. 424; Frank/*Helms,* § 10 Rn. 1.

1005 *Leipold,* Rn. 768; Brox/*Walker,* Rn. 424; Frank/*Helms,* § 10 Rn. 5; *Crezelius,* Rn. 58.

1006 Esch/*Baumann/Schulze zur Wiesche,* I Rn. 539; *Leipold,* Rn. 769; Frank/*Helms,* § 10 Rn. 6; *Schmoeckel,* § 21 Rn. 27.

1007 Sudhoff/*von Sothen,* § 54 Rn. 135; MüAnwHdbErbR/*von Sothen,* § 35 Rn. 264; Bambring/Mutter/*Johansson,* G VIII. 3.; Esskandari/*Franck*/Künnemann, 2. Kap. Rn. 193 ff.; Esch/*Baumann/Schulze zur Wiesche,* I Rn. 1498 f.; vgl. auch *Ivens,* S. 198 f., 233; *Meyer,* S. 67 ff.; *Zapp,* S. 44 f.; *Ivens,* ZEV 2010, 615, 618; *Ivens,* ZEV 2011, 177, 179; *Rüthers,* AcP 168 (1968), 263, 282.

1008 So auch die Fallgestaltung bei: MüHdb/*Gayk,* § 30 Rn. 7; *App,* DStR 1994, 291, 293.

1009 *Wendelstein,* BB 1970, 735, 736; *App,* DStR 1994, 291, 293; *Zapp,* S. 44; *Meyer,* S. 68.

Abschluss des Unterbeteiligungsvertrages mitzuwirken. Dinglich wird die Unterbeteiligung noch nicht durch den Erbfall, sondern erst später durch den Abschluss des Unterbeteiligungsvertrages begründet.[1010] Zu beachten ist, dass bei der Erfüllung eines Unterbeteiligungsvermächtnisses an einen Minderjährigen nicht die Mitwirkung eines Ergänzungspflegers notwendig ist, weil dann die Ausnahme des § 181 BGB greift.[1011]

(1) Umfang der Unterbeteiligungen

Fraglich ist, welchen Umfang die Unterbeteiligungen haben sollten. *App* stellt dazu fest, dass „den Miterben entsprechend ihren erbrechtlichen Ansprüchen eine Unterbeteiligung einzuräumen" ist.[1012] Demzufolge sollte die Gewinnbeteiligung so ausgestaltet werden, dass sie zumindest dem Wert des Pflichtteilsanspruchs entspricht. Einzelheiten dazu können im Unterbeteiligungsvertrag vereinbart werden.[1013] So kann die Unterbeteiligung als Mittel dafür eingesetzt werden, den Pflichtteilsanspruch über mehrere Jahre hinweg zu finanzieren, sodass der Nachfolger ihn nicht sofort erfüllen muss. Der Pflichtteilsanspruch wird dementsprechend angespart und die finanzielle Belastung des Nachfolgers wird gestreut.[1014] Der Nachfolger ist nicht dazu gezwungen, Gesellschaftsanteile zu veräußern, um die Pflichtteilsansprüche zu erfüllen. Auf diese Weise wird der Bestand des Unternehmens nicht gefährdet.[1015] Die regelmäßige Zahlung geringerer Summen kann auch dem Interesse der weichenden Erben entsprechen. Sie erhalten eine regelmäßige Einkommensquelle und müssen sich nicht selbst um die Verwaltung des Vermögens kümmern. Diese Gestaltung entspricht dem maßgeblichen Interesse des Erblassers hinsichtlich der Unternehmensnachfolge bei mittelständischen Unternehmen. Es geht insbesondere darum, dass das Unternehmen auch in der nächsten Generation bestmöglich fortgeführt wird und finanziell optimal ausgestattet bleibt. Der Nachfolger sollte nicht hohen Pflichtteilsansprüchen ausgesetzt werden. Die Last solcher Ansprüche könnte ihn in seinem Bemühen um den Erfolg des Unternehmens bremsen, wenn er erkennt, dass er die Gewinne zum großen Teil an die Pflichtteilsberechtigten weitergeben

---

1010 Vgl. BGH, Urt. v. 11.7.1968 – II ZR 179/66, NJW 1968, 2003; *Wendelstein*, BB 1970, 735, 736; *Ivens*, S. 199.

1011 BFH, Urt. v. 1.7.1982 – IV R 152/79, BStBl. II 1982, 646, 648 f.; *Märkle*, DStZ 1985, 471, 477; Peter/Crezelius/*Fichtelmann*, Rn. 1556.

1012 *App*, DStR 1994, 291, 293.

1013 Vgl. *Zapp*, S. 44; *Wendelstein*, BB 1970, 735, 736.

1014 Vgl. *Zapp*, S. 44; MüHdb/*Gayk*, § 30 Rn. 7; s. auch *Frohnmayer/Ederle*, FuS 2012, 83.

1015 *Carlé*, ErbStB 2012, 14; vgl. dazu auch *Lorz/Kirchdörfer*, S. 24 ff.

muss. Zudem sollten dem Nachfolger selbst genügend finanzielle Mittel verbleiben, um weiter in die Gesellschaft investieren zu können. Eine Ansparung der Pflichtteilsansprüche über mehrere Jahre mittels Unterbeteiligungen stellt für den Nachfolger eine geringere Belastung dar.[1016] Allerdings muss darauf geachtet werden, dass der Gesellschaftsanteil auch durch die Unterbeteiligungen nicht übermäßig belastet wird. Der Nachfolger darf nicht dazu gezwungen werden, nahezu alle seine Gewinne an den Unterbeteiligten weiterzuleiten.

(2) Verhältnis von Vermächtnis und Pflichtteilsanspruch

Der Erblasser kann bestimmen, dass der Pflichtteil durch das Vermächtnis abgegolten sein soll.[1017] Problematisch ist dies, wenn die Gewinnbeteiligung aus der Unterbeteiligung dem Pflichtteil nicht entspricht. Die weichenden Erben könnten sich dann ungerecht behandelt fühlen und eine Ausschlagung des Vermächtnisses in Betracht ziehen, um den Pflichtteilsanspruch geltend zu machen. § 2307 I BGB regelt das Verhältnis von Vermächtnis und Pflichtteil.[1018] Gemäß § 2307 I 1 BGB kann ein Pflichtteilsberechtigter, der mit einem Vermächtnis bedacht wurde, dieses ausschlagen und stattdessen den Pflichtteil verlangen. Nach §§ 2180 III, 1953 I BGB gilt der Anfall des Vermächtnisses an den Ausschlagenden dann als nicht erfolgt. Die Ausschlagung des Vermächtnisnehmers erfolgt durch eine Erklärung gemäß § 2180 I, II 1 BGB gegenüber dem Beschwerten. Es liegt somit in der Hand der weichenden Erben, die Vorgabe des Erblassers zur Finanzierung der Pflichtteilsansprüche zu umgehen. Dadurch kann die Liquidität gefährdet werden, wenn die Pflichtteilsansprüche sofort erfüllt werden müssen. Die daraus folgende Unsicherheit für den künftigen Erblasser ist ein großer Nachteil dieser Konstellation. Der Erblasser muss sich also entweder sicher sein, dass die beteiligten Personen in seinem Sinne handeln und seinen Willen respektieren, oder eine andere Gestaltungsmöglichkeit wählen. Wenn der Begünstigte das Vermächtnis annimmt, steht ihm gemäß § 2307 I 2 BGB nicht der Pflichtteil zu, soweit der Wert des Vermächtnisses reicht. Er kann jedoch einen Restausgleichsanspruch in Höhe der Differenz zwischen dem Wert des Vermächtnisses und dem Wert des Pflichtteilsanspruchs fordern. Der Wert des Vermächtnisses wird mit dem Verkehrswert des Vermächtnisgegenstandes

1016 So auch MüHdb/*Gayk*, § 30 Rn. 7.
1017 MüKo/*Lange*, § 2307 Rn. 4.
1018 MüKo/*Lange*, § 2307 Rn. 1; Bamberger/Roth/*Mayer*, § 2307 Rn. 1.

im Zeitpunkt des Erbfalls angesetzt.[1019] Der Erblasser kann ungeachtet dessen einen beliebigen Anrechnungswert bestimmen.[1020] Nimmt der Berechtigte das Vermächtnis trotz der Wertunterschiede vorbehaltlos an, verzichtet er auf seinen Restanspruch beziehungsweise ist an den festgelegten Wert gebunden und erlangt keinen zusätzlichen Pflichtteilsanspruch.[1021] Bei der Ausschlagung ist hingegen der Verkehrswert des Vermächtnisgegenstandes maßgeblich.[1022] Der Wert des Unterbeteiligungsvermächtnisses sollte über seinem tatsächlichen Wert angesetzt werden, um den Nachfolger nicht übermäßig finanziell zu belasten. Der Pflichtteilsrestanspruch entfällt auch, wenn der Erblasser eine Verwirkungsklausel verwendet und der Pflichtteilsberechtige das Vermächtnis in Kenntnis der Klausel annimmt.[1023] Eine solche Klausel kann der künftige Erblasser in seine letztwillige Verfügung aufnehmen.

(3) Pflichtteilsverzicht

Um die mit dem Wahlrecht des Pflichtteilsberechtigten einhergehende Unsicherheit zu beseitigen, kann der Erblasser gemäß § 2346 I, II BGB auch einen Pflichtteilsverzicht von den Pflichtteilsberechtigten erwirken.[1024] Allerdings wären die Pflichtteilsberechtigten dann gänzlich von der Erbfolge ausgeschlossen und im Verhältnis zum Nachfolger erheblich benachteiligt. In diesem Fall erscheint eine Abfindung als angemessen. Als Abfindung kann der Erblasser die weichenden Erben mit einem Unterbeteiligungsvermächtnis bedenken.

1019 MüKo/*Lange*, § 2307 Rn. 15; Bamberger/Roth/*Mayer*, § 2307 Rn. 6; Staudinger/*Otte*, § 2307 Rn. 16.

1020 MüKo/*Lange*, § 2307 Rn. 12; Staudinger/*Otte*, § 2307 Rn. 16; Bamberger/Roth/*Mayer*, § 2307 Rn. 6.

1021 Vgl. MüKo/*Lange*, § 2307 Rn. 4, 15; Dauner-Lieb/Grziwotz/Hohmann-Dennhardt/*Schmidt-Recla*, § 2307 Rn. 8; Soergel/*Dieckmann*, § 2307 Rn. 14; BayOLG, Beschl. v. 8.12.2003 – 1Z BR 107/02, ZEV 2004, 464, 466; Bamberger/Roth/*Mayer*, § 2307 Rn. 6; OLG München, Urt. v. 24.9.1941 – 3 U 360/41, HRR 1942, Entscheidung 61.

1022 MüKo/*Lange*, § 2307 Rn. 6; Bamberger/Roth/*Mayer*, § 2307 Rn. 6.

1023 LG Verden, Urt. v. 31.3.1983 – 8 O 59/82, abrufbar im Internet: www.juris.de/jportal/?quelle=jlink&docid=BORE114578312&psml=jurisw.psml&max=true (Stand: 17.8.2015); Staudinger/*Otte*, § 2307 Rn. 19; ohne Stellungnahme: Bamberger/Roth/*Mayer*, § 2307 Rn. 6.

1024 So auch MüHdb/*Gayk*, § 30 Rn. 7.

b) *Regelung im Gesellschaftsvertrag zur Vererblichkeit von Personengesellschaftsanteilen*

Soll ein Personengesellschaftsanteil vererbt werden, ist eine entsprechende Regelung im Gesellschaftsvertrag erforderlich. Welche Nachfolgeregelungen gewählt werden können, wurde voranstehend bereits dargestellt. Es empfiehlt sich eine einfache oder eine qualifizierte Nachfolgeklausel.[1025] Die Folgen einer Eintrittsklausel sind für den Erblasser mit zahlreichen Unsicherheiten behaftet, auf die er keinen Einfluss nehmen kann. In seinem Interesse liegt es, dass derjenige, den er als seinen Nachfolger ausgewählt hat, die Gesellschaftsanteile auch tatsächlich übernimmt. Bei einer Eintrittsklausel ist dies nicht garantiert. Die Nachfolge kann am besten mit Hilfe einer qualifizierten Nachfolgeklausel geregelt werden, die den Nachfolger konkret benennt. Dadurch können die Anteile mit dem Erbfall im Wege der Gesamtrechtsnachfolge (§ 1922 BGB) unmittelbar auf den Erben übertragen werden. Zu beachten ist, dass die gesellschaftsrechtliche Regelung mit der erbrechtlichen im Einklang steht. Der Erblasser muss darauf achten, dass er die im Gesellschaftsvertrag genannte Person auch in seiner letztwilligen Verfügung als Erbe des Personengesellschaftsanteils eingesetzt hat. Sollte noch nicht feststehen, wer das Unternehmen letztlich fortführen soll, kann auch eine einfache Nachfolgeklausel in dem Gesellschaftsvertrag vereinbart werden, die zunächst die Kinder des künftigen Erblassers als mögliche Nachfolger vorsieht. Allerdings bietet sich in diesem Fall nicht die Einräumung von Unterbeteiligungen an, da die Einzelheiten der Nachfolge noch unklar sind. Überlässt der Erblasser die Nachfolge der gesetzlichen Erbfolge oder setzt er zahlreiche Familienmitglieder als Erben ein, droht eine Zersplitterung der Gesellschaftsanteile.

c) *Kritik an dieser Gestaltung*

Diese Gestaltung offenbart die typischen Schwierigkeiten und Unsicherheiten, die durch eine vorweggenommene Erbfolge vermieden werden können. Gleichwohl kann auch auf diese Weise sichergestellt werden, dass das Unternehmen im Ganzen auf einen Nachfolger übertragen wird und die Pflichtteilsberechtigten angemessen beteiligt beziehungsweise abgefunden werden. Allerdings können sich die weichenden Erben bei dieser Gestaltung benachteiligt fühlen, weil sie neben der Unterbeteiligung keine weiteren Vermögenswerte erhalten. Denkbar ist auch, dass der Erblasser die weichenden Erben durch die vermächtnisweise Einräumung anderer Vermögenswerte abfindet. Die Unterbeteiligung wird in der Regel im Interesse der Beteiligten vorsehen, dass die weichenden Erben

---

1025 Zum Fall einer qualifizierten Nachfolgeklausel s. MüHdb/*Gayk*, § 30 Rn. 7.

kleinere Beträge über mehrere Jahre erhalten sollen. Sie sind darauf angewiesen, dass das Unternehmen auch tatsächlich Gewinn erwirtschaftet, weil sie ansonsten gar keine Gewinnauszahlung erhalten. Also sind sie von dem Nachfolger und dessen Unternehmensführung abhängig. Das Gleichstellungsinteresse des Erblassers wird nur geringfügig berücksichtigt.

3. *Unterbeteiligung als Auflage*

Zu untersuchen ist ferner, ob die Unterbeteiligung mit einer Auflage verbunden werden kann. Der Erblasser könnte den Nachfolger als Alleinerben mit der Auflage beschweren, dass er den weichenden Erben jeweils eine Unterbeteiligung an den Gesellschaftsanteilen einräumen muss. Gemäß § 1940 BGB kann der Erblasser durch Testament den Erben oder Vermächtnisnehmer zu einer Leistung verpflichten, ohne einem anderen ein Recht auf die Leistung zuzuwenden (Auflage). Der Unterschied zwischen Auflage und Vermächtnis besteht darin, dass dem Vermächtnisnehmer ein eigener klagbarer Anspruch zusteht.[1026] Der Begünstigte einer Auflage hat dagegen keinen eigenen schuldrechtlichen Anspruch auf Erfüllung der Auflage.[1027] Nur die in § 2194 1 BGB genannten Personen können die Vollziehung der Auflage verlangen. Begünstigte der Auflage wären die weichenden Erben. Sie hätten aber keinen eigenen Vollziehungsanspruch. Die Erfüllung der Auflage wäre vom Willen des Nachfolgers abhängig. Zwar könnten die weichenden Erben jeweils untereinander Wegfallbegünstigte im Sinne von § 2194 1 BGB sein, auch in diesem Fall ist die Durchsetzung des Vollziehungsanspruches jedoch von dem Willen eines Dritten abhängig. Die Auflage, eine Unterbeteiligung einzuräumen, ist daher als Gestaltungsmittel zur Unternehmensnachfolge nicht geeignet.

4. *Einsetzung von Miterben mit gleichzeitiger Teilungsanordnung*

Als weitere Gestaltungsmöglichkeit kommt die Teilungsanordnung in Betracht.[1028] Der Erblasser setzt alle nahen Angehörigen in einem Testament oder Erbvertrag zu Erben ein und bestimmt, wie die Erbschaft auf die einzelnen Erben aufgeteilt werden soll. Der Vorteil dieser Gestaltung besteht darin, dass der Erblasser keine Person enterben muss, um die Unternehmensfortführung zu

---

1026 Sudhoff/*Scherer*, § 10 Rn. 1; *Leipold*, Rn. 780; Frank/*Helms*, § 10 Rn. 14; Brox/*Walker*, Rn. 460.

1027 Vgl. *Leipold*, Rn. 781; *Schmoeckel*, § 21 Rn. 28; Esskandari/*Franck*/Künnemann, Kap. 1 Rn. 76.

1028 Vgl. *Müller/Tomhave*, ErbStB 2010, 185, 186.

gewährleisten. Das Gefühl einer möglichen Benachteiligung kommt bei den Erben nicht auf.[1029] Werden mehrere Personen als Erben eingesetzt, entsteht gemäß § 2032 I BGB eine Erbengemeinschaft in der Form einer Gesamthandsgemeinschaft.[1030] Über die Nachlassgegenstände können die Erben somit grundsätzlich nur gemeinschaftlich verfügen, § 2040 I BGB. Die Erbengemeinschaft ist gemäß § 2042 I BGB auf Auseinandersetzung gerichtet. Problematisch ist, dass unter Umständen nicht alle Miterben zur Fortführung des Unternehmens geeignet sind. Auch erlaubt der Gesellschaftsvertrag – zumindest bei Personengesellschaften – möglicherweise nicht den Eintritt aller Erben in die Gesellschaft. Die Erbengemeinschaft selbst kann schließlich, wie oben festgestellt, nicht Gesellschafter einer Personengesellschaft sein.[1031] Es droht dann eine Zersplitterung des Gesellschaftsanteils und des Unternehmens, da wegen der Auseinandersetzung der Erbengemeinschaft gegebenenfalls Teile des Anteils veräußert werden müssen, um Ausgleichsansprüche befriedigen zu können.[1032] Diese Gefahr könnte mit Hilfe einer Teilungsanordnung eingedämmt werden. Sie kann vorsehen, dass nur einer oder eine geringe, vom Erblasser bestimmte Anzahl von Personen, in den Gesellschaftsanteil nachrücken und die nicht zur Nachfolge in den Gesellschaftsanteil ausgewählten Erben als Ausgleich Unterbeteiligungen erhalten.[1033]

a) Grundlagen zur Teilungsanordnung

Gemäß § 2048 1 BGB kann der Erblasser durch eine letztwillige Verfügung, also Testament oder Erbvertrag, Anordnungen für die Auseinandersetzung der Erbengemeinschaft treffen. Er kann festlegen, wie sein Nachlass auf die Erben aufgeteilt werden soll. Er kann zum Beispiel anordnen, dass ein Miterbe einen bestimmten Nachlassgegenstand erhalten soll.[1034] Die Anordnung hat lediglich schuldrechtliche und keine dingliche Wirkung.[1035] Sie wird durch die Übertragung des

---

1029 *Fasselt*, S. 78.

1030 MüKo/*Gergen*, § 2032 Rn. 7; Vor. § 2032 Rn. 4; Staudinger/*Werner*, § 2032 Rn. 1; Staudinger/*Meyer-Pritzl*, Eckpfeiler, Y. Rn. 121; Sudhoff/*Scherer*, § 14 Rn. 2; *Crezelius*, Rn. 70; RG, Urt. v. 21.4.1904 – IV ZR 35/04, RGZ 57, 432, 434.

1031 S. S. 200 f.

1032 Vgl. *Zapp*, S. 40.

1033 So auch *Zapp*, S. 45.

1034 MüKo/*Ann*, § 2048 Rn. 7; Staudinger/*Werner*, § 2048 Rn. 6; *Leipold*, Rn. 748; Frank/*Helms*, § 10 Rn. 16; *Crezelius*, Rn. 57.

1035 RG, Urt. v. 16.3.1925 – IV ZR 118/24, RGZ 110, 270, 274; BGH, Versäumnisurt. v. 17.4.2002 – IV ZR 226/00, NJW 2002, 2712; MüKo/*Ann*, § 2048 Rn. 8 f.; Staudinger/*Werner*, § 2048 Rn. 3; Frieser/*Tschichoflos*, § 2048 Rn. 8; *Leipold*, Rn. 749; Brox/

zugewendeten Nachlassgegenstandes vollzogen.[1036] Die durch die Teilungsanordnung erfolgte Zuwendung ist auf den Erbteil des jeweiligen Erben wertmäßig anzurechnen.[1037] Die Anrechnung der im Wege der Teilungsanordnung erfolgten Zuwendung geschieht auf der Grundlage des Verkehrswerts zum Zeitpunkt der Entstehung des Auseinandersetzungsanspruchs.[1038] Der Erblasser kann jedoch abweichend davon auch einen Wert festlegen.[1039] Dabei darf es aber hinsichtlich der Erbquoten nicht zu Wertverschiebungen kommen, da die Teilungsanordnung solche nicht zulässt.[1040] Übersteigt der Wert die dem Erben zustehende Quote, ist dieser zum Ausgleich gegenüber den anderen Erben verpflichtet.[1041]

b) Abgrenzung zum Vorausvermächtnis

Die Teilungsanordnung ist vom Vorausvermächtnis abzugrenzen. Gemäß § 2150 BGB kann auch einem Erben ein Vermächtnis zugewendet werden. Dieser erhält dann zusätzlich zu seinem Erbteil einen besonderen Vermögensvorteil. Der Erbe muss sich diesen nicht auf seine Erbquote anrechnen lassen.[1042] Bei der Teilungsanordnung wird die Zuwendung dagegen voll auf den Erbteil angerechnet, sodass ein Ausgleich erfolgen muss, wenn der Wert des zugewendeten Gegenstandes die Erbquote des betroffenen Erben übersteigt.[1043] Darin liegt der wesentliche Unterschied zwischen Vorausvermächtnis und Teilungsanordnung. Ihre Abgrenzung ist problematisch, wenn der Erblasser Zuwendungen macht, die wertmäßig den Erbteil übersteigen.[1044] Für die Abgrenzung der beiden Rechtsinstitute ist der Erblasserwille auszulegen, wenn der Erblasser in seiner letztwilligen Verfügung keine klaren Regelungen getroffen hat. Die Auslegungsregelung

---

Walker, Rn. 524; Frank/*Helms,* § 10 Rn. 16; Esch/*Baumann/Schulze zur Wiesche,* I Rn. 701.

1036 Frank/*Helms,* § 10 Rn. 16.

1037 MüKo/*Ann,* § 2048 Rn. 2; Frieser/*Tschichoflos,* § 2048 Rn. 2; *Leipold,* Rn. 748; Frank/*Helms,* § 10 Rn. 17; Esch/*Baumann/Schulze zur Wiesche,* I Rn. 527.

1038 MüKo/*Ann,* § 2048 Rn. 7; Soergel/*Wolf,* § 2048 Rn. 13; Frieser/*Tschichoflos,* § 2048 Rn. 28; Bamberger/Roth/*Lohmann,* § 2048 Rn. 5; Palandt/*Weidlich,* § 2048 Rn. 5.

1039 RG, Urt. v. 13.11.1942 – VII ZR 60/42, RGZ 170, 163, 171; Erman/*Bayer,* § 2048 Rn. 4.

1040 Bamberger/Roth/*Lohmann,* § 2048 Rn. 5.

1041 BGH, Urt. v. 25.10.1995 – IV ZR 362/94, NJW-RR 1996, 577; Frieser/*Tschichoflos,* § 2048 Rn. 2.

1042 BGH, Urt. v. 14.3.1984 – IVa ZR 87/82, NJW 1985, 51, 52; Urt. v. 23.5.1984 – IVa ZR 185/82, WM 1984, 1006, 1007; Urt. v. 6.12.1989 – IVa ZR 59/88, NJW-RR 1990, 391, 392; Staudinger/*Werner,* § 2048 Rn. 6; *Leipold,* Rn. 777; Brox/*Walker,* Rn. 525.

1043 Frieser/*Tschichoflos,* § 2048 Rn. 15; Staudinger/*Werner,* § 2048 Rn. 6.

1044 Vgl. Brox/*Walker,* Rn. 525.

des § 2087 II BGB sieht vor, dass im Zweifel nicht anzunehmen ist, dass der Bedachte als Erbe eingesetzt werden soll, wenn ihm nur einzelne Gegenstände zugewendet werden. Diese Zweifelsregelung geht bei Unklarheiten also von einem Vorausvermächtnis aus. Sie hilft in der untersuchten Konstellation aber nur bedingt weiter. Es muss klar sein, ob eine Anrechnung auf den Erbteil erfolgen soll oder nicht. Es kommt somit auf den „Begünstigungswillen" des Erblassers an.[1045] Eine Teilungsanordnung liegt regelmäßig vor, wenn der Bedachte zu einer Ausgleichszahlung verpflichtet wird, sofern der Wert der Zuwendung seine Erbquote übersteigt.[1046]

c) Inhalt der Teilungsanordnung

Gegenstand der Zuwendung durch die Teilungsanordnung können auch Gesellschaftsanteile sein.[1047] Die Teilungsanordnung kann bestimmen, dass der Nachfolger unter den Miterben den Gesellschaftsanteil erhält. Möglich wäre es auch, einer weiteren Person einen Teil des Anteils zu übertragen, wobei jedoch eine Zersplitterung vermieden werden sollte. Im Folgenden wird davon ausgegangen, dass nur eine Person in den Gesellschaftsanteil nachfolgt. Den Wert des Gesellschaftsanteils muss sich der Nachfolger auf seine Quote anrechnen lassen. Es ist sicherzustellen, dass die anderen Erben angemessen beteiligt werden. Es entspricht nicht dem Regelfall, dass der Wert des Gesellschaftsanteils durch anderes Vermögen des Erblassers ausgeglichen werden kann.[1048] Auch wenn der Nachfolger eine erheblich höhere Quote als die der anderen Erben erhält, ist regelmäßig davon auszugehen, dass der Gesellschaftsanteil seine festgelegte Quote übersteigt. Die Folge der Anrechnung ist, dass der Nachfolger die übersteigenden Werte ausgleichen muss. Auf diese Ausgleichszahlung kann der Erblasser Einfluss nehmen. Statt einer Geldzahlung kann er bestimmen, dass der Nachfolger den anderen Erben Unterbeteiligungen einräumen soll. Die Miterben erhalten dann einen Anspruch gegen den Nachfolger auf den Abschluss eines Unterbeteiligungsvertrages. Die Details des Unterbeteiligungsvertrages sollte wiederum

---

1045 BGH, Urt. v. 8.11.1961 – V ZR 31/60, NJW 1962, 343, 344 f.; OLG Koblenz, Urt. v. 13.10.2005 – 5 U 451/05, NJW-RR 2005, 1601, 1602; Frank/*Helms*, § 10 Rn. 17; Esch/*Baumann/Schulze zur Wiesche*, I Rn. 531.

1046 BGH, Urt. v. 23.9.1981 – IVa ZR 185/80, NJW 1982, 43, 44; Urt. v. 14.3.1984 – IVa ZR 87/82, NJW 1985, 51, 52; Urt. v. 6.12.1989 – IVa ZR 59/88, NJW-RR 1990, 391, 391 f.; Brox/*Walker*, Rn. 525; Frank/*Helms*, § 10 Rn. 16; Esch/*Baumann/Schulze zur Wiesche*, I Rn. 527.

1047 MüKo/*Ann*, § 2048 BGB Rn. 7.

1048 Vgl. oben S. 173 f.

der Erblasser bereits in der Teilungsanordnung regeln. In Betracht zu ziehen ist eine typische Unterbeteiligung, da der Miterbe nur an einer finanziellen Beteiligung interessiert ist. Der Erblasser kann auch wie im Fall eines Unterbeteiligungsvermächtnisses bestimmen, dass die Ausgleichssumme über mehrere Jahre durch den Gewinnbeteiligungsanspruch angespart und damit gewissermaßen in Raten an die weichenden Erben gezahlt wird.

Beispiel: Der Erblasser hat fünf Kinder. Ein Kind hat er als Nachfolger für seinen Gesellschaftsanteil ausgewählt. Seine Erbquote soll 60 % betragen, die anderen Kinder sollen jeweils 10 % des Erbes erhalten. Die Teilungsanordnung sieht vor, dass der Nachfolger die Gesellschaftsanteile, die 80 % des Nachlasses ausmachen, erhalten soll. Die restlichen 20 % des Nachlasses sollen die anderen vier Kinder erhalten. Somit muss der Nachfolger seine Geschwister jeweils mit 5 % des Nachlasses abfinden. Je geringer das sonstige Vermögen ist, desto schwerer ist es für den Nachfolger, einen Ausgleich für die weichenden Erben herzustellen. Die Unterbeteiligung kann also dazu dienen, den Ausgleich für den Nachfolger auf eine für alle Beteiligten zufriedenstellende Art und Weise herzustellen.

d) Auswahl des Nachfolgers nach billigem Ermessen

Ein Vorteil dieser Gestaltung ist, dass der Erblasser die Auswahl des Nachfolgers gemäß § 2048 2 BGB einem Dritten überlassen kann, wenn er noch nicht beurteilen kann, welche der in Frage kommenden Personen am besten für die Unternehmensnachfolge geeignet ist.[1049] Dritter in diesem Sinne kann zum Beispiel ein Miterbe, die Erbenmehrheit oder auch ein Testamentsvollstrecker sein.[1050] Dagegen muss der Erblasser gemäß § 2065 II BGB die Erbeinsetzung oder die Zuwendung eines Vermächtnisses selbst vornehmen und kann sie nicht einem Dritten überlassen.[1051] Dieser Gesichtspunkt spielt eher eine untergeordnete Rolle, wenn der Nachfolger bereits feststeht.

e) Kombination der Teilungsanordnung mit einem Vorausvermächtnis

Die Teilungsanordnung kann auch mit einem Vorausvermächtnis kombiniert werden. Im Vermächtnis kann der Erblasser bestimmen, dass der Wert der

---

1049 *Zapp,* S. 45.

1050 RG, Urt. v. 16.3.1925 – IV ZR 118/24, RGZ 110, 270, 274; OLG Köln, Urt. v. 14.11.2006 – 24 U 83/06, abrufbar im Internet: www.justiz.nrw.de/nrwe/olgs/koeln/j2006/24_U_83_06Urteil20061114.html (Stand: 17.8.2015); MüKo/*Ann,* § 2048 Rn. 19; Staudinger/*Werner,* § 2048 Rn. 13; Frieser/*Tschichoflos,* § 2048 Rn. 21; Erman/*Bayer,* § 2048 Rn. 10; *Westermann,* FS Möhring 1965, S. 197; *Zapp,* S. 45.

1051 MüKo/*Leipold,* § 2065 Rn. 23; vgl. auch *Zapp,* S. 45.

Zuwendung aus der Teilungsanordnung, der über die Erbquote hinausgeht, nicht ausgeglichen werden soll. Dies führt dann allerdings unter Umständen dazu, dass der Erbteil der Miterben weniger als den Pflichtteil ausmacht und es zu einer Kollision mit der Regelung des § 2306 I BGB kommt.

f) Regelung im Gesellschaftsvertrag zur Vererblichkeit von Personengesellschaftsanteilen

Es sollte eine qualifizierte oder eine einfache Nachfolgeklausel im Gesellschaftsvertrag der Hauptgesellschaft verwendet werden. Die Anteile werden dem Nachfolger durch eine qualifizierte Nachfolgeklausel unmittelbar übertragen. Bei einer einfachen Nachfolgeklausel ist noch ein Übertragunsakt (Abtretung) notwendig.

g) Vorteile

Vorteilhaft ist, dass es in dieser Konstellation nicht zu Enterbungen kommt. Alle betroffenen Personen werden Miterben. Dies kann Auseinandersetzungen innerhalb der Familie verhindern. Zudem können die Miterben über eine Unterbeteiligung angemessen an der Gesellschaft beteiligt werden. Des Weiteren führt diese Gestaltung zu einer zusammenhängenden Übertragung des Gesellschaftsanteils und vermeidet eine Zersplitterung. So kann der Nachfolger das Unternehmen ohne die Gegenwehr von Minderheitsgesellschaftern führen.

5. Einfluss des ehelichen Güterrechts

Das eheliche Güterrecht kann einen Einfluss auf die beschriebenen Fallgruppen haben.

aa) Zugewinngemeinschaft

Der gesetzliche Güterstand der Zugewinngemeinschaft sieht vor, dass alle Vermögenswerte, die die Ehegatten während der Ehe erwirtschaften, als deren beider Verdienst anzusehen ist – Gleichheitsprinzip.[1052] Zwar wird das Vermögen der Ehegatten und das Vermögen, das sie zukünftig erwerben, gemäß § 1363 II 1 BGB nicht zu einem gemeinschaftlichen Vermögen zusammengefasst. Es gilt das Prinzip der Gütertrennung.[1053] Wirtschaftlich ist jedoch der

---

1052 *Schwab*, Rn. 218; Soergel/*Kappler/Kappler*, § 1378 Rn. 3; *Muscheler*, Rn. 335; *Wellenhofer*, § 16 Rn. 1.

1053 *Muscheler*, Rn. 335, 337; *Wellenhofer*, § 13 Rn. 1; *Schwab*, Rn. 219; Staudinger/*Thiele*, § 1363 Rn. 1, 4.

Zugewinn, den die Ehegatten erwirtschaften, am Ende der Ehe auszugleichen, § 1363 II 2 BGB. Der Zugewinnausgleichsanspruch ist ein schuldrechtlicher Anspruch und entsteht gemäß § 1378 III 1 BGB mit der Beendigung des Güterstands. Mit seiner Entstehung ist der Anspruch nach der allgemeinen Regelung des § 271 I BGB sofort fällig.[1054]

Fraglich ist, ob der Inhaber des Gesellschaftsanteils den Zugewinnausgleichsanspruch durch Einräumung einer Unterbeteiligung befriedigen kann. Die Ausgleichsforderung am Ende der Zugewinngemeinschaft ist dispositiv. Insofern können die Ehegatten ihre Höhe und die Modalitäten ihrer Erfüllung inhaltlich und zeitlich bestimmen.[1055] Neben einer Geldzahlung können die Ehegatten also auch eine andere Art der Erfüllung in einem Ehevertrag unter der Beachtung der Form des § 1410 BGB vereinbaren.[1056] Nach der Beendigung des Güterstandes ist der Schuldner der Ausgleichsforderung auf das Einverständnis des Gläubigers angewiesen.[1057] Der Gläubiger könnte die Einräumung einer Unterbeteiligung an Erfüllung statt annehmen, § 364 I BGB. Allerdings dürfte das Vertrauensverhältnis der Ehegatten im Falle einer Scheidung in der Regel zerrüttet sein. Den Parteien sollte dann nicht empfohlen werden, ein Gesellschaftsverhältnis einzugehen, das auf gegenseitigen Treuepflichten basiert. Bei einer typischen Unterbeteiligung sind die gesellschaftsrechtlichen Pflichten allerdings nachrangig. Eine mittelbare Beteiligung könnte ein Mittel zum Ausgleich des Zugewinns sein, wenn der Ehegatte die Forderungen nicht anderweitig begleichen kann und die Unternehmensanteile nicht veräußern möchte.

bb) Gütertrennung

Im Güterstand der Gütertrennung sind die Vermögen der Eheleute getrennt. Sie verwalten ihr Vermögen selbst und es findet hinsichtlich der Zuwächse während der Ehe kein Ausgleich statt.[1058]

1054 MüKo/*Koch*, § 1378 Rn. 14; Bamberger/Roth/*Mayer*, § 1378 Rn. 7; Staudinger/*Thiele*, § 1378 Rn. 23.

1055 MüKo/*Koch*, § 1378 Rn. 41; Soergel/*Kappler/Kappler*, § 1378 Rn. 6; Staudinger/*Thiele*, § 1378 Rn. 36; *Zapp*, S. 38.

1056 Soergel/*Kappler/Kappler*, § 1378 Rn. 10.

1057 Vgl. Staudinger/*Thiele*, § 1378 Rn. 2.

1058 Soergel/*Gaul/Althammer*, § 1414 Rn. 3, 14 ff.; *Schwab*, Rn. 202; *Wellenhofer*, § 13 Rn. 2; *Muscheler*, Rn. 385.

cc) Gütergemeinschaft

Bei der Gütergemeinschaft verschmelzen die beiden Vermögensmassen der Ehegatten zu einem gemeinschaftlichen Vermögen, das Gesamtgut (§ 1416 I BGB).[1059]

a) Auswahl des Güterstandes bei Unternehmern

Die Auswahl des Güterstandes ist für einen Unternehmer nicht einfach. Er muss stets berücksichtigen, dass bei einer Scheidung Ausgleichsforderungen die Liquidität und letztlich sogar den Bestand des Unternehmens gefährden könnten.[1060] Will der Unternehmer dies verhindern, sollte er mit seinem Ehegatten Gütertrennung vereinbaren.[1061] Von einer Gütergemeinschaft ist abzuraten, da die Auseinandersetzung zu erheblichen Schwierigkeiten führen könnte.[1062] Für die Zugewinngemeinschaft spricht das Bedürfnis eines gerechten Ausgleichs im Hinblick auf das gemeinsam erwirtschaftete Vermögen. Hinzu kommt das Steuerprivileg des § 5 I ErbStG. Der Zugewinnausgleichsanspruch ist steuerfrei.[1063] Dagegen sprechen jedoch die „lästigen gesetzlichen Verfügungsbeschränkungen“, die einen erheblichen Einfluss auf die Unternehmensführung haben können.[1064] Die Wahl hat letztlich der Unternehmer. Es ist auch möglich, den Zugewinnausgleichsanspruch in einem Ehevertrag zu modifizieren, ihn für den Fall der Scheidung auszuschließen oder bestimmte Vermögenswerte bei der Berechnung des Anspruchs herauszunehmen.[1065]

b) Gesetzliches Erbrecht des Ehegatten

Der Güterstand hat Einfluss auf das gesetzliche Erbrecht des Ehegatten.

1059 Soergel/*Gaul/Althammer,* § 1416 Rn. 2; Staudinger/*Thiele,* Vor. §§ 1415 ff. Rn. 1; *Schwab,* Rn. 212; *Wellenhofer,* § 13 Rn. 3; *Muscheler,* Rn. 386.

1060 Vgl. *Fasselt,* S. 84; *Zapp,* S. 39; Hennerkes/*Löffler/Löffler,* S. 469, 461 ff.

1061 Hennerkes/*Löffler/Löffler,* S. 470 ff. Gegen die Wahl der Gütertrennung spricht allerdings das Steuerprivileg des § 5 I ErbStG für die Zugewinngemeinschaft, *Lorz/Kirchdörfer,* S. 57; *Spiegelberger,* § 3 Rn. 34 ff. Außerdem können mögliche Pflichtteilsansprüche bei der Zugewinngemeinschaft geringer ausfallen, Sudhoff/*Scherer,* § 17 Rn. 52.

1062 Vgl. auch Hennerkes/*Löffler/Löffler,* S. 472.

1063 *Fasselt,* S. 83; Sudhoff/*Scherer,* § 2 Rn. 11; *Lorz/Kirchdörfer,* S. 57.

1064 Hennerkes/*Löffler/Löffler,* S. 469, 459 f.

1065 *Fasselt,* S. 86; Sudhoff/*Scherer,* § 2 Rn. 11; Hennerkes/*Löffler/Löffler,* S. 477 f.

aa) Grundlagen

Das gesetzliche Erbrecht des Ehegatten ist in § 1931 BGB geregelt. § 1931 I und II BGB regeln das Verhältnis der Höhe des Erbteils zu Erben anderer Ordnungen. Das gesetzliche Erbrecht des Ehegatten neben Verwandten der ersten Ordnung beträgt ein Viertel, neben Verwandten der zweiten Ordnung die Hälfte der Erbschaft, § 1931 I 1 BGB. Das gesetzliche Erbrecht ist ausgeschlossen, wenn die Ehe im Zeitpunkt des Todes des Erblassers nicht mehr bestand.[1066] Für den Ausschluss des gesetzlichen Erbrechts reicht es aus, dass die Voraussetzungen für eine Scheidung vorliegen und der Erblasser die Scheidung beantragt oder ihr zugestimmt hat, § 1933 1 BGB. Der maßgebliche Zeitpunkt für den Ausschluss von der Erbfolge wird durch diese Regelung vorverlegt.[1067]

bb) Einfluss des jeweiligen Güterstandes auf das gesetzliche Erbrecht

Besonderheiten bezüglich des gesetzlichen Erbrechts ergeben sich aus den jeweiligen Güterständen.

(1) Gütertrennung

Ist eine Gütertrennung vereinbart, bleibt es bei dem gesetzlichen Erbteil aus § 1931 I, II BGB.[1068] Eine besondere Regelung sieht § 1931 IV BGB für den Fall vor, dass neben dem Ehegatten noch ein oder mehrere Kinder des Erblassers vorhanden sind. Dann erben diese Personen zu gleichen Teilen.

(2) Gütergemeinschaft

Beim Tod eines Ehegatten innerhalb einer Gütergemeinschaft gehört der Anteil des verstorbenen Ehegatten am Gesamtgut gemäß § 1482 1 BGB zu seinem Nachlass. Das Erbrecht des Ehegatten richtet sich nach den allgemeinen Vorschriften, § 1482 2 BGB. Besonderheiten bestehen in diesem Fall also nur bei der Berechnung beziehungsweise Auseinandersetzung des Gesamtguts.

(3) Zugewinngemeinschaft

Besonderheiten ergeben sich im Fall der Zugewinngemeinschaft aus § 1371 BGB. Die Vorschrift ist neben der allgemeinen Regelung zum gesetzlichen Erbrecht anwendbar, § 1931 III BGB. Die erbrechtliche Lösung des § 1371 I BGB sieht

---

1066 *Leipold*, Rn. 154; Brox/*Walker*, Rn. 65; Frank/*Helms*, § 2 Rn. 26; *Crezelius*, Rn. 17; Staudinger/*Meyer-Pritzl*, Eckpfeiler, Y. Rn. 25.

1067 *Leipold*, Rn. 155; Brox/*Walker*, Rn. 66; Frank/*Helms*, § 2 Rn. 27; *Crezelius*, Rn. 17.

1068 *Leipold*, Rn. 186; Brox/*Walker*, Rn. 73; Frank/*Helms*, § 2 Rn. 37.

einen pauschalierten Zugewinnausgleich in der Form vor, dass sich der gesetzliche Erbteil des Ehegatten, der nach § 1931 I BGB berechnet wird, um ein Viertel erhöht.[1069] Anders liegt der Fall, wenn der überlebende Ehegatte nicht als Erbe eingesetzt wurde. Dann erfolgt nach der güterrechtlichen Lösung des § 1371 II BGB der Ausgleich des Zugewinns ausschließlich nach den Vorschriften über den Zugewinnausgleich.[1070] Neben dem Zugewinnausgleichsanspruch steht dem Ehegatten wegen seiner Enterbung gemäß § 2302 II BGB ein Pflichtteilsanspruch zu. Zudem kann der Ehegatte gemäß § 1371 III BGB die Erbschaft gemäß §§ 1942, 1953 I BGB ausschlagen und neben dem Ausgleich des Zugewinns auch den Pflichtteil verlangen.[1071]

c) *Ehevertrag*

Die Ehegatten sollten einen Ehevertrag abschließen, in dem sie den Güterstand wählen und Regelungen für den Fall der Scheidung treffen. Wird die Zugewinngemeinschaft gewählt, sollte der Zugewinnausgleichsanspruch modifiziert werden, damit keine Zerschlagung des Unternehmens droht. Der überlebende Ehegatte könnte auch auf sein Erbrecht im Vorwege verzichten und als Abfindung ein Vermächtnis mit dem Inhalt einer Unterbeteiligung an den Gesellschaftsanteilen erhalten.[1072]

6. *Zusammenfassung der Aspekte zur gewillkürten Erbfolge*

Die Unterbeteiligung kann ein Gestaltungsmittel für die gewillkürte Erbfolge sein. Der Vorteil der gewillkürten Erbfolge besteht darin, dass der Erblasser seine Vorstellungen durchsetzen kann, ohne sich mit den Erben abstimmen zu müssen. Bei der Unternehmensnachfolge ist eine solche Auseinandersetzung allerdings unausweichlich. Kapitalgesellschaftsanteile sind vererblich. Auch Personengesellschaftsanteile können durch Regelungen im Gesellschaftsvertrag vererblich gestellt werden. Mit Hilfe von Nachfolgeklauseln kann die Unterbeteiligung auch bei der Vererbung von mittelständischen Familienunternehmen zum Einsatz kommen. Qualifizierte oder einfache Nachfolgeklauseln eignen sich

---

1069 MüKo/*Koch,* § 1371 Rn. 1, 11; Sudhoff/*Scherer,* § 2 Rn. 10; *Leipold,* Rn. 165; Brox/*Walker,* Rn. 75; Frank/*Helms,* § 2 Rn. 32 ff.; *Crezelius,* Rn. 19.

1070 MüKo/*Koch,* § 1371 Rn. 32; Bamberger/Roth/*Mayer,* § 1371, Rn. 20; *Leipold,* Rn. 168; *Schwab,* Rn. 313; *Crezelius,* Rn. 19.

1071 Sudhoff/*Scherer,* § 2 Rn. 12.

1072 Die Position des Ehegatten ähnelt dann derjenigen der weichenden Erben, vgl. oben S. 206 ff.

dazu am besten. Bei der Verwendung einer einfachen Nachfolgeklausel sollte darauf geachtet werden, nicht zu viele Personen als Erben einzusetzen, da dann eine Zersplitterung der Gesellschaftsanteile droht.

Die Unterbeteiligung kann zunächst eingesetzt werden, wenn ein Alleinerbe als Nachfolger bereits feststeht. Alle anderen Personen werden von der Erbfolge ausgeschlossen und erhalten statt des Pflichtteils Unterbeteiligungen im Wege von Vermächtnissen. Der Nachfolger ist aus dem Vermächtnis heraus dazu verpflichtet, ihnen die Unterbeteiligungen einzuräumen. Den Inhalt der Unterbeteiligungen kann der Erblasser bereits in einer letztwilligen Verfügung festlegen. Der Vorteil eines solchen Vermächtnisses besteht darin, dass der Nachfolger die Pflichtteilsansprüche nicht sofort in Geld erfüllen muss, sondern über mehrere Jahre hinweg mit Hilfe der Gewinnbeteiligung erfüllen kann. Der Inhalt des Vermächtnisses sollte für die Pflichtteilsberechtigten so attraktiv sein, dass sie es nicht ausschlagen. Bei einer Ausschlagung des Vermächtnisses steht ihnen nämlich wiederum der Pflichtteil zu, §§ 2307 I 1, 2303 I 1 BGB. Das Risiko der Ausschlagung kann beseitigt werden, indem der Erblasser mit den Pflichtteilsberechtigten einen Pflichtteilsverzicht gemäß § 2346 I, II BGB – gegebenenfalls gegen eine Abfindung, die wiederum in Form einer Unterbeteiligung erfolgen kann – vereinbart. Die Unterbeteiligung sollte nicht im Wege einer Auflage eingeräumt werden, weil die weichenden Erben als Begünstigte der Auflage keinen eigenen Vollziehungsanspruch haben und von dem Willen eines Dritten abhängig wären. Die Unterbeteiligung kann allerdings mit einer Teilungsanordnung kombiniert werden. In diesem Fall werden die Beteiligten pro forma zu Erben. Der Erblasser nimmt jedoch Einfluss darauf, wie die Auseinandersetzung der Vermögenswerte erfolgen soll. Die Teilungsanordnung ist von dem Vorausvermächtnis abzugrenzen. Die Abgrenzung erfolgt über den Begünstigungswillen des Erblassers. Soll sich der Erbe den Wert des zugewendeten Nachlassgegenstandes auf seine Erbquote anrechnen lassen, liegt eine Teilungsanordnung vor. Soll die Anrechnung unterbleiben, handelt es sich um ein Vorausvermächtnis. Wenn der Wert der Gesellschaftsanteile die Erbquote des Nachfolgers übersteigt, sollte verhindert werden, dass der Nachfolger den Wertüberschuss ausgleichen muss. Der Erblasser kann zu diesem Zweck in der Teilungsanordnung festlegen, dass der Nachfolger den Miterben statt der Geldzahlung eine Unterbeteiligung einräumen soll. In der Anordnung kann der Erblasser bereits die Details des Unterbeteiligungsvertrages regeln. Diese Gestaltung ist der Einräumung eines Unterbeteiligungsvermächtnisses vorzuziehen, da die anderen Erben nicht unmittelbar, sondern nur faktisch enterbt beziehungsweise auf den Pflichtteil verwiesen werden. Ein weiterer Vorteil besteht darin, dass gemäß § 2048 2 BGB auch ein Dritter den Nachfolger später noch bestimmen kann, wenn nicht abzusehen ist, welcher Erbe am besten für die Nachfolge geeignet ist.

Auch das eheliche Güterrecht hat einen großen Einfluss auf die Gestaltungen. Die Vereinbarung einer Gütertrennung hat den Vorteil, dass eheliche Ausgleichsansprüche den Bestand des Unternehmens im Falle einer Scheidung nicht gefährden können. Bei der Zugewinngemeinschaft kann eine Unterbeteiligung als Ausgleich für Zugewinnausgleichsansprüche vereinbart werden. Für den Fall einer Scheidung erscheint dies jedoch nicht sachgerecht, wenn die Eheleute nicht mehr in der Lage dazu sind, ihre Interessen gemeinschaftlich wahrzunehmen.

III. Steuerrechtliche Aspekte

Bei der Auswahl der in Betracht kommenden Fallgestaltungen kommt es auch maßgeblich auf steuerrechtliche Aspekte an. Nachfolgend sollen die steuerrechtlichen Grundsätze der Einkommen- sowie der Erbschaft- und Schenkungsteuer behandelt werden.

1. Einkommensteuer

Steuerrechtlich zu untersuchen sind zunächst die Einkünfte des Hauptbeteiligten. Sodann sind die Einkünfte, die die Familienangehörigen aus der Unterbeteiligungsgesellschaft erhalten, steuerrechtlich einzuordnen.

a) Einkünfte des Hauptbeteiligten

Die Klassifizierung der Einkünfte des Hauptbeteiligten hängt davon ab, welche Rechtsform die Hauptgesellschaft hat. Liegt eine Personengesellschaft vor, erzielt der Hauptbeteiligte Einkünfte aus Gewerbebetrieb gemäß § 15 I 1 Nr. 2 1 EStG, wenn er als Mitunternehmer der Gesellschaft anzusehen ist. Demgegenüber liegen Einkünfte aus Kapitalvermögen gemäß § 20 I Nr. 1 EStG vor, wenn er an einer Kapitalgesellschaft beteiligt ist. Für den Hauptbeteiligten sind die Gewinnanteile des typisch Unterbeteiligten Werbungskosten beziehungsweise Betriebsausgaben,[1073] sodass es nicht zu einer Doppelbesteuerung kommt. Wenn die Hauptbeteiligung ein Mitunternehmeranteil darstellt, ist der Gewinnanteil des Unterbeteiligten als Sonderbetriebsausgabe anzusehen.[1074]

1073 *Märkle,* DStZ 1985, 508, 510; *Hohaus,* GmbHR 2002, 883, 884; *Blaurock,* Rn. 31.14; *Blaurock,* Unterbeteiligung, S. 342 f.; BHbdP/*Bärwaldt,* § 15 Rn. 61; *Schulze zur Wiesche,* NJW 1983, 2362, 2364.

1074 *Märkle,* DStZ 1985, 508, 510.

b) Einkünfte des Unterbeteiligten

Die Gewinne aus der Beteiligung (Steuerobjekt) des Unterbeteiligten (Steuersubjekt) unterliegen der Einkommensteuer. Die Minderung der Einkommensteuer ist in der Regel das Ziel der Gestaltung. Dieses Ziel kann zum Beispiel durch die Ausnutzung der Steuerfreibeträge und der unterschiedlichen Steuertarife aller Familienangehörigen erreicht werden. Hinsichtlich der einkommensteuerrechtlichen Behandlung bestehen bei der typischen und der atypischen Unterbeteiligung Unterschiede, die letztlich auch die verschiedenen Begrifflichkeiten der Unterbeteiligung hervorgebracht haben.[1075] Die Gewinne aus den Beteiligungsverhältnissen müssen jeweils einer der sieben einkommensteuerrechtlichen Einkunftsarten (§ 2 I Nr. 1–7 EStG) zugeordnet werden. Besonderheiten bestehen bei der Ermittlung des zu versteuernden Einkommens und der Anwendung des Steuertarifs.

aa) Typische Unterbeteiligung

Die typische Unterbeteiligung eröffnet bei dem Unterbeteiligten eine neue Einkunftsquelle.[1076] Er hat einen schuldrechtlichen Anspruch auf Auszahlung seiner Gewinnanteile, ohne selbst ein Geschäftsrisiko zu tragen oder an der Wertentwicklung des Anteils beteiligt zu sein. Mithin ist seine Beteiligung rein kapitalmäßig.[1077] Er bezieht, unabhängig von der Rechtsform der Hauptgesellschaft, Einkünfte aus Kapitalvermögen gemäß § 20 I Nr. 4 EStG, wenn er die Beteiligung im Privatvermögen hält.[1078] Hält der Unterbeteiligte seine Beteiligung als Bestandteil eines Gewerbebetriebs im Betriebsvermögen, liegen gemäß

1075 Dabei soll auf die Darstellung der Besonderheiten einer Unterbeteiligung an einem GmbH-Anteil verzichtet werden, s. dazu *Blaurock,* Rn. 31.56 ff.

1076 BFH, Urt. v. 21.2.1991 – IV R 35/89, BStBl. II 1995, 449, 451; *Märkle,* DStZ 1985, 471, 473.

1077 *Blaurock,* Rn. 31.2; BHbdP/*Bärwaldt,* § 15 Rn. 57; *Stegemann/Middendorf,* BB 2006, 1084, 1085.

1078 BFH, Urt. v. 28.11.1990 – I R 111/88, BStBl. II 1991, 313, 314; *Blaurock,* Rn. 31.2; *Blaurock,* Unterbeteiligung, S. 330; *Haas,* GStB 2004, 406; *Knobbe-Keuk,* S. 411; *Märkle,* DStZ 1985, 508, 509; *Stegemann/Middendorf,* BB 2006, 1084, 1086; Schmidt/*Wacker,* § 15 Rn. 372; *Thomsen,* S. 78; *Werner,* ZEV 2015, 194, 198; *Hübner,* ErbR 2014, 257, 260; BHbdP/*Bärwaldt,* § 15 Rn. 57; *Maetz,* DStR 2015, 1844, 1845; *Mühlhaus,* ErbStB 2009, 276, 277, 279; *Hohaus,* GmbHR 2002, 883, 885; *Weigl,* S. 20; *Bülow,* S. 6; *Böttcher/Zartmann/Faut,* S. 237 f.; *Spiegelberger,* § 9 Rn. 24; *Peters,* S. 136, 156 ff., 164 wendet § 20 I Nr. 4 EStG analog an.

§ 20 VIII 1 EStG auch hinsichtlich der Unterbeteiligung Einkünfte aus Gewerbebetrieb vor.[1079]

(1) Sparer-Pauschbetrag und Geltendmachung von Verlusten

Die ausgeschütteten Gewinne aus der typischen Unterbeteiligung sind steuerrechtliche Einnahmen. Sie sind für den Erhebungszeitraum zu ermitteln, in dem sie dem Unterbeteiligten zufließen.[1080] Anstelle der tatsächlichen Werbungskosten ist bei der Ermittlung der Einkünfte aus Kapitalvermögen gemäß § 20 IX 1 EStG der Sparer-Pauschbetrag in Höhe von derzeit 801 Euro zur Ermittlung der Einkünfte von den Einnahmen abzuziehen, sollte er nicht bereits anderweitig verbraucht sein. Verluste können die Einkünfte in den folgenden Veranlagungszeiträumen aus Kapitalvermögen mindern, § 20 VI 3 EStG. Ob eine Verlustbeteiligung erfolgen oder ausgeschlossen werden soll, hängt von der jeweiligen Fallgestaltung ab.

(2) Steuertarif

Der Steuertarif für die Kapitalertragsteuer mit Abgeltungswirkung beträgt gemäß § 32d I 1 EStG 25 %, zuzüglich des Solidaritätsausgleichs und gegebenenfalls der Kirchensteuer. Ist der individuelle Einkommensteuersatz des Erblassers oder auch der des Nachfolgers höher, kann die effektive Steuerlast durch die Einräumung der Unterbeteiligung gesenkt werden. Darin ist ein wichtiger Steuervorteil zu sehen.

(3) Grundfreibetrag

Eine Besonderheit besteht, wenn der einkommensteuerrechtliche Grundfreibetrag nicht überschritten wird. Der Grundfreibetrag soll das Existenzminimum des Steuerpflichtigen sichern.[1081] Steuerpflichtig ist jede natürlich Person, die im Inland einen Wohnsitz oder ihren gewöhnlichen Aufenthalt hat, § 1 I 1 EStG. Das Alter spielt für die Steuerpflicht keine Rolle. Somit sind auch Minderjährige grundsätzlich steuerpflichtig, wenn sie über Einkünfte verfügen. Andererseits steht auch ihnen der das Existenzminimum sichernde Grundfreibetrag zu. Sofern das zu versteuernde Einkommen diesen Freibetrag nicht überschreitet,

1079 *Blaurock,* Rn. 31.2; *Märkle,* DStZ 1985, 508, 509; *Stegemann/Middendorf,* BB 2006, 1084, 1086; BHbdP/*Bärwaldt,* § 15 Rn. 57.

1080 BFH, Urt. v. 10.11.1987 – VIII R 53/84, BStBl. II 1988, 186, 188; *Blaurock,* Rn. 31.6; BHbdP/*Bärwaldt,* § 15 Rn. 59.

1081 *Fehrenbacher,* § 2 Rn. 300; Blümich/*Wagner,* § 32a Rn. 25.

besteht keine Steuerpflicht.[1082] Der Grundfreibetrag ist auch hinsichtlich der Kapitalertragsteuer zu berücksichtigen. Mit Hilfe entsprechender Gestaltungen können die Grundfreibeträge bei Personen ausgenutzt werden, die über kein sonstiges Einkommen verfügen. Gemäß § 32a I 2 Nr. 1 EStG beträgt der Grundfreibetrag im Jahr 2015 8.472 Euro. Hinzu kommt der Sparerpauschbetrag in Höhe von 801 Euro. Insgesamt können also Erträge in Höhe von 9273 Euro steuerfrei erzielt werden. Wird ein Gewinnanteil von 3 % im Unterbeteiligungsvertrag festgelegt, kann dem Unterbeteiligten eine Beteiligung über eine Einlage von 300.000 Euro eingeräumt werden. Den Gewinn in Höhe von 9.000 Euro muss der Unterbeteiligte dann nicht versteuern. Wenn minderjährige Familienangehörige oder haushaltsführende Ehegatten nicht über nennenswerte sonstige Einkünfte verfügen, ist die Einräumung einer typischen Unterbeteiligung sinnvoll, um die Grundfreibeträge auszunutzen. Ohne die Unterbeteiligung müssten die Gewinne beim Hauptbeteiligten versteuert werden. Für Kinder oder andere Personen ohne eigenes Einkommen kann gemäß § 44a II 1 Nr. 2 EStG eine Nichtveranlagungsbescheinigung beim Wohnsitzfinanzamt eingeholt werden, damit die Kapitalertragsteuer nicht als Quellensteuer einbehalten wird. Ohne eine Nichtveranlagungsbescheinigung können sie sich die gezahlten Steuern über eine Steuererklärung erstatten lassen.

(4) Individueller Steuertarif

Gemäß § 32d VI 1 EStG kann der Steuerpflichtige die Einkünfte auf Antrag auch § 2 EStG hinzurechnen und dem tariflichen Einkommensteuersatz unterwerfen, wenn er günstiger ist als der Kapitalertragsteuersatz. Dies ist sinnvoll, wenn der tarifliche Steuersatz unter dem Kapitalertragsteuersatz in Höhe von 25 % liegt.

(5) Rückzahlung der Einlage

Bei Beendigung der Unterbeteiligung erhält der Unterbeteiligte seine Einlage zurück. Wenn der Rückzahlungsanspruch der Einlage entspricht, liegt kein einkommensteuerlich relevanter Vorgang vor. Ein Mehrerlös zählt dagegen zu den Einkünften aus Kapitalvermögen.[1083]

bb) Atypische Unterbeteiligung

Bei der atypischen Unterbeteiligung nimmt der Unterbeteiligte regelmäßig auch an den Wertschwankungen des Hauptanteils und den Mitverwaltungsrechten

---

1082 Blümich/*Wagner*, § 32a Rn. 25.

1083 *Blaurock*, Rn. 31.9, 13; BHbdP/*Bärwaldt*, § 15 Rn. 60; *Märkle*, DStZ 1985, 533, 534.

teil.[1084] Somit liegt keine rein kapitalmäßige Beteiligung vor. Vielmehr ist der Unterbeteiligte als „obligatorischer Mitinhaber der Einkunftsquelle" zu betrachten.[1085] Demnach entsteht bei dem Unterbeteiligten keine eigene Einkunftsquelle. Vielmehr kommt es zu einer „vertikalen Teilung" der Einkunfsquelle des Hauptbeteiligten.[1086] Die Qualifikation der Einkünfte des Hauptbeteiligten ist für diejenige des Unterbeteiligten maßgeblich.[1087] Ist der Hauptbeteiligte beispielsweise Inhaber von Anteilen an einer Gesellschaft mit beschränkter Haftung oder von Aktien, liegen bezüglich der Gewinne des Unterbeteiligten aus der Unterbeteiligungsgesellschaft ebenfalls Einkünfte aus Kapitalvermögen gemäß § 20 I Nr. 4 EStG vor.[1088] Anderes gilt für die atypische Unterbeteiligung an Personengesellschaftsanteilen. Sobald der Hauptgesellschafter mitunternehmerisch tätig ist, werden die Einkünfte auch bei dem Unterbeteiligten als Einkünfte aus einem Gewerbebetrieb gemäß § 15 I 1 Nr. 2 2 EStG klassifiziert, wenn er selbst als Mitunternehmer anzusehen ist.[1089] Der Tatbestand der Mitunternehmerschaft dient dazu, die Privatsphäre von der gewerblichen Sphäre abzugrenzen.[1090] Da mittelständische Familienunternehmen nicht selten die Rechtsform einer Personengesellschaft wählen, kommt dem eine erhebliche steuerrechtliche Relevanz zu. Zunächst müssen die Einkünfte des Hauptgesellschafters aus der Personengesellschaft als gewerbliche Einkünfte eingeordnet werden. Ein Gewerbebetrieb liegt gemäß § 15 II 1 EStG bei einer selbstständigen, nachhaltigen Betätigung mit Gewinnerzielungsabsicht vor, die sich als Beteiligung am allgemeinen wirtschaftlichen Verkehr darstellt. Die Tätigkeit darf weder land- oder forstwirtschaftlich noch selbstständig sein oder der privaten Vermögensverwaltung zugeordnet werden.[1091] Ferner müsste der Hauptbeteiligte als Mitunternehmer der Personengesellschaft anzusehen sein. Der Begriff der Mitunternehmerschaft setzt sich aus zwei Merkmalen zusammen, dem Unternehmerrisiko und der

1084 Vgl. *Stegemann/Middendorf*, BB 2006, 1084, 1085.
1085 *Blaurock*, Rn. 31.18.
1086 *Märkle*, DStZ 1985, 471, 473; *Hübner*, ErbR 2014, 257, 261; *Martens*, BB 2005, 1660, 1661.
1087 *Blaurock*, Rn. 31.18.
1088 *Blaurock*, Rn. 31.18; *Weigl*, S. 21; *Peters*, S. 152 f. klassifiziert die Einkünfte nach § 20 I Nr. 1 EStG
1089 *Spiegelberger*, § 9 Rn. 34; *Blaurock*, Rn. 31.18; *Blaurock*, Unterbeteiligung, S. 334; *Thomsen*, S. 77; *Stegemann/Middendorf*, BB 2006, 1084, 1085; *Maetz*, DStR 2015, 1844, 1845; *Weigl*, S. 20, gegen die Anwendung des § 15 I 1 Nr. 2 2 EStG spricht sich *Peters*, S. 139 ff. aus.
1090 *Fehrenbacher*, § 3 Rn. 4.
1091 Vgl. *Birk/Desens/Tappe*, Rn. 695.

Unternehmerinitiative.[1092] Zu beachten ist, dass diese Merkmale in unterschiedlicher Ausprägung und Intensität vorliegen können. Ein Defizit bei dem einen kann durch ein Mehr bei dem anderen ausgeglichen werden.[1093] Ist der Hauptbeteiligte Geschäftsführer oder zumindest ein verantwortlicher Angestellter in der Hauptgesellschaft, ist davon auszugehen, dass er als Mitunternehmer der Personengesellschaft zu betrachten ist.

Im Folgenden sind die Aspekte der Mitunternehmerschaft in Bezug auf den Unterbeteiligten darzustellen.[1094] Diesbezüglich sind zahlreiche Konstellationen denkbar. Entscheidend für die Annahme einer Mitunternehmerschaft sind die Umstände des Einzelfalles.[1095] Die Merkmale des Mitunternehmerrisikos und der Mitunternehmerinitiative dürften regelmäßig erfüllt sein.

(1) Unternehmerrisiko

Ein Unternehmerrisiko besteht dann, wenn der Gesellschafter am Erfolg und am Misserfolg der Gesellschaft teilnimmt, indem er sowohl am Gewinn als auch am Verlust und an den stillen Reserven beteiligt wird.[1096] Der Unterbeteiligte trägt regelmäßig ein Unternehmerrisiko, wenn er an dem Substanzwert des Hauptgesellschaftsanteils und damit mittelbar an der Substanz des Vermögens der Hauptgesellschaft – wenn auch nur schuldrechtlich – beteiligt ist. Maßgeblich ist, dass der Unterbeteiligte mittelbar am Geschäftswert und den stillen Reserven der Hauptgesellschaft entsprechend seinem Anteil am Gesellschaftsanteil des Hauptbeteiligten beteiligt ist.[1097] Für die Annahme eines Unternehmerrisikos spricht in der Regel eine vereinbarte Verlustbeteiligung oder eine Nachschussverpflichtung des Unterbeteiligten.[1098]

1092 *Fehrenbacher,* § 3 Rn. 4; *Birk/Desens/Tappe,* Rn. 1111.

1093 *Birk/Desens/Tappe,* Rn. 1114.

1094 Eine ausführliche Darstellung der Mitunternehmerschaft in Bezug auf die Unterbeteiligung findet sich bei *Böttcher/Zartmann/Faut,* S. 229 ff.

1095 So auch Blümich/*Bode,* § 15 Rn. 332.

1096 Vgl. BFH, Urt. v. 25.4.2006 – VIII R 74/03, NJW-RR 2006, 1337; *Birk/Desens/Tappe,* Rn. 1113.

1097 BFH, Urt. v. 25.6.1981 – IV R 61/78, BStBl. II 1982, 59; Urt. v. 27.5.1993 – IV R 1/92, NJW-RR 1994, 423 (beide für die stille Gesellschaft); Urt. v. 6.7.1995 – IV R 79/94, NJW 1996, 414 (Übertragung auf die Unterbeteiligung); *Blaurock,* Unterbeteiligung, S. 301; *Blaurock,* Rn. 31.19; Schmidt/*Wacker,* § 15 Rn. 369; BHbdP/*Bärwaldt,* § 15 Rn. 65; Blümich/*Bode,* § 15 Rn. 332; *Zapp,* S. 59; *Schulze zur Wiesche,* NJW 1983, 2362, 2362 f.; *Kühne/Rehm,* NZG 2013, 561, 565; *Werner,* ZEV 2015, 194, 198; vgl. auch *Thomsen,* S. 67 ff.

1098 *Zapp,* S. 60.

(2) Unternehmerinitiative

Eine Unternehmerinitiative liegt vor, wenn der Gesellschafter Einfluss auf unternehmerische Entscheidungen nehmen kann.[1099] Dieser Einfluss kann sich aus Geschäftsführungs- und Vertretungsbefugnissen oder Stimmrechten ergeben.[1100] Eine Mitunternehmerinitiative ist bei einer Unterbeteiligung anzunehmen, wenn der Unterbeteiligte vergleichbare Kontrollrechte wie ein Kommanditist hat und diese Rechte zumindest mittelbar die Angelegenheiten der Hauptgesellschaft betreffen.[1101] Die Mitunternehmerinitiative ist in der Regel nicht sehr stark ausgeprägt und erschöpft sich in der Einflussnahme auf den Hauptbeteiligten.[1102] Die Rechtsprechung lässt dafür bereits ausreichen, dass dem Unterbeteiligten Kontrollrechte im Sinne von § 233 HGB oder § 716 BGB eingeräumt wurden.[1103]

(3) Mitunternehmerschaft an der Hauptbeteiligung oder an der Hauptgesellschaft?

Liegt ein ausreichendes Maß an Mitunternehmerrisiko und Mitunternehmerinitiative vor, ist umstritten, ob sich die Mitunternehmerstellung des Unterbeteiligten auf den Betrieb der Hauptgesellschaft oder denjenigen der Unterbeteiligungsgesellschaft bezieht.[1104] Einigkeit besteht für den Fall, dass der Unterbeteiligte seine Beteiligung gegenüber der Hauptgesellschaft offen gelegt hat und ihm diesbezüglich Mitverwaltungsrechte eingeräumt worden sind. Dann ist er als Mitunternehmer der Hauptgesellschaft einzuordnen.[1105]

1099 BFH, Urt. v. 16.1.12008 – II R 10/06, NJW-RR 2008, 986, 988; Urt. v. 25.4.2006 – VIII R 74/03, NJW-RR 2006, 1337; BFH, Urt. v. 13.7.1993 – VIII R 50/92, BStBl. II 1994, 282, 285; *Blaurock*, Rn. 31.20; *Kühne/Rehm*, NZG 2013, 561, 565.

1100 *Birk/Desens/Tappe*, Rn. 1114; *Kühne/Rehm*, NZG 2013, 561, 565.

1101 BFH, Urt. v. 2.10.1997 – IV R 75/96, NJW 1998, 1255, 1256; Urt. v. 27.1.1994 – IV R 114/91, NJW 1995, 77, 78; Schmidt/*Wacker*, § 15 Rn. 369; Blümich/*Bode*, § 15 Rn. 393, 232a.; *Werner*, ZEV 2015, 194, 198; *Pönicke/Bünning*, BB 2014, 2717, 2718.

1102 *Schulze zur Wiesche*, NJW 1983, 2362, 2363.

1103 BFH, Urt. v. 2.10.1997 – IV R 75/96, NJW 1998, 1255, 1256; Urt. v. 27.1.1994 – IV R 114/91, NJW 1995, 77, 78. Im Anschluss an die Rechtsprechung BHbdP/*Bärwaldt*, § 15 Rn. 65; Blümich/*Bode*, § 15 Rn. 332.

1104 S. dazu ausführlich: *Peters*, S. 136 ff.; *Blaurock*, Rn. 31.21 ff.

1105 BFH, Urt. v. 22.1.1985 – VIII R 303/81, BStBl. II 1985, 363, 364 f.; *Thomsen*, S. 70; BHbdP/*Bärwaldt*, § 15 Rn. 66; *Böttcher/Zartmann/Faut*, S. 237, 241 f.; *Werner*, ZEV 2015, 194, 197.

(a) Mitunternehmer des Betriebes der Hauptgesellschaft

Nach einer Ansicht ist der Unterbeteiligte stets als Mitunternehmer des Betriebes der Hauptgesellschaft anzusehen.[1106] Gemäß § 15 I 1 Nr. 2 2 EStG ist ein mittelbar beteiligter Gesellschafter wie ein unmittelbar beteiligter Gesellschafter zu behandeln und als Mitunternehmer des Betriebes der Gesellschaft zu betrachten, an der er mittelbar beteiligt ist, wenn er und die Personengesellschaften, die seine Beziehung vermitteln, jeweils als Mitunternehmer des Betriebes der Personengesellschaft einzuordnen sind, an der diese unmittelbar beteiligt sind. Die Gewinnanteile des Unterbeteiligten, seine Tätigkeitsvergütungen, Darlehenszinsen oder Miet- und Pachtzinsen sind nach dieser Ansicht gemäß § 15 I 1 Nr. 2 2 EStG dem Gesamtgewinn der Hauptgesellschaft zuzurechnen.[1107]

(b) Mitunternehmerschaft an der Unterbeteiligungs- und der Hauptgesellschaft

Nach anderer Ansicht liegen ausgehend von den unterschiedlichen Gesellschaftsverhältnissen in Hinblick auf den Betrieb der Haupt- und Unterbeteiligungsgesellschaft zwei Mitunternehmerschaften vor.[1108] Demnach ist der Unterbeteiligte als Mitunternehmer der Unterbeteiligungsgesellschaft und der Hauptbeteiligte als Mitunternehmer der Hauptgesellschaft anzusehen.

(c) Entbehrlichkeit einer Stellungnahme

Rechtliche Bedeutung haben die unterschiedlichen Auffassungen nicht, weil in jedem Fall gewerbliche Einkünfte vorliegen. Auswirkungen hat dieser Streitstand auf die Durchführung des steuerlichen Feststellungsverfahrens.[1109]

1106 BFH, Urt. v. 22.1.1985 – VIII R 303/81, BStBl. II 1985, 363, 364 f.; Urt. v. 23.1.1974 – I R 206/69, BStBl. II 1974, 480, 481; Urt. v. 17.11.1964 – VI U 319/63, BStBl. III 1965, 260; *Schulze zur Wiesche*, NJW 1983, 2362, 2363 f.; *Thomsen*, S. 70 ff.; *Peters*, S. 149; *Blaurock*, Rn. 31.21; *Märkle*, DStZ 1985, 471, 475 (zur faktischen Mitunternehmerschaft).

1107 BHbdP/*Bärwaldt*, § 15 Rn. 67.

1108 BFH, Urt. v. 2.10.1997 – IV R 75/96, NJW 1998, 1255, 1256; Urt. v. 29.10.1991 – VIII R 51/84, NJW-RR 1992, 1123, 1126 m. w. N.; *Knobbe-Keuk*, S. 411; Blümich/*Bode* § 15 EStG Rn. 232a; *Koenig*, § 179 Rn. 31; Schmidt/*Wacker*, § 15 Rn. 366, 370; BHbdP/*Bärwaldt*, § 15 Rn. 66; *Blaurock*, Unterbeteiligung, S. 303; *Noll*, FS Schaumburg 2009, S. 1035; *Esch*, NJW 1964, 2044, 2045; *Maetz*, DStR 2015, 1844, 1845, 1849; vgl. *Märkle*, DStZ 1985, 508, 514.

1109 *Koenig*, § 179 Rn. 30; *Blaurock*, Unterbeteiligung, S. 304 ff.

c) Besonderheiten der steuerlichen Anerkennung im Familienverband

Bei Unterbeteiligungsgesellschaften zwischen Familienangehörigen gelten für die steuerrechtliche Anerkennung – wie bei anderen Gesellschaftsverhältnissen unter Familienangehörigen – einige Besonderheiten. Der BFH erkennt Gesellschaftsverträge und sonstige Vertragsgestaltungen unter nahen Angehörigen einkommensteuerrechtlich nur an, „wenn sie zivilrechtlich wirksam sind, inhaltlich dem unter Fremden Üblichen entsprechen und auch wie unter Fremden vollzogen werden“.[1110] Diese Grundsätze gelten auch für Unterbeteiligungsverträge zwischen Angehörigen.[1111] Ein Fremdvergleich soll insbesondere erfolgen, wenn die Unterbeteiligung schenkweise eingeräumt wird, auch wenn die Zuwendung als Schenkung allein nicht für die steuerrechtliche Nichtanerkennung ausreicht.[1112] Der BFH begründet seine Auffassung damit, dass im Gegensatz zu Rechtsverhältnissen zwischen Dritten bei Rechtsverhältnissen zwischen Angehörigen kein natürlicher Interessengegensatz vorliege, der normalerweise dazu führe, dass die getroffenen Vereinbarungen tatsächlich die Erzielung von Einkünften betreffen und nicht rein privaten Charakter haben würden.[1113] Zudem weiche die tatsächliche Durchführung bei solchen Konstellationen oft erheblich von den bei Dritten üblichen Bedingungen ab.[1114] Für die steuerrechtliche Anerkennung ist nicht bedeutsam, ob die Gestaltung allein aus dem Grund der Steuerersparnis gewählt wurde. Vielmehr ist es jedem selbst überlassen, seine Verhältnisse so zu regeln, dass seine Steuerlast möglichst gering ist.[1115]

aa) Angehörige

Zunächst ist zu untersuchen, welche Familienmitglieder unter den Angehörigenbegriff fallen. § 15 AO sieht für das Steuerrecht eine eigene Regelung vor,

---

1110 BFH, Urt. v. 21.02.1991 – IV R 35/89, BStBl. II 1995, 449, 450 f.; vgl. Urt. v. 9.7.1987 – IV R 95/85, BStBl. II 1988, 245, 247 f.; Urt. v. 31.5.1989 – III R 91/87, NJW 1990, 1622, 1623 f.; s. auch: *Werner,* ZEV 2015, 194, 197; *Hübner,* ErbR 2014, 257, 259; *Blaurock/Berninger,* GmbHR 1990, 87, 95; *Hohaus,* GmbHR 2002, 883, 889 f.; *Thomsen,* S. 85; Hennerkes/*Löffler/Schiffer,* S. 126 f.; *Blaurock,* Unterbeteiligung, S. 312 ff.; *Böttcher/Zartmann/Faut,* S. 259 ff.

1111 BFH, Urt. v. 21.02.1991 – IV R 35/89, BStBl. II 1995, 449, 450 f.

1112 Vgl. *Märkle,* DStZ 1985, 471, 475; *Blaurock/Berninger,* GmbHR 1990, 87, 95.

1113 BFH, Urt. v. 7.5.1996 – IX R 69/94, BStBl. II 1997, 196, 197; Urt. v. 18.12.1990 – VII R 290/82, BStBl. II 1991, 391, 394; vgl. auch Sudhoff/*Hübner,* § 71 Rn. 40.

1114 BHbdP/*Bärwaldt,* § 15 Rn. 76.

1115 BFH, Urt. v. 7.5.1996 – IX R 69/94, BStBl. II 1997, 196; vgl. BHbdP/*Bärwaldt,* § 15 Rn. 77; *Tiedtke,* DB 1977, 1064.

die die Angehörigen abschließend aufzählt.[1116] Die Rechtsprechung verwendet dagegen einen engeren Angehörigenbegriff, indem sie von „nahen Angehörigen" spricht.[1117] Welche Personen davon erfasst werden, entscheidet die Rechtsprechung in einer Einzelfallprüfung.[1118] Regelmäßig sind das Personen, „deren persönliche Beziehungen so eng sind, da[ss] sie den natürlichen Interessengegensatz mehr oder weniger ausschalten."[1119]

bb) Zivilrechtliche Wirksamkeit des Unterbeteiligungsvertrages

Voraussetzung für die steuerliche Anerkennung ist zunächst die zivilrechtliche Wirksamkeit des Unterbeteiligungsvertrages und seines Abschlusses.[1120] Zudem muss die Gestaltung für die steuerrechtliche Anerkennung einem Fremdvergleich standhalten.

(1) Vertretungsprobleme

Beim Abschluss des Unterbeteiligungsvertrages sind die bereits erörterten Vertretungsprobleme zu beachten.[1121] Ist ein Minderjähriger am Vertragsabschluss beteiligt, muss daher ein Ergänzungspfleger bestellt werden. In einigen Fällen ist auch eine Genehmigung des Vormundschaftgerichts einzuholen.[1122]

(2) Formvorschriften

Bei der Einräumung einer Unterbeteiligung müssen gegebenenfalls Formvorschriften eingehalten werden. Zwar erfolgt die Einräumung grundsätzlich durch den Abschluss eines formfreien Gesellschaftsvertrags.[1123] Anderes gilt jedoch für den Fall der Schenkung. Das Schenkungsversprechen muss gemäß § 518 I 1 BGB notariell beurkundet werden. Ansonsten ist es formnichtig, § 125 1 BGB. Nach der „Suhrkamp-Entscheidung" kann die fehlende Form bei einer schenkweise eingeräumten atypischen Unterbeteiligung durch den Vollzug der Schenkung

---

1116 *Koenig*, § 15 Rn. 1; Klein/*Gersch*, § 15 Rn. 1.

1117 Bspw. BFH, Urt. v. 21.02.1991 – IV R 35/89, BStBl. II 1995, 449.

1118 *Zapp*, S. 50.

1119 *Zapp*, S. 50.

1120 S. Fn. 1110; BHbdP/*Bärwaldt*, § 15 Rn. 77; *Märkle*, DStZ 1985, 471, 476; *Blaurock*, Unterbeteiligung, S. 312. Eine Auflistung von schädlichen Gründen für die steuerliche Anerkennung gibt *Spiegelberger*, Vermögensnachfolge, Rn. 402.

1121 S. oben S. 57 ff.

1122 Vgl. *Märkle*, DStZ 1985, 471, 477; s. zum Ergänzungspfleger S. 30 ff.; zur Vormundschaft S. 33 f.

1123 Vgl. *Märkle*, DStZ 1985, 471, 476; *Blaurock*, Unterbeteiligung, S. 313.

geheilt werden, § 518 II BGB. Für die typische Unterbeteiligung ist dies noch nicht entschieden, sodass das Schenkungsversprechen in diesem Fall aus Gründen der Vorsorge notariell beurkundet werden sollte.

cc) Tatsächliche Durchführung des Unterbeteiligungsvertrages

Es muss sichergestellt werden, dass die Unterbeteiligung auch tatsächlich durchgeführt wird[1124] und dass die ausgezahlten Gewinne auch bei dem Unterbeteiligten verbleiben. Es muss also zu einer „definitive[n] Vermögensverschiebung" kommen, durch die ein endgültiger Zustand geschaffen wird.[1125] Wenn sich die Eltern die beim Kind unversteuerten Gewinne zurückzahlen (lassen), liegt ein „Scheingeschenk" vor, sodass die Kapitalerträge des Unterbeteiligten dem Hauptgesellschafter zugerechnet werden und nachversteuert werden müssen.[1126] Steuerrechtlich schädlich ist auch die Nichteinhaltung der notariellen Beurkundung, die freie Widerruflichkeit des Schenkungsversprechens sowie das Zurückfallen der Unterbeteiligung in das Vermögen des Schenkers im Fall des Todes des Unterbeteiligten.[1127]

dd) Fremdvergleich bei der unentgeltlichen Einräumung der Unterbeteiligung

Der Unterbeteiligungsvertrag muss einem Fremdvergleich standhalten, wenn die Einräumung schenkweise erfolgt. Bei einer entgeltlich begründeten Unterbeteiligung kann auf einen Fremdvergleich dagegen verzichtet werden.[1128] Es ist zu prüfen, ob die gesellschaftsrechtsvertraglichen Regelungen so ausgestaltet sind wie sie unter fremden Dritten üblich sind. Das Augenmerk fällt dabei auf die Regelungen der Gewinnverteilung (beispielsweise eine jederzeit widerrufliche Gewinnbeteiligung), Entnahmebeschränkungen und Einschränkungen der Gesellschafterrechte (zum Beispiel: Einschränkung des Kündigungsrechts, Vorbehalt eines Anspruchs auf unentgeltliche Rückübertragung

1124 S. Fn. 1110; BHbdP/*Bärwaldt,* § 15 Rn. 82; *Märkle,* DStZ 1985, 471, 477.

1125 *Märkle,* DStZ 1985, 471, 477; *Zapp,* S. 53.

1126 BFH, Beschl. v. 18.7.1974 – IV B 34/74, BStBl. II 1974, 740; vgl. BHbdP/*Bärwaldt,* § 15 Rn. 76; *Märkle,* DStZ 1985, 471, 477.

1127 BFH, Urt. v. 19.9.1974 – IV R 95/73, BStBl. II 1975, 141; Hessisches FG, Urt. v. 1.12.1977 – VIII 93/74, EFG 1978, 427, 428; *Knobbe-Keuk,* FS Flume II 1978, S. 152 ff.; *Märkle,* DStZ 1985, 471, 478.

1128 *Märkle,* DStZ 1985, 471, 476; *Blaurock,* Unterbeteiligung, S. 318 ff.

der Gesellschaftsanteile).[1129] Die schenkweise Einräumung der Unterbeteiligung ist zumindest nicht schädlich für eine steuerrechtliche Anerkennung, wenn die Unterbeteiligung mitunternehmerisch ausgestaltet ist und der Unterbeteiligte auch an einem möglichen Verlust beteiligt ist.[1130] Das Kriterium des Fremdvergleichs wird von *Blaurock* kritisiert.[1131] Aussagekräftiger ist seiner Meinung nach die Prüfung, ob der Angehörige eine eigene Einkunftsquelle erhalten soll oder ob ihm mit Hilfe der Unterbeteiligung nur künftige Erträge zugewendet werden sollen.[1132] Auch nach *Blaurock* entfaltet der Fremdvergleich zumindest eine Indizwirkung, weil davon auszugehen sei, dass dem Unterbeteiligten unter Fremden immer eine eigene Einkommensquelle verschafft werden solle.[1133]

ee) Anerkennung der Höhe der Gewinnverteilung

Nach der Rechtsprechung des BFH ist auch die Gewinnverteilung einer Angemessenheitsprüfung zu unterziehen.[1134] Dabei ist feszustellen, ob zwischen der Höhe des Gewinnanteils und der geschäftlichen Leistung des Unterbeteiligten ein Missverhältnis besteht oder die Höhe der Beteiligung durch sachfremde Erwägungen wie der Steuerersparnis oder der familiären Verbindung beeinflusst wurde.[1135] Die Angemessenheit hat keinen Einfluss auf die steuerliche Anerkennung an sich. Allerdings kann die Höhe korrigiert werden. Dem Unterbeteiligten wird dann nur der angemessene Gewinnanteil angerechnet. Der restliche Gewinn wird dem Hauptbeteiligten zugerechnet und ist von ihm zu versteuern.[1136] Der Große Senat des BFH hat Gewinnanteile als angemessen anerkannt, die auf einer Abrede beruhen, bei der sich nach den Verhältnissen im Zeitpunkt des Vertragsschlusses auf längere Sicht eine durchschnittliche Rendite von nicht mehr

1129 *Blaurock,* Rn. 31.36; *Blaurock,* Unterbeteiligung, S. 318; BHbdP/*Bärwaldt,* § 15 Rn. 80, 83. Zu zahlreichen Bsp. aus der Rechtsprechung s. die Nachweise bei *Blaurock,* Rn. 31.38 ff. Vgl. auch *Märkle,* DStZ 1985, 471, 478.

1130 BFH, Urt. v. 27.1.1994 – IV R 114/91, NJW 1995, 77, 78; Urt. v. 6.7.1995 – IV R 79/94, NJW 1996, 414; Urt. v. 21.2.1991 – IV R 35/89, BFHE 164, 238, 240 f.; *Blaurock,* Rn. 31.41; BHbdP/*Bärwaldt,* § 15 Rn. 77.

1131 *Blaurock,* Unterbeteiligung, S. 320; *Blaurock,* Rn. 31.36.

1132 *Blaurock,* Rn. 31.36.

1133 *Blaurock,* Rn. 31.37.

1134 BFH, Beschl. v. 29.5.1972 – GrS – 4/71, BStBl. II 1973, 5; BFH, Urt. v. 19.6.1990 – VIII R 112/85, BFH/NV 1991, 365.

1135 *Märkle,* DStZ 1985, 508, 510; *Zapp,* S. 54; *Böttcher/Zartmann/Faut,* S. 270.

1136 BFH, Urt. v. 19.6.1990 – VIII R 112/85, BFH/NV 1991, 365; *Böttcher/Zartmann/Faut,* S. 271.

als 15 % des tatsächlichen Wertes der Beteiligung ergibt.[1137] Diese Grundsätze seien auch auf Unterbeteiligungen im Familienverbund zu übertragen, insbesondere wenn die Unterbeteiligung schenkweise eingeräumt wurde.[1138] Für eine entgeltliche Einräumung der Unterbeteiligung ist eine Gewinnbeteiligung in Höhe von 25 % angemessen, sofern der Unterbeteiligte nicht am Verlust beteiligt ist.[1139] Ist der Unterbeteiligte am Verlust beteiligt, ist nach der Rechtsprechung des BFH eine Rendite von bis zu 35 % noch als angemessen anzusehen.[1140]

ff) § 12 EStG als Grenze für die steuerliche Anerkennung

Probleme für die steuerrechtliche Anerkennung können sich aus § 12 Nr. 2 EStG ergeben. Gemäß § 12 Nr. 2 EStG dürfen weder bei den einzelnen Einkunftsarten noch vom Gesamtbetrag der Einkünfte freiwillige Zuwendungen, Zuwendungen auf Grund einer freiwillig begründeten Rechtspflicht und Zuwendungen an eine gegenüber dem Steuerpflichtigen oder seinem Ehegatten gesetzlich unterhaltsberechtigte Person oder deren Ehegatten abgezogen werden, auch wenn diese Zuwendungen auf einer besonderen Vereinbarung beruhen, soweit an anderer Stelle des EStG nicht etwas anderes bestimmt ist. Der Inhalt der typischen Unterbeteiligung ist darauf hin zu untersuchen, ob die Unterbeteiligung nur ermöglichen soll, eigentlich nicht abzugsfähige Unterhaltsleistungen beim Hauptbeteiligten steuerrechtlich geltend zu machen, oder ob von einem echten Gesellschaftsverhältnis auszugehen ist.[1141] Sollen also eigentlich Unterhaltsansprüche erfüllt werden, können die Gewinne gemäß § 12 Nr. 1 EStG bei dem Hauptgesellschafter nicht einkommensteuermindernd geltend gemacht werden. Unterhaltsleistungen sind stets aus dem versteuerten Einkommen zu erbringen.[1142] Um die steuerliche Anerkennung nicht zu gefährden, müssen die Vertragsparteien daher bei der Gestaltung des Unterbeteiligungsvertrages beachten, dass die Zuwendungen nicht der Erfüllung von Unterhaltsansprüchen dienen.

1137 BFH, Beschl. v. 29.5.1972 – GrS – 4/71, BStBl. II 1973, 5, 8.

1138 BFH, Urt. v. 19.06.1990 – VIII R 112/85, BFH/NV 1991, 365, 367; Urt. v. 26.06.1974 – I R 206/67, BStBl. II 1974, 676 f.; *Blaurock,* Rn. 31.52 f.; vgl. auch *Märkle,* DStZ 1985, 508, 510 f.

1139 Vgl. BFH, Urt. v. 14.2.1973 – I R 131/70, BStBl. II 1973, 395, 396.

1140 BFH, Urt. v. 16.12.1981 – I R 167/78, BStBl. II 1982, 387.

1141 Vgl. *Blaurock,* Rn. 31.34; *Blaurock,* Unterbeteiligung, S. 311.

1142 BHbdP/*Bärwaldt,* § 15 Rn. 84; *Autenrieth,* DStZ 1992, 86, 87.

gg) Versagung der Anerkennung und Folgen einer unangemessenen Gewinnverteilung

Wird die Einräumung einer Unterbeteiligung unter Familienangehörigen steuerrechtlich nicht anerkennt, liegt bezüglich der Gewinnverteilung an den Unterbeteiligten eine unbeachtliche Einkommensverwendung des Hauptbeteiligten im Sinne des § 12 Nr. 1 2 EStG vor. Es handelt sich dann regelmäßig um eine Schenkung.[1143] Der Unterbeteiligte kann seine einkommensteuerrechtlichen Freibeträge nicht ausnutzen und der Hauptbeteiligte muss die Gewinne selbst versteuern. Er kann keine Werbungskosten oder Betriebsausgaben geltend machen. Liegt eine unangemessene Gewinnverteilung vor, wird dem Unterbeteiligten nur der angemessene Gewinn zugerechnet. Den restlichen Gewinn muss der Hauptbeteiligte versteuern.[1144]

2. Erbschaft- und Schenkungsteuer

Bei der vorweggenommenen Erbfolge liegt zunächst kein erbschaftsteuerlicher Vorgang vor. Zu untersuchen ist, wie die Einräumung der Unterbeteiligung schenkungsteuerrechtlich zu beurteilen ist. Bei der gewillkürten Erbfolge ist der Umfang der Erschaftsteuer zu untersuchen.

a) Schenkungsteuer

Zu untersuchen ist, ob die Einräumung einer Unterbeteiligung schenkungsteuerpflichtig ist. Gemäß § 7 I Nr. 1 ErbStG gilt als Schenkung unter Lebenden jede freigebige Zuwendung, soweit der Bedachte durch sie auf Kosten des Zuwendenden bereichert wird. Eine solche unentgeltliche Bereicherung ist steuerpflichtig. Die Wertermittlung der Bereicherung erfolgt nach dem gemeinen Wert (§ 12 I ErbStG in Verbindung mit § 9 BewG), der sich aus dem Verkaufspreis im gewöhnlichen Geschäftsverkehr (Verkehrswert) ergibt.[1145] Werden die Gesellschaftsanteile nicht frei gehandelt, ist ein Verkaufspreis unter fremden Dritten anzusetzen.[1146] Ob eine Zuwendung im Sinne von § 7 I Nr. 1 ErbStG bereits mit der Einräumung einer Unterbeteiligung gegeben ist, kommt darauf an, ob eine typische oder eine atypische Unterbeteiligung vorliegt.

1143 *Thomsen*, S. 120; *Zapp*, S. 54.

1144 BHbdP/*Bärwaldt*, § 15 Rn. 83; *Zapp*, S. 56 m. w. N.

1145 *Meincke*, § 12 Rn. 17; Troll/Gebel/*Jülicher*, § 12 Rn. 56, 58 ff.; *Fehrenbacher*, § 6 Rn. 37; *Birk/Desens/Tappe*, Rn. 1577.

1146 *Fehrenbacher*, § 6 Rn. 50.

aa) Typische Unterbeteiligung

Die schenkweise Einräumung einer typischen Unterbeteiligung löst nach der Rechtsprechung des BFH keinen schenkungsteuerrechtlichen Vorgang aus, da mit dem bloßen Abschluss des Unterbeteiligungsvertrags noch kein Vermögensgegenstand zugewendet werde.[1147] Ein steuerpflichtiger Vorgang entstehe erst mit der tatsächlichen Ausschüttung der Gewinne oder Liquidationserlöse. Erst diese Ausschüttungen sind als Zuwendung im Sinne des § 7 I Nr. 1 EStG anzusehen.[1148] Für die Bemessungsgrundlage der Schenkungsteuer ist der Wert der Ausschüttungen maßgeblich.

bb) Atypische Unterbeteiligung

Anders ist dies bei einer atypischen Unterbeteiligung zu beurteilen, weil dort bereits ein Schenkungsvollzug stattfindet.[1149] Der BFH differenziert hinsichtlich der Heilung des Formmangels nach § 518 II BGB zwischen der typischen und der atypischen Unterbeteiligung und hat sich insoweit der Ansicht von *Schmidt* angeschlossen. Folgerichtig müsste der BFH die schenkweise Einräumung einer atypischen Unterbeteiligung als schenkungsteuerauslösende Zuwendung eines Vermögensgegenstandes ansehen. Eine Entscheidung hierzu steht zwar noch aus, jedoch ist für die Praxis davon auszugehen, dass die Einräumung einer atypischen Unterbeteiligung bereits eine schenkungsteuerliche Zuwendung im Sinne des § 7 I Nr. 1 ErbStG ist.

(1) Bemessungsgrundlage

Für die Bemessungsgrundlage ist der anteilige Wert des Unterbeteiligten an dem Betriebsvermögen des Hauptbeteiligten anzusetzen.[1150] Maßgeblich für die Ermittlung des Wertes der Unterbeteiligung ist also der Wert der Hauptbeteiligung.

1147 BFH, Urt. v. 16.1.2008 – II R 10/06, NJW-RR 2008, 986, 987; differenzierend *Hübner,* ErbR 2014, 257, 262.

1148 BFH, Urt. v. 16.1.2008 – II R 10/06, NJW-RR 2008, 986, 988; *Blaurock,* Rn. 31.81; BHbdP/*Bärwaldt,* § 15 Rn. 90. Blaurock spricht sich in einer Anmerkung zur „Suhrkamp-Entscheidung“ dafür aus, dass auch hinsichtlich der typischen Unterbeteiligung bereits ein schenkungsteuerrechtlicher Vorgang zu sehen ist, *Blaurock,* NZG 2012, 521, 524. Dem ist jedoch nicht zuzustimmen, da bei der typischen Unterbeteiligung noch keine Einkunftsquelle übertragen wird, so auch *Strnad,* ZEV 2012, 394, 397.

1149 BFH, Urt. v. 16.1.2008 – II R 10/06, NJW-RR 2008, 986, 987. S. dazu ausführlich oben S. 83 ff.

1150 BHbdP/*Bärwaldt,* § 15 Rn. 90; *Thomsen,* S. 119.

(2) Steuerbefreiung

Ob die Steuerbefreiung des Betriebsvermögens gemäß § 13a I ErbStG hinsichtlich der Einräumung einer atypischen Unterbeteiligung erfolgt, war umstritten.[1151] Mittlerweile finden diese Privilegierungen durch die Erlasse der Finanzministerien Anwendung.[1152] § 13a ErbStG hat das Ziel, klein- und mittelständische Betriebe zu fördern, den Betriebsübergang auf die nächste Generation zu erleichtern und durch die Verschonung die Liquidität des Unternehmens zu schützen sowie Arbeitsplätze zu sichern.[1153]

(3) Verfassungswidrigkeit des Erbschaft- und Schenkungsteuergesetzes

Es bestehen Bedenken hinsichtlich der Verfassungsmäßigkeit des Erbschaft- und Schenkungsteuergesetzes. Das BVerfG hat erneut entschieden, dass die §§ 13a, b; 19 I ErbStG in ihrer gegenwärtigen Ausgestaltung nicht vollständig mit der Verfassung vereinbar sind.[1154] Diese Normen verschonen das betriebliche Vermögen beim Übergang auf den Erben. Das BVerfG hat den Gesetzgeber beauftragt, insoweit neue Regelungen bis zum Juni 2016 zu entwickeln. Inzwischen ist diese Frist ohne eine Neuregelung seitens des Gesetzgebers verstrichen. Die Regelung ist auch für den Nachfolger des Unternehmens im Fall einer durch Schenkung beziehungsweise im Weg der Erbfolge erfolgenden Übertragung der Gesellschaftsanteile von Bedeutung. § 13a ErbStG ist nach seinem Wortlaut auch bei der Einräumung von atypischen Unterbeteiligungen in Betracht zu ziehen.[1155] Die baldige Neuregelung des Gesetzgebers ist also auch mit Blick auf die Unterbeteiligung von Interesse. Auf typische Unterbeteiligungen ist § 13a ErbStG nicht anwendbar, weil kein Vermögensgegenstand zugewendet wird.[1156]

1151 Dafür: *Blaurock*, Rn. 31.82 ff.; *Hannes/Otto*, ZEV 2005, 464, 467 f.; *Carlé/Fuhrmann*, FR 2006, 749, 755; *Noll*, FS Schaumburg 2009, S. 1036. Jetzt auch die Finanzverwaltung: vgl. FinMin. Baden-Württemberg, Erl. v. 9.4.2009, 3 – S 3806/51, DB 2009, 878; FinMin. Bayern, Erl. v. 23.3.2009 34 – S 3811 – 035 – 11256/09, DStR 2009, 908. Dagegen früher die Finanzverwaltung vgl. FinMin. Bayern, Erl. v. 11.1.2008, 34 – S 3811 – 035 – 38956/07, DStR 2008, 508 f.

1152 Vgl. BHbdP/*Bärwaldt*, § 15 Rn. 90.

1153 BTDrs. 16/7918 v. 28.1.2008, S. 33 f.

1154 BVerfG, Urt. v. 17.12.2014 – BvL 21/12, NJW 2015, 303.

1155 *Blaurock*, Rn. 31.82 f.

1156 BFH, Urt. v. 16.1.2008 – II R 10/06, DStR 2008, 768, 769.

cc) Schenkungsteuerfreibetrag

Gemäß § 16 I Nr. 1, 2 ErbStG bleiben für den Ehegatten der Erwerb von 500.000 € und für die Kinder der Erwerb von 400.000 € steuerfrei. Dabei handelt es sich um einen Freibetrag, sodass die Bemessungsgrundlage um diesen Betrag vermindert wird.[1157]

dd) Steuertarif

Der Steuertarif ergibt sich aus § 19 ErbStG. Er variiert jeweils nach dem Wert des steuerpflichtigen Erwerbs und der Steuerklasse. Der Tarif steigt mit der Höhe der Zuwendung an. Die Steuerklassen werden nach dem jeweiligen Verwandtschaftsverhältnis ermittelt. Daraus ergeben sich unterschiedliche Tarife. Ein Kind des Zuwendenden, das eine Zuwendung im Wert von 5.000.000 € erhält, müsste besipielsweise 19 % Schenkungsteuer abzüglich des Freibetrages entrichten.

b) Erbschaftsteuer

Gemäß § 1 I ErbStG ist der Erwerb von Todes wegen steuerpflichtig. Darunter fallen der Erwerb durch Erbanfall, durch Vermächtnis oder auf Grund eines geltend gemachten Pflichtteilsanspruchs, § 3 I Nr. 1 ErbStG. Erbschaftsteuer kann bei der Einsetzung des Unternehmensnachfolgers als Alleinerben verbunden mit der Zuwendung von Unterbeteiligungen als Vermächtnisse und der Einsetzung von Miterben mit gleichzeitiger Teilungsanordnung anfallen. Die Bemessungsgrundlage ist der Wert des Vermögensanfalls (§ 10 I 2 ErbStG). Davon sind die Nachlassverbindlichkeiten abzuziehen.[1158] Bei der typischen Unterbeteiligung ist erst die Gewinnausschüttung steuerpflichtig. Die atypische Unterbeteiligung ist dagegen anteilig in Bezug auf die Hauptbeteiligung zu bewerten. Zu beachten ist wiederum die Steuerbefreiung des § 16 ErbStG. Der Steuertarif ergibt sich aus § 19 ErbStG.

3. Zusammenfassung der steuerrechtlichen Aspekte

Der Hauptbeteiligte hat Einkünfte aus Gewerbebetrieb gemäß § 15 I 1 Nr. 2 1 EStG, wenn er an einer Personengesellschaft beteiligt ist. Hält er Kapitalbeteiligungen, liegen Einkünfte aus Kapitalvermögen gemäß § 20 I Nr. 1 EStG vor. Beim Unterbeteiligten richtet sich die Klassifizierung seiner Einkünfte danach, ob eine

---

1157 Vgl. *Meincke,* § 16 Rn. 4.

1158 Troll/*Gebel*/Jülicher, § 10 Rn. 15; Kapp/Ebeling/*Geck,* § 10 Rn. 8; *Fehrenbacher,* § 6 Rn. 36; *Birk/Desens/Tappe,* Rn. 1589.

typische oder eine atypische Unterbeteiligung vorliegt. Bei einer typischen Unterbeteiligung erzielt er Einkünfte aus Kapitalvermögen gemäß § 20 I Nr. 4 EStG. Bei der atypischen Unterbeteiligung liegen Einkünfte aus Gewerbebetrieb gemäß § 15 I 1 Nr. 2 2 EStG vor. Bei den Einkünften aus Kapitalvermögen kann der Unterbeteiligte gemäß § 20 IX 1 EStG den Sparerpauschbetrag in Höhe von derzeit 801 € geltend machen. Der Steuertarif beträgt 25 %, § 32d I 1 EStG. Die Ausnutzung des Grundfreibetrags ist das maßgebliche Motiv für die Einräumung von Unterbeteiligungen an Familienangehörige. Voraussetzung für eine atypische Unterbeteiligung ist, dass der Unterbeteiligte als Mitunternehmer anzusehen ist. Es müssen die Merkmale des Mitunternehmerrisikos und der Mitunternehmerinitiative erfüllt sein. Insoweit bedarf es einer Prüfung im Einzelfall. Im Familienverband kommt es für die steuerrechtliche Anerkennung der schenkweisen Einräumung einer Unterbeteiligung darauf an, ob der Unterbeteiligungsvertrag zivilrechtlich wirksam ist, er einem Fremdvergleich standhält und die Höhe der Gewinnverteilung angemessen ist. Hinsichtlich der Schenkungsteuer kommt es auf die jeweilige Zuwendung an. Bei der typischen Unterbeteiligung ist die Zuwendung erst in der Ausschüttung der jeweiligen Gewinne zu sehen. Bei der atypischen Unterbeteiligung erfolgt die Zuwendung bereits durch die schenkweise Einräumung der Unterbeteiligung. In den Fallgestaltungen zur gewillkürten Erbfolge besteht eine Erbschaftsteuerpflicht.

4. Teil: Ergebnis und Thesen

Die Unterbeteiligung kann ein sinnvolles Gestaltungsmittel für die Unternehmensnachfolge in mittelständischen Familienunternehmen sein. Durch die vielen möglichen Konstellationen kann sie dazu beitragen, die Unternehmensnachfolge zu optimieren. Dies gilt sowohl für die vorweggenommene als auch für die gewillkürte Erbfolge.

Die Ergebnisse der Untersuchung lassen sich in Thesenform wie folgt zusammenfassen:

- Die Unterbeteiligung ist eine Gesellschaft bürgerlichen Rechts in der Form einer Innengesellschaft. Wegen der vielfach vergleichbaren Interessenlage zur stillen Gesellschaft sind einige Normen der §§ 230 ff. HGB analog auf die Unterbeteiligung anzuwenden.
- Der Begriff des Familienunternehmens setzt zwei Merkmale voraus. Zum einen muss an dem Unternehmen mehrheitlich eine Familie beteiligt sein. Zum anderen müssen ihre Familienmitglieder einen ausreichenden Einfluss auf das Unternehmen ausüben.
- Die Unterbeteiligung ist wegen des Grundsatzes der gesellschaftsrechtlichen Vertragsfreiheit sehr vielseitig und kann den jeweiligen Bedürfnissen der Parteien angepasst werden.
- Bei Verträgen mit minderjährigen Kindern muss – auch bei der Einräumung einer Unterbeteiligung im Wege der Schenkung – ein Ergänzungspfleger bestellt und die Genehmigung des Vormundschaftgerichts eingeholt werden.
- Der Abschluss des Unterbeteiligungsvertrages ist grundsätzlich formlos möglich.
- Die „Suhrkamp-Entscheidung" des Bundesgerichtshofs hat die für die Praxis wichtige Frage geklärt, dass bei einer atypischen Unterbeteiligung die fehlende notarielle Beurkundung durch den Abschluss des Gesellschaftsvertrages als Vollzug der Schenkung im Sinne von § 518 II BGB geheilt wird.
- Die Lehre von der fehlerhaften Gesellschaft ist nur bei der atypischen, nicht aber bei der typischen Unterbeteiligung anwendbar.
- Die Rechtsverhältnisse der Unterbeteiligungsgesellschaft können von den Vertragsparteien unterschiedlich ausgestaltet werden. Der Hauptgesellschafter befindet sich in einem „doppelten Geseschaftsverhältnis", zum einen mit der Hauptgesellschaft und zum anderen mit der Unterbeteiligungsgesellschaft. Diesbezüglich muss er stets einen Interessenausgleich vornehmen.
- Der Unterbeteiligte hat kein generelles Mitwirkungsrecht hinsichtlich derjenigen Geschäfte, die der Hauptbeteiligte tätigt. Allerdings kann dies vertraglich

vereinbart werden. Auch der Abschluss eines Stimmbindungsvertrages ist möglich. Zudem muss der Unterbeteiligte bei Grundlagengeschäften zustimmen.

- Der Unterbeteiligte hat analog § 233 HGB ein eingeschränktes Informationsrecht gegenüber dem Hauptbeteiligten.
- Die Gewinn- und Verlustbeteiligung des Unterbeteiligten richtet sich nach § 231 HGB analog.
- Das Verhältnis zwischen dem Haupt- und dem Unterbeteiligten ist durch gegenseitige Treuepflichten gekennzeichnet. Verstöße können zu Schadensersatzansprüchen führen. Der Haftungsmaßstab des Unterbeteiligungsgesellschafters ergibt sich aus § 708 BGB.
- Eine Übertragung der Unterbeteiligungsanteile ist durch den Austritt des Unterbeteiligten beim gleichzeitigen Eintritt eines Neugesellschafters möglich. Außerdem kann die Beteiligung gemäß §§ 398, 413 BGB mit Zustimmung des anderen Gesellschafters abgetreten werden.
- Bei der Beendigung der Unterbeteiligungsgesellschaft findet keine Liquidation statt. Die Auflösungsgründe ergeben sich grundsätzlich aus den §§ 730 ff. BGB. Jedoch bestehen einige Besonderheiten. Die Unterbeteiligungsgesellschaft ist nach § 235 I HGB abzuwickeln.
- Die Unterbeteiligung kann im Falle einer vorweggenommenen Erbfolge erhebliche Vorteile haben:

  - die Einkommensteuerlast kann durch die Ausnutzung der Freibeträge mehrerer Familienmitglieder erheblich gesenkt werden
  - ein geeigneter Nachfolger kann ohne große Risiken an die Unternehmensnachfolge herangeführt werden
  - die Identität des Nachfolgers kann durch eine verdeckte Unterbeteiligung geheim gehalten werden
  - die Unterbeteiligung eignet sich dazu, Vinkulierungsklauseln zu umgehen
  - überträgt der künftige Erblasser seine Gesellschaftsanteile zu Lebzeiten, kann durch die Einräumung einer Unterbeteiligung seine Altersversorgung sichergestellt werden

- Hinsichtlich der Unternehmensnachfolge kommen folgende Gestaltungsmöglichkeiten in Betracht:

  - der künftige Erblasser überträgt den Gesellschaftsanteil frühzeitig schenkweise auf seinen Nachfolger, nachdem er den weichenden Erben Unterbeteiligungen eingeräumt hat
  - der künftige Erblasser überträgt den Gesellschaftsanteil schenkweise an den Nachfolger. Der Nachfolger räumt den weichenden Erben jeweils typische

Unterbeteiligungen an dem Gesellschaftsanteil ein. Der Gesellschaftsanteil bleibt so in einer Hand. Der künftige Erblasser sollte die schenkweise Einräumung der Unterbeteiligungen durch eine Auflage absichern und die Gesellschaftsverträge inhaltlich konkret ausgestalten, damit gewährleistet ist, dass der Nachfolger seine Vorgaben befolgt
- der künftige Erblasser kann auch mit den weichenden Erben einen Erbverzicht vereinbaren und ihnen Unterbeteiligungen als Gegenleistung einräumen, bevor er den Gesellschaftsanteil schenkweise auf den Nachfolger überträgt

- Die Unterbeteiligung ist auch ein Gestaltungsmittel für die gewillkürte Erbfolge. In diesem Zusammenhang bieten sich einfache oder qualifizierte Nachfolgeklauseln an:

  - der künftige Erblasser setzt einen Nachfolger in einer letztwilligen Verfügung als Alleinerben ein. Die weichenden Erben erhalten Unterbeteiligungsvermächtnisse, durch die die an sich sofort fälligen Pflichtteilsansprüche über einen längeren Zeitraum erfüllt werden können
  - der künftige Erblasser kann in der letztwilligen Verfügung auch eine Teilungsanordnung treffen. Der Nachfolger erhält den Gesellschaftsanteil und muss den über die Erbquote hinausgehenden Betrag ausgleichen. Die Teilungsanordnung kann bestimmen, dass dieser Ausgleich durch die Einräumung von Unterbeteiligungen erfolgen soll. Eine solche Regelung ist sachgerecht, wenn außer dem Gesellschaftsanteil noch weiteres Vermögen vorhanden ist

- Durch die Einräumung von Unterbeteiligungen im Familienverband können einkommensteuerrechtliche Freibeträge ausgenutzt werden. Eine steuerrechtliche Anerkennung kann nur erfolgen, wenn der Unterbeteiligungsvertrag zivilrechtlich wirksam ist, der Vertrag einem Fremdvergleich standhält und die Gewinnbeteiligung einer angemessenen Höhe entspricht.
- Bei der typischen Unterbeteiligung unterliegen erst die ausgeschütteten Gewinne der Schenkungsteuer, weil durch die Einräumung der Unterbeteiligung noch kein Vermögensgegenstand zugewendet wird.

Literaturverzeichnis

Alexy, Robert: Theorie der juristischen Argumentation, 3. Aufl., Frankfurt am Main 1996.

Andreopoulos, Konstantin Johannes: Die Unterbeteiligung an Handelsgesellschaftsanteilen im deutschen und griechischen Recht, Freiburg im Breisgau 1970.

App, Michael: Unternehmerische Kapitalanlage durch Unterbeteiligung, DStR 1994, S. 291–294.

Armbrüster, Christian: Die treuhänderische Beteiligung an Gesellschaften, Köln/Berlin/Bonn u.a. 2001.

–: Rechtsprobleme von Unterbeteiligungs- und Treuhandvereinbarungen als Instrumenten der Unternehmensnachfolge, in: Unternehmensnachfolge im Mittelstand, Symposium des Instituts für Notarrecht, Würzburg 2001, S. 48–74; zitiert: Armbrüster, Symposium.

Aulinger, Leonhard: Die atypische stille Gesellschaft, Schriftenreihe des Instituts der Wirtschaftsprüfer, Band 9, Düsseldorf 1955.

Autenrieth, Karlheinz: Über die stille Gesellschaft, die Unterbeteiligung oder das Darlehen mit nahen Angehörigen zum „Familiensplitting“, DStZ 1992, S. 86–88.

Bamberger, Heinz Georg (Hrsg.)/Roth, Herbert: Beck'scher Online-Kommentar zum BGB, München, Stand: 1.5.2016.

Bambring, Günter (Hrsg.)/Mutter, Christoph (Hrsg.): Beck'sches Formularbuch Erbrecht, 3. Aufl., München 2014.

Banck, Mathias: Vor- und Nacherbfolge im Gesellschaftsrecht, Schleswig 1983.

Bauer, Tim: Innovation in Familienunternehmen, Wiesbaden 2013.

Baumbach, Adolf (Begr.)/Hopt, Klaus Jürgen (Hrsg.): Handelsgesetzbuch, 36. Aufl., München 2014.

Baumbach, Adolf (Begr.)/Hueck, Alfred: GmbHG Kommentar, 20. Aufl., München 2013.

Baus, Kirsten: Die Familienstrategie, 4. Aufl., Wiesbaden 2013.

Bender, Karl: Nießbrauch und Unterbeteiligung an Personengesellschaftsanteilen, DB 1979, S. 1445–1448.

Beuthien, Volker: Treuhand an Gesellschaftsanteilen, ZGR 1974, S. 26–85.

Bilsdorfer, Peter: Gesellschafts- und steuerrechtliche Probleme bei Unterbeteiligung von Familienangehörigen, NJW 1980, S. 2785–2789.

Binz, Mark K./Mayer, Gerd: Anteilsvinkulierung bei Familienunternehmen, NZG 2012, S. 201–240.

Birk, Dieter/Desens, Marc/Tappe, Henning: Steuerrecht, 18. Aufl., Heidelberg/München/Landsberg u.a. 2015.

Blaurock, Uwe: Handbuch Stille Gesellschaft, 7. Aufl., Köln 2010.

–: Unterbeteiligung und Treuhand an Gesellschaftsanteilen, Baden-Baden 1981; zitiert: *Blaurock,* Unterbeteiligung.

–: Vollzug der unentgeltlichen Zuwendung einer neu begründeten Unterbeteiligung, NZG 2012, S. 521–525.

Blaurock, Uwe/Berninger, Axel: Unterbeteiligung an einem GmbH-Anteil in zivilrechtlicher und steuerrechtlicher Sicht (I), GmbHR 1990, S. 11–16.

–: Unterbeteiligung an einem GmbH-Anteil in zivilrechtlicher und steuerrechtlicher Sicht (II), GmbHR 1990, S. 87–98.

Blümich, Walter (Begr.)/Heuermann, Bernd (Hrsg.)/Brandis, Peter (Hrsg.): EStG Kommentar, Band 2: §§ 9–24c EStG, 132. EL., München 2016; zitiert: Blümich/*Verfasser.*

Böttcher, Conrad/Zartmann, Hugo/Faut, Eberhard: Stille Gesellschaft und Unterbeteiligung, 3. Aufl., Stuttgart/Wiesbaden 1978.

Bopp, Gerhard: Die Unterbeteiligung an gewerblichen Unternehmen im Steuerrecht, Düsseldorf 1956.

Brandner, Hans Erich/Bergmann, Alfred: Die Schenkung von Gesellschaftsanteilen, in: Festschrift für Walter Sigle, hrsg. von Peter Hommelhoff, Rolf Schmidt-Diemitz und Axel Sigle, Köln 2000, S. 327–340.

Brox, Hans: Die unentgeltliche Aufnahme von Kindern in eine Familien-Personengesellschaft, in: Festschrift für Friedrich Wilhelm Bosch, hrsg. von Walther Jakob Habscheid, Hans Friedrich Gaul und Paul Mikat, Bielefeld 1976, S. 75–88.

Brox, Hans (Begr.)/Walker, Wolf-Dietrich: Erbrecht, 26. Aufl., München 2014.

Buchwald, F.: Die geschenkte Aufnahme in eine Personengesellschaft, GmbHR 1953, S. 81–86.

Bülow, Hans-Joachim: Die Unterbeteiligung, Heidelberger Musterverträge, Band 3, Heft 55, 2. Aufl., Heidelberg 1991.

Bund, Elmar: Juristische Logik und Argumentation, Freiburg im Breisgau 1983.

Carlé, Thomas: Die Unterbeteiligung Grundsätze, Formen, Bestellung, ErbStB 2012, S. 14–17.

Carlé, Thomas/Fuhrmann, Claas: Unentgeltliche Begründung, Übertragung und Beendigung von Treuhandverhältnissen sowie von Anteilen an mitunternehmerischen Innengesellschaften, FR 2006, S. 749–756.

Coenen, Tilman: Formfreie Schenkung der Gesellschafterstellung in einer stillen Gesellschaft und einer Unterbeteiligung, Berlin 2002.

Crezelius, Georg: Unternehmenserbrecht, 2. Aufl., München 2009.

Dauner-Lieb, Barbara (Hrsg.)/ Grziwotz, Herbert (Hrsg.)/ Hohmann-Dennhardt, Christine (Hrsg.): Pflichtteilsrecht, Baden-Baden 2010.

Ebenroth, Carsten Thomas (Begr.)/ Boujong, Karlheinz (Begr.)/ Joost, Detlev (Begr. und Hrsg.)/ Strohn, Lutz (Hrsg.) Handelsgesetzbuch, Band 1, 3. Aufl., München 2014; zitiert: Ebenroth/Boujong/Joost/Strohn/*Verfasser*.

Eden, Siegfried: Treuhandschaft an Unternehmen und Unternehmensanteilen, 3. Aufl., Berlin 2007.

Eisenhardt, Ulrich/ Wackerbarth, Ulrich: Gesellschaftsrecht I Recht der Personengesellschaften, 16. Aufl., Heidelberg/München/ Landsberg u.a. 2015.

Erkens, Michael: Die mittelbaren Unternehmensbeteiligungen bei der Unternehmensübertragung und Unternehmensumwandlung, Frankfurt am Main 2000.

Erman, Walter (Begr.)/ Westermann, Harm Peter (Hrsg.)/ Grunewald, Barbara (Hrsg.)/ Maier-Reimer, Georg (Hrsg.): Bürgerliches Gesetzbuch, Band 1 und 2, 14. Aufl., Köln 2014.

Ernst, Wolfgang: Entgeltlichkeit, Eine Untersuchung am Beispiel des Tauschs, der gemischten Schenkung und anderer Verträge, in: Festschrift für Eduard Picker, hrsg. von Thomas Lobinger, Tübingen 2010, S. 139–183.

Ernst & Young (Hrsg.): Familienunternehmen und Unternehmerfamilien – erfolgreich über Generationen, Governance Matters Quarterly (August) 2012; zitiert: Ernst & Young, GMQ.

Esch, Günter: Die Unterbeteiligung an Handelsgesellschaftsanteilen, NJW 1964, S. 902–907.

–: Die Unterbeteiligung im Steuerrecht, NJW 1964, S. 2044–2048.

Esch, Günter (Begr.)/ Schulze zur Wiesche, Dieter (Begr.)/ Baumann, Wolfgang: Handbuch der Vermögensnachfolge, 6. Aufl., Berlin 2001.

Esskandari, Manzur/ Franck, Sebastian/ Künnemann, Ulf: Unternehmensnachfolge, Heidelberg/München/Landsberg u.a. 2012.

Fasselt, Theo: Unternehmensnachfolge in Familienunternehmen, Stuttgart 1992.

Fehrenbacher, Oliver: Steuerrecht, 5. Aufl., Baden-Baden 2015.

Fischer, Michael: Die Unentgeltlichkeit im Zivilrecht, Köln/Berlin/Bonn u.a. 2002.

Fischer, Robert: Fragen aus dem Recht der stillen Gesellschaft, JR 1962, S. 201–205.

Fleischer, Holger (Hrsg.)/ Goette, Wulf (Hrsg.): Münchener Kommentar zum GmbHG, Band 1, 2. Aufl., München 2015; zitiert: MüKo/*Verfasser,* § X GmbHG.

Flume Werner: Allgemeiner Teil des Bürgerlichen Rechts, Band 1, Erster Teil: Die Personengesellschaft, Berlin/Heidelberg 1977.

–: Gesellschaft und Gesamthand, ZHR 136 (1972), S. 177–207.

Frank, Rainer/ Helms, Tobias Erbrecht, 6. Aufl., München 2013.

Friehe, Christian-Friedrich: Die Unterbeteiligungsgesellschaft an Mitgliedschaften in Personalgesellschaften, Rechtsfragen der Handelsgesellschaften Heft 32, Köln 1974.

Frieser, Andreas (Hrsg.): Fachanwaltskommentar Erbrecht, 4. Aufl., Köln 2013.

Frieser, Andreas (Hrsg.)/ Sarres, Ernst (Hrsg.)/ Stückemann, Wolfgang (Hrsg.)/ Tschichoflos, Ursula (Hrsg.): Handbuch des Fachanwalts Erbrecht, 3. Aufl., Köln 2009.

Frohnmayer, Thomas/ Ederle, Anton: Pflichtteilsrecht und Schenkungsvollzug bei atypischer Unterbeteiligung, FuS 2012, S. 83–84.

Gehrlein, Markus: Der Konsortialkredit als Modell einer Innengesellschaft, DStR 1994, S. 1314–1318.

Geßler, Ernst (Hrsg.)/ Schlegelberger, Franz (Begr.): Handelsgesetzbuch Kommentar, Band 3, Halbband 2, §§ 161–177a, §§ 335–342 (§§ 230–237 n. F.), 5. Aufl., München 1986.

Giefers, Hans-Werner (Begr.)/ Ruhkamp, Martin/ Gerlach, Joachim: Die Gesellschaft bürgerlichen Rechts, 6. Aufl., Freiburg im Breisgau/Berlin/München 2010.

Goette, Wulf: Fehlerhafte Personengesellschaftsverhältnisse in der jüngeren Rechtsprechung des Bundesgerichtshofs, DStR 1996, S. 266–271.

Goette, Wulf (Hrsg.)/ Habersack, Mathias (Hrsg.)/ Kalss, Susanne (Hrsg.): Münchener Kommentar zum Aktiengesetz, Band 4, 4. Aufl., München 2016; zitiert: MüKo/*Verfasser,* § X AktG.

Göhner, Hendrik: Nachfolge in Personengesellschaften bei Tod eines Gesellschafters, ZJS 2010, S. 592–595.

Greifeld, Helmut Rudolf: Die Unterbeteiligung an der offenen Handelsgesellschaft und der Kommanditgesellschaft, Kleine handelsrechtliche Schriften, Band 49, Dresden 1938.

Groh, Manfred: Die Bilanz der Unterbeteiligungsgesellschaft, in: Festschrift für Hans-Joachim Priester, hrsg. von Peter Hommelhoff, Peter Rawert und Karsten Schmidt, Köln 2007, S. 107–121.

Groschoff, Jan/ Komning, Enrico: Unternehmensnachfolge unter Berücksichtigung der Erbschafts- und Schenkungsteuerreform, Hamburg 2008.

Grunewald, Barbara: Gesellschaftsrecht, 9. Aufl., Tübingen 2014.

Gummert, Hans: BGH: Abgrenzung von Treuhand und Unterbeteiligung an Gesellschaftsanteilen, WiB 1994, S. 775–776.

Gummert, Hans (Hrsg.)/ Weipert, Lutz (Hrsg.): Münchener Handbuch des Gesellschaftsrechts, Band 1, 4. Aufl., München 2014; zitiert: MüHdb/*Verfasser*.

–: Münchener Handbuch des Gesellschaftsrechts, Band 2, 4. Aufl., München 2014; zitiert: MüHdb/*Verfasser*, Band 2.

Gummert, Hans (Hrsg.)/ Riegger, Bodo (Hrsg.)/ Weipert, Lutz (Hrsg.): Münchener Handbuch des Gesellschaftsrechts, Band 1, 2. Aufl., München 2004; zitiert: MüHdb/*Verfasser*, 2. Aufl.

Habig, Helmut/ Berninghaus, Jochen: Die Nachfolge im Familienunternehmen ganzheitlich regeln, Berlin/Heidelberg 1998.

Hadding, Walther: Verfügungen über Mitgliedschaftsrechte, in: Festschrift für Ernst Steindorff, hrsg. von Jürgen F. Baur, Klaus J. Hopt und Peter Mailänder, Berlin/New York 1990, S. 31–44.

Hadding, Walther (Hrsg.)/ Schneider, Uwe H. (Hrsg.): Gesellschaftsanteile als Kreditsicherheit, Berlin 1979.

Handler, Wendy: Methodological Issues and Considerations in Studying Family Businesses, Family Business Review, Vol. II, No. 3, Herbst 1989, S. 257–276.

Hannes, Frank/ Otto, Thomas: Der Treuhand-Erlass – eine Verwaltungsanweisung contra legem?, ZEV 2005, S. 464–469.

Hannes, Frank/ von Oertzen, Christian: ZEV-Report Gesellschaftsrecht/ Unternehmensnachfolge, ZEV 2013, S. 491–495.

Hartmann, Peter: Die stille Gesellschaft, 2. Aufl., Freiburg im Breisgau 1974.

Hecht, Stephen A.: Atypische Unterbeteiligung als Ausweichstrategie bei Übertragung einer Kommanditbeteiligung, ZEV 2004, S. 105–107.

Heckelmann, Dieter: Die uneinheitliche Abstimmung bei Kapitalgesellschaften, AcP 170 (1970), S. 306–346.

–: Materielle und vollstreckungsrechtliche Folgeprobleme der Entscheidung des BGH für die Sondernachfolge in den Gesellschaftsanteil an der OHG bei sog. qualifizierter Nachfolgeklausel, in: Festgabe für Ulrich von Lübtow, hrsg. von Manfred Harder und Georg Thielmann, Berlin 1980, S. 619–642.

Henn, Alexandra: Die Unterbeteiligung in der GmbH, Mainz 1996.

Hennerkes, Brun-Hagen (Hrsg.): Unternehmenshandbuch Familiengesellschaften, Köln/Berlin/Bonn u.a. 1995.

Hennerkes, Brun-Hagen/ May, Peter: Der Gesellschaftsvertrag des Familienunternehmens – Ein Überblick über Gestaltungsschwerpunkte, NJW 1988, S. 2761–2768.

Henssler, Martin (Hrsg.)/ Strohn, Lutz (Hrsg.): Gesellschaftsrecht, 2. Aufl., München 2014.

Herrmann, Elke:Vollzug von Schenkungen nach § 518 II BGB, Hamburg 1978.

–: Vollzug von Schenkungen nach § 518 II BGB, MDR 1980, S. 883–889.

Herzfeld, Edgar: Die Unterbeteiligung, AcP 137 (1933) S. 270–326.

Hesselmann, Malte: Die Unterbeteiligung an GmbH-Anteilen, GmbHR 1964, S. 26–30.

Heymann, Ernst (Begr.)/ Horn, Norbert (Hrsg.): Handelsgesetzbuch, Band 2, 2. Aufl., Berlin/New York 1996.

Hohaus, Benedikt: Die atypische Unterbeteiligung an einer GmbH – Wirtschaftliches Eigentum nach § 39 Abs. 2 AO?, GmbHR 2002, S. 883–890.

Hopt, Klaus Jürgen (Hrsg.): Vertrags- und Formularbuch zum Handels-, Gesellschafts- und Bankenrecht, 3. Aufl., München 2007.

Hopt, Klaus Jürgen (Hrsg.)/ Wiedemann, Herbert (Hrsg.): Aktiengesetz Großkommentar, Band 6, 4. Aufl., Berlin 2006.

Honert, Jürgen: Atypisch stille Gesellschaft und atypische Unterbeteiligung – Wie Sie diese Unterbeteiligten am besten umwandeln, EStB 2001, S. 237–239.

Huber, Ulrich: Vermögensanteil, Kapitalanteil und Gesellschaftsanteil an Personalgesellschaften des Handelsrechts, Heidelberg 1970.

Hueck, Alfred: Die Übertragung von Geschäftsanteilen, ZHR 83 (1920), S. 1–37.

–: Urteilsanmerkung, NJW 1953, S. 138–139.

Hübner, Heinrich:Unterbeteiligung und stille Beteiligung in der Unternehmensnachfolge, ErbR 2014, S. 257–267.

Hüffer, Uwe: Die Publikumspersonengesellschaft und das Problem des Anlegerschutzes, JuS 1979, S. 457–465.

Ivens, Michael: Leitlinien zur Unternehmensnachfolge: Die Vererbung von Kapitalgesellschaftsbeteiligungen, ZEV 2011, S. 177–181.

–: Leitlinien zur Unternehmensnachfolge: Die Vererbung von Personengesellschaftsbeteiligungen, ZEV 2010, S. 615–618.

–: Unternehmer- und Gesellschaftererbfolge, Familiengesellschaften, Hamburger Handbuch zur Vermögensnachfolge, Band 3, Norderstedt 2004.

Jaeger, Ernst (Begr.)/ Henckel, Wolfram (Hrsg.)/ Gerhardt, Walter (Hrsg.): Insolvenzordnung, Band 2, Berlin 2007.

Janberg, Hans: Die Unterbeteiligung im Gesellschaftsrecht, DB 1953, S. 77–80.

Jauernig, Othmar (Begr.)/ Stürner, Rolf (Hrsg.): Bürgerliches Gesetzbuch, 16. Aufl., München 2015.

Jebens, Carsten Thomas: Formerfordernisse bei der Schenkung von Darlehen und stillen Beteiligungen, BB 1980, S. 407–410.

Kaminski, Bert/ Strunk, Günther: Einfluss von Steuern auf unternehmerische Entscheidungen, 2. Aufl., Wiesbaden 2012.

Kapp, Reinhard (Begr.)/ Ebeling, Jürgen (Begr.)/ Geck, Reinhard (Begr.): Erbschaftsteuer- und Schenkungsteuergesetz, 12. Aufl., Köln 2000, 69. EL, Stand: Mai 2016.

Keller, Hilmar: Die Form des Erbverzichts, ZEV 2005, S. 229–235.

Kiethe, Kurt: Gesellschaftsrechtliche Einflußnahme und Initiatorenstellung – Aspekte der Haftung Dritter aus Prospekt bei Kapitalanlagegesellschaften, NZG 1999, S. 858–868.

Kindl, Johann: Gesellschaftsrecht, Baden-Baden 2011.

Kindler, Peter: Grundkurs Handels- und Gesellschaftsrecht, 7. Aufl., München 2014.

Kirchdörfer, Rainer: Lexikon, Familienunternehmen, FuS 2011, S. 32.

Kirchhof, Hans-Peter (Hrsg.)/ Eidenmüller, Horst (Hrsg.)/ Stürner, Rolf (Hrsg.): Münchener Kommentar zur Insolvenzordnung, Band 2, 3. Aufl., München 2013.

Klauss, Herbert/Mittelbach, Rolf: Die stille Gesellschaft, 2. Aufl., Ludwigshafen am Rhein 1980.

Klein, Sabine B.: Familienunternehmen: Theoretische und empirische Grundlagen, 3. Aufl., Köln 2010.

Klein, Franz (Begr.)/ Orlopp, Gerd (Begr.): Abgabenordnung, 12. Aufl., München 2014; zitiert: Klein/*Verfasser*.

Klein-Blenkers, Friedrich: Unternehmensnachfolge in Zahlen, ZEV 2001, S. 329–334.

Kletschka, Franz: Die Unterbeteiligung an gewerblichen Unternehmen im Steuerrecht, Köln 1974.

Knobbe-Keuk, Brigitte: Bilanz- und Unternehmenssteuerrecht, 9. Aufl., Köln 1993.

–: „Verunglückte" Schenkungen, in: Festschrift für Werner Flume, hrsg. von Horst Heinrich Jakobs, Brigitte Knobbe-Keuk, Eduard Picker, Jan Wilhelm, Köln 1978, S. 149–172.

Knopp, Werner: Gründung Stiller Gesellschaften bei Beteiligung Minderjähriger, NJW 1962, S. 2181–2185.

Koenig, Ulrich (Hrsg.): Abgabenordnung Kommentar, 3. Aufl., München 2014.

Koenigs, Folkmar: Die stille Gesellschaft, Berlin 1961.

Köster, Lutz: Die Auseinandersetzung einer Gesellschaft oder Gemeinschaft nach § 84 InsO, Schriften zum deutschen, europäischen und internationalen Insolvenzrecht, Band 21, Berlin/New York 2010.

Koller, Ingo/ Kindler, Peter/ Roth, Wulf-Henning/ Morck, Winfried: Handelsgesetzbuch, 8. Aufl., München 2015.

Kollhosser, Helmut: Aktuelle Fragen der vorweggenommenen Erbfolge, AcP 194 (1994), S. 231–264.

Kraft, Alfons/ Kreutz, Peter: Gesellschaftsrecht, 11. Aufl., Neuwied/Kriftel 2000.

Kubillus, Manfred: Die Schenkung stiller Beteiligungen, Münster/Hamburg/ London 2002.

Kühne, Eberhardt/ Rehm, Christian: Die Unterbeteiligung als Gestaltungsinstrument der Unternehmensnachfolge, NZG 2013, S. 561–568.

Kuhlmann, Jens/ Ahnis, Erik: Konzern- und Umwandlungsrecht, 3. Aufl., Heidelberg/München/Landsberg u. a. 2010.

Kulke, Ulrich: Probleme der beschränkten Geschäftsfähigkeit, JuS 2001, Lernbogen 1, S. 1–4.

Lange, Knut Werner: Erbengemeinschaft an einem GmbH-Geschäftsanteil, GmbHR 2013, S. 113–118.

Larenz, Karl: Methodenlehre der Rechtswissenschaft, 2. Aufl., Berlin/Heidelberg/New York u. a. 1992.

Leipold, Dieter: Erbrecht, 20. Aufl., Tübingen 2014.

Lind, Thorsten Patric: Vollzug der Schenkung einer Unterbeteiligung, LMK 2012, 330150.

Litzenburger, Wolfgang: BGH: Schenkung einer Unterbeteiligung ist mit Abschluss des Gesellschaftsvertrags vollzogen („Suhrkamp-Fall“), FD-ErbR 2012, 328825.

Looschelders, Dirk: Schuldrecht Allgemeiner Teil, 13. Aufl., München 2015.

–: Schuldrecht Besonderer Teil, 10. Aufl., München 2015; zitiert: *Looschelders*, Schuldrecht BT.

Lorz, Rainer/ Kirchdörfer, Rainer: Unternehmensnachfolge, 2. Aufl., München 2011.

Luckey, Günter: Unternehmensnachfolge, 2. Aufl., Ulm 1998.

Lutter, Marcus (Hrsg.)/ Hommelhoff, Peter (Hrsg.): GmbH-Gesetz Kommentar, 18. Aufl., Köln 2012.

Maetz, Philipp: Ausgewählte ertragsteuerliche Problemkreise bei atypischen Unterbeteiligungen, DStR 2015, S. 1844–1852.

Märkle, Rudi W.: Die Unterbeteiligung an Einkunftsquellen – I. Teil, DStZ 1985, S. 471–480.

–: Die Unterbeteiligung an Einkunftsquellen – II. Teil, DStZ 1985, S. 508–514.

–: Die Unterbeteiligung an Einkunftsquellen – letzter Teil, DStZ 1985, S. 533–537.

Martens, Angela: Die steuerliche Einordnung der atypischen Unterbeteiligung an Anteilen an einer Kapitalgesellschaft, BB 2005, S. 1660–1664.

Marotzke, Wolfgang: „Höferechtliche Tendenzen" und dogmatische Lösungen bei der Beerbung des Mitglieds einer offenen Handelsgesellschaft, AcP 184 (1984), S. 541–583.

Maulbetsch, Hans-Christoph: Beirat und Treuhand in der Publikumspersonengesellschaft, Schriften aus Rechtswissenschaft und Praxis, Band 10, Bonn 1984.

Medicus, Dieter/ Petersen, Jens: Bürgerliches Recht, 25. Aufl., München 2015.

Meincke, Jens Peter: Erbschaftsteuer- und Schenkungsteuergesetz, 16. Aufl., München 2012.

Merkel, Kurt: Zur Problematik der Unterbeteiligung an einer OHG-Beteiligung, NJW 1966, S. 1552–1554.

Meyer, Gerd: Die Unterbeteiligung an Handelsgesellschaftsanteilen, Münster 1971.

Michalski, Lutz (Hrsg.): Kommentar zum GmbH-Gesetz, Band 1, 2. Aufl., München 2010.

Mock, Sebastian: Anwendbarkeit des § 139 HGB auf die GbR, NZG 2004, S. 118–120.

Motive: Motive zu dem Entwurfe eines Bürgerlichen Gesetzbuches für das Deutsche Reich, Band II, Recht der Schuldverhältnisse, Amtliche Ausgabe, 2. Aufl., Berlin 1896; zitiert: Mot. II.

Mühlhaus, Gunter: Die Unterbeteiligung als Gestaltungsmittel bei Familiengesellschaften Wirtschaftliche Funktion, gesellschaftsrechtliche Klassifizierung und steuerliche Behandlung, ErbStB 2009, S, 276–280.

Müller, Lothar: Fragen der typischen und der atypischen stillen Beteiligung am Unternehmen einer Kapital- und Handelsgesellschaft, StbJb 1973/74, S. 203–263.

Müller, Thorsten/ Tomhave, Karen: Kein Unternehmen ohne Unternehmertestament, Grundlegende Prinzipien und Gestaltungsalternativen, ErbStB 2010, S. 185–191.

Muscheler, Karlheinz: Familienrecht, 3. Aufl., München 2013.

Nerlich, Jörg (Hrsg.)/ Römermann, Volker (Hrsg.): Insolvenzordnung Kommentar, 29. EL., München, Stand: Januar 2016.

Nieder, Heinrich: Rechtsgeschäfte unter Lebenden auf den Tod, BWNotZ 1996, S. 129–137.

Noll, Bernd: Schenkungsteuerliche Fragen bei der Übertragung von Anteilen an Personengesellschaften im Lichte aktueller Entwicklungen, in: Festschrift für Harald Schaumburg, hrsg. von Wolfgang Spindler, Klaus Tipke und Thomas Rödder, Köln 2009, S. 1025–1043.

Obermüller, Walter/ Obermüller, Manfred: Die Unterbeteiligung im Bankgeschäft, in: Festschrift für Winfried Werner zum 65. Geburtstag, hrsg. von Walther Hadding, Ulrich Immenga, Hans-Joachim Mertens u. a., Berlin 1984, S. 607–638.

Oetker, Hartmut (Hrsg.): Kommentar zum Handelsgesetzbuch, 4. Aufl., München 2015.

Otto, Heinz: Moderne Erscheinungsformen der stillen Beteiligung, BB 1948, S. 210–214.

Palandt, Otto (Begr.): Bürgerliches Gesetzbuch, 75. Aufl., München 2016.

Passarge, Malte: Zu den Anforderungen an die Ausgestaltung des Rechtsverhältnisses zwischen Stiftung und Destinatär, NZG 2009, S. 1421–1423.

Paulick, Heinz: Die Unterbeteiligung in gesellschaftlicher und steuerrechtlicher Sicht, ZGR 1974, S. 253–295.

Peter, Karl (Begr.)/ Crezelius, Georg (Hrsg.): Neuzeitliche Gesellschaftsverträge und Unternehmensformen, 5. Aufl., Herne/Berlin 1987.

Peters, Freia: Treuhand und Unterbeteiligung an Gesellschaftsanteilen, Frankfurt am Main 2003.

Pikart, Heinz: Die Rechtsstellung des Treuhänders in der Rechtsprechung des Bundesgerichtshofs, WM 1956, S. 654–660.

Pöllinger, Michael: Die Unterbeteiligung, Kleine handelsrechtliche Schriften, Band 37, Nürnberg 1932.

Pönicke, Astrid/Bünning, Martin: Aktuelles zu Managementbeteiligungen – insbesondere in der Form von Unterbeteiligungen, BB 2014, S. 2717–2720.

Prinz, Ulrich (Hrsg.)/ Hoffmann, Wolf-Dieter (Hrsg.): Beck'sches Handbuch der Personengesellschaften, 4. Aufl. München 2014; zitiert: BHbdP/*Verfasser*.

Prütting, Hanns (Hrsg.)/ Wegen, Gerhard (Hrsg.)/ Weinreich, Gerd (Hrsg.): BGB Kommentar, 10. Aufl., Köln 2015.

Reinicke, Michael: Bedarf die Vereinbarung eines unentgeltlichen schuldrechtlichen Wohnrechts auf Lebenszeit der Form des § 518 Abs. 1?, JA 1982, S. 326–329.

–: Die Bewirkung der schenkweise versprochenen Leistung, NJW 1970, S. 1447–1450.

–: Die unmittelbaren Schenkungen von Todes wegen, Münster 1979.

Reis, Ernst: Die Unterbeteiligung unter besonderer Berücksichtigung des Unterkonsortialvertrages, Frankfurt am Main 1920/1922.

Röhricht, Volker (Hrsg.)/ Graf von Westphalen, Friedrich (Hrsg.)/ Haas, Ulrich (Hrsg.): HGB Kommentar, 4. Aufl., Köln 2014.

Röwer, Heinz Hugo: Fehlerhafte Innengesellschaften, Beiträge zum Gesellschafts- und Notarrecht, in: Freundesgabe für Willi Weichler zum 70. Geburtstag, hrsg. von Walter Schmitz-Valckenberg, Norbert Frenz und Hanns-Jakob Pützer, Köln/Berlin/Bonn u. a. 1997.

Roth, Günter Hermann (Hrsg.)/ Altmeppen, Holger (Hrsg.): GmbHG, 8. Aufl., München 2015.

Roth, Günter Hermann/ Thöni, Wilfried: Treuhand und Unterbeteiligung, in: Festschrift 100 Jahre GmbHG, hrsg. von Marcus Lutter, Köln 1992, S. 245–288.

Rowedder, Heinz (Begr.)/ Schmidt-Leithoff, Christian (Hrsg.): GmbHG Kommentar, 5. Aufl., München 2013.

Rüßmann, Helmut (Hrsg.): Juris Praxiskommentar BGB, Band 2 – Schuldrecht, 7. Aufl., Saarbrücken 2014; zitiert: JurisPK-BGB/*Verfasser*.

Rust, Walter: Die Beteiligung von Minderjährigen im Gesellschaftsrecht – Vertretung, familien-/ vormundschaftsgerichtliche Genehmigung und Haftung des Minderjährigen (Teil 1), DStR 2005, S. 1942–1949.

–: Die Beteiligung von Minderjährigen im Gesellschaftsrecht – Vertretung, familien-/ vormundschaftsgerichtliche Genehmigung und Haftung des Minderjährigen (Teil II), DStR 2005, S. 1992–1996.

Rüthers, Bernd: Die privatautonome Gestaltung der Vererbung des Anteils an einer Offenen Handelsgesellschaft durch eine beschränkte Nachfolgeklausel, AcP 168 (1968), S. 263–285.

Säcker, Franz Jürgen (Hrsg.)/ Rixecker, Roland (Hrsg.)/ Oetker, Hartmut (Hrsg.)/ Limperg, Bettina: Münchener Kommentar zum Bürgerlichen Gesetzbuch, Band 3, 7. Aufl., München 2016; zitiert: MüKo/*Verfasser*, § X BGB.

–: Münchener Kommentar zum Bürgerlichen Gesetzbuch, Band 5, 6. Aufl., München 2013; zitiert: MüKo/*Verfasser*, § X BGB.

–: Münchener Kommentar zum Bürgerlichen Gesetzbuch, Band 8, 6. Aufl., München 2012; zitiert: MüKo/*Verfasser*, § X BGB.

–: Münchener Kommentar zum Bürgerlichen Gesetzbuch, Band 9, 6. Aufl., München 2013; zitiert: MüKo/*Verfasser*, § X BGB.

Saenger, Ingo: Die Stifter und die lieben Erben…, ZStV 2012, S. 61–62.

–: Gesellschaftsrecht, 3. Aufl., München 2015.

Saenger, Ingo (Hrsg.)/ Aderhold, Lutz (Hrsg.)/ Lenkaitis, Karlheinz (Hrsg.)/ Speckmann, Gerhard (Hrsg.): Handels- und Gesellschaftsrecht, 2. Aufl., Baden-Baden 2011.

Schaub, Günter (Begr.)/ Koch, Ulrich (Hrsg.): Arbeitsrecht von A-Z, 20. Aufl., München 2016.

Scherer, Stephan: Münchener Anwaltshandbuch Erbrecht, 4. Aufl., München 2014; zitiert: MüAnwHdbErbR/*Verfasser*.

Schiemann, Gottfried: Anmerkung zu den Substantiierungsanforderungen bei Behauptung eines Schenkungsversprechens, BGH, Urt. v. 18.5.1999 - X ZR 158/97, JZ 2000, S. 570–572.

Schimke, Martin: Die historische Entwicklung der Unterbeteiligungsgesellschaft in der Neuzeit, Berlin 1991.

Schindhelm, Malte/ Pickhardt-Poremba, Natalie/ Hilling, Jürgen: Das zivil- und steuerrechtliche Schicksal der Unterbeteiligung bei „Umwandlung“ der Hauptgesellschaft (Teil 1), DStR 2003, S. 1444–1449.

Schindhelm, Malte/ Stein, Klaus: Unterbeteiligung als Instrument der vorweggenommenen Erbfolge, ErbStB 2003, S. 32–40.

Schippers, Josef Christian: 10-Jahres-Frist und Nießbrauchsvorbehalt beim Rückforderungsanspruch des verarmten Schenkers (§§ 528, 529 BGB) - Kann eine zeitliche „*Schwelle*“ sich zur „*Hürde*“ wandeln? –, RNotZ 2006, S. 42–55.

Schlegelberger, Franz (Begr.): Handelsgesetzbuch, Band 3, 1. Halbband, 5. Aufl., München 1992.

–: Handelsgesetzbuch, Band 3, 2. Halbband, 5. Aufl., München 1986.

Schlüter, Wilfried: Erbrecht, 16. Aufl., München 2007.

Schmidt, Karsten: Das Handelsreformgesetz, NJW 1998, S. 2161–2169.

–: Die Kreditfunktion der stillen Einlage, ZHR 140 (1976), S. 475–493.

–: Die Schenkung von Personengesellschaftsanteilen durch Einbuchung, BB 1990, S. 1992–1997.

–: Die Vertragsparteien bei der stillen Beteiligung, DB 1976, S. 1705–1709.

–: Formfreie Schenkung von stillen Beteiligungen und Unterbeteiligungen?, DB 2002, S. 829–834.

–: Gesellschaftsrecht, 4. Aufl., Köln/Berlin/Bonn u.a. 2002; zitiert: Schmidt, Gesellschaftsrecht.

–: Grundzüge der GmbH-Novelle, NJW 1980, S. 1769–1776.

–: HGB-Reform und gesellschaftsrechtliche Gestaltungspraxis, DB 1998, S. 61–65.

–: Informationsrechte in Gesellschaften und Verbänden, Heidelberg 1984.

–: (Hrsg.) Münchener Kommentar zum Handelsgesetzbuch, Band 2, 3. Aufl., München 2012; zitiert: MüKo/*Verfasser*, § X HGB.

–: Schuldrecht, Erbrecht, Gesellschaftsrecht: Schenkungsvollzug durch Zuwendung einer Unterbeteiligung, JuS 2012, S. 460–462.

–: Treuhand, Unterbeteiligung und § 723 Abs. 3 BGB – Wiederbegegnung mit einem BGH-Urteil und mit offen gebliebenen Rechtsfragen –, in: Festschrift für Günter H. Roth, hrsg. von Holger Altmeppen, Hanns Fritz und Heinrich Honsell, München 2011, S. 709–719.

–: Unterbeteiligung und Treuhand an Gesellschaftsanteilen, Buchbesprechung, NJW 1984, S. 1166–1167.

Schmidt, Ludwig (Begr.)/ Weber-Grellet, Heinrich: Einkommensteuergesetz, 34. Aufl., München 2015; zitiert: Schmidt/*Verfasser*.

Schmitz, Werner G.: Kapitalbeteiligung des Arbeitnehmers am arbeitgebenden Unternehmen, Berlin 1955.

Schmoeckel, Mathias: Erbrecht, 3. Aufl., Baden-Baden 2014.

Schneider, Heinrich: Unterbeteiligung im Gesellschaftsrecht, DB 1954, S. 739.

Schneider, Herbert: Über die Unterbeteiligung an Anteilen an einer Personengesellschaft als stille Gesellschaft, in: Festschrift für Philipp Möhring, hrsg. von Wolfgang Hefermehl und Hans Carl Nipperdey, München/Berlin 1965, S. 115–125.

Scholz, Franz (Hrsg.): Kommentar zum GmbH-Gesetz, Band 1, 11. Aufl., Köln 2012.

–: Kommentar zum GmbH-Gesetz, Band 2, 11. Aufl., Köln 2014.

Schotten, Günther: Das Kausalgeschäft zum Erbverzicht, DNotZ 1998, S. 163–177.

Schulze-Osterloh, Joachim: Der atypische stille Gesellschafter ist der typische stille Gesellschafter!, in: Festschrift für Heinrich Wilhelm Kruse, hrsg. von Walter Drenseck und Roman Seer, Köln 2001, S. 377–393.

Schulze zur Wiesche, Dieter: Die Unterbeteiligung in der steuerlichen Rechtsprechung, NJW 1983, S. 2362–2366.

Schwarz, Günter: Einführungsvortrag zum Recht der Unternehmensnachfolge, in: Unternehmensnachfolge im Mittelstand, Symposium des Instituts für Notarrecht, Würzburg 2001, S. 1–19.

Schwerdtfeger, Armin (Hrsg.): Fachanwaltskommentar Gesellschaftsrecht, 2. Aufl., Köln 2010.

Seibert, Ulrich: Erfüllung und Konvaleszenz, JZ 1981, S. 380–384.

Siebert, Wolfgang: Das rechtsgeschäftliche Treuhandverhältnis, Marburg 1933.

Simon, Hermann: Die heimlichen Gewinner (Hidden Champions), Frankfurt am Main/New York 1996.

–: „Hidden champions": Speerspitze der deutschen Wirtschaft, ZfB 1990, S. 875–890.

Singhof, Bernd/ Seiler, Oliver/ Schlitt, Michael: Mittelbare Gesellschaftsbeteiligungen, Köln 2004.

Soergel, Hans Theodor (Begr.): Bürgerliches Gesetzbuch, Band 2, 13. Aufl., Stuttgart/Berlin/Köln u.a. 1999.

–: Bürgerliches Gesetzbuch, Band 5/3, 13. Aufl., Stuttgart 2010.

–: Bürgerliches Gesetzbuch, Band 7, 13. Aufl., Stuttgart 2014.

–: Bürgerliches Gesetzbuch, Band 11/1, 13. Aufl., Stuttgart 2012.

–: Bürgerliches Gesetzbuch, Band 17/1, 13. Aufl., Stuttgart 2013.

–: Bürgerliches Gesetzbuch, Band 21, 13. Aufl., Stuttgart 2001.

–: Bürgerliches Gesetzbuch, Band 23, 13. Aufl., Stuttgart 2002.

Spiegelberger, Sebastian: Unternehmensnachfolge, 2. Aufl., München 2009.

–: Vermögensnachfolge, München 1994; zitiert: *Spiegelberger,* Vermögensnachfolge.

Spindler, Gerald (Hrsg.)/ Stilz, Eberhard (Hrsg.): Kommentar zum Aktiengesetz, Band 1 und 2, 3. Aufl., München 2015.

Staub, Hermann (Begr.): Handelsgesetzbuch, Band 2, 2. Halbband §§ 145–177, 335–342, 3. Aufl., Berlin 1970; zitiert: Staub/*Verfasser,* 3. Aufl.

Staub, Hermann (Begr.)/ Canaris, Claus-Wilhelm (Hrsg.)/ Schilling, Wolfgang (Hrsg.)/ Ulmer, Peter (Hrsg.): Handelsgesetzbuch, Band 2, §§ 105–237, 4. Aufl., Berlin 2004; zitiert: Staub/*Verfasser,* 4. Aufl.

Staub, Hermann (Begr.)/ Canaris, Claus-Wilhelm (Hrsg.)/ Habersack, Mathias (Hrsg.)/ Schäfer, Carsten (Hrsg.): Handelsgesetzbuch, Band 3, §§ 105–160, 5. Aufl., Berlin 2009.

–: Handelsgesetzbuch, Band 4, §§ 161–237, 5. Aufl., Berlin/Boston 2015.

Staudinger, Julius von (Begr.): Kommentar zum Bürgerlichen Gesetzbuch mit Einführungsgesetz und Nebengesetzen, Buch 1 Schuldrecht, §§ 90–124; 130–133, Neubearbeitung Berlin 2012.

–: Kommentar zum Bürgerlichen Gesetzbuch mit Einführungsgesetz und Nebengesetzen, Buch 1 Schuldrecht, §§ 139–163, Neubearbeitung Berlin 2010.

–: Kommentar zum Bürgerlichen Gesetzbuch mit Einführungsgesetz und Nebengesetzen, Buch 2 Schuldrecht, §§ 328–345, Neubearbeitung Berlin 2015.

–: Kommentar zum Bürgerlichen Gesetzbuch mit Einführungsgesetz und Nebengesetzen, Buch 2 Schuldrecht, §§ 516–534, Neubearbeitung Berlin 2005; zitiert: Staudinger/*Verfasser,* 2005.

–: Kommentar zum Bürgerlichen Gesetzbuch mit Einführungsgesetz und Nebengesetzen, Buch 2 Schuldrecht, §§ 516–534, Neubearbeitung Berlin 2013.

–: Kommentar zum Bürgerlichen Gesetzbuch mit Einführungsgesetz und Nebengesetzen, Buch 2 Schuldrecht, §§ 705–740, Neubearbeitung Berlin 2003.

–: Kommentar zum Bürgerlichen Gesetzbuch mit Einführungsgesetz und Nebengesetzen, Buch 2 Schuldrecht, §§ 741–764, Neubearbeitung Berlin 2015.

–: Kommentar zum Bürgerlichen Gesetzbuch mit Einführungsgesetz und Nebengesetzen, Buch 4 Familienrecht, §§ 1363–1563, Neubearbeitung Berlin 2007.

–: Kommentar zum Bürgerlichen Gesetzbuch mit Einführungsgesetz und Nebengesetzen, Buch 5 Erbrecht, §§ 1967–2063, Neubearbeitung Berlin 2011.

–: Kommentar zum Bürgerlichen Gesetzbuch mit Einführungsgesetz und Nebengesetzen, Buch 5 Erbrecht, §§ 2303–2345, Neubearbeitung Berlin 2015.

–: Kommentar zum Bürgerlichen Gesetzbuch mit Einführungsgesetz und Nebengesetzen, Buch 5 Erbrecht, §§ 2339–2385, Neubearbeitung Berlin 2004.

–: Kommentar zum Bürgerlichen Gesetzbuch mit Einführungsgesetz und Nebengesetzen, Eckpfeiler des Zivilrechts, Neubearbeitung Berlin 2014/2015; zitiert: Staudinger/*Verfasser,* Eckpfeiler.

Steckhan, Hans-Werner: Die Innengesellschaft, Berliner Juristische Abhandlungen, Band 12, Berlin 1966.

Stegemann, Dieter/ Middendorf, Oliver: Das Schicksal der Unterbeteiligung bei Formwechsel der Hauptgesellschaft, BB 2006, S. 1084–1089.

Strnad, Oliver: Was gilt für die Unterbeteiligung nach der Suhrkamp-Entscheidung des BGH?, ZEV 2012, S. 394–399.

Sudhoff, Heinrich (Begr.): Unternehmensnachfolge, 4. Aufl., München 2000; zitiert: Sudhoff/*Verfasser*, 4. Aufl.

–: Unternehmensnachfolge, 5. Aufl., München 2005.

Tebben, Joachim: Gesellschaftsvertraglicher Schutz gegen Treuhand- und Unterbeteiligungen an Geschäftsanteilen, GmbHR 2007, S. 63–69.

–: Unterbeteiligung und Treuhand an Gesellschaftsanteilen, Baden-Baden 2000.

Theil, Clemens: Das rechtliche Schicksal der stillen Beteiligung und Unterbeteiligung bei der Umwandlung des Unternehmens, Bern 1982.

Thoma, Gerhard: Die Unterbeteiligung und ihre steuerliche Beurteilung, StbJb 1954/55, S. 215–231.

Thomsen, Joachim: Die Unterbeteiligung an einem Personengesellschaftsanteil, Bielefeld 1978.

Tiedau, Erwin: Nochmals: Beurkundungspflicht und Heilungswirkung bei Gründung von Personengesellschaften und Unternehmensveräußerung, NJW 1984, S. 1447–1448.

Tiedtke, Klaus: Unentgeltliche Beteiligung eines Kindes als stiller Gesellschafter, DB 1977, S. 1064–1067.

Troll, Max (Begr.)/ Gebel, Dieter/ Jülicher, Marc: Erbschaftsteuer- und Schenkungsteuergesetz Kommentar, 50. EL., München, Stand: 30.4.2016.

Uhlenbruck, Wilhelm (Hrsg.)/ Hirte, Heribert (Hrsg.)/ Vallender, Heinz (Hrsg.): Insolvenzordnung, 14. Aufl., München 2015; zitiert: Uhlenbruck/*Verfasser*.

Ulbrich, Clemens: Die Unterbeteiligungsgesellschaft an Personengesellschaften, Göttingen 1982.

Ulmer, Peter: Die Haftungsverfassung der BGB-Gesellschaft, ZIP 2003, S. 1113–1122.

–: Die Lehre von der fehlerhaften Gesellschaft – gesicherter Bestand des Gesellschaftsrechts oder methodischer Irrweg?, in: Festschrift für Werner Flume, Band II, hrsg. von Horst Heinrich Jakobs, Brigitte Knobbe-Keuk, Eduard Picker und Jan Wilhelm, Köln 1978, S. 301–321.

–: Die Sonderzuordnung des vererbten OHG-Anteils, in: Festschrift für Wolfgang Schilling, hrsg. von Robert Fischer und Wolfgang Hefermehl, Berlin 1973, S. 79–104.

–: Gesellschafternachfolge und Erbrecht, ZGR 1972, S. 324–344.

–: Testamentsvollstreckung am Kommanditanteil – Voraussetzungen und Rechtsfolgen, NJW 1990, S. 73–83.

–: Zur Bedeutung des gesellschaftsrechtlichen Abspaltungsverbots für den Nießbrauch am OHG (KG)-Anteil, in: Festschrift für Hans-Joachim Fleck, hrsg. von Reinhard Goerdeler, Peter Hommelhoff, Marcus Lutter und Herbert Wiedemann, Berlin 1988, S. 383–400.

Ulmer, Peter (Hrsg.)/ Habersack, Mathias (Hrsg.)/ Löbbe, Marc (Hrsg.): GmbHG Großkommentar, Band 1, 2. Aufl., Tübingen 2013.

–: GmbHG Großkommentar, Band 2, 2. Aufl., Tübingen 2014.

von Braunbehrens, Berthold: Abstimmungsbedarf zwischen Testament und Gesellschaftsvertrag, ErbBstg 2003, S. 172–180.

Vossius, Oliver: Sicherungsgeschäfte bei der Übertragung von Gesellschaftsanteilen, BB 1988, Beilage 5, S. 1–16.

Wachter, Thomas (Hrsg.): Handbuch des Fachanwalts für Handels- und Gesellschaftsrecht, Münster 2007; zitiert: Wachter/*Verfasser*, 1. Aufl.

–: Praxis des Handels- und Gesellschaftsrechts, 3. Aufl., Bonn 2015.

Wagner, Udo: Die Unterbeteiligung an einem OHG-Anteil, Berlin 1975.

Weber, Hansjörg: Zur Lehre von der fehlerhaften Gesellschaft, Berlin 1978.

Weigl, Gerald: Anwendungs- und Problemfelder der stillen Gesellschaft, DStR 1999, S. 1568–1576.

–: Stille Gesellschaft, Treuhand und Unterbeteiligung, 3. Aufl., München 2012.

Wellenhofer, Marina: Familienrecht, 3. Aufl., München 2014.

Wendelstein, Hartmut: Die Unterbeteiligung als zweckmäßige Erbfolgeregelung, BB 1970, S. 735–738.

Werner, Rüdiger: Die Unterbeteiligung als Instrument der Unternemensnachfolge, ZEV 2015, S. 194–200.

–: Wie mit Gesellschafterkonflikten im Familienunternehmen umgehen?, DSWR 2006, S. 89–92.

Westermann, Harm Peter: Einräumung einer Unterbeteiligung unter Lebenden auf den Todesfall - ein Instrument zur Pflichtteilsvermeidung?, ZIP 2012, S. 1007–1009.

–: Vertragsfreiheit und Typengesetzlichkeit im Recht der Personengesellschaften, Berlin/Heidelberg/New York 1970.

Westermann, Harry: Die Auswahl des Nachfolgers im frühzeitigen Unternehmertestament, in: Festschrift für Philipp Möhring, hrsg. von Wolfgang Hefermehl und Hans Carl Nipperdey, München/Berlin 1965, S. 183–198.

Westhead, Paul/ Cowling, Marc: Family Firm Research: The Need for a Methodological Rethink, ET&P, Fall 1998, S. 31–56.

Wiedemann, Herbert: Die Übertragung und Vererbung von Mitgliedschaftsrechten bei Handelsgesellschaften, München/Berlin 1965; zitiert: *Wiedemann*, Übertragung.

–: Gesellschaftsrecht, Band II, München 2004.

Wiesner, Georg: Die Lehre von der fehlerhaften Gesellschaft, Heidelberg 1980.

Windbichler, Christine: Gesellschaftsrecht, 23. Aufl., München 2013.

Winter, Heinz: Die Zulässigkeit der uneinheitlichen Stimmabgabe durch den Gesellschafter einer GmbH, GmbHR 1965, S. 23–29.

Winterstein, Manfred: Die Unterbeteiligung an OHG- und KG-Anteilen als stille Gesellschaft, Hamburg 1969.

Würdinger, Hans: Anmerkung zum BGH, Urt. v. 29.10.1952 – II ZR 16/52, JZ 1953, S. 226–227.

Würdinger, Markus: Die Analogiefähigkeit von Normen, AcP 206 (2006), S. 947–978.

Zapp, Martin: Unterbeteiligung am mittelständischen Unternehmen, Wiesbaden 1990.

Ziegler, Rolf: Die Unterbeteiligung – ihr Wesen und ihre Bedeutung im Steuerrecht unter Berücksichtigung der wirtschaftsrechtlichen Grundlagen, Mannheim 1959.

Ziemons, Hildegard (Hrsg.)/ Jaeger, Carsten (Hrsg.): Beck'scher Online-Kommentar GmbHG, München, Stand 1.6.2016.

Zöllner, Wolfgang: Zu Schranken und Wirkung von Stimmbindungsverträgen, insbesondere bei der GmbH, ZHR 155 (1991), S. 168–189.

Zitierte Internetseiten (Stand: 1.8.2016)

Bundesministerium für Wirtschaft und Energie: German Mittelstand: Motor der deutschen Wirtschaft, Broschüre, Mai 2012, abrufbar im Internet: http://www.bmwi.de/BMWi/Redaktion/PDF/Publikationen/factbook-german-mittelstand,property=pdf,bereich=bmwi2012,sprache=de,rwb=true.pdf
Zitiert: BMWi, German Mittelstand

–: Mittelstandspolitik (Überblick), abrufbar im Internet: www.bmwi.de/DE/Themen/Mittelstand/mittelstandspolitik.html
Zitiert: BMWi, Mittelstandspolitik

–: Politik für den Mittelstand, Daten und Fakten zum deutschen Mittelstand, abrufbar im Internet: www.bmwi.de/DE/Themen/Mittelstand/Mittelstandspolitik/politik-fuer-den-mittelstand,did=511412.html
Zitiert: BMWi, Politik für den Mittelstand

Erhard, Ludwig: Wohlstand für Alle, 8. Aufl., Bonn 1964, abrufbar im Internet: www.ludwig-erhard-stiftung.de/wp-content/uploads/wohlstand_fuer_alle1.pdf
Zitiert: Erhard

EU-Kommission: Die neue KMU-Definition, Benutzerhandbuch und Mustererklärung, zum Download abrufbar im Internet: http://bookshop.europa.eu/en/the-new-sme-definition-pbNB6004773/
Zitiert: EU-Kommission

Fichtelmann, Helmar	Einräumung einer Unterbeteiligung, GStB 1998, Ausgabe 4, S. 20–31, abrufbar im Internet: www.iww.de/gstb/archiv/personengesellschaften-einraeumung-einer-unterbeteiligung-f42234 Zitiert: Fichtelmann, GStB 1998, 20
Haas, Ingeborg	Die Unterbeteiligung als Gestaltungselement, GStB 2004, S. 406–418, abrufbar im Internet: www.iww.de/gstb/archiv/personen-und-kapitalgesellschaften-die-unterbeteiligung-als-gestaltungselement-f45363 Zitiert: Haas, GStB 2004, 406
Häring, Dirk	Strukturdaten, wirtschaftliche Bedeutung und Zukunftsstrategien baden-württembergischer Familienunternehmen, Hohenheimer Beiträge zur Entrepreneurshipforschung und –praxis Nr. 15, Stuttgart 2005, abrufbar im Internet: www.familienunternehmen.de/media/public/pdf/publikationen-studien/dissertationen-diplomarbeiten/Stiftung-Familienunternehmen_Dissertation_Strukturdaten.pdf Zitiert: Häring, S.
Institut für Mittelstandsforschung Bonn	Familienunternehmen-Definition, abrufbar im Internet: http://www.ifm-bonn.org/definitionen/familienunternehmen-definition/ Zitiert: IFM Bonn, Familienunternehmen
–:.	KMU-Definition, abrufbar im Internet: http://www.ifm-bonn.org/definitionen/kmu-definition-des-ifm-bonn/ Zitiert: IfM Bonn, KMU

–:	Mittelstand im Überblick, Volkwirtschaftliche Bedeutung der KMU, abrufbar im Internet: www.ifm-bonn.org/statistiken/mittelstand-im-ueberblick/#accordion=0&tab=0 Zitiert: IfM Bonn, Überblick
L-Bank Staatsbank für Baden-Württemberg (Hrsg.)	Le Mittelstand, kleine und mittlere Unternehmen in Deutschland und Frankreich, Interview mit Norbert Carius, Henrik Uterwedde und Jörn Bousselmi, S. 10–21, in: Geschäftsbericht 2012, Karlsruhe 2012, abrufbar im Internet: www.l-bank.de/lbank/download/dokument/205840.pdf Zitiert: L-Bank
Wpbr Gesellschaft für Öffentlichkeitsarbeit, Werbung und Marketing mbH (Hrsg.)	Grußwort von Ernst Burgbacher, 10 Jahre Medienpreis Mittelstand, Broschüre, S. 3, Potsdam 2012, abrufbar im Internet: www.medienpreis-mittelstand.de/fileadmin/user_upload/downloads/Medienpreis_Mittelstand_Broschuere_3.Auflage.pdf Zitiert: Medienpreis Mittelstand

Schriftenreihe zum deutschen und internationalen Erbrecht

Herausgegeben von Christina Eberl-Borges und Rudolf Meyer-Pritzl

Band 1 Tina Meyer-Dulheuer: Gestaltungsformen des Behindertentestamentes. Unter besonderer Betrachtung der Vermächtnislösung und des Berliner Testamentes. 2009.

Band 2 Anna-Kathrin Schwedler: Die ärztliche Therapiebegrenzung lebenserhaltender Maßnahmen auf Wunsch des Patienten. Ein Rechtsvergleich zwischen Deutschland und Frankreich unter besonderer Berücksichtigung des Patientenverfügungsgesetzes in der Bundesrepublik Deutschland. 2010.

Band 3 Miriam Hollstein: Die Nichtigkeit letztwilliger Verfügungen wegen Verstoßes gegen das gesetzliche Verbot aus § 14 Abs. 1, 5 HeimG vor und nach der Föderalisierung des Heimrechts. 2011.

Band 4 Ansgar Kregel-Olff: Der Einfluss der Europäischen Menschenrechtskonvention und der Rechtsprechung des Europäischen Gerichtshofs für Menschenrechte auf das deutsche Erbrecht. 2011.

Band 5 Karl Ehler: Vom nachlassgerichtlichen Vermittlungsverfahren zum Konsiliarverfahren bei der Auseinandersetzung von Erbengemeinschaften. 2013.

Band 6 Ove Reinbender: Sozialhilferegress nach Grundbesitzübertragung in vorweggenommener Erbfolge unter Vorbehalt eines dinglichen Wohnrechts. 2014.

Band 7 Christina Eberl-Borges/ Wang Qiang (Hrsg.): Erbrecht in der VR China. Die aktuelle Entwicklung im Rahmen des Aufbaus der Privatrechtsordnung. 2015.

Forschungen zum deutschen und internationalen Erb- und Familienrecht

Band 8 Simon-Martin Banck: Die Unterbeteiligung als Gestaltungsinstrument der Unternehmensnachfolge. Eine Arbeit über die Regelung der Unternehmensnachfolge in mittelständischen Familienunternehmen in der Bundesrepublik Deutschland. 2016.

www.peterlang.com

www.ingramcontent.com/pod-product-compliance
Ingram Content Group UK Ltd.
Pitfield, Milton Keynes, MK11 3LW, UK
UKHW021844290926
8980IPUK00005B/633

9 783631 698198